中国人民大学劳动人事学院第四代系列教材

人力资源与劳动关系管理

主编　唐鑛　嵇月婷

HUMAN RESOURCE AND LABOR RELATIONS MANAGEMENT

中国人民大学出版社
· 北京 ·

FOREWORD

总 序

正值我国改革开放40周年之际，我们迎来了中国人民大学劳动人事学院成立35周年。这套遵循传承、创新理念的中国人民大学“十三五”规划教材暨劳动人事学院第四代系列教材正式出版。

35年来，中国人民大学劳动人事学院创设了国内第一个人力资源管理专业、第一个劳动关系专业、第一个劳动经济学博士点；第一次建成国内劳动经济、人力资源管理、社会保障、劳动关系专业最完整的本硕博培养体系等。

35年来，中国人民大学劳动人事学院持续组织编写在劳动学科领域拥有最大影响力的系列教材；持续开展中国就业问题短期研究，发布《中国就业市场景气报告》；持续开展中国人力资源审计研究，发布《中国人力资源法律审计报告》；持续开展中国人力资源职业发展状况追踪调查，发布《中国人力资源职业发展状况调查报告》；持续开展中国企业雇主-雇员匹配数据调查，建设基础性科研数据库；连续举办14届中国人力资源管理新年报告会暨中国人才发展高峰论坛等。

35年来，中国人民大学劳动人事学院首倡发起全球劳动科学院长论坛，举办中国劳动科学年会、全球人力资源论坛、中国人力资源服务业博士后学术交流会、中国职业发展论坛、中国助业研讨会、中国新就业论坛等。

“但开风气不为师。”我们高兴地看到，经过几代学人的耕耘，中国人民大学劳动人事学院所倡导的以问题导向、创新导向、实践导向、合作导向为指引的学风，已经成为本学科领域的共识。中国特色社会主义进入新时代，开启了全面建设社会主义现代化国家的新征程，人才培养和学科发展的使命更加重大。党的十九大报告中提出的实施人才强国战略，建设实体经济、科技创新、现代金融、人力资源协同发展的产业体系，在人力资本服务领域培育新增长点，提高就业质量，构建和谐劳动关系，加强社会保障体系建设，建设高素质专业化干部队伍等重大命题，都与我们的学科领域密切相关。与此同时，一场影响深远的变革正在拉开大幕：数字经济时代产生的新就业方式、新组织管理形式、新劳动关系模式等都对传统的研究范式提出了挑战；国家层面实施的供给侧改革、生育政策调整等对劳动力供给、要素市场化配置、社会保障提出了新的调整要求。我们真切地感到：创新已经是新时代所要求的基本方法论，我们必须跟上时代的步伐。学科建设是知识创新的载体。随着开发人力资源、解决民生问题的重要性被提到前所未有的新高度，我们的学科迎来了新的机遇。中国人民大学劳动人事学院下定决心再出发，为发展我国高等教育进行新尝试新探索，践行“劳人之事，成人之美”的新使命，打造“精英型学院、研究型学院、智库型学院、全球型学院、创业型学院、责任型学院、创新型学院”。

“合抱之木，生于毫末；九层之台，起于累土。”我们认识到，课程和教材体系建设尤其是本科教材建设是学科建设的重中之重，直接关系到“为谁培养人、培养什么样的人、怎样培养人”这一根本问题。中国人民大学劳动人事学院具有重视教材建设的优良传统，建院以来的三代教材都影响深远，奠定了本学科的基本框架和教学传授方式。教材建设应当与时俱进，把新的前沿理论、新的研究方法、新的拓展领域等及时囊括进来，体现不断更新的教学理念，适应人才培养的规律。

中国人民大学劳动人事学院从 2015 年初开始筹划劳动人事学院第四代系列教材的编写工作。在中国人民大学教务处、中国人民大学出版社的指导和帮助下，编委会成员不懈劳作，终于如期奉献出这套全新的系列教材。这套新的系列教材有以下特点：

一是教材编写者虽然仍然全部为中国人民大学劳动人事学院的教师，但是其中有旧雨也有新知。系列教材由资深的名家与中青年学者共同创作完成。他们都对自己的领域有深刻的体认，都有鲜明的学术个性和研究风格。他们在教材中展现出的缜密的逻辑能力和广博的学识素养，能够代表劳动人事学院乃至中国人民大学的学者水平。

二是充分体现我国改革开放 40 年来的成就和近年来中外学术大交融的成果。这套教材关注中国本土的实践探索，以之为素材，以中国情境为前提，丰富和深化学生对学科专业的认识，尤其体现了学科交叉融合的研究视野，探索将各专业知识融会贯通的教学方式。新增的部分教材使丛书体系更加完备，在科学性、先进性、适用性方面都有新的拓展。

三是更加注意适应本科教学的特殊性。这套教材以本科课堂教学为出发点，在整体编排上注重系统性，在每本教材中注意理论基础性与实践应用性相结合，既奠基铺路、培养兴趣，又为引导学生未来的进阶性学习做好必要准备。教材的编写者都长期活跃在本科教学第一线，在教材的内容和形式上充分考虑教师讲授和学生学习的便利。

我们希望，这套系列教材的出版和使用能够为学科通往成熟之路做好铺垫，培养出更多更优秀的建设者和后备人才。对于教育界同行，希望你们不吝赐教，与我们携手为建设具有时代风格、中国品格的劳动科学学科而奋斗；对于新一代学子，期待你们能借助这套教材实现梦想，驶入“自由王国”的光明之域，激荡出人生的壮丽图景。

最后，感谢中国人民大学领导、中国人民大学各部处（特别是教务处）、中国人民大学出版社的关心、指导和帮助，感谢每本教材编辑的辛勤劳动。还要感谢各位作者和为教材付出心血的院内同仁。不管留下的脚印是深是浅，所做的工作能否载入汗青，学科的历史终究要由大家继续创造。衷心希望学科的未来能由今天的读者们以更多更好的成果一起创造！

谨以这套系列教材作为中国人民大学劳动人事学院成立 35 周年的纪念。

杨伟国

中国人民大学劳动人事学院院长

PREFACE

前言

用工关系起源于工业革命，工业革命通过自由的劳动力市场和具有数千工人的大规模工业组织创造出现代劳动关系（employee-employer relations）。这种关系从劳动者被企业聘用后就自然产生，包括劳动者与雇主之间的权利与义务及其相关事项。现代意义上的劳动关系、人力资源管理等相关概念1910—1920年在北美地区产生，经过一百多年的发展，到现在人力资源管理与劳动关系管理出现了强劲的融合趋势，正如Kaufman（2001）指出的："事实上，当前工作场所内的多数雇佣问题都呈现出人力资源管理和劳动关系管理的融合，我们难以划分究竟是归属于人力资源管理领域，还是劳动关系管理领域。"理论界把人力资源与劳动关系（HRIR）作为单个的词语来描述一个宽泛的领域，既包括人力资源管理又包括劳动关系的制度性范式。在数字经济时代，个体的价值不断崛起，资本和劳动的边界逐渐模糊，人力资源管理和劳动关系管理实践的相互融合更是大势所趋。

因此，本教材将人力资源与劳动关系管理作为一个宽泛的整体领域，认为人力资源与劳动关系管理就是对劳资双方在工作场所形成的用工关系进行协调和管理，包含雇佣关系所有的研究方面和实践领域，一切工作场所中形成的劳动问题都应纳入人力资源与劳动关系管理的研究范畴。劳资双方在工作场所中的利益诉求集中表现在报酬与绩效两个方面，员工要报酬，企业要绩效，这是天经地义的事情。人力资源与劳动关系管理实质上就是一个在员工报酬与组织绩效之间寻求平衡的过程，是在不断的绩效沟通中把较差的纳什均衡推进到较好的均衡的过程。我们希望借助这本教材，帮助学习者理解人力资源与劳动关系管理的整体概念和融合趋势，让管理者从中了解人力资源与劳动关系管理的核心问题，并力求与快速变化的现实环境相吻合。

首先，从纵向的角度来看，在传统的工业文明下，资本雇佣劳动，劳动者是劳动力的载体，劳动力是商品，劳动者在劳动契约下作为主体把劳动力出租，因此强调劳动关系的从属性。但是到了新经济时代，个体的价值崛起，劳动者拥有了人力资本。人力资本作为一种主动资产，所有权权限仅体现在拥有它的人。目前，那些拥有高质量人力资本，尤其是拥有边际报酬递增生产力的异质性人力资本的劳动者，将会作为企业利润增长的核心，发挥不可替代的作用。因此，目前已经不再是单纯的资本雇佣劳动，劳动也可以雇佣资本，资本和劳动的边界逐渐模糊。劳动者成为企业利益相关者之一，人与组织的关系由雇佣关系变为合作关系，劳动关系双方为了一个共同的理念和使命，在一个远大目标的召唤下实现了利益共同体、事业共同体和命运共同体的用工管理。

其次，从横向的角度来看，人力资源与劳动关系管理的研究也经历了管理理念的变革，从单纯的人力资源与劳动关系管理发展到现在战略人力资源与劳动关系管理。一方面，本教材在讨论人力资源与劳动关系管理时，强调要上升到公司治理、企业战略的高度，认为人力资源与劳动关系管理本质上是要与企业战略浑然一体，跟公司业务协同共振。另一方面，战略人力资源与劳动关系管理的定位也发生了转变，要实现从成本中心向利润中心的转变，从事务中心向情报中心的转变，以及从支撑中心向决策中心的转变。

最后，随着科学技术的发展，人力资源与劳动关系管理也出现了新的发展趋势。伴随着信息科技、云计算等互联网技术的发展而兴起的共享经济模式，是一种充分利用闲置资源、挖掘过剩产能的拥有巨大价值的新型经济形态，它一方面带来了人力资源的共享模式，另一方面又对现行劳动法律体系下劳动关系的认定提出挑战；同时，在数字时代，技术变革、组织变革和思维变革也给人力资源与劳动关系管理带来了一系列机会和挑战，如人力资源与劳动关系管理数字化变革等，迫切需要我们对企业用工管理做出相应的理论突破和实践创新。本教材也在这方面做了一些探索。

人力资源与劳动关系管理是一门特别需要理解实践背景的课程，因此本教材致力于将教学和实践结合起来。每章都是从实践入手，也就是从引导案例开始导入，章后还设有思考题以及案例分析。这样的设计既有助于教师教学，也有助于学生自学。

本书按照模块化的方式，分成四个部分，共 16 章：第 1 编是对人力资源与劳动关系管理的综合介绍，共 2 章；第 2 编从流程的角度介绍如何进行人力资源与劳动关系管理，共 6 章；第 3 编从合法性与规范性的角度介绍如何进行人力资源与劳动关系管理，共 6 章；第 4 编介绍人力资源与劳动关系管理的新发展，共 2 章。

本书的撰写大纲和撰写要求由唐鑛教授提出，经团队成员反复讨论后确定，具体撰写分工为：唐鑛、林瑶负责第 1 章；杨振斌负责第 2 章；李彦君负责第 3 章；徐景昀负责第 4 章、第 5 章；李东辰负责第 6 章；郭沐蓉负责第 7 章；李潇负责第 8 章；薛鹏、唐也钦负责第 9 章；刘华、郑琪负责第 10 章；徐景昀、林瑶负责第 11 章；卢衍江负责第 12 章；朱云乐、毛磊负责第 13 章；刘兰负责第 14 章；韩易乔负责第 15 章；嵇月婷、张莹莹负责第 16 章。

书稿的顺利完成，有赖于写作组成员的共同努力和付出。在写作过程中，写作成员参考了大量的文章和书籍，在此对提供参考书籍和文章的作者，对所有直接和间接引述其成果的作者一并表示感谢！尽管我们付出了很大努力，但由于研究水平有限，疏漏之处在所难免，敬请读者批评指正。

唐鑛　嵇月婷

2021 年 12 月于北京

CONTENTS

目 录

第1编　人力资源与劳动关系管理导论

第2编　人力资源与劳动关系管理流程

第 1 编

人力资源与劳动关系管理导论

第1章 总论

学习目标

学完本章后，你应该能够：

- 掌握工业革命以来工作场所用工管理的认知演进。
- 重点掌握雇佣关系存续期内劳资双方行为与心理契约发展过程及工作场所的核心利益相关者等内容。
- 掌握劳动关系管理和劳动关系治理模型，明确其层次划分。
- 掌握人力资源与劳动关系管理冰山模型、人力资源与劳动关系管理三重境界的内涵。
- 了解管理经济学、法经济学研究范式。

引导案例

基于历史分析，人力资源（HR）管理和劳动关系（IR）管理在北美20世纪10年代有着相似的缘起：HR和IR作为一种渐进式的改革兴起于大学与商业领域，其目标是提升工作场所的效率、公平、人性化。

HR和IR两个领域是存在区别的。HR和IR兴起于20世纪10年代末期，当时存在三种解决雇佣问题的方法（策略）：雇主策略、雇员策略、社会策略。HR和IR对于上述三类方法（策略）俱有涉及，不过二者的侧重点大有不同。HR以提升组织效率为目标，关注雇主方面对于劳动问题的解决方法，并且积极检验、探索人力资源管理实践和管理层在雇佣过程中的角色扮演。反观IR，虽然同样重视组织的效率，但是尤为强调员工的利益。IR承认雇主在整个雇佣关系中的重要作用，同样强调工会与集体谈判的作用（雇员策略），强调劳动法律规制和社会保险的作用（社会策略）。

但是，随着社会的发展，当前工作场所内的多数雇佣问题都呈现出HR和IR的融合，我们难以划分究竟是归属于HR领域还是IR领域。在解决工作场所的雇佣问题时，我们也应当综合使用雇主策略、雇员策略和社会策略。因此，我们应当将HR和IR结合起来，定义为一个包容性的人力资源与劳动关系领域，用以分析效率、公平与发言权的核心地位和达到这些目标的不同机制。

资料来源：巴德．人性化的雇佣关系：效率、公平与发言权之间的平衡．北京：北京大学出版社，2007.

第 1 节　工作场所用工管理的认知演进

一　工作场所的人力资源与劳动关系管理

用工关系起源于工业革命，工业革命通过自由的劳动力市场和具有数千工人的大规模工业组织创造出现代劳动关系（employee-employer relations）。这种关系从劳动者被企业聘用后就自然产生，包括劳动者与雇主之间的权利与义务及其相关事项。

现代意义上的劳动关系、人力资源管理等相关概念是 1910—1920 年在北美地区，主要是美国产生的。此时的产业关系（industrial relations）概念囊括了与工作、生活相关的所有领域，反映了传统制造业中工会组织率高的体力劳动者与雇主之间的关系，因此很多时候大家对“产业关系”与“劳动关系”并不加以严格区分。随后，劳工关系（labor relations）和人事管理（personnel management，PM）两个概念作为劳动关系的组成部分逐渐被采纳。其中，劳工关系主要是从员工的视角考虑产业关系中出现的问题，重点关注的是员工的目标和需求，并希望通过集体谈判来谋求工人与雇主力量的平衡。人事管理则是从雇主的角度考虑企业管理，关注的重点是员工的招聘、考核、晋升和流转等具体用工管理实践。

20 世纪 60 年代之后，出现了两个明显的变化。第一个变化就是人力资源和人力资源管理（human resources management，HRM）概念的兴起及其对人事管理概念的逐步替代。值得注意的是，不仅仅是这一领域的称谓发生变化，该领域的观点也随之改变。正如 Dulebohn，Ferris，& Stodd（1995）所强调的：“HRM 与 PM 的内涵差异表现为：第一，PM 暗示人力资源是一种支出；HRM 却强调人力资源是组织的一种资产。第二，PM 认为人力资源管理子功能只是对于其他重要商业功能的一种反映、附属；HRM 却显示了一种前瞻性的方法，整合人力资源子功能，扩展并深化组织内部的人力资源管理功能、定位、战略重点。”①

另一个显著变化是人们对劳动关系理解的变化。之前的劳动关系被认为包含与工作场所相关的所有方面的内容，但是现在认为集体谈判才是劳动关系的核心内容，人们逐步将其研究的重点转向了工会、集体谈判和劳工政策等，而缺乏对非工会企业、微观层面企业制度的研究。话虽如此，但仍有大批学者坚守劳动关系研究的传统阵地，他们的研究范围不仅包含集体谈判及劳动政策等传统劳动关系的范畴，还触及与工作场所相关的用工管理

① Dulebohn J，Ferris G，Stodd J. The history and evolution of human resource management//Ferris G，Rosen S，Barnum D. Handbook of human resource management. New York：Blackwell，1995：18－41.

的各个领域。

目前，人力资源管理与劳动关系管理出现了强劲的融合趋势，正如 Kaufman（2001）指出的："事实上，当前工作场所内的多数雇佣问题都呈现出人力资源管理和劳动关系管理的融合，我们难以划分究竟是归属于人力资源管理领域，还是劳动关系管理领域。"① 理论界把人力资源与劳动关系（HRIR）作为单个的词语来描述一个宽泛的领域，既包括人力资源管理又包括劳动关系的制度性范式。因此，人力资源与劳动关系管理就是对劳资双方在工作场所形成的用工关系进行协调和管理，包含雇佣关系所有的研究方面和实践领域，一切工作场所中形成的劳动问题都应纳入人力资源与劳动关系管理的研究范畴。劳资双方在工作场所中的利益诉求集中表现在报酬与绩效两个方面，员工要报酬，企业要绩效，这是天经地义的事情。因此，人力资源与劳动关系管理实质上就是一个在员工报酬与组织绩效之间寻求平衡的过程，而员工报酬和组织绩效的本质是劳资双方的对等承诺和对等实现，这才是工作场所用工管理的主要矛盾和主要问题。另外，随着技术的发展，如何应对移动互联网和大数据与云计算时代的各种挑战，迫切需要我们对企业用工管理做出相应的理论突破和理论创新。

二 工作场所用工管理的理论创新和思想演进

亚当·斯密（Adam Smith）《国富论》1776 年出版以来的 200 多年时间里，工作场所用工管理的理论创新和思想演进大致经历了以下几个阶段。

（一）以工作为核心的用工管理

在这个阶段，亚当·斯密的劳动分工理论是企业部门设置和岗位分工的理论基础，亚当·斯密的劳动力思想是工作场所用工管理的理论渊源。在亚当·斯密关于用工管理的理论中有两个著名假设，即他在假设劳动力是同质的基础上还认定劳动力是为机器运行而配置的，劳动力是机器生产系统的一部分，随着生产力的提高，劳动者可以由机器来代替。

这个阶段另一个重要的管理思想就是 1911 年弗雷德里克·泰勒（Frederick W. Taylor）在《科学管理原理》中提出的必须采用科学管理来代替传统的经验法则，即专业分工、标准化和最优化思想。科学管理思想来源于泰勒对所管辖工人的观察结果，他注意到，工人们常常"磨洋工"，他们不是尽可能快地努力工作，而是蓄意拖延工作时间。因此泰勒通过大量实验研究，例如拌匀生铁实验、铲具实验、金属切割实验等，探索出一项最优的工作方法，创造性地把管理当作一门科学，将分析的力量带到了工厂车间。泰勒认为科学管理的本质就是 75%的科学加上 25%的常识。同时泰勒认为管理的主要目的是使劳资双方都得到最大限度的利益，实现这一目的的方式只能是提高劳动生产率，即每个工人都下定决心每天努力做尽可能多的工作。

泰勒之后，科学管理思想出现大批的追随者，例如卡尔·巴斯（Carl Bass）、弗兰克·吉尔布雷斯（Frank Gilbreth）夫妇等。亚当·斯密和泰勒的思想在福特的流水线上

① Kaufman B E. Human resources and industrial relations：commonalities and differences. Human Resource Management Review，2001，11（4）：339－374.

得到了完美的实现，科学的工作方法得到了普及。这一阶段，用工管理关注的核心问题是效率，即多即是好，追求更多的产量、更大的市场。这种以工作、效率为核心的用工管理思想，本质上体现的是最细化的分工，工人的工作不必关注整体就能实现效率最大化，否认劳动力的差异化。

（二）以组织为核心的用工管理

泰勒的科学管理理论之后，组织理论发展起来，用工管理理论从关注单一工作的效率最大化转向各个工作如何组织起来。核心代表人物有马克斯·韦伯（Max Weber）、切斯特·巴纳德（Chester Barnard）和阿尔弗雷德·斯隆（Alfred Sloan）等。

德国社会学家马克斯·韦伯在其著作《社会和经济组织理论》中提出，在新兴的工业化社会里，组织的根本形式是科层制。在科层制组织中，人们因工作而相处在一起；以等级制度进行组合，即低层级受到高层级的控制和监督；组织内有精心制定的升迁规则和部门界限；组织内的每个成员都担负着明确界定的责任；整个组织的目标是有效工作、创造效率。科层制组织的核心特征是严格的等级性、非人格性、执行既定的规则、工作成绩决定升迁、专业化的劳动分工和效率原则。

切斯特·巴纳德在其《经理人员的职能》中提出，社会中所有个人和组织的行为都直接或间接地相互联系、相互依存。他将组织定义为“两个或两个以上人员自决协调行为力量的系统”，其本质是实现单个人无法实现的目标的一种方法。组织具有价值观和特定的目标，二者应当转化为实际行动，而不应仅仅成为无意义的口号式激励措施。组织中的沟通非常必要，所有个体都应知道沟通渠道的情况，同时沟通渠道应当简单、直接，以使每个个体与组织的目标联系起来。同时他强调总裁的重要性，认为企业总裁不应是简单实现短期目标的独裁者，而应是组织价值和组织目标的培育者。现代管理学中关注的沟通、激励、目标和绩效等问题都可以在切斯特·巴纳德的讨论中找到源流。

阿尔弗雷德·斯隆则是从通用汽车的管理实践出发，为组织理论做出巨大贡献。他的成就主要有两方面：第一，斯隆创造了一种新的高度职业化、不带感情色彩的聪明经理阶层，他们在信息的基础上制定决策，而非依靠直觉。第二，斯隆创造了一种新的组织形式——事业部制，一种将分权与协调、集中控制相结合的组织模式。他将通用汽车划分为八个事业部，避免产品的内部竞争。斯隆让每一个事业部都有自己的价格档次和风格，让每一个事业部都对自己的商业运作负责。每个事业部都有自己的工程、生产和销售部门，但都受公司总部战略、财务等各个职能部门的领导。每个事业部是半自治的，但在各自的领域内要求做到维持市场份额和保持营利能力。斯隆的组织模式赋予了各个事业部前所未有的责任。斯隆的事业部制使大型组织中推广分权制成为一种趋势，让大企业在规模膨胀的过程中避免变得笨重。可以看到，这一阶段用工管理思想的核心是组织，关心工作如何组织起来可以达到效率最大化。

（三）以人为核心的用工管理

用工管理思想从关注工作、组织转向关注人这一核心主体起源于霍桑试验。1927—1932 年乔治·艾尔顿·梅奥（George Elton Mayo）通过对西方电气公司的霍桑工厂进行试验，试图解释：人们如何在工厂里工作？人们在实际工作中关心什么？什么因素能激励人们进行工作？影响人们精神和生产力的因素是什么？他发现，即使是看起来组织得很好、管理得也很好的小组，事实上也是一个复杂的人际关系网络，其中的权力分配是动态变化的，人们在一起工作一段时间后，很容易形成自己的地位系统、文化和结构，人们强烈希望与那些同自己一起工作的人保持联系。如果管理层忽视或错误地对待这种人性的愿望，必然会导致管理的失败。泰勒发现了工作的价值，福特探索出大规模生产的工作，斯隆将工作组织起来，但没有人意识到是人这个核心主体在工作。而霍桑试验是一个例外，这一次人得到了公正、体面的对待。

霍桑试验之后，以人为核心的人际关系学派激励理论迅速发展起来，其中有代表性的有亚伯拉罕·马斯洛（Abraham Maslow）的需求层次理论、弗雷德里克·赫茨伯格（Frederick Herzberg）的双因素理论、道格拉斯·麦格雷戈（Douglas McGregor）的X－Y理论。马斯洛把人的需求从低到高分成生理需求、安全需求、情感需求、尊重需求和自我实现需求五个层次。五种需求可以分为两级，其中生理需求、安全需求和情感需求属于较低一级的需求，这些需求通过外部条件就可以满足；而尊重需求和自我实现需求是高级需求，只有通过内部条件才能满足，而且一个人对尊重和自我实现的需求是无止境的。一般来说，某一层次的需求相对满足了，就会向高一层次发展，追求更高层次的需求就成为驱使行为的动力，相应的，被满足的需求就不再构成激励。赫茨伯格则认为，引起人们工作动机的因素主要有两个：一是保健因素，二是激励因素。保健因素包括物理工作条件、薪资、公司政策、行政管理实践、福利和职业安定、人际关系等，这些因素都是外部因素，不足以提供激励。激励因素包括成就、个人成长、工作满意和得到赏识，这些目标来自工作本身而非外界奖惩。保健因素的满足不足以提供持续性激励，但若未被满足会引起工作不满；激励因素被满足才可以提供持续激励。麦格雷戈是人际关系学派最有影响力的思想家之一，在其代表作《企业的人性面》中，他提出了著名的X理论和Y理论。X理论认为，一般的人天生不喜欢工作，如果可能就会尽量避免工作；因此为了使工人按照组织的目的付出足够的努力，必须使用逼迫、控制、指挥及以惩罚相威胁等手段；这类人情愿受人指导，希望逃避责任，缺乏进取心，把个人安全看得最重要。而Y理论则认为，人并非天生不喜欢工作；外部的控制和惩罚性威胁不是促使人们为企业目标付出努力的唯一手段；人们在工作中更看重工作成就和自尊心的满足；在一定条件下，大多数人会主动承担责任；在解决组织面临的问题时，大多数人都具有较高的想象力和创造力。这三位学者的理论为“什么能对人产生激励”这个看似简单的问题提供了答案。

以人为核心的用工管理理论在以彼得·德鲁克（Peter Drucker）为代表的人力资源管理理论和以西奥多·舒尔茨（Theodore W. Schultz）、加里·贝克尔（Gary Becker）为代表的人力资本理论时期逐渐成熟。德鲁克在1954年出版的《管理的实践》中第一次提出了“人力资源”的概念。在讨论如何管理员工及其工作时，德鲁克明确指出“和其他所有资源相比较而言，唯一的区别就是它是人”，人这种资源具有当前其他资源所没有的素质，即协调能力、融合能力、判断力和想象力。20世纪60年代初，哈佛大学的舒尔茨认为人力资本主要是指凝结在员工身上的知识、技能及其所表现出来的工作能力。人力资本具有四大经济特点：人力资本的创造性、人力资本创造力的本体性、人力资本创造力的无限性和人力资本的自有性。芝加哥大学的贝克尔进一步研究了人力资本形成和获得过程中教育和家庭的作用。舒尔茨和贝克尔的人力资本理论与德鲁克的人力资源理论都强调员工的异质性，但人力资本理论更强调人力资本的形成和获得，强调教育和培训对员工全面发展的重要性，是对德鲁克只关注人力资源使用和激励的差异性理论的进一步深化和扩展。

以人为核心的用工管理理论在战略人力资源管理时期发展到新阶段。20 世纪 80 年代以来工作场所用工管理中流行的战略人力资源管理理论包括人力资源管理角色理论、人力资源产品线思想和人力资源管理的经济学分析等几大模块。密歇根大学的戴维·尤里奇（Dave Ulrich）认为，人力资源专业人员在企业用工管理中扮演着四种角色，即战略伙伴角色、行政人事专家角色、组织变革推动者角色、员工领导者和员工支持者角色。尤里奇的人力资源管理角色理论将传统的工作场所用工管理真正提升到战略管理的高度，从理论与实践相结合的角度构建了系统的、全面的现代用工管理操作系统。在尤里奇等人的基础上，南加州大学的爱德华·劳勒（Edward E. Lawler）进一步提出了人力资源管理的三条产品线理论，即第一条产品线是行政支持服务，第二条产品线是商业伙伴服务，第三条产品线是战略伙伴服务。劳勒的三条产品线理论使人力资源部门彻底摆脱了过去作为一般职能辅助部门的地位，把人力资源部门上升为真正的价值创造部门（商业部门）。原芝加哥大学，现斯坦福大学的爱德华·拉泽尔（Edward P. Lazear）从价值和效率的角度分析研究企业制度结构里面最为核心的“人事”管理制度，他强调人力资源管理者必须更多地关注工作的有效产出，必须对管理行为进行成本收益分析，而不能仅仅致力于所从事的工作和行为本身。拉泽尔开创的“人事管理经济学”明确指出工作场所用工管理的每一个环节和步骤都必须且能够给企业创造商业价值，人力资源管理活动必须且能够创造投资者、直线经理以及员工都认同的价值。

（四）21 世纪以来的用工管理

进入 21 世纪以来，人力资源与劳动关系管理同组织战略、组织业务的结合出现更加紧密的趋势。主要代表是人力资源管理三支柱模型和稻盛和夫阿米巴管理模式。人力资源管理三支柱模型的理论来源是 20 世纪 90 年代战略性人力资源管理的四角色理论，四角色理论认为人力资源管理是战略伙伴、员工后盾、行政专家和组织变革推动者，后演化为人力资源管理三支柱模型。三支柱模型认为人力资源部门的客户包括高层管理人员、中层直线管理人员和员工。高层管理人员主要关注组织结构设计、人才规划、组织变革管理、公司人才大数据分析等战略层面问题。中层直线管理人员的需求主要集中在部门人力资源数据分析、团队建设咨询辅导、部门人员激励方案等方面。员工的需求主要有入职手续、劳动合同、档案管理、绩效咨询、薪酬发放、人事制度咨询等方面。基于以上三大内部客户的需求，三支柱模型将传统的 HR 角色一分为三，如图 1-1 所示。

HRBP（HR business partner）即人力资源业务伙伴，这一角色满足各个业务部门直线管理者的实际需求，将专业的人力资源服务人员配备到各个业务团队，提供咨询服务和解决方案，这是人力资源管理从根本上打破其传统行政职能、真正贴近业务需求的关键角色。HRCOE（HR center of expertise）即人力资源专家中心，定位于人力资源领域的专家，主要满足公司高层管理人员的需求，凭借其专业技能和实践经验，提供业务导向的人

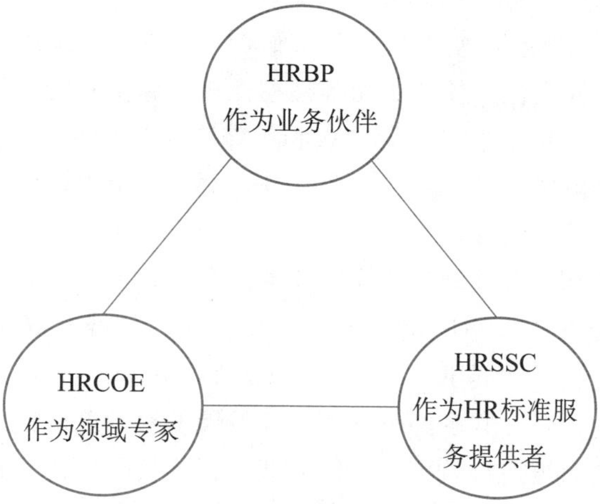

图 1-1 人力资源管理三支柱模型

力资源规划制定、组织结构梳理、定岗定编方法、绩效考核方案、薪酬方案等专业咨询服务，同时为 HRBP 的实际工作提供技术支持。HRSSC（HR shared service center）即人力资源共享服务中心，职能是将前二者从日常的人力资源工作中解放出来，满足公司广大员工的需求，负责诸如劳动合同、档案管理、入职手续、薪酬发放等人力资源管理的标准化、常规化、流程化、同质化工作。三支柱模型致力于解决公司规模扩大过程中出现的 HR 高高在上远离实际业务、中层业务主管和员工需要 HR 支持难以获得、人力资源管理工作缺乏针对性和灵活性、仅针对事务性工作不能对业务线进行一对一辅导、不能提供集成化内部人力资源管理问题解决方案等问题。

阿米巴经营模式是由稻盛和夫独创的一套独特的管理模式。阿米巴指的是工厂、车间中形成的最小基层组织，也就是最小的工作单位，可以是一个部门、一条生产线、一个班组甚至每个员工。每个人都从属于自己的阿米巴小组，每个阿米巴小组平均由十多人组成。每个阿米巴小组都是一个独立的利润中心，像一个中小企业那样活动，虽然需要经过上级的同意，但是经营计划、实绩管理、劳务管理等所有经营上的事情都由他们自行运作。每个阿米巴小组都集生产、会计、经营于一体，再加上各个阿米巴小组之间能够随意分拆与组合，这样就能让公司对市场的变化做出迅速反应。一个人可以参加多个阿米巴组织，在一个项目组里当领导者，在另外一个项目组里当执行者。员工的多能性是阿米巴组织的基础。公司的考核指标直接落实到大大小小的项目组。考核指标里最重要的是毛利指标，利润中心的下沉是阿米巴组织存在的体制保证。阿米巴组织可以使每个人最大限度地接近一线，减少了层级官僚气息，减少了企业内的沟通成本，使整个企业的每一个部分都直接对接市场和客户，大大提高了组织效率，体现了人力资源与劳动关系管理同业务线的充分融合。

21 世纪用工管理的第二个重要趋势是工作本身的特征发生天翻地覆的变化，体现在 O2O（online to offline）模式下的云工作模式和 P2P（peer to peer）共享经济下的新型工作模式。随着互联网技术的发展，企业生存的外界环境随时都在发生变化，这使越来越多的组织接受的日常工作呈现自动化与分散化的特点，松散、灵活、自主自发的工作模式日益发展，云工作的概念逐渐被人们熟知。云工作借助互联网技术，统一线上（online）和线下（offline）两种工作形态，使工作本身突破时间和地点的限制，带来了开放、分享、协作、互动、碎片化、社交化、任务驱动等移动互联网时代新的工作趋势。云工作突破了传统雇佣关系中的工作，其概念扩展为“人和工作岗位的接触”。从企业的角度看，云工作为企业迅速应对外界市场变化提供了重要支撑；而对员工来说，云上办公为其工作生活的平衡、工作时间地点的灵活性提供了平台。

另外，在移动互联网技术推动商业模式变革的今天，传统行业开始重构商业价值、颠覆业务体验、改变对接方式以适应市场需求。在国外，爱彼迎（Airbnb）、优步（Uber）等共享经济企业异军突起，发展迅速，相当引人注目；在国内，滴滴出行等专车企业成为我国共享经济平台的先行者。共享经济利用迅速发展的移动互联网平台，重新整合利用那些由于个性化诉求较高而被追求效率的传统商业忽视的社会资源，极大地提高了社会资源的使用效率。共享经济缔造出了全新的 P2P 用工模式。P2P 用工模式不仅仅是“不稳定的、有条件的短期雇佣”或者“非典型雇佣”（non-standard employment），更是创业者与用户建立联系的一种手段。共享经济型企业不需要直接聘用员工，更不需要为其缴纳社保、提供劳动保护；企业只是提供一个共享的平台，而在这个平台上工作的个体仅仅使用这个平台的交互信息，提供自己所能提供的服务，个体在工作的同时也使用自身的生产资料，将自己的私有化资源进一步利用。我们可以将其理解为颠覆性的革新，也可以将其归入碎片化的非典型性就业。这种基于 P2P 共享经济的新型工作形态，将工作的概念再次放大，工作的边界也进一步模糊化。

21 世纪用工管理的第三个重要趋势是资本和劳动的边界模糊化，员工持股计划和合伙人制应运而生。长期以来，雇佣制的典型特征是资本雇佣劳动，大股东是老板，资本与员工相对割裂，公司治理方面资本拥有绝对话语权，利益分配方面更多倾向资本而非员工。员工持股计划则使员工和资本结合。事实上员工持股计划在 20 世纪 50 年代就已经被提出，1956 年路易斯·凯尔萨（Louis Kelso）创立了美国历史上第一个员工持股计划，1958 年他在《资本主义宣言：如何用借来的钱让 8 000 万工人变成资本家》中系统提出了员工持股计划的思想。1986 年凯尔萨夫妇在《民主与经济的力量》一书中提出了三条道路思考：第一条道路是社会主义道路；第二条道路是资本主义道路；第三条道路是经济力量。所谓经济力量就是把劳动者变成资本工人，进行身份转化。这样，一方面，员工作为劳动工人，取得工资、奖金、福利保险，用于养家糊口；另一方面，员工作为资本工人，以内部持股的形式，取得股票收益、分红等，积累个人财富。对于企业来说，员工持股计划作为一项制度，为企业的发展注入了经济与民主两种力量：民主的机制是员工作为股份的持有者，可以参与公司的管理决策，调动员工积极性；经济的力量在于通过物质方面把企业和员工进行利益绑定，促进员工与企业结成利益共同体、事业共同体和命运共同体。21 世纪以来，美国硅谷的绝大多数科技企业都采取员工持股计划，最大限度激励员工，发挥其人力资本价值。在未来，人作为核心要素，其创造性会发挥越来越重要的作用，对人的激励将会持续成为未来用工管理的核心问题，员工持股计划也将作为一项重要的企业、社会经济制度继续实施下去。

在公司治理层面，合伙人制时代或将来临。在过去，创业者一人包打天下；但进入新时代，合伙创业已经成为互联网时代成功企业的标配。所谓合伙人制，就是要在创业初期的团队构建阶段，搭好公司的股权结构，为充分发挥各个合伙人的积极性打下制度基础。合伙人制要回答以下几个问题：公司是否有明确的一把手？创业团队是否完全按出资比例分配股权？创业团队是否签署了合伙人股权分配协议？创业合伙人是否有退出机制？外部投资人是否控股？是否给未来管理团队与员工预留了一定比例的股权？在大众创业、万众创新的今天，在创业的初期搭建公司合伙人制度框架，在公司发展过程中通过股权结构设计和内部管理制度设计，避免外部恶意收购，保持公司活力，已经成为未来公司治理、人力资源与劳动关系管理的重要趋势。

第 2 节　人力资源与劳动关系管理的核心范畴

一　雇佣关系存续期内劳资双方行为与心理契约发展过程

在任何一本西方经济学的教材中，理论学习的第一张图都是在纷繁复杂的社会现象中抽象出厂商和消费者两个最核心的主体以及产品市场和要素市场，从逻辑上提炼厂商、消费者、产品市场及要素市场之间的物流方向和货币流向，将复杂的社会经济运行过程进行最简单的抽象概括，并在一定的前提假设下分析各个经济学问题。

与经济学一样，在人力资源与劳动关系管理的学习中，第一张图的重要性毋庸置疑，这张图从纷繁复杂的雇佣领域的现象中抽象出最关键的主体，归纳出主体之间的互动关系。人力资源与劳动关系管理认为，雇主与雇员是劳动关系最核心的两个主体，二者的关系可以通过流程梳理，将雇佣关系的存续阶段划分为雇佣前阶段到招募阶段、早期社会化阶段、后期经历阶段、组织变化与变革阶段。在不同的阶段，劳资双方的行为和心理契约呈现不同的发展特点，如图 1－2 所示。

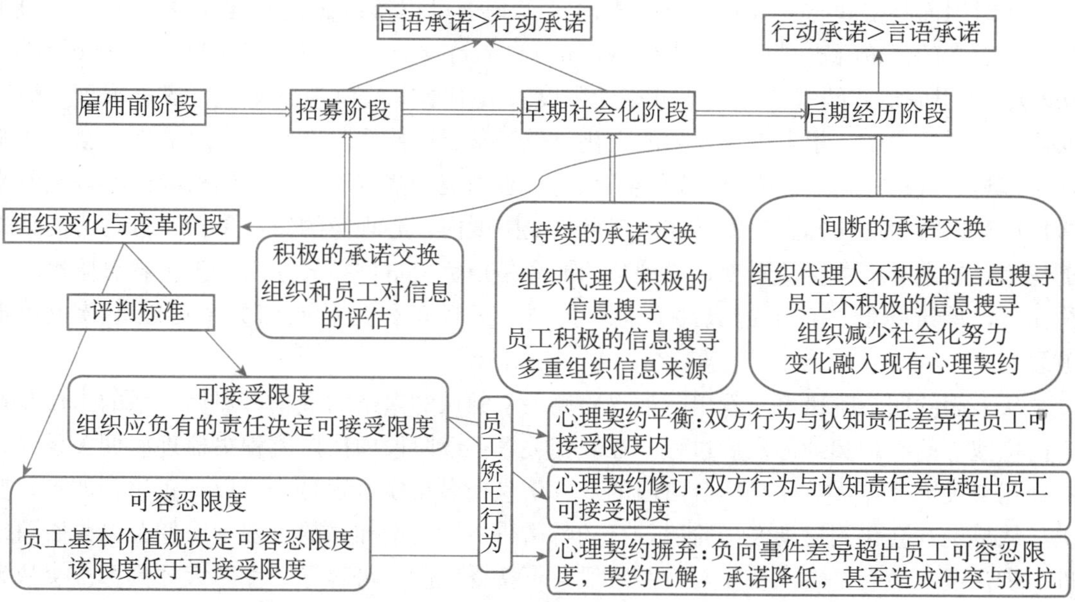

图 1－2　雇佣关系存续期内劳资双方行为与心理契约发展过程

（一）雇佣前阶段到招募阶段

雇主与雇员双方在建立雇佣关系前，各自是独立的个体。员工正式成为组织一员之前首先进入招募阶段，此时的雇佣关系尚未真正形成，雇主和雇员都通过信息搜寻，了解对方与自己是否匹配。企业通过开发笔试、面试、管理评价中心等正式和非正式的工具，测评和测量员工的能力、态度和价值观是否适合成为组织的一员，员工也在招募阶段通过与组织的沟通交流、信息搜寻等方式，判断自身与组织是否匹配。这个阶段的核心特征是双方进行积极的承诺交换，组织和员工双方进行信息评估。因为双方的了解首先是基于言语和表达，所以此阶段言语承诺大于行动承诺。

（二）早期社会化阶段

双方在招募阶段后初步进行匹配，员工进入组织进行早期社会化。这个阶段双方还在进行信息交换，通过试用期、培训、轮岗等制度进行更深层次的了解。这个阶段的核心特征是进行持续的承诺交换，组织代理人、员工双方都在进行积极的信息搜寻，同时考察多重组织信息来源。这个阶段也是言语承诺大于行动承诺。

（三）后期经历阶段

早期社会化阶段过后，组织和员工互相有了真正深入的了解。因为前期的信息搜寻已经进行得非常彻底，在这个漫长的雇佣关系存续阶段双方不会再对对方进行更多的信息搜寻，所以这个阶段的核心特征是组织代理人、员工进行不积极的信息搜寻，组织会减少社会化努力，双方将发生的变化融入目前的心理契约当中。由于双方的深入了解，此时言语承诺不如前两个阶段重要，取而代之的是实际的行动承诺。

（四）组织变化与变革阶段

在组织面临变化与变革时，组织中的员工是否可以继续跟组织走下去，或者另谋他就，其根本的评价标准是可接受限度（limit of acceptance）和可容忍限度（limit of tolerance）。组织应负有的责任决定了可接受限度，员工基本价值观决定了可容忍限度，该限度低于可接受限度。根据组织发生的变化，员工基于可接受限度和可容忍限度，会发生三种心理契约矫正行为，分别是心理契约平衡、心理契约修订和心理契约摒弃。心理契约平衡是指双方行为与认知责任差异在员工可接受限度内；心理契约修订是指双方行为与认知责任差异超出员工可接受限度；心理契约摒弃是指负向事件差异超出员工可容忍限度，契约瓦解，承诺降低，甚至造成冲突与对抗。员工矫正行为后雇佣关系可能存续也可能破裂。

从上面的四个阶段可以看出，抽离雇佣关系领域的繁杂的现象，雇佣关系的本质是基于信息搜寻的心理契约的发展过程。在雇佣关系存续阶段内按照流程去梳理雇佣关系可以看到几个关键节点：首先是招募阶段的双方信息搜寻交换过程是否可以真正进行匹配；其次是从早期社会化到后期经历阶段，行动承诺重要性逐渐加强的过程中雇佣关系是否可以进一步存续；最后是组织变化与变革阶段，可接受限度与可容忍限度两大评判标准会决定在组织发展的下个阶段是否还是和原来的员工共同成长。

这个流程梳理后，下面将对人力资源与劳动关系管理的众多内容进行体系化梳理。这里应该明确，人力资源与劳动关系管理的核心利益相关者始终是雇主与雇员，那么繁杂的人力资源与劳动关系管理的内容如何体系化？这就是劳动关系管理和劳动关系治理模型的内涵。

二　人力资源与劳动关系管理的核心利益相关者：雇主与雇员

人力资源与劳动关系管理始终强调工作场所的核心利益相关者是雇主与雇员，劳动关系的概念也是劳资双方在工作场所形成的用工关系。首先，这种关系得以存续的基础和最深层次原因是绩效与报酬的对等承诺和对等实现，任何一方违背都会使劳动关系出现问题甚至破裂。其次，劳动关系的发展必须建立在企业平台发展的基础上，没有企业平台，就没有雇主与雇员双方，劳动关系就不复存在。最后，劳动关系必须是基于企业战略、基于未来的，人力资源与劳动关系管理战略支撑着企业的产品、研发、市场等战略。

（一）基于绩效与报酬对等承诺和对等实现的雇主雇员关系

劳动关系是劳资双方在工作场所形成的用工关系。劳动关系的利益相关者是雇主与雇员双方，劳动关系得以存续、发展的基础是绩效与报酬的对等承诺和对等实现。绩效即劳动生产率，是决定员工工资的唯一深层次因素，正如价值之于价格。劳动力市场供求、物价水平、集体谈判等因素都是决定工资的外在条件，受到外在因素的影响，工资会出现偏离其劳动生产率的情况。故在某一时间点可能工资水平偏离劳动生产率水平，但是工资总是围绕劳动生产率水平上下波动。另外，从博弈论的角度来看，绩效与报酬的对等承诺和对等实现是实现长期博弈的基础。在短期博弈中，雇主与雇员双方都有提出更高的绩效和报酬水平的动机；但是在长期雇佣的长期博弈过程中，只有报酬与绩效对等承诺和对等实现，才能保证劳资双方有互相信任的基础，在此基础上打造劳动关系利益共同体、事业共同体、命运共同体和使命共同体。

（二）基于企业平台发展的雇主雇员关系

新制度经济学理论提出，随着大型公司的股权普遍分散化，公司治理结构开始倾向于注重股东以外的其他利益相关者——“已向公司贡献了专用化资产，而这些资产又在企业中处于风险状态的集团和人”。企业作为一个平台，是各个利益相关者活动交互的最基础单元。企业的利益相关者分为三个独立的群体，分别是组织的利益相关者（企业内部的）、经济的利益相关者和社会的利益相关者（企业外部的）。组织的利益相关者包括董事、雇员、股东、执行主管等；经济的利益相关者包括顾客、竞争者、债权人、经销商、供应商、工会等；社会的利益相关者包括社区、环境、政府、媒体、非营利和非政府组织。各方利益相关者组成了一个以企业为核心的利益相关者同心圆，其中圆心是组织的利益相关者，然后是经济的利益相关者和社会的利益相关者，如图 1－3 所示。

人力资源与劳动关系管理认为企业不是某个自然人的化身，而是企业法人，其本质是

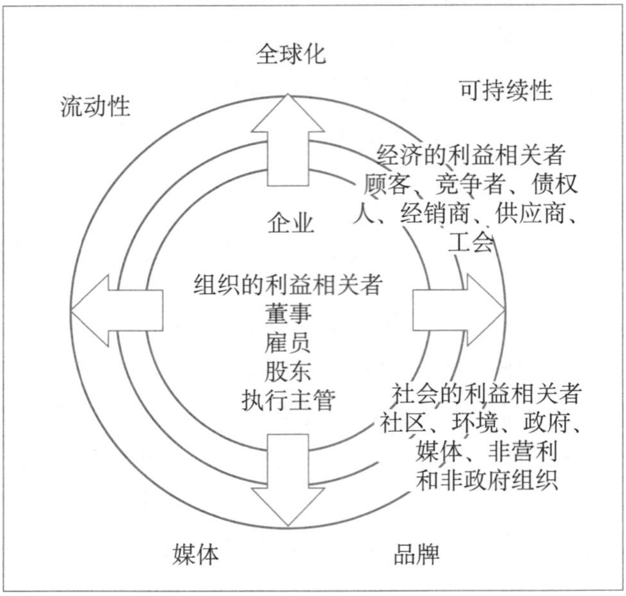

图 1-3　利益相关者模型

资料来源：钱德勒，等．战略企业社会责任：利益相关者、全球化和可持续的价值创造．大连：东北财经大学出版社，2014.

社会财富和工作岗位的创造者，是和谐劳动关系构建的物质基础和物质保障，是各个利益相关者赖以生存的平台，“企业”的概念远不能等同于“老板”。雇主和雇员的联结纽带是企业，没有企业就也就没有劳动关系存在。没有实现企业平台的发展，雇主和雇员都不可能单独发展。因此，雇主和雇员应该在企业这个平台上通过合作和竞争机制，在生产领域促进效率，在分配领域实现公平，追求利益相关者收益总和的最大化。如果雇主或者雇员的行为损害了企业平台的发展，那么该行为就应该通过共同契约加以禁止。

（三）基于企业战略层面的人力资源与劳动关系管理

本书所论述的人力资源与劳动关系管理，是基于企业战略、基于未来的。在企业战略层面思考的人力资源与劳动关系管理，首要问题是人力资源与劳动关系管理是如何促进组织实施战略，如何帮助组织活下去、活得好、实现可持续发展的。第一，人力资源与劳动关系管理应该在公司治理、组织结构、岗位管理、人员招募、绩效管理、薪酬管理、民主管理、员工职业生涯管理等方面通过制度化设计为组织战略服务，同时按照组织的战略不断进行调整优化。第二，应该明确人力资源与劳动关系管理战略在组织整体战略中的定位和功能。企业的战略分为很多种，例如研发战略、销售战略、产品生产战略等，如果对不同的战略进行等级评价，人力资源与劳动关系管理战略应该是企业的二级战略、派生战略，这与其本身的性质是吻合的。人力资源与劳动关系管理首要任务是辅助企业的业务线，实现企业的业务增长和可持续发展。企业的首要目的是创造客户，直接对接企业客户需求的是企业的产品、研发、销售等部门，这些业务部门是直接为企业创造收入、实现企业发展的核心动力。人力资源与劳动关系管理的定位则是服务这些一线业务部门，使其更好地实现业务职能。如果人力资源与劳动关系管理战略成为企业单独的一级战略，作为职能性战略成为企业的战略重点，说明企业战略脱离了客户和市场，会损害企业效率和可持续发展动力。

三　劳动关系管理和劳动关系治理模型

（一）劳动关系管理和劳动关系治理模型的内涵

本书所讲人力资源与劳动关系管理是一个广义概念，其具体内容和内涵包括微观层面的劳动关系管理和中观、宏观层面的劳动关系治理，如图 1－4 所示。

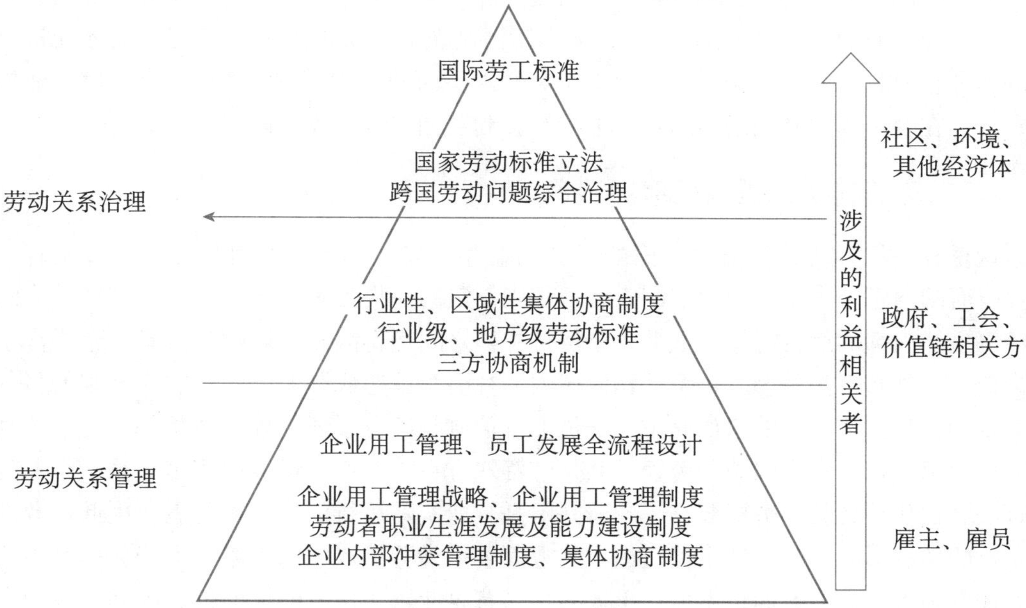

图 1－4　劳动关系管理和劳动关系治理模型

第一个层面偏重微观，是以企业内部雇主与雇员在劳动过程中形成的自治关系为基础的劳动关系管理（labor relations management，LRM）体系。这个层面的核心利益相关者是雇主与雇员，内容包括基于多元论的企业用工管理、员工发展全流程设计，涵盖全部工作场所内调整雇主与雇员之间关系的制度。第一，从雇主的角度来看，LRM 的内容包括企业用工管理战略和企业用工管理制度两部分。企业用工管理战略包括根据企业竞争战略制定的人力资源与劳动关系管理的实施战略、人力资源规划、对业务部门的服务支撑方案等。企业用工管理制度的内容非常广泛，包括公司治理、组织结构设计、岗位管理、人员招募管理、员工培训制度、绩效管理、薪酬管理、劳动关系管理、劳动纪律等方面，涵盖从用工开始到结束的全流程制度设计。第二，从员工的角度来看，LRM 的内容包括劳动者职业生涯发展及能力建设制度，包括员工职业生涯规划、晋升通道、员工能力培训、员工支持计划等，其核心关注的是实现员工和组织的共同发展、共同成长。第三，雇主与雇员之间的沟通和对话机制，包括企业内部冲突管理制度、集体协商制度和其他员工民主管理的形式，通过在微观工作场所的沟通制度建设，预防、解决双方的矛盾冲突。

第二个层面偏重中观和宏观，是以社会中劳方、资方和政府以及其他利益相关者在互动过程中所形成的协调关系为基础的劳动关系治理（labor relations governance，LRG）体系。中观层面包括行业、区域劳动关系治理，涵盖了行业性、区域性集体协商制度，行业级、地方级劳动标准，三方协商机制等劳动关系治理制度。中观层面的 LRG 不仅仅涉及雇主和雇员这两个利益相关者，政府、工会、价值链相关方都作为直接的利益相关者参与到劳动关系的综合治理当中。各利益相关者在博弈过程中形成了多层级劳动标准决定和调整机制、各方合作对话机制。宏观层面包括国家劳动关系治理及国际劳动关系治理，内容涵盖国家劳动标准立法、国际劳工标准、跨国劳动问题综合治理等。宏观层面的 LRG 涉及更多利益相关者，社区、其他经济体甚至环境都成为其重要的利益相关者。

人力资源与劳动关系管理的两个层面是互相联系、不可分割的。微观层面的 LRM 是中观、宏观层面的 LRG 的基础，只有真正搞清楚企业内部的实际用工情况后才能进行科学的产业治理；中观、宏观层面的 LRG 对微观层面的 LRM 进行规制约束，使企业内的劳资行为在合理的规则网络下运行，追求社会利益相关者的收益最大化。

（二）劳动关系治理中政府的角色

这里我们将劳动关系治理层面的重要利益相关者——政府的角色做进一步阐释。第一，政府的角色首先是一个规则制定者。规则制定的前提是政府充分考虑治理区域内的各个经济主体内部的运行规律，把握各个经济主体之间运行的相互影响，考察一个经济主体行为造成的外部性是否会对整个管辖区域内的社会福祉造成影响。政府制定规则的目的是约束企业行为，使企业的诸如雇主、雇员、价值链相关方、环境等利益相关者的总体利益最大化。第二，本书中强调的劳动关系是劳资双方在工作场所形成的用工关系，企业的内部核心利益相关者就是劳资双方，政府并不是企业实际运行的直接参与者。因此，政府伸入企业的“有形的手”必须审慎权衡：一方面要平衡劳资双方的力量，不能偏袒其中任意一方任其独大；另一方面也不能插手太多，违背企业自主用工的灵活性原则和劳动力市场自发调节的客观规律，损害雇主与雇员双方的利益。

（三）劳动关系治理中价值链相关方的角色

随着世界经济全球化的发展，劳动关系治理的范畴也逐渐走向国际化。哈佛大学商学院教授迈克尔·波特（Michael Porter）认为，“每一个企业都是在设计、生产、销售、发送和辅助其产品的过程中进行种种活动的集合体。所有这些活动可以用一个价值链来表明”。企业在整个产业链上进行分工协作，因此受到价值链上其他相关方的影响。目前跨国经营的大型品牌公司（多为发达国家的品牌零售商和经营商）例如苹果（Apple）等会在整个供应商链条推行自己的行为守则（code of conduct），用于规范其全球供应链中的劳动条件和劳工待遇。尽管内容和形式各异，但是多数公司的行为守则都以国际劳工组织的核心条款（包括禁止使用童工、禁止强迫劳动、职业无歧视、保护自由结社和集体谈判等条款）为蓝本，同时包括职业安全与健康、工资、工时和女工保护等方面的内容。作为产业链的龙头企业，其推行的行为守则实际上对下游厂商的人力资源与劳动关系形成了直接的压力机制。这一趋势出现的背景是消费者运动的兴起。消费者在消费某种产品时发现产品的某些零部件采购自血汗工厂或劳动条件极端恶劣的工厂，会自发抵制该产品。厂商为了赢得客户，就有动力和压力制定自己的价值链行为守则，推行更高水平的劳动标准。这一价值链的传导机制实际上是非常显著而影响深远的，对于劳动力价格低、劳动条件差甚至采用童工的地区，这一价值链压力机制对其企业内部的人力资源与劳动关系管理的扭转力度尤为显著。

第3节 人力资源与劳动关系管理的价值塑造及研究范式

一 人力资源与劳动关系管理的价值塑造：合理、合情、合法

从上面的劳动关系管理和劳动关系治理模型可以看出，无论是微观层面的雇主与雇员关系的建立、存续，还是中观、宏观层面的劳动关系治理，这些行为和实践需要一个集中化的价值观塑造和价值评判标准。人力资源与劳动关系管理认为，对于一切雇佣领域的制度、行为，其基本的价值追求和价值判断都是合理、合情、合法。这就是人力资源与劳动关系管理冰山模型的内涵。

人力资源与劳动关系管理冰山模型是在企业社会责任兴起的背景下提出的。近年来发生的一系列天灾、人祸无一不考验着企业的社会责任，企业社会责任也受到社会各界的极大关注。基于利益相关者的企业社会责任理论是目前该领域的主流理论，它强调企业要对股东、员工及其他相关者承担责任。在企业社会责任的各种阐释中，无一例外都将企业的经济责任放在了首位，同时也将员工的利益，诸如员工的工资报酬、劳动时间、社会保障、职业安全等纳入其分析框架并作为重要内容。

在阿奇·卡罗尔（Archie Carroll）提出的企业社会责任金字塔模型中，第一层次的经济责任所占权重为4，第二层次的法律责任为3，第三层次的伦理（ethical）责任为2，第四层次的慈善/自愿（philanthropic）责任为1——这就是企业社会责任理论中著名的“4—3—2—1卡罗尔结构”。依据卡罗尔的这一划分，第一和第二层次的企业社会责任被看作企业赖以生存的社会责任底线，也可以说是企业最基本的社会责任。卡罗尔的企业社会责任金字塔模型告诉我们：一个没有盈利的企业最终是不可能存活下去的，一个不遵守社会法律的企业最终是无法立足的，一个不能保证员工基本利益的企业最终是不可能发展壮大的。可见，企业社会责任其实质就是企业可持续发展的伦理学基础，它应该包括两个方面：一是在组织内部，企业要为投资者创造利润，为员工提供安全劳动环境和合理的薪酬福利待遇，实现企业和员工的共同发展；二是在组织外部，企业要向社会提供物质产品和服务，依法纳税，不得侵害消费者的合法权益，主动承担对自然环境和其他社会利益相关者的义务。

正是基于以上分析，我们提出人力资源与劳动关系管理冰山模型，如图1-5所示。该模型包括合法、合情、合理三个层面的内容。模型中的合法主要是指人力资源与劳动关系管理要遵守现行的以劳动法和劳动合同法为代表的各种劳动法律法规。尽管企业担负社会责任的内容、方式以及所指向的对象不尽相同，但企业首先必须合法地获取利润，自觉

承担起对企业员工的责任，特别是对员工工资报酬的责任和义务。一方面，能够让员工获得与其贡献相匹配的经济收入，从而保障员工自身的生存与发展，维护员工的正当权益；另一方面也能够让员工体面地、有尊严地继续从事生产活动，从根本上改善劳动关系，实现劳动关系的和谐发展。这是人力资源与劳动关系管理冰山模型浮在海面部分的主要内容。模型中的合情主要是指企业的劳动关系管理实践要以人为本，把员工视为企业的利益相关者，进行动态的人性化管理，其目的是确保企业用工过程的平滑性和可预见性，实现劳动关系的健康和谐，化解劳动争议，避免劳动冲突。企业只有通过劳动关系管理的最优实践，把企业劳动关系的政策、实践、方法、手段等构成一种控制系统，并将该系统纳入组织的发展战略，才能最终实现企业和员工的共同发展。合情层面的小部分内容也可以归入冰山模型浮在海面上的部分。冰山模型中最深层的合理部分主要是指企业通过科学的劳动关系管理，提高经济运行效率，获取竞争优势，实现可持续发展。合情层面的大部分内容与合理层面的内容共同构成冰山模型的水下部分。企业作为理性人，冷静的合理动机才是企业一切社会行为的天然本能。

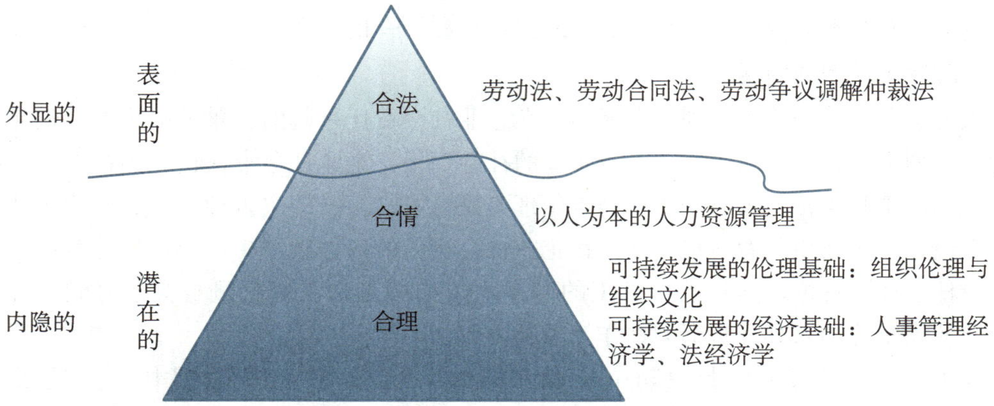

图 1－5　人力资源与劳动关系管理冰山模型

从人力资源与劳动关系管理冰山模型可以看出，在人力资源与劳动关系管理层面，作为法律范畴的企业，要坚持底线原则，努力去做一个遵纪守法的企业公民；作为道德范畴的企业，要坚持人性化的管理原则，努力优化企业的劳动关系管理实践；作为经济范畴的企业，要按照效益比较、理性决策的原则，努力追求股东价值的最大化。合情、合理、合法用工既是企业节约人工成本、改善组织绩效、提升雇主品牌的最优选择，也是企业开发组织人力资源、促进员工全面发展的最优选择。延伸到劳动关系治理层面，无论是中观层面还是宏观层面的治理行为，其深层次追求一定是合理原则，追求效率和可持续发展；关注合情，追求以人为本的发展；以合法作为外显的原则，遵守法律、合乎法理。

二　人力资源与劳动关系管理的三重境界

在人力资源与劳动关系管理冰山模型的基础上，我们可以发现，不同企业人力资源与劳动关系管理的实践不同，员工与组织之间的匹配度、忠诚度和凝聚力不同，说明处于不同的人力资源与劳动关系管理境界当中，如图 1－6 所示。

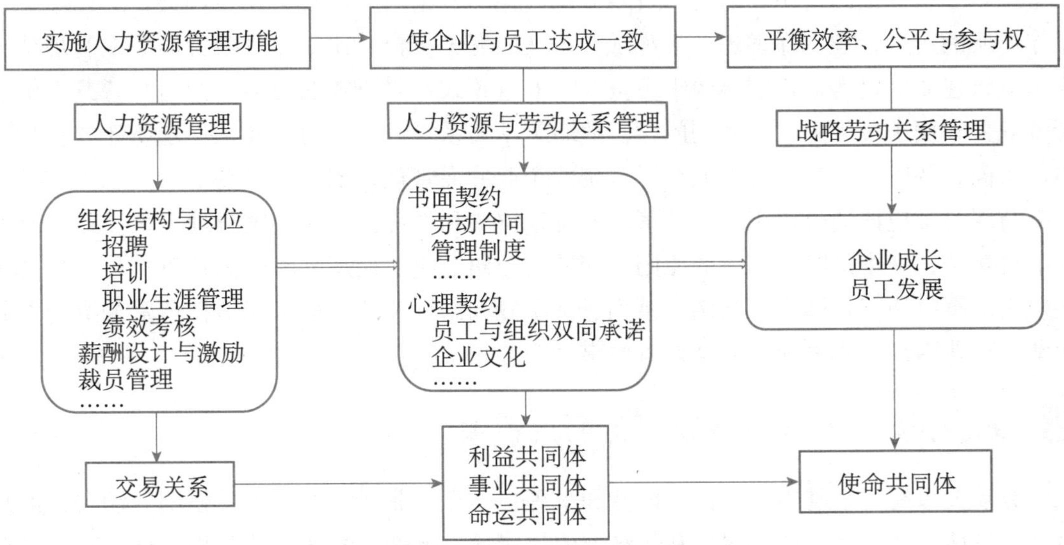

图 1-6 人力资源与劳动关系管理的三重境界

(一) 人力资源与劳动关系管理的第一个层次：传统意义上的人力资源管理

在这个管理层次上，劳资双方的雇佣关系表现为赤裸裸的交易关系，员工投入自己的时间和专业知识为雇主谋利，以此换取一系列的经济性与非经济性报酬。管理学的 X 理论是这个层次用工管理模式的前提假设。在这个前提下，早期的管理实践中企业管理方认为员工是没有自觉性的，是懒惰的，威慑和控制才是节约用工成本的最好方法；现在的管理实践则是强调激励手段与激励技术在用工管理中的作用。随着管理实践的精细化和管理理论的提升，虽然企业的用工管理越来越追求组织战略与组织结构的对接，越来越追求岗位分析、岗位评估、员工招聘、员工培训、绩效考核、薪酬管理和劳动合同管理等各个管理模块的完美以及各个模块之间的平衡与自洽，但是这种雇主单边控制的用工管理模式始终局限在劳资双方的关系是一种基于利益交换关系的认知层面上。

(二) 人力资源与劳动关系管理的第二个层次：人力资源与劳动关系管理

在这个管理层次上，劳资双方的雇佣关系表现为一种三位一体的关系，即劳资双方试图在工作场所建立一种基于利益共同体、事业共同体和命运共同体的新型雇佣关系。该层次的管理模式糅合了管理学的 X 理论和 Y 理论，在这种三位一体的关系中，利益共同体、事业共同体和命运共同体三者之间具有明显的递进关系。虽然该层次的人力资源与劳动关系管理模式能够通过规章制度建设和组织文化建设，使企业与员工暂时达成一致，但这种模式离实现组织可持续发展和劳资双赢的目标还有很大的距离。

(三) 人力资源与劳动关系管理的第三个层次：战略劳动关系管理

在这个管理层次上，劳资双方为了一个共同的理念和使命，在一个远大目标的召唤下实现了利益共同体、事业共同体和命运共同体三位一体的用工管理。正是因为战略劳动关系管理基于多元论的视角，认为劳资双方的利益明显不同且经常会发生冲突，所以才能让工作场所的用工管理实现理想主义和现实主义的完美结合。比如，战略劳动关系管理认为组织应该建立劳资沟通机制，要求劳资双方通过正式或非正式的协商、沟通和谈判来解决劳资双方在用工过程中的一系列问题。战略劳动关系管理还认为应在工作场所建立包括预防、协商、调解、仲裁和诉讼五个子系统的企业冲突管理系统，工作场所劳资双方的任何冲突与纠纷都应该通过组织的冲突管理系统来解决和处理。企业冲突管理系统高效运行的标准有两个：一个是时间第一的原则，即冲突与纠纷应在最短的时间内化解；另一个就是组织内部解决原则，即可以利用一系列经济手段和制度设计，尽可能地把劳资冲突与纠纷化解在企业内部，不要酿成社会性群体事件。

三 人力资源与劳动关系管理的研究框架

劳动关系有两个基本特征：从属性和平等性。在工业文明下，主要强调劳动关系的从属性，具体包括人格上的从属性和经济上的从属性。人格上的从属性是指劳动关系一经确立，劳动者要服从雇主的指挥和安排，完成一定的工作，双方之间存在管理与被管理、指挥与服从的隶属关系。劳动者提供的是从属性劳动，劳动者基于明示、默示或依劳动之本质，在一定时间内，对自己的作息时间不能自行支配。经济上的从属性的重点在于劳动者的劳动并不是为自己，而是从属他人，为实现他人目的而劳动。劳动者的工作要完全纳入用人单位的经济组织与生产结构之中，劳动者在劳动过程中使用的是雇主的生产工具，生产所需要的原材料也由雇主提供。雇主基于经营权享有对生产所必备的组织、结构、设备的充分支配和管理的权力。劳动者既不必用自己的生产工具从事生产劳动，也不能用指挥性、计划性或创造性方法对自己所从事的工作加以影响。

在传统的工业文明下，资本雇佣劳动，劳动者是劳动力的载体，劳动力是商品，劳动者在劳动契约下作为主体把劳动力出租，因此强调劳动关系的从属性。但是到了新经济时代，个体的价值在崛起，劳动者拥有了人力资本。人力资本作为一种主动资产，所有权权限仅体现在拥有它的人。目前，那些拥有高质量人力资本，尤其是拥有边际报酬递增生产力的异质性人力资本的劳动者，将会作为企业利润增长的核心，发挥不可替代的作用。因此，目前已经不再是单纯的资本雇佣劳动，劳动也可以雇佣资本，劳动者成为企业利益相关者之一，人与组织的关系由雇佣关系变为合作关系，其本质应当是“共生”。在新经济时代，劳动关系不断去掉人身依附关系，越来越强调平等性，因此在研究人力资源与劳动关系管理时应当以多元论的视角，从利益相关者的角度来进行研究。

另外，从横向的角度来看，人力资源与劳动关系管理的研究也经历了管理理念的变革，从单纯的人力资源与劳动关系管理发展到现在战略人力资源与劳动关系管理。因此，在研究人力资源与劳动关系时，要上升到公司治理、企业战略的高度，人力资源与劳动关系管理本质上还是要服务于企业战略，人力资源与劳动关系管理战略要与企业的业务战略协同共振，浑然一体。同时，战略人力资源与劳动关系管理的定位也发生了转变，正在实现从成本中心向利润中心的转变，从事务中心向情报中心的转变，以及从支撑中心向决策中心的转变。

人力资源与劳动关系管理的研究框架如图 1 - 7 所示。

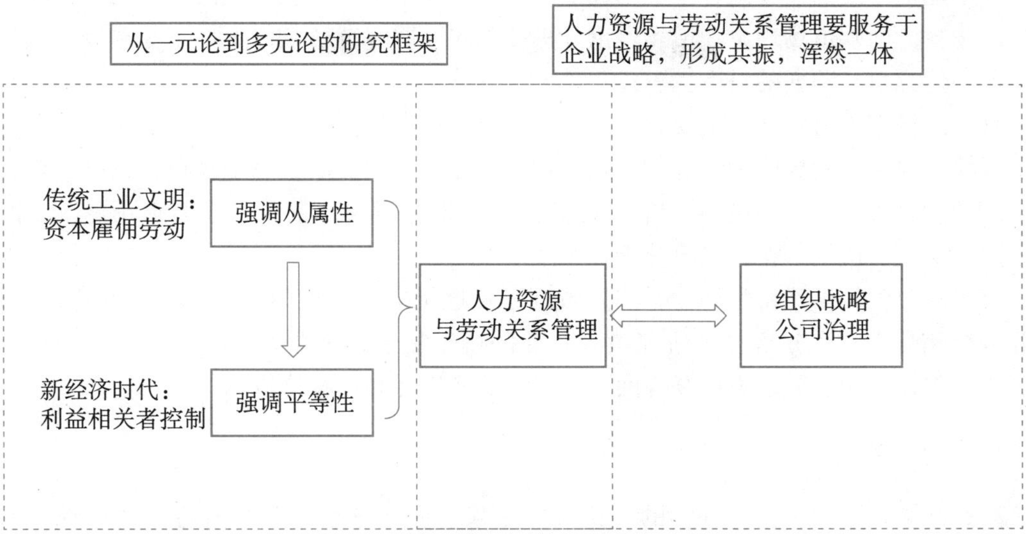

图 1 - 7　人力资源与劳动关系管理的研究框架

四　人力资源与劳动关系管理的研究范式

人力资源与劳动关系管理追求的是合理、合情、合法，分别是经济学、管理学和法学的价值观追求。这是一个交叉学科，任何单一的研究范式都无法覆盖整个领域。在这里，我们认为管理经济学和法经济学的研究范式应该应用于人力资源与劳动关系管理的研究领域。

（一）管理经济学

管理经济学是第二次世界大战以后，在西方国家主要是在美国发展起来的新兴经济学分支学科，它是用经济分析的方法和技术去研究和解决企业经营管理决策问题的一门学科。管理经济学的第一部著作是 1951 年出版的美国乔尔・迪安（Joel Dean）的《管理经济学》，较有代表性的著作有美国约瑟夫・梅西（Joseph L. Massie）的《管理实质》、沃伦・海恩斯（Warren W. Haynes）的《管理经济学：分析和案例》。

管理经济学是运用微观经济学的原理，采用数理分析的方法，研究企业决策的科学性，以寻求最佳经济效果的一门科学。如何做到这一点呢？第一，管理经济学利用边际分析、需求弹性、最佳组合等经济学原理，对企业在需求预测、生产分析、成本决策、市场分析、风险分析等领域展开分析，指导企业决策，以寻求最佳经济效果。第二，管理经济学试图将企业在生产经营各领域内与决策有关的问题抽象成为一个个数学问题，以便利用数理分析的办法求得最优解。

管理经济学的主要理论有以下四个：（1）需求理论。需求理论主要分析不同价格水平的产品的需求量，以及在价格、收入和相关商品的价格发生变化时的需求改变率。它的作用是支持企业的价格决策和市场预测，帮助企业确定需求量和价格之间的关系。（2）生产理论。生产理论主要涉及的内容是生产组织形式的选择和生产要素的组合。（3）成本理论。成本理论涉及的内容是各个不同成本的性质、成本函数，包括规模经济的选择和最佳产量的选择。（4）市场理论。市场理论分析在不同性质的市场条件下，企业选择什么样的行为能够达到自己预期的目标。

管理经济学的研究方法主要有以下三个：（1）均衡分析方法。主要用于制定价格、产量（规模）决策、确定要素组合。（2）边际分析方法。主要用于确定规模、价格决策、确定合理的要素投入、产品结构分析。（3）数学模型分析法。主要用于需求预测、生产分析、成本决策、市场分析、风险分析。

可以看出，管理经济学作为一门用数理分析框架研究管理问题的学科，其均衡分析、边际分析和数学模型分析对于研究微观企业的用工需求、企业人工成本、员工的薪酬决策、工资集体协商、劳动力市场等问题有很大的实用性和借鉴价值。

（二）法经济学

法经济学是运用有关经济学的理论及方法来研究法学理论和分析各种法律现象的学说。法经济学又叫法律的经济分析、法律与经济学。从法学视角看法经济学就是用经济学研究法律。从经济学视角看法经济学扩展了经济学的研究对象，把法律制度等非市场领域的问题纳入经济研究视野。法经济学的基本范畴是交易成本。在现实交易成本存在的情况下，能使交易成本影响最小化的法律是最适当的法律。

法经济学关注以下几个经典问题：（1）行为预测。应用行为经济学理论，判断法律规则约束下行为人的反应，预测法律规则实施可能的效果，进而为法律规则的选择提供依据。（2）效果评价。通过经济分析来揭示和测量可供选择的法律规则对可量化的经济变量的具体影响。对某一部特定的现行法律的实际实施效果做出较为客观和较为准确的量化判断。（3）历史解释。通过运用制度变迁与发展的理论，以对法律现象运行、变迁的一般机制与过程的分析为基础，具体分析某种特定的法律制度历史演进的根源、机制、方式以及法律制度的继承发展、移植创新、革命改良等问题，从而对特定的法律制度的历史发展提出更全面、更具体同时也更准确的理论解释。（4）技术支持。从单纯技术的角度出发，运用纯粹的经济学的技术分析方法，就纯粹的法律运行中的相关问题提供技术分析上的支持。

法经济学的基本假设如下：（1）理性行为假设。假定人们对法律是熟知的，对自己在某种法律关系中享有的权利和应承担的义务一清二楚，会通盘考虑适用法律行为所引致的法律后果，并做出恰当的有利于实现自己利益的行为选择。（2）效用最大化假设。人类对财富最大化与非财富最大化的双重追求表明，制度或法律作为一个重要变量影响着人们为其偏好所支付的成本，决定了人们在法律制度的约束下的行为选择。（3）有限理性假设。人们的理性认识有限，决定了人定之法也是有限的、不完美的。人们在法律决策过程中寻求的并非总是“最大”和“最优”标准，而是“满意”解。（4）机会主义假设。机会主义假设是指人们追求自身利益的动机强烈而又复杂，往往借助于不正当手段随机应变、投机取巧以谋取个人利益的行为倾向。

基于以上问题和假设，法经济学研究的主要技术模式如下：（1）新古典技术模式。以资源配置为核心，使用新古典经济学的传统分析方法对垄断法和政府管制法进行有限的经济分析。(2) 科斯技术模式。将科斯定理作为技术模式对特定的法律进行经济分析。(3) 谈判理论。以交易成本为零的假设提供对制度进行评价的标准。(4) 博弈论。在参与人的全部行动组合和可能的结果中寻求“支付-收益”的均衡。(5) 行为法经济学。在构造一个良好的法律环境的基础上应用行为科学的结论说明法律规则的效果。

以上法经济学的研究技术模式目前已经应用于研究劳资集体谈判、工作场所的劳动标准、劳动法政策分析等领域。

思考题

1. 请分析雇佣关系存续期内劳资双方行为与心理契约的发展过程。
2. 人力资源与劳动关系管理的三重境界是什么?
3. 人力资源与劳动关系管理的研究范式是什么?

案例分析

硅谷的任期制：基于劳资双方行为和心理契约发展的雇佣实践

在大多数硅谷企业中，任期制是一种普遍的雇佣实践。“任期”一词最早来源于军事中的“服役期”，任期计划指的是一项特定任务的安排，正如员工会在某家公司和整个职业生涯中承担许多不同项目或任务一样，士兵们在军旅生涯中通常会服多个役期。军队服役和企业任期共同传达以下核心理念：恪尽职守地完成某项具体、有期限的任务。任期制结合了终身雇佣制和自由雇佣制的优点。与终身雇佣制一样，任期制让雇主、雇员双方建立信任，相互投资；与自由雇佣制一样，任期制保留了雇主、雇员适应瞬息万变的世界所需要的灵活性。

硅谷的任期制分为三大类：

第一，轮转期。硅谷的轮转期实践是一种有期限的标准化培训，例如谷歌（Google）的人力运营部雇佣的新毕业生将进入为期 27 个月的标准化转换期，他们可以在一共 3 轮、每轮 9 个月的轮转期中尝试三种不同职位。脸书（Facebook）的新产品经理要在 18 个月内加入三个不同的产品小组，轮换三次职位。领英（LinkedIn）甚至有一个叫 RotateIn 的跨部门培训项目。这种轮转期的目的是让双方评估雇主与雇员的长期契合性。如果双方契合，下一步就是确定更个性化的后续任期计划以最大限度地发挥这种契合；如果双方任意一方表现不契合，员工就可能离开公司，但这个过程不会有损双方的名誉关系。

第二，转变期。与轮转期不同，转变期是个性化的。它的重点不再是一段固定时期，而是更加注重完成某个特定任务是公司与员工一对一协商的结果。转变期的核心承诺是员工将有机会改变自己的职业生涯和效力的公司。在转变期进入最后阶段时，公司与员工就可以进行后续任期的协商，以将员工留在公司。这里默认的预期是双方都希望投资于长期的合作关系。根据硅谷的一般经验，初始转变期将持续 2～5 年，软件业 2～5 年正好是普通产品的开发周期，可以让员工完整完成一个重大项目。这带来的一个影响就是硅谷股票的期权行权的等待期通常为 4 年。转变期结束后，例如思科（Cisco）的人才接轨计划等会帮助员工在思科内部找到新机会，将员工对职业发展的满意度提高近 20%。

第三，基础期。雇主与雇员保持高度一致是基础期的标志。如果某位员工认为在某家公司的工作是他最后一份工作，而且希望一直干到退休，那么他就处于基础期。不妨将基础期制度想象为一种婚姻形式——双方都预期将永远存在一段长期关系，在这段关系中，双方将承担在关系结束前努力经营婚姻的道德义务。与健康的婚姻一样，基础期制度仍然要求定期进行坦诚对话，以保证双方都能满意。员工与公司可能会发生变化，谁也无法保证员工和公司永远完全一致。多数公司高管都属于基础期，在苹果、亚马逊（Amazon）、谷歌等堪称适应力典范的公司中，首席执行官的下属高管平均任期 10 年以上。不过并非只有高管处于基础期，处于基础期的员工不论在组织中的哪个位置都将有助于公司的延续和传承。

硅谷的三类任期制总结如下：

	设计	协议	持续时间	过渡
轮转期	新人/职员按程序加入	评估与公司潜在的未来契合度；受雇情况可预测	典型的分析师培训通常 1～3 年，其他轮转期为持续的	员工可以开始另一段轮转期或者过渡到转变期；在这之后离开公司几乎没有道德负担
转变期	单独协商	员工职业生涯的转变，公司的转变	由具体的任务决定，通常 2～5 年	在完成任务前与员工协商，是在现公司开始一段新任期还是离开
基础期	单独协商	对公司而言，可以获得一位与核心价值观契合的骨干员工；对员工而言，可以从工作中促进自我实现	持续	双方都预期这段关系将永久存在，并尽全力维持这段关系

资料来源：霍夫曼，卡斯诺查，叶．联盟：互联网时代的人才变革．北京：中信出版社，2015；Schmidt E，Rosenberg J. How Google works. New York：Grand Central Publishing，2014；博克．重新定义团队：谷歌如何工作．北京：中信出版社，2015.

第 2 章
公司治理与战略

学习目标

学完本章后，你应该能够：

- 掌握公司治理的概念、基本理论、组成要素及基本模式。
- 熟悉基于企业战略的组织结构设计。
- 重点掌握公司治理、企业战略、组织结构、人力资源与劳动关系管理战略及雇佣战略之间的关系。
- 了解公司治理结构及组织结构模式的创新及发展趋势。

引导案例

华为之所以能够扎根现实发展，参与全球竞争，正在于从根本上科学认识人的自然属性和社会属性，坚持了以全体员工为公司的权力和利益主体的人本性，股份、权力与利益全员共享的经济民主原则，权利与责任平衡、绩效与收益匹配的分权共治、分利共享的治理原则，建立了以人为本、全员共有、面向市场、组织共治、利益共享的公司存续、运行和发展制度。

私营企业绝大多数都采取了股权集中、一股独大的股权结构和资本至上、单边控制的治理结构，且大多数大型企业实行了公开发行融资战略，而华为采取的是内部全员共有的股份制度。尽管德国、法国等国家 20 世纪试行了员工参与公司治理的共决制（参与制），部分公司的职工董事占全部董事的 1/3～1/2，职工董事对工作环境、工资福利、聘用辞退等直接关系员工权益的公司事务具有否决权，但近现代社会上长期盛行的是资本至上、股东会中心的公司治理原则。华为坚持以客户为中心、以员工为根本，将资本因素与劳动因素特别是复杂性、创新性劳动统一起来，在全员持股的基础上建立了公司股东会的权力机构，股东会由工会和任正非组成，持股员工代表会及其定期会议具体履行员工、工会的治理职责。

资料来源：李由．华为的治理方法论．人民论坛，2019（34）：28－29.

第 1 节 公司治理结构

公司治理本质上是公司所有者和经营者的一场利益博弈。公司所有者通过实施高管激励机制使经营者的利益与股东利益趋同，通过刚性的高管约束机制对经营者进行监控和限制，最终目的是实现公司所有者对经营者的有效制衡。另外，随着人力资本对企业的重要性上升，资本要素和劳动要素的地位趋向于平等，前者对后者占优和支配的程度有所缓解，越来越多的人提出劳动要素应当参与对企业成长收益或剩余权益的分享。因此，公司所有权结构以及治理结构出现了新的变化，企业所有权主体从原来的少数股东资本所有者扩展到相当一部分的员工劳动所有者甚至是全体员工。员工也能通过各种制度参与到公司治理当中来。员工不再仅仅是劳动者，他们同时还可能是企业的所有者。劳动要素与资本要素不再绝对割裂，劳资融合在不同程度上得以实现。这也使得人力资源与劳动关系管理产生了新的变革。

一 公司治理结构概述

（一）公司治理结构的定义

公司治理（corporate governance）结构，又称为法人治理结构，是一种对公司进行管理和控制的体系。何谓公司治理结构？学术界对于其定义存在不同的描述。我国经济学家吴敬琏指出：“所谓公司治理结构，是指由所有者、董事会和高级执行人员（即高级经理人员）三者组成的一种组织结构。在这种结构中，上述三者之间形成一定的制衡关系。所有者将自己的资产交由公司董事会托管；公司董事会是公司的最高决策机构，拥有对高级经理人员的聘用、奖惩以及解雇权；高级经理人员受雇于董事会，组成在董事会领导下的执行机构，在董事会授权范围内经营企业。”美国哈佛大学经济学家施莱佛（Shleifer）和维什尼（Vishny）则将公司治理结构归纳为一句话：“公司治理就是要解决出资者应该怎样控制经理，以使他们为自己的利益服务。”

本书对于公司治理结构的定义是：公司治理结构是一种联系并规范股东、董事会、高层管理人员权利和义务分配，以及与此有关的聘选、监督等问题的制度框架，简单而言就是如何在公司内部划分权力。公司治理的核心是在所有权和经营权分离的条件下，由于所有者和经营者的利益不一致而产生的委托-代理关系。公司治理的目标是降低代理成本，使所有者不干预公司的日常经营，同时又保证经理层能以股东的利益和公司的利润最大化为目标。良好的公司治理结构可以解决公司各方利益的分配问题，对公司能否高效运转、是否具有竞争力，起到决定性作用。

（二）公司治理结构的意义

1. 公司治理结构是公司核心竞争力的重要组成部分

纵览《财富》和《福布斯》世界 500 强企业的兴衰发展历程，它们充分证明了公司治理结构是公司核心竞争力的重要组成部分。麦肯锡公司 2002 年指出，当企业财务状况类似时，在亚洲，投资者愿意为具有良好公司治理结构的企业多付 20%～30%的溢价；在美国，投资者愿意为具有良好公司治理结构的企业多付 14%的溢价。换言之，良好的公司治理结构有助于企业吸引投资者，进而增强企业的融资能力，促进企业高绩效运转。

2. 公司治理结构旨在解决涉及企业成败的两个基本问题

一是如何保证投资者（股东）的投资回报，即协调股东与企业的利益关系。在所有权与经营权分离的情况下，由于股权分散，股东有可能失去控制权，进而使企业被内部人（即高层管理者）控制。在上述情况下，控制了企业的内部人有可能做出违背股东利益的决策，侵犯股东的利益。这将导致投资者不愿投资或股东“用脚表决”的后果，有损于企业的长期发展。良好的公司治理结构正是要从制度上保证所有者（股东）的控制与利益。

二是协调企业内部各利益集团的关系。这既包括对经理层与其他员工的有效激励，也包括针对企业高层管理者的约束机制。良好的公司治理结构有助于处理企业各集团的利益关系，尽可能避免因高管决策失误给企业造成的不利影响。

二　公司治理结构理论

（一）公司治理结构理论的形成

伴随着现代企业的兴起与发展，企业所有权和控制权相分离的趋势引起人们广泛重视。在现代公司制度中，存在企业所有者（股东）和经营管理者（职业经理人）之间的委托-代理关系。委托-代理制度的效率是以代理人忠诚地为委托人服务为前提的。但是，委托人和代理人是不同的利益主体，二者之间潜藏着激励不相容。理性的代理人具有机会主义动机，因为委托人难以观察、监督涉及代理人自身知识、才能、机遇、努力程度等的私人信息。委托人处于信息劣势，容易引发代理人的道德风险问题。在上述背景下，形成了公司治理结构理论。

（二）公司治理结构理论研究的三条主线

（1）第一条主线：基于信息的不对称性和企业家能力的专有性，研究道德风险带来的委托-代理问题。委托人和代理人在利益和效用方面存在差异性，代理人在追求自身效用最大化的过程中可能做出不利于委托人的行为，即产生道德风险，主要表现为偷懒行为和机会主义。鉴于此，委托人需要通过适当的激励和约束机制规范代理人的行为。

（2）第二条主线：不完全契约思想认为公司治理问题源于当代企业具有契约不完全性的特点，公司治理旨在解决那些契约无法明确规定或者是遗留的问题。基于契约不完全性的思想，后续逐步发展形成了信息不对称条件下资本结构的激励理论、信号传递理论和控制权理论，从而将公司的资本结构与公司的治理结构有机地联系起来。

（3）第三条主线：基于上述两条主线发展起来的利益相关者理论。该理论认为随着大型企业的股权普遍分散化，经典意义上的股东所有制企业概念被弱化，股东的资本所有权与企业的法人权益区分日渐明显，公司治理结构开始倾向于注重股东以外的其他利益相关者。第三条主线已经突破了单一的股东主权模式，提出企业的“状态所有权”概念，要求在公司治理结构中实现股东、经营管理者、员工以及商业合作伙伴之间的利益均衡分配。作为公司治理理论的重要组成部分，利益相关者理论强调，公司经营是为公司利益相关者创造财富服务，而不仅仅是为股东利益最大化服务①。

三 公司治理结构的组成要素

现代企业的公司治理结构一般包括四个组成要素：股东会、董事会、高层管理人员和监事会。上述要素在相互依存、相互制衡的过程中发挥着各自的作用。

（一）股东会

现代企业多数是由股东出资建立的，企业财产的所有权属于全体股东。股东会是公司最高权力机构，是股东实现想法、行使权力的必备机关，公司的重大事项必须经过股东大会的审议和批准。遵循股权平等的原则，股东在股东会上通过投票的方式来表达意志，每股一票，而非每人一票。

《中华人民共和国公司法》（简称《公司法》）第三十七条规定，股东会行使下列职权：

（1）决定公司的经营方针和投资计划；

（2）选举和更换非由职工代表担任的董事、监事，决定有关董事、监事的报酬事项；

（3）审议批准董事会的报告；

（4）审议批准监事会或者监事的报告；

（5）审议批准公司的年度财务预算方案、决算方案；

（6）审议批准公司的利润分配方案和弥补亏损方案；

（7）对公司增加或者减少注册资本做出决议；

（8）对发行公司债券做出决议；

（9）对公司合并、分立、解散、清算或者变更公司形式做出决议；

（10）修改公司章程；

（11）公司章程规定的其他职权。

股东不仅可以通过“用手投票”的方式行使权力，而且可以转让入股资金的所有权以及相应股份的处置权，即“用脚投票”。值得注意的是，我国国有独资公司不设股东会，而是授权公司董事会行使股东会的部分职权。

（二）董事会

董事会是由股东会所选举的董事组成的代表所有股东利益的机构，也是股东大会闭会期间的公司权力机构。股东大会与董事会之间是一种信任托管关系，董事会要确保公司的战略与管理实践与股东的利益相一致，保证公司的发展以股东利益的最大化为目标。

1. 董事会的权力

董事会的权力配置是公司治理的核心问题，也是确保董事会有效履行职责的前提。概

---

① 李伟．我国私营企业公司治理制度问题研究．武汉：湖北人民出版社，2007.

括而言，董事会的职权涵盖如下五个方面：一是确定企业战略规划，批准经营计划和预算；二是决定重大投资、筹资、撤资、购并、非经常性交易；三是确认执行董事、经营班子的经营业绩；四是任命公司总经理及经营班子成员；五是决定公司总经理及经营班子其他成员的薪酬。从权力性质看，前两项属于战略决策，后三项属于监督权力。

具体论及我国法律对于董事会权力的规定，《公司法》第四十六条指出，董事会对股东会负责，行使下列职权：

（1）召集股东会会议，并向股东会报告工作；

（2）执行股东会的决议；

（3）决定公司的经营计划和投资方案；

（4）制订公司的年度财务预算方案、决算方案；

（5）制订公司的利润分配方案和弥补亏损方案；

（6）制订公司增加或者减少注册资本以及发行公司债券的方案；

（7）制订公司合并、分立、解散或者变更公司形式的方案；

（8）决定公司内部管理机构的设置；

（9）决定聘任或者解聘公司经理及其报酬事项，并根据经理的提名决定聘任或者解聘公司副经理、财务负责人及其报酬事项；

（10）制定公司的基本管理制度；

（11）公司章程规定的其他职权。

董事会与以总经理为首的公司高管之间的关系是委托-代理关系。董事会权力的合理配置和落实依赖于一套合理、科学、可操作的运行机制，具体包括三个方面：董事会科学的决策机制；董事会对高管有效的监督约束机制；董事会对高管合理的激励机制。

一是决策机制。董事会实行集体决策制度，所做出的决策必须经过全体董事的半数通过。董事对议定事项实行表决、签字，并承担相应的责任。一旦董事会的决议违反法律法规或者公司规章制度、股东大会决议，导致公司蒙受严重经济损失，参与决议的董事应该对公司承担赔偿责任。

二是监督约束机制。董事会对董事、高管和股东之间的分歧进行监督和管理，并对公司高管的经营行为进行监督和管理。董事会的该项机制旨在约束企业经营战略决策，约束企业运作过程，直接监督约束高管。

三是激励机制。检验董事会治理机制优劣的一个重要标准在于其对经营班子的薪酬安排。为了避免高管的短期行为与道德风险，董事会要实行长期激励计划。董事会对于高管激励手段的有效性、合理性都会影响董事会治理的效率。

2. 董事会的评估

董事会评估对于完善董事会治理具有重大意义：通过对董事会团队和董事个体工作的全面评估，可以清晰地反映出整个董事会以及每名董事对公司发展的意义与贡献，这是董事会成员报酬的确定基础；不论董事会评估程序是定期的还是非定期的，都会有效提高董事会的运作效率；董事会评估可以改进董事会和公司高管之间的工作关系，独立地评价整个董事会、各位董事和执行领导人的工作，有助于建立董事会与执行领导人之间权力分配的平衡；董事会评价能够增强董事会的团队性；评估程序也起到了一种预警系统的作用。

美国董事联合会的蓝带委员会（NACD Blue Ribbon Commission）在“董事的职业化和专业素质”报告中详细论述了如何进行董事会评估①。

（1）评估董事会的有效性。划分出什么是董事会有权做的，是如何评估董事会有效性的出发点。第一，区分董事会和经理层的权力，董事会权力得到清楚的理解和表述后，董事会评估应包含对董事会正在做什么和做得怎样的评价；第二，董事会应评估各位董事如何像一个团队一样运作以及是否采用某些结构与程序去强化这一运作；第三，董事会应评估董事个人及董事会整体的发展与教育的成效，评估的结果可以提高董事会业绩。

（2）评估董事的个人贡献。在考虑一名董事对董事会的贡献时，应评估五个关键要素：个人特征、核心能力、独立性、承诺的程度、团队和公司的考虑。

（3）评估角色贡献。董事们在董事会中扮演不同的角色，这些角色取决于董事个人是内部董事还是独立董事，是委员会主席还是董事会主席。对不同的角色有不同的期望值。相应地，董事会应对董事评估进行适当修改以考虑具体的董事会角色。

（4）结束董事会服务。该委员会公开反对将董事职务终身化的做法，即使是针对非常合格的董事亦是如此。在重新提名董事时，董事会应在考虑符合条件的同时，充分关注环境的变化。

3. 董事会治理的战略意义

董事会治理是联结企业战略与公司治理的桥梁，董事会治理将协助公司提升竞争优势，具体表现为以下四个方面：

（1）识别外部。董事会能够评估公司管理层是否在最低限度内考虑了各方面的利益平衡，并对经济、文化和行业氛围提供评价意见。特别是面对迅速变化的商业环境，许多行业都在经历剧烈变迁与重组。董事会的经验可以在各方面帮助公司进行外部环境评估，确定公司所处行业的状态。

（2）评估内部。董事会的相对独立性能够帮助公司发现管理上的盲点，如资源的流失。

（3）确定目标。董事会可以使用恰当的手段协助管理层，维护公司特定的目标，如关注创新和市场份额，而不是销售收入。此外，董事会亦可以使管理层避免制定不切合实际的过激目标。

（4）控制压力。董事会能够帮助公司高管在长期目标与短期表现、内部要求与外部压力、高层管理人员的个人意愿与公司整体利益等各种矛盾中设法保持平衡②。

（三）高层管理人员

高层管理人员构成了企业日常经营管理事务的执行机构。区别于董事会的集体负责制，执行机构实行首长负责制，即总经理负责制。

《公司法》第四十九条规定，经理对董事会负责，行使下列职权：

（1）主持公司的生产经营管理工作，组织实施董事会决议；

---

① 梁能．公司治理结构：中国的实践与美国的经验．北京：中国人民大学出版社，2000.

② 查然．顶级董事会运作：如何通过董事会创造公司的竞争优势．北京：中国人民大学出版社，2003.

（2）组织实施公司年度经营计划和投资方案；

（3）拟订公司内部管理机构设置方案；

（4）拟订公司的基本管理制度；

（5）制定公司的具体规章；

（6）提请聘任或者解聘公司副经理、财务负责人；

（7）决定聘任或者解聘除应由董事会决定聘任或者解聘以外的负责管理人员；

（8）董事会授予的其他职权。

董事会与以总经理为首的公司高管之间的关系是委托-代理关系，这种关系具有两个特点。其一，高管的权力受到董事会的限制。在董事会的授权范围之内，高管有权决策，他人不得随意干涉。一旦超越董事会的授权范围，则必须报请公司董事会审核、决定。其二，公司对于高管是一种有偿聘任的雇佣，董事会有权对经营班子的业绩进行监督，并针对高管实施激励或惩罚，甚至有权实施解聘。

（四）监事会

监事会是针对公司董事会和高管行使监督职能的独立机构，旨在检验董事会和高管层的决策和经营管理活动是否符合企业的利益。监事会不是公司的权力源头，没有管理权，公司的董事、高层管理人员不得兼任监事。

《公司法》第五十三条规定，监事会、不设监事会的公司的监事行使下列职权：

（1）检查公司财务；

（2）对董事、高级管理人员执行公司职务的行为进行监督，对违反法律、行政法规、公司章程或者股东会决议的董事、高级管理人员提出罢免的建议；

（3）当董事、高级管理人员的行为损害公司的利益时，要求董事、高级管理人员予以纠正；

（4）提议召开临时股东会会议，在董事会不履行本法规定的召集和主持股东会会议职责时召集和主持股东会会议；

（5）向股东会会议提出提案；

（6）依照本法第一百五十一条的规定，对董事、高级管理人员提起诉讼；

（7）公司章程规定的其他职权。

值得强调的是，不同国家对于监事会的规定存在较大的差异性，对于公司治理结构的具体模式也有所不同。比如美国和英国，并不设立监事会。

四　公司治理结构模式

（一）基本模式

比较有代表性的公司治理模式主要有两种：一是英美治理模式，一般也称为外部型、基于市场型、距离型治理模式；二是日德治理模式，一般也称为内部型、基于银行型、控制型治理模式。

1. 英美模式

英美公司的治理结构是单层构架，公司不设监事会，由董事会履行监督职责，如图 2-1 所示。由于美国公司中不存在独立的监督机构，公司的内部监督主要依靠董事会中的独立董事来完成。独立董事制度的功能主要通过董事会下设的由独立董事组成的专业委员会实现。在美国证券交易委员会的推动下，薪酬委员会、审计委员会和提名委员会作为三个必设的委员会在公众持股的公司中广泛存在。

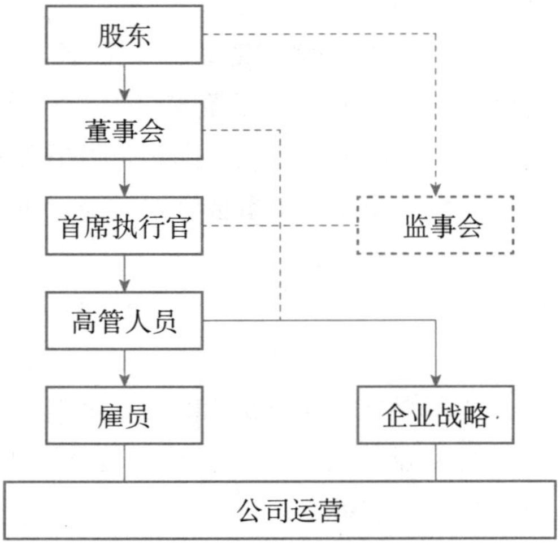

图 2-1 英美模式

英美模式又被称为单边治理模式，以股东利益为核心。该模式下，公司治理结构为市场主导型，经济活动的一切运转都是以资本为核心，股东作为资本所有者，其地位是至高无上的。该模式主要盛行于英国、美国、加拿大、澳大利亚等国家。英美公司治理结构模式根植于 18 世纪末，当时两国证券业已非常发达，大量企业以股份公司形式存在，股权高度分散且容易流通。公司股东依托庞大而且发达的自由资本市场，通过股票买卖的方式实现其对公司的影响，促进公司控制权市场的活跃，并以此对代理人形成间接约束。外部发达的资本市场及其作用机制是英美模式得以扎根、发展的力量。近年来，尽管美国公司的机构持股力量不断增长，但银行、保险公司等机构持股势力却受到了相关法律规制的抑制，它们在公司治理结构中的地位与作用依旧弱小。

2. 日德模式

“共同决策”的公司治理结构模式盛行于以德国为代表的西欧国家，并且在东亚的日本得到了极好的发展，日德公司的治理结构是双层构架。“共同决策”模式的典型特征是组织的内部控制。组织控制型公司治理结构模式的特征包括：公司的股权相对集中，持股集团成员对公司行为具有决定作用；银行等金融机构在企业融资和企业监控方面发挥重要作用；监事会对经营管理者的监督、约束作用相对直接和突出；公司决策受到公司之间环形持股的法人组织的支配。

日本企业的董事会成员由企业法人股东、个人股东、银行或财团三方共同选举产生。日本长期以来推行主银行制度，在企业与特定的银行之间普遍形成了一种长期、稳定的关系，如图 2-2 所示。主银行凭借对公司的长期贷款与直接持股而实现对公司重大决策的参与，公司之间的相互交叉持股则抑制公司的独立决策，而公司之间与主银行之间相互交叉持股则又挡住了资本市场对其各自的压力。

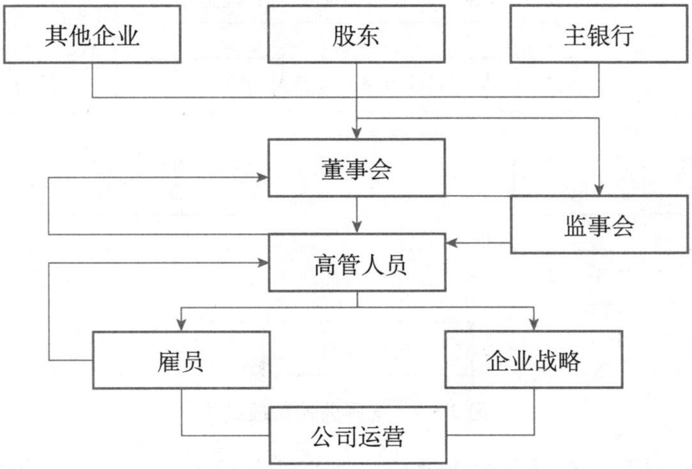

图 2-2　日本公司治理结构

德国 1976 年推行的《共同决策法》强调企业必须设置监事会。监事会作为企业的最高监事机构，由企业股东和员工代表组成，强化员工的民主参与，如图 2-3 所示。监事会主要有以下职责：任命和罢免经理委员会成员；监督企业的营业活动和生产；参与制定企业的重大决策，诸如投资、接受和提供贷款的限额、利润分配和使用、雇用和解雇企业高级员工等。此外，德国公司治理结构的另一大特色是法人股东特别是银行主导公司融资，在很大程度上掌握着企业的实际控制。大银行凭借其在公司的巨额持股以及对小股东投票权行使的代理而主宰公司监事会，并以此对代理人施压或实施激励。此外，大银行常常以其对公司巨额投资的长期化限制公司股票交易的数量。

日本的主银行制度、德国的监事会制度，以及公司之间和银行之间的相互交叉持股作为不同的制度安排，实质上形成了某种形式与程度上的组织控制。另外，日德模式对于公司长期利益与集体主义的信奉，亦使其组织控制机制得到了强化。

（二）公司治理结构的创新

随着工业经济的不断衰落，以互联网为代表的新经济正迅猛兴起，人类已加速步入新经济时代。在这一背景下，作为市场重要主体的企业及其治理也正经历着深刻的迭变。为了解决诸如保护企业创始人利益、协调经营层与投资者权利关系等现实问题，在传统公司治理的基本模式基础上，出现了双层股权结构和合伙人制度等公司治理结构的创新形式。

1. 双层股权结构

为了确保公司创始人及其团队实现对公司的绝对控制权，在西方国家的公司治理结构中，出现了一种特殊的股权结构形式——双层股权结构。双层股权结构（dual share class）也称为二元股权结构、双层股权制，是一种通过分离现金流和控制权而对公司实行有效控制的手段。区别于同股同权的制度，在双层股权结构中，股份通常被划分为高、低两种投

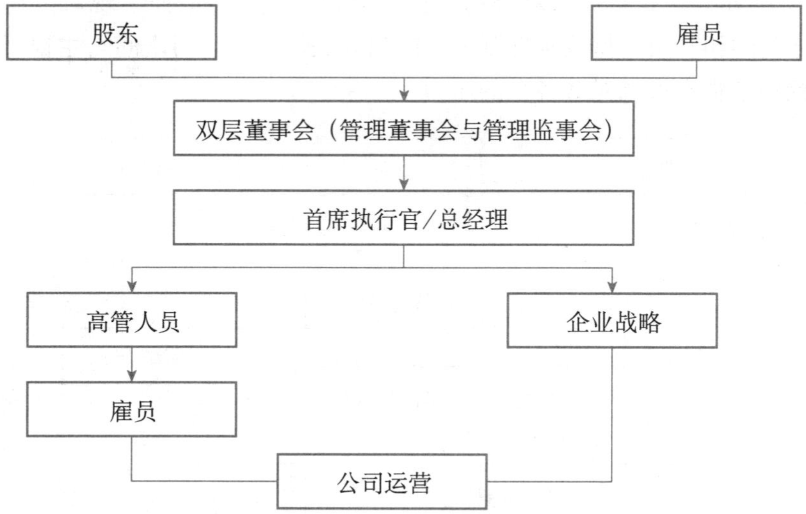

图 2-3 德国公司治理结构

票权，高投票权的股票拥有更多的决策权。企业可发行具有不同程度表决权的两类股票，因而创始人和管理层可以获得比采用同股同权这种股权结构更多的表决权，使公司创始人及其他大股东在公司上市后仍能保留足够的表决权来控制公司。

以脸书为例，通常情况下，互联网公司在完成三轮融资后，公司的创始人就不再能够完全掌握公司的控制权了。而脸书经过十次融资后，马克·扎克伯格（Mark Zuckerberg）依然牢牢控制公司，以 28.4%的股权掌握 58.9%的投票权。这一切均源于其实行的独特双层股权结构，背后的功臣是脸书的联合创始人肖恩·帕克（Sean Parker）。脸书招股书中披露，截至 2011 年 12 月 31 日，脸书上市前共发行了 1.17 亿股 A 级股和 17.59 亿股 B 级股（包括此前所有已发行优先股转换的 B 级股，这部分 B 级股占 5.46 亿股）。其中，公司创始人、董事长兼首席执行官马克·扎克伯格持有 5.34 亿股 B 级股，占 B 级股总数的 28.4%。但这个比例并不能确保扎克伯格的绝对控制权，因此脸书在其双层股权结构的设计中还加入了一个表决权代理协议（voting agreement）。根据脸书招股书中披露的内容，此前十轮投资脸书的所有机构和个人投资者，都需要同脸书签订这份表决权代理协议，同意在某些特定的需要股东投票的场合，授权扎克伯格代表股东所持股份进行表决，且这项协议在首次公开募股（IPO）完成后仍然保持效力。这部分代理投票权为 30.5%，加上其本人所拥有 28.4%的 B 级股，扎克伯格总计拥有 58.9%的投票权，实现了对脸书的绝对控制权。

当前，在加拿大、德国、丹麦、瑞士、挪威、芬兰、瑞典、意大利、墨西哥、巴西和韩国，双层股权结构较为普遍，而在美国、英国、法国、南非和智利则不为多见。据统计，美国采用双层股权结构的上市公司占其上市公司的 8%。

2. 合伙人制度

为了更大程度上确保公司创始人及其团队实现对公司的绝对控制权，避免“门口的野蛮人”反客为主，让投资者“驱逐”创业团队，一种名为“合伙人制度”（这里所讲的合伙人制度是公司治理意义上的概念，而非法律意义上的概念）的公司治理模式应运而生。

合伙人制度是对法律上合伙制管理模式的借鉴，但公司的合伙人制度并未改变公司的法律性质。公司的合伙人制度是脱离无限责任的约束，施行类似合伙企业的组织结构，把短期激励和长期激励相结合，发挥核心人才积极性的一种管理模式。

合伙人制度既吸取了合伙企业的组织优点，又规避了无限责任的很多风险，是公司和合伙企业相结合的产物。目前公司的合伙人制度实践可大致归为两类：股权型合伙人制和平台型合伙人制。

股权型合伙人制是通过向核心人才分享股权实现长期激励。根据股权类型，又可以细分为分享公司股权和分享项目股权两种。麦肯锡、阿里巴巴、万科等是向合伙人分享公司股权。麦肯锡的高管成为合伙人的同时便持有相应股份，如果不再担任合伙人则必须将所持股份售还公司；阿里巴巴的合伙人拥有比例非常少的股份，但通过制度设计让合伙人会议取得较大的管理权限，形成了合伙人会议和股东大会共治的局面；万科高管集体增持公司股票，代表合伙人的盈安合伙企业已经是万科第二大股东，未来万科是否会通过在盈安合伙内部成立合伙人大会，间接形成合伙人治理公司的局面，很值得关注。万科和爱尔眼科还通过核心人才跟投具体项目的形式，分享项目的股权，绑定他们与公司的利益，发挥他们的工作积极性。万科规定项目所属的分公司和项目管理人员必须跟投；爱尔眼科让核心技术人才入股要建立的地方医院，并在医院实现一定盈利水平后赎回股份。

平台型合伙人制的特点是打破企业内部纵向决策、横向分工的组织体系，由公司建立支持平台，在平台上以合伙人牵头组建业务团队。各业务团队独立决策、自负盈亏，合伙人对项目有充分决策权，享有相当的项目收益，因此工作积极性高，归属感强；公司的角色由领导者变成支持者和辅助者，为业务团队提供技术、人事、生产资料等支持，让人才以公司为平台内部创业。实施这类合伙人制的代表有海尔集团、韩都衣舍、和君咨询等。和君咨询着力打造知识分享、品牌和财务管理等公共职能平台，团队负责产品研发、市场、项目实施（生产）、后续服务等，以及本团队的行政和人员日常管理职能；海尔集团和韩都衣舍的团队主要负责产品设计和市场职能，其他的职能基本由公司支持平台完成，用内部市场的价格机制协调团队之间的合作。

3. 党委参与公司治理

党的十九大报告把“坚持党对一切工作的领导”确立为新时代坚持和发展中国特色社会主义的第一条基本方略。坚持党对国有企业的领导是重大政治原则，必须一以贯之；建立现代企业制度是国有企业改革的方向，也必须一以贯之。这“两个一以贯之”的论述，将党组织在国有企业中的政治领导、思想领导、组织领导三者有机地统一起来，确定了在国有企业发展中党组织的领导核心作用。中央全面深化改革领导小组第十三次会议通过的《关于在深化国有企业改革中坚持党的领导加强党的建设的若干意见》给出了机构设置、人事安排和法律定位等重要意见，以确保党在企业中的领导作用。在新的形势下，国有企业建立公司治理制度的核心是加强党的领导，党组织参与公司治理是独具优势的、符合中国国情的中国特色公司治理模式。

按照传统的公司治理理论，在公司治理构架中，公司治理主体主要为董事会、监事会、经理层。股东大会由于是非常设机构，一般不被视为法人治理结构的日常治理主体。目前，无论是从政策的发展看，还是从企业的实践看，我国部分国有公司已经突破了传统意义上的“三主体”模式的公司治理框架，构建起由党委会、董事会、监事会、经理层四个治理主体共同构成的“四主体”公司治理新构架。

这种“四主体”治理结构模式也称为党组织“嵌入式”治理结构模式。“四主体”治理结构（党组织“嵌入式”治理结构）的构成主体有四个，即党委会、董事会、监事会、经理层，其中最重要的是党委会和董事会。“四主体”治理结构模式在具有“三主体”治理结构模式的常规特征的同时，还具有如下两个新特征：一是党委会被定义为公司治理结构主体之一，内嵌到法人治理结构之中；二是党委会根据治理规则发挥相应的治理作用。

其中，最具创新意义的是讨论前置决策程序。讨论前置是指在国有及国有控股公司的决策程序上，党组织研究讨论是董事会、经理层决策重大问题的前置程序，重大经营管理事项必须经党组织研究讨论后，再由董事会和经理层做出决定。

讨论前置决策程序具有以下特点：涉及多方主体，包括党委会、董事会、监事会、经理层等；适用的范围主要是重大问题，包括“三重一大”事项（重大决策、重要人事任免、重大项目安排、大额度资金运作）等；主要目的在于发挥党组织在国有控股公司中的领导作用，把方向、管大局、保落实。

讨论前置决策程序重构了党组织和其他治理主体之间的关系，塑造了党委会与董事会以及监事会、经理层在决策程序上的顺序链条，同时对各治理主体的权责边界进行重新划分。讨论前置是国有控股公司落实坚持党的领导和建立现代企业制度“两个一以贯之”的有效探索，是把加强党的领导和完善公司治理统一起来的重要举措。讨论前置决策程序有利于在发挥党组织的领导作用的同时，充分发挥董事会的决策作用、监事会的监督作用、经理层的经营管理作用，成为中国特色现代企业制度决策机制的关键探索。

延伸阅读

国有企业党组织参与公司治理案例

G公司是中国名酒企业，公司性质是国有独资上市公司，位列中国制造业500强。公司于1992年成立，1996年在A股上市。目前，G公司党委拥有4个下属基层党委、7个党总支、97个党支部，覆盖了企业生产、经营、销售等的各个方面，确保企业党组织的治理贯穿企业发展的各个方面。G公司为了进一步增强党组织和党的工作覆盖面，对党组织进行了创新型的设置，按照党章规定及法定程序在企业的每一个工作部门专门设立了党总支或党小组，各个科室以及生产车间也都相应地设立了党支部，并及时开展党的组织活动。

党组织内嵌于公司治理机构

G公司依照法定程序实施“双向进入，交叉任职”，从党委书记到党总支书记、支部书记层面，与各个层面的生产经营负责人全面实行“交叉任职”，贯彻落实“一岗双责”体制。G公司党委在考察和推荐党委会、董事会、监事会、高级经理层成员过程中充分发挥了重要的政治核心、组织、主导的决定性作用。党委在考察、推荐、决定党委会、董事会、监事会、高级经理层成员时，均坚持党委会成员与公司董事会、监事会、经理层成员实行“双向进入，交叉任职”的基本领导原则，党委会成员依据党章及法律、法规、规定，按照法定程序进入公司董事会、监事会和高级经理层中。G 公司党委会、董事会、监事会、高级经理层成员实行的遴选体制和机制，进一步确保了企业党组织能够在公司治理中发挥更大的作用，真正起到政治核心和政治保障作用。

党组织参与重大问题决策

G 公司制定并实施了《G 公司党委议事规则》《G 公司关于加强党内监督的工作意见》《G 公司党委讨论决定管理人员任免守则》等一系列制度，保证党组织对公司重大决策、重要人事任免、重大项目安排和大额度资金运作事项进行监督管理。凡是上述重大事项，均必须由 G 公司领导班子集体召开会议做出决定。按照《公司法》和公司章程的有关规定须提交公司董事会、股东大会做出最终决定的“三重一大”事项，先由党委召开会议研究做出决定后，再提交公司董事会、股东大会审议决定后施行。在召开党委会议讨论决定“三重一大”事项时，党委副书记、党委书记最后发表意见，并形成党政领导班子集体决定。其中涉及干部人事管理和党务工作方面的重大事项，均由党委召开会议进行讨论决定。由于“三重一大”事项和其他重大事项是公司治理的重点，同时这些事项的决策存在高风险，G 公司党委在这些重点领域中发挥了重要的、不可替代的领导核心作用，从而有力地推动了企业健康、稳定和可持续发展。

资料来源：王瑞雪．国有企业党组织参与公司治理研究．昆明：云南财经大学，2018.

第 2 节　企业战略与组织结构设计

战略是研究企业人力资源与劳动关系管理的出发点。企业战略决定了企业的经营发展方向，决定了企业的人力资源与劳动关系管理战略方向。企业战略影响人力资源与劳动关系管理战略制定，人力资源与劳动关系管理战略实施也有助于企业战略的实现。同样，企业的战略管理需要与之相匹配的组织结构作为支撑，人力资源与劳动关系管理也需要相应的组织基础。随着技术和经济的发展，出现了越来越多的新的组织结构设计方式，这也为人力资源与劳动关系管理带来了更多的挑战和机遇。

一　企业战略

（一）战略的定义

“战略”一词最早源于军事，后拓展到经济学、管理学、社会学等领域。何谓战略？学术界的描述不尽相同。

亨利・明茨伯格（Henry Mintzberg）提出企业战略 5P 理论，将战略定义为五个方面：（1）战略是一种计划（plan）；（2）战略是一种计策（ploy）；（3）战略是一种模式（pattern）；（4）战略是一种定位（position）；（5）战略是一种观念（perspective）。“竞争战略之父”迈克尔・波特对于企业战略的定义包含三个方面：（1）战略就是创造一种独特、有利的定位，涉及各种不同的运营活动；(2) 战略就是在竞争中做出取舍，其实质就是选择不做哪些事情；(3) 战略就是在企业的各项运营活动之间建立的一种均衡。罗伯特·巴泽尔（Robert Buzzell）将战略定义为“管理中所采取的对财务绩效具有主要影响的策略和关键性决策。这些策略和决策通常包括有意义的且不易被撤销的资源约定”。

总结来说，战略是指对于任何一个组织的具有全局性或决定性的谋划，主要强调四个方面的内容：定位、取舍、均衡和绩效。鉴于组织战略的研究始于企业，从狭义上来讲，组织战略与企业战略属于同一范畴。

（二）战略的层次

企业战略一般根据企业内部的组织结构设计分为三个层次：公司层战略、业务层战略和职能层战略。公司层战略是企业最高管理层指导和控制企业的最高行动纲领；业务层战略是在公司层战略的指导下，经营管理某一个战略经营单位的战略计划；职能层战略是为贯彻、实施和支持公司层战略与业务层战略而在企业特定的职能管理领域制定的战略，如图 2-4 所示。

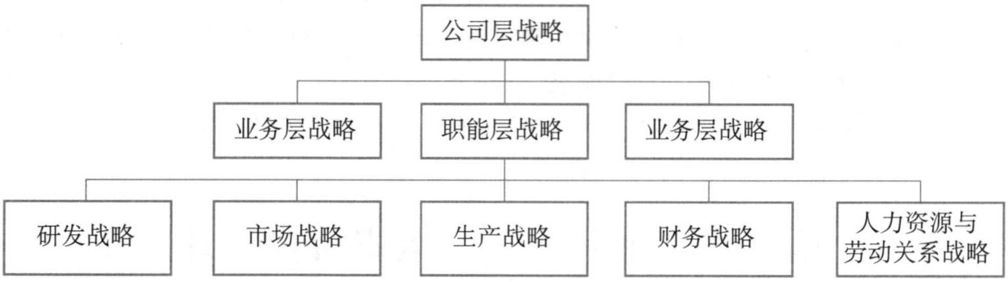

图 2-4　组织战略层次

1. 公司层战略

公司层战略，又称企业整体战略，是覆盖组织整体的战略，处于最广泛的层面，因此一般由企业的最高管理层制定。公司层战略涵盖了组织目标、组织使命、组织宗旨、组织发展计划等，一般侧重于企业所从事经营事业的选择以及资源的配置。

公司层战略主要包含三种类型：增长型战略、稳定型战略和紧缩型战略。(1) 增长型战略，又称扩张性战略，是以扩张经营范围、提升竞争地位、扩大组织规模为导向的战略，包括一体化战略、多元化战略和密集型成长战略，该战略以发展为核心内容。(2) 稳定型战略，又称防御性战略，是以维持经营范围、组织规模为导向的战略，包括暂停战略、无边战略和维持利润战略。(3) 紧缩型战略，又称收缩性战略，是以缩小经营范围和组织规模为导向的战略，包括扭转战略、剥离战略和清算战略。

2. 业务层战略

业务层战略是为企业的每个业务部门制定的战略，是对公司层战略的第一层分解。制定业务层战略时会根据外部市场状况进行战略规划，包括对特定产品、市场、客户等做出战略抉择。因此，竞争战略一般是在业务层战略（即战略业务单位）这个层次制定的。

业务层战略主要包含三种类型：成本领先战略、差别化战略和集中化战略。(1) 成本领先战略，又称低成本战略，是通过各种内部成本控制手段降低生产成本，以价格优势占领市场的战略。(2) 差别化战略，是通过提供不同的产品、服务、企业形象以满足客户的多样化需求，从而形成竞争优势的战略。(3) 集中化战略，又称聚焦战略，是指把经营战略的重点放在一个特定的目标市场上，为特定的地区或特定的购买者或集团提供特殊的产品或服务。

3. 职能层战略

职能层战略是在更细节层面上运行的战略，侧重于企业内部各职能部门的运行效率。各职能部门须制定相应的目标和规划，使各职能部门的战略能够协同起来，从而更好地为公司层战略和业务层战略服务。

职能层战略主要包括研发战略、市场战略、生产战略、财务战略、人力资源与劳动关系战略等。

(1) 研发战略是指组织针对新产品开发目标、达成目标的途径和手段的基层战略，主要包含技术领先和技术跟随两种形式。

(2) 市场战略是指企业在复杂多变的市场环境中，为实现企业经营发展目标，制定的一定时期内的市场营销总体规划，按其内容划分主要包括市场渗透战略、市场开拓战略、市场发展战略、混合市场战略等。

(3) 生产战略是指企业根据所选定的目标市场和产品特点构造其生产系统的基层战略，从而在生产领域内取得某种竞争优势以支持组织的经营战略，而不局限于处理和解决生产领域内部的矛盾和问题。

(4) 财务战略是指为谋求组织资金均衡有效流动的基层战略，主要包含投资战略、融资战略、财务管理战略等。

(5) 人力资源与劳动关系战略是为了获取企业竞争优势、提高企业绩效，实现企业与员工的共同发展，针对企业劳动关系管理所制定的战略。人力资源与劳动关系战略的目标是实现企业效率、公平和参与权的平衡，为企业战略的实现提供切实有效的支撑，保障企业战略得以顺利落实，进而实现企业的愿景、目标。

(三) 战略的规划者

企业战略的制定和落地并非一蹴而就，在其形成过程中，上至董事会成员，下至普通员工，都在不同程度上发挥了作用，贡献了力量。基于在企业战略形成过程中的重要程度，企业战略的规划者主要包括董事会、高层管理者、中低层管理者。

1. 董事会

董事会掌握着企业战略的最终决策权。董事会作为公司委托-代理关系中的委托人，尽管不涉及企业日常的经营运转事务，对于企业内外部环境的敏感度弱于企业高级管理层，但是，董事会能够从整体上对企业的未来进行客观的评估和把握，基于股东利益最大化对企业经营层提出的战略进行测评和选择。

2. 高层管理者

高层管理者是指处于组织结构顶层、掌握企业经营管理实权的少部分人群，包括企业的首席执行官（总裁、总经理）、高层副职以及重要职能和业务部门的负责人，如财务部门负责人。高层管理者熟悉企业的经营发展情况，是企业最为关键的信息交汇点，他们对于企业的经营发展战略最具有发言权，能够较为全面地考虑和评估企业发展的问题。为了避免“内部人控制”，企业高层管理者一旦有了新的战略构思，应该及时与董事会和股东大会进行报备、沟通。此外，为了保证战略的有效性，高层管理者也应该充分尊重企业中低层管理者的意见。

3. 中低层管理者

相较于高层管理者对于企业总体战略的把控，中低层管理者主要负责企业的业务层战略和职能层战略，他们在组织机构所处的位置使他们在企业战略的制定和落实过程中发挥着重要的作用，具体表现为四个方面。其一，中低层管理者对于所辖部门有着更深入的认识，对于具体的经营环节有着更多更真实的了解。其二，中低层管理者更容易接收来自平级部门负责人或者部门下属的意见，有利于形成新的战略构思。其三，中低层管理者所处的位置为他们了解组织内外的多种信息提供一个特别的视角，他们得以向高级管理层提供丰富的信息，为企业高层制定战略提供科学的依据。其四，中低层管理者拥有一定的权力，他们可以在其职权范围内进行改革和创造，为战略雏形的形成创造必要条件。

（四）战略管理的意义

20 世纪 70 年代以来，西方发达国家在环境急剧变化的情况下，为了生存和发展而进行了一次管理上的大变革，越来越多的企业开始实行战略管理，旨在帮助组织的高层管理者做出战略性决策，自此进入了战略管理的时代。美国哈佛大学教授迈克尔·波特认为，战略是一个企业成败的关键，它关系到企业的生死存亡，决定着企业的未来走向。一个缺乏战略引领的企业就如同无源之水、无本之木，战略管理对于企业的成长和发展具有重大意义。

1. 战略管理有利于监控企业各层级战略的执行

站在企业管理层的角度来看，战略管理可以对高级管理层所制定的公司层战略进行监督，督促高层管理者不断检查和评估战略的合理性。尤其是当公司的外部环境发生较大的变化时，原有战略可能已经无法适应组织未来发展的需要，这时就需要及时构建新的公司层战略。企业的高层管理者需要综合考虑组织所处的内外部环境，然后对其原有的公司层战略进行调整、修订，甚至是重新构建。

站在企业的业务层和职能层角度来看，战略管理可以有效、及时地监控业务层战略和职能层战略的实施和执行，有助于公司在操作层面改进决策方法，提高业务层和职能层的效率和管理水平。战略管理也可以看作一个控制和监督的系统过程，它不仅涉及公司层战略管理，而且牵扯组织的每一项具体业务，能够适时、合理地对业务层战略和职能层战略起到监控作用，从而保证战略的顺利实施。

2. 战略管理有利于企业资源的合理配置

企业是商品经济发展、生产社会化的产物，通过合理配置内部有限的资源，追求利润最大化。战略管理可以促使企业加强资源的合理配置，优化资源结构，最大限度地利用和发挥资源效能，在必要时追加新的资源投入，推进企业整体规模的扩大和效益的提高。从市场竞争的角度来看，战略管理不再是从单一层面和方式上寻求如何打败竞争对手，而是更多地从企业整个系统和战略的高度来配置公司资源，引导企业的经营和成长。

3. 战略管理有利于企业和谐劳动关系的构建

尽管企业高级管理层在战略管理中起到了至关重要的作用，但是只有确保企业内部全体成员共同参与战略的酝酿、决策与实施过程，才能最大限度地激发员工的感情与智慧，从而确保企业战略目标的实现。因此，战略管理不仅担负着实现企业使命和愿景以及维护股东长期利益的使命，而且是保障企业员工利益的重要机制。企业应该重视员工的民主参与权，为员工提供合适的途径，使其加入企业战略管理的进程，实现员工与管理层的有效沟通，这有利于企业构建和谐劳动关系，实现劳资双赢。

二　组织结构设计

（一）基本定义

组织结构，是企业全体员工为实现企业目标，在工作中进行专业分工协作，在权力与责任方面形成的结构体系。任何组织都是由作为组成要素的人按照一定的结构建立起来的系统。基于人的主观局限性，企业组织必须具有纵向的上下层级关系和同层级之间的横向或交叉关系。上下层级是一种权力和责任分配的关系，横向层级则是一种专业分工的关系，而它们本质上还是权力与责任的问题，是管理系统中的每一件事都能做好的保证。管理系统中的每一个岗位和部门必须权责一致，权力过小担不起应负的职责，权力过大虽然能保证任务的完成，但也会导致不负责任的权力滥用，甚至影响整个系统的运行。

组织结构设计，是对企业的组织结构进行规划、构建、创新或再造，旨在从组织结构方面确保企业目标的有效实现。组织结构设计是一个动态的过程，归纳起来，主要分为八个步骤，如图 2-5 所示。

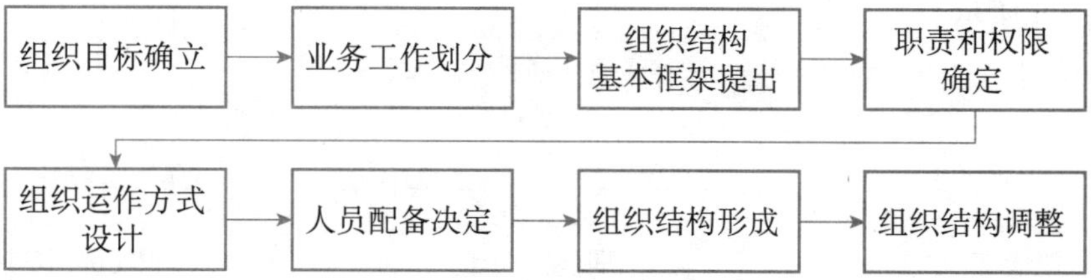

图 2-5　组织结构设计步骤

（1）组织目标确立：通过收集及分析资料，进行设计前的评估，以确定组织目标。

（2）业务工作划分：一个组织是由若干部门组成的，根据组织的工作内容和性质，以及工作之间的联系，将组织活动组合成具体的管理单位，并确定其业务范围和工作量，进行部门的工作划分。

（3）组织结构基本框架提出：按组织设计要求，决定组织的层级及部门结构，形成层级化的组织管理系统。

（4）职责和权限确定：明确规定各层级、各部门以及每一职位的权限、责任。一般用职位说明书或岗位职责等文件形式表达。

（5）组织运作方式设计：1）联系方式的设计，即设计各部门之间的协调方式和控制手段；2）管理规范的设计，即确定各项管理业务的工作程序、工作标准和管理人员应采用的管理方法等；3）各类运行制度的设计。

（6）人员配备决定：按职务、岗位及技能要求，选择配备恰当的管理人员和员工。

（7）组织结构形成：对组织设计进行审查、评价及修改，并确定正式组织结构及组织运作程序，颁布实施。

（8）组织结构调整：根据组织运行情况及内外环境的变化，对组织结构进行调整，使之不断完善。

（二）组织结构的基本类型

1. 直线制

直线制是最简单、最古老的一种组织结构形式，又称层级制或金字塔式。在这种组织结构下，职权由上至下进行传递和分解，企业所有者或管理者对下属拥有直接控制权。这种组织结构形式主要适用于小型企业或处于创业阶段的企业。随着企业和组织的发展，这种组织结构形式不能长期维持。

直线制组织结构的优点是构架简单、责任明确、形式灵活、层级清晰、命令统一。直线制组织结构的缺点是：（1）层级过多，容易缺乏横向的沟通和协调；（2）不适用于发展、成长后的企业；（3）缺乏专业分工，不利于提高管理水平。

2. 职能制

职能制最早由法国古典管理理论学家亨利·法约尔（Henri Fayol）提出，也称为U形结构（unity form）或法约尔模式。职能制设计是根据职能来实行部门化，从上至下对各部门进行分工，然后将相似的业务或人员组合在一起的组织结构设计，其高度专业化的分工主要适用于单一业务的企业。在这种组织结构下，企业的管理权主要集中在最高领导层，如图2-6所示。

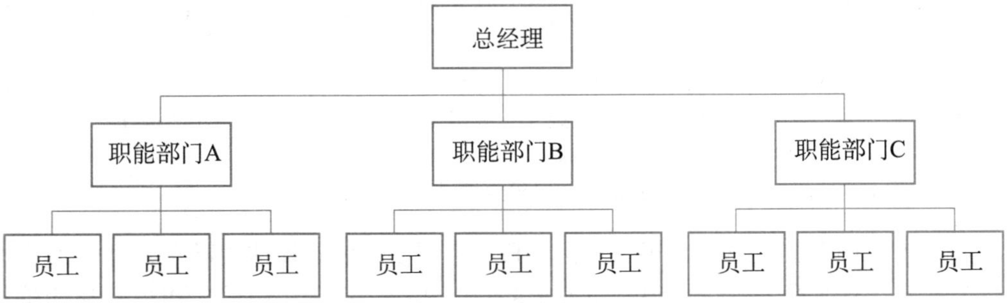

图2-6　职能制组织结构

职能制组织结构的优点是：（1）通过专业化生产容易实现规模经济，减少人员和资源的重复配置；（2）组织内各部门的职责界定十分明确，避免重复性任务；（3）管理权力高度集中，便于企业高层对各个部门监控。职能制组织结构的缺点是：(1) 过度细分导致部门间的沟通协调较为困难；(2) 各部门间相互隔离、各自为政，不利于企业整体目标的整合与实现；(3) 集权化的决策制定机制降低组织的灵活性。

3. 事业部制

事业部制最早由美国通用汽车公司前总裁阿尔弗雷德・斯隆于 1924 年提出，也称 M 型结构（multidivisional structure）或斯隆模式，是一种高度（层）集权下的分权管理体制，主要适用于规模庞大、品种繁多、技术复杂的联合型或集团型企业。事业部制组织结构可以根据需要划分为不同的事业部，每个事业部下可按照业务职能划分不同的部门，如图 2-7 所示。

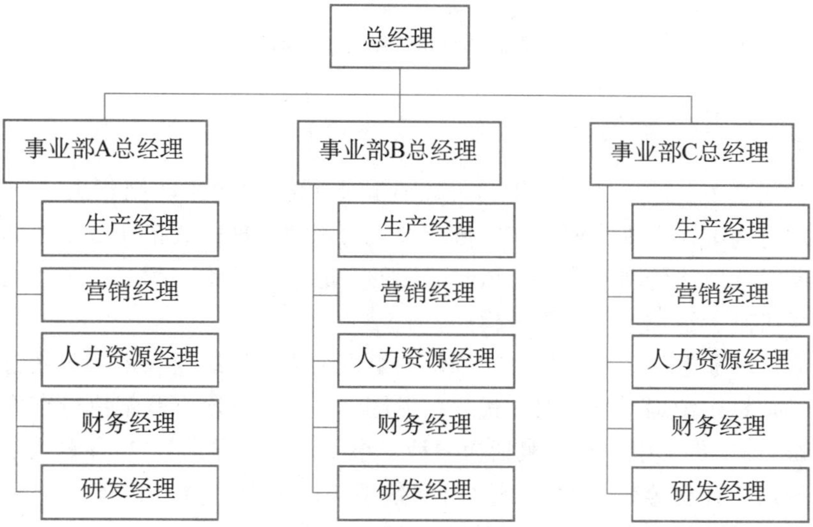

图 2-7　事业部制组织结构

事业部制组织结构的优点是：(1) 采用独立核算，能够更好地调动各事业部的生产经营积极性；(2) 有利于各事业部集中精力从全局考虑问题，提高企业快速应对变化的能力。事业部制组织结构的缺点是：(1) 各事业部独立核算，不利于部门间的协作；(2) 各事业部内各职能部门重叠，造成人员浪费，增加企业成本。

4. 矩阵制

矩阵制最早由美籍日裔学者威廉・大内（William Ouchi）于 1981 年提出，是指企业根据项目或者某些专门任务成立的跨部门的专门的组织结构。矩阵制是职能制组织结构与项目型组织结构相结合的一种组织结构类型，打破了统一指挥的组织结构设计原则，在具体形态上具有横向与纵向相互交叉的特点，如图 2-8 所示。这种组织结构有利于加强职能和项目之间的联系，常用于从事大量复杂项目管理的企业。

矩阵制组织结构的优点是：(1) 将纵向职能管理与横向项目管理相结合，便于组织协调和资源调配；(2) 组织结构较为灵活，能够较快适应环境的变化，提高决策制定效率。矩阵制组织结构的缺点是：(1) 由于组织结构复杂，容易造成权力划分不清晰；(2) 项目负责人的权力和责任容易不对等，缺乏有效的激励和监督。

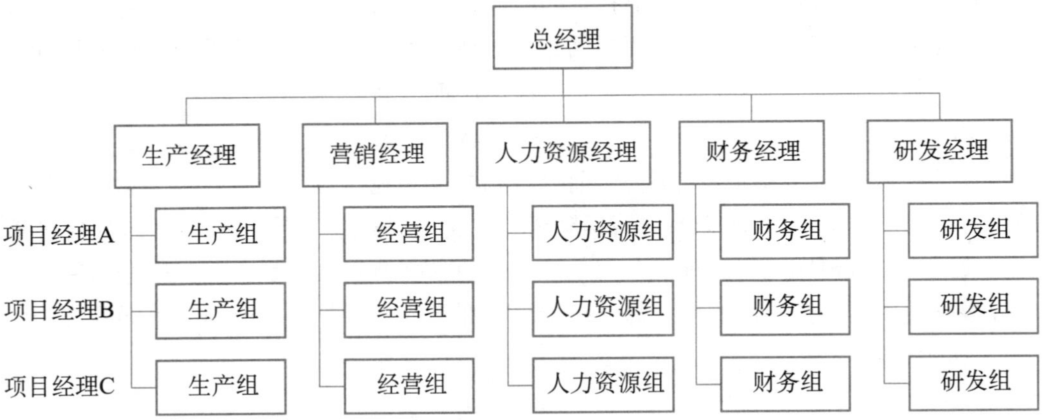

图 2-8　矩阵制组织结构

（三）组织结构类型的创新

站在“互联网＋”的风口上，我们可以看到不同类型的互联网相关企业中的组织形态、用工管理行为都在发生深刻巨变，传统的人力资源管理模式正在被剧烈的互联网浪潮改变。互联网时代急速传递的信息，风起云涌的产品版本迭代，都要求企业内部有更加快速的信息传导机制、更加灵活的管理模式。

谷歌拥有一种非框架、非结构、非固定的组织结构，组织层级最多不超过 4 层，允许多重上级领导，是组织扁平化的典型代表（见图 2－9）。谷歌前首席执行官埃里克·施密特（Eric Schmidt）将其组织结构概括为一种“小团队管理方式”，当谷歌内部出现需要解决的难题、规划、计划等任务时，企业内部数不清的项目经理会组建一个又一个工作小组，来承担弹性出现的职责。施密特将这种组织形态的优势总结为三点：促进尝试和创新，增加员工在小团队中的决策权和主人翁意识，降低内部协调成本。

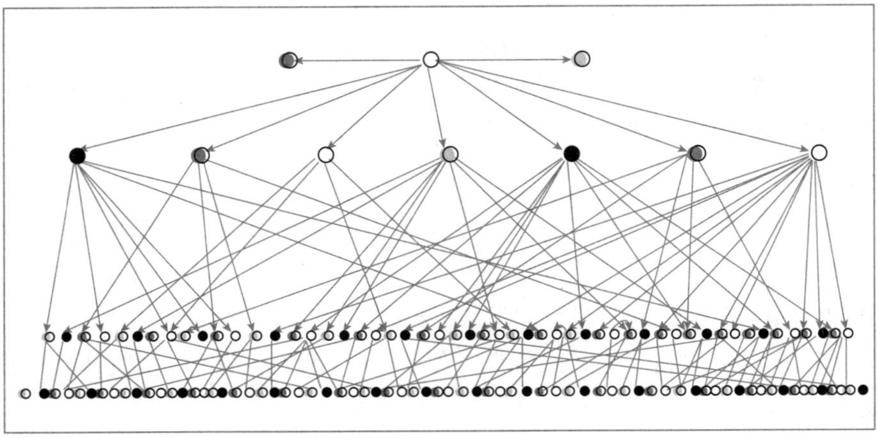

图 2-9　谷歌的组织结构

资料来源：详见网页 http：//www.bonkersworld.net/organizational-charts/。作者为科尔内特（Manu Cornet），曾为谷歌员工。

更加极端的组织结构设计出现在脸书。与谷歌扁平化的组织结构完全不同，脸书是分布式（分包）管理的一个范例（见图 2-10）。分布式管理的特点在于，没有强制性的中心控制，次级单位实际自治并彼此高度连接，网络型条件下点与点之间形成非线性因果关系。

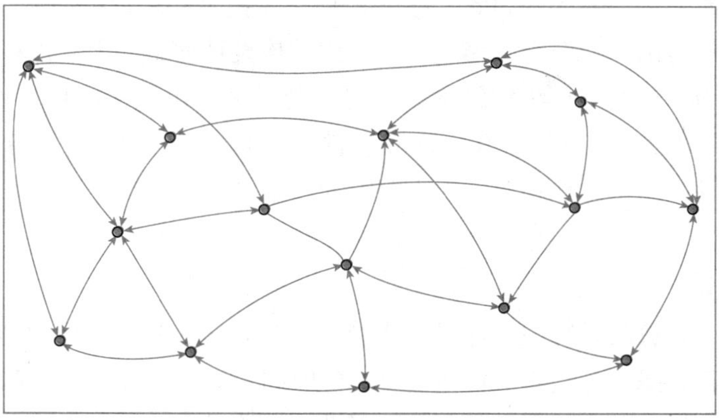

图 2-10　脸书的组织结构

资料来源：详见网页 http：//www.bonkersworld.net/organizational-charts/。作者为科尔内特，曾为谷歌员工。

谷歌和脸书的组织结构事实上不再纠结于传统管理中的标准业务流程设计、组织结构与汇报关系设计，是典型的互联网型组织结构。表面上看，公司内部有数不清的产品经理、项目经理在自发开启自己的项目任务，项目的资源完全来自工程师的自愿。产品经理、项目经理会去游说工程师，试图吸引他们为自己的想法来工作；工程师可以自主决定去干哪个产品经理、项目经理的活，也有权自主决定如何完成具体事项。如果按照经典的管理理论来评估，企业内部随时都存在大量的“多重领导”，这种组织结构是无法贯彻行政指令的。

而实际操作中，正如施密特总结的那样，互联网型组织结构的首要优点是打破了大公司常见的科层制氛围，让研发团队在开发过程中感受到自主权、感受到用户的满意度，这客观上促进了研发团队尝试新生事物来完善产品和服务。产品经理、项目经理会游说工程师团队尝试自己的有趣想法，但无法干涉工程师的个人偏好，知识工作者的独立性得到了最大限度的保护。

互联网型组织结构的另一个优点在于实现了小团队之间的自发协同工作，从而尽可能减少科层制企业不同团队之间的“制度摩擦”成本。在脸书这种比较极端的互联网型组织结构中，工程师一旦加入某个项目，当面临问题时就会自发处理问题：如果他们期望得到设计师的帮助，就需要自己去说服设计师来加入他们的项目；如果他们期望得到架构师的帮助，就需要自己去说服架构师来加入他们的项目；并不存在行政指令。

总结来看，互联网型组织结构就像蜂群一样，每一个蜜蜂自行决定接收谁的情报，前往何处采集蜂蜜。这种结构适合工程师文化的组织、知识工作者的组织。使用这种结构的组织能够比传统组织形态的竞争对手更快完成创新和进化。因为没有层级观念，所以更容易发挥群体智慧；因为容错度高，所以能够推动精益创新和快速迭代；因为关系变为网状，所以基础层面的沟通和执行变得高效。

（四）组织结构设计的影响因素

组织结构设计的影响因素有很多，绝大多数组织的高层管理者将如何设计一个合适的组织结构归因于四个方面的权变因素：战略、规模、技术和环境的不确定性①。在此基础上，组织文化学派提出“7S”管理模式，对组织结构设计的影响因素进行更为详细和全面的论述。他们认为，企业进行组织结构设计时，既要考虑组织的硬件（例如战略），又要考虑组织的软件（例如人员），只有硬件和软件相结合才能使组织真正产生最好的效益。鉴于此，我们将组织结构设计的影响因素概括为六个方面：战略、环境、技术、规模、生命周期、员工。

1. 战略的影响

企业处在一个开放的系统中，随时可能受到不断变化的外部环境的影响。相对于企业外部环境变化而言，战略与组织结构做出反应的时间长短是有差别的。战略管理的奠基人阿尔弗雷德·钱德勒（Alfred D. Chandler）认为，当企业所处的外部环境发生变化时，最先做出反应的是战略，而后组织结构才会在战略的推动和影响下对环境变化做出反应，从而形成了战略的前导性和组织结构的滞后性。

（1）战略的前导性通常是指企业战略的变化速度要快于组织结构的变化速度。这是因为，企业一旦意识到外部环境和内部环境的变化提供了新的机会与需求，首先会在战略上做出反应，以此谋求经济效益的增长。例如，经济的繁荣与萧条、技术革新的发展都会对企业现有产品或服务的提供造成影响，即影响企业的产品战略、经营战略等。在这种情况下，企业往往需要制定新战略来适应环境的变化。同时，新战略需要新组织结构与之相适应，至少在一定程度上需要调整原有的组织结构。若组织结构不做出相应的变化，新战略也不会使企业获得更大的收益。

（2）组织结构的滞后性通常是指组织结构的变化速度常常慢于企业战略的变化速度。出现这种情况的原因有两个：一是新旧结构的交替有一定的时间过程。当外部环境发生变化时，企业首先考虑的是战略。新战略制定出来后，企业才能根据新战略来重新设计组织结构。二是旧的组织结构具有一定的惯性，由于管理人员对原有的组织结构已经熟悉、习惯，且运用自如，当新战略制定出来后，他们通常仍沿用旧有的职权和沟通渠道去管理新的经营活动，尤其是当管理人员感到组织结构的变化会威胁到他们个人的地位、权力和心理的安全感时，往往会对新战略进行抵制，从而造成了组织结构具有滞后性。

组织结构设计受到企业战略的影响，不同的战略要求采用不同的组织结构。以企业产品经营战略为例，钱德勒基于美国 100 家大公司的案例研究发现不同的产品经营战略需要不同的组织结构与之相对应，在此过程中，战略起着决定性作用，如表 2-1 所示。管理学大师亨利·明茨伯格认为，组织结构与企业战略二者之间是相互作用、无法分开的。企业战略决定组织结构；反过来，一套合理的组织结构设计是保障企业战略实现的前提。

---

① 罗宾斯，库尔特．管理学：第 9 版．北京：中国人民大学出版社，2008.

表 2-1　企业产品经营战略对组织结构设计的影响

经营战略	组织结构
专业化	普通职能制
主、副业多元化	具有单独核算功能的职能制
纵向一体化	混合型
无关多元化	母子公司型
非限制性多元化	事业部制

2. 环境的影响

环境是影响组织结构设计的重要因素。从权变理论的角度来看，在现实中不存在普遍适用的、完美的组织结构，适合企业的组织结构取决于一定时期内企业所处的环境，而环境具有复杂性和不确定性的特点，只有与企业所处的外部环境相适应的组织结构才可能成为有效的组织结构。此外，企业在进行组织结构设计时，还需要考虑企业所处环境的变化速度以及组织对环境变化的反应速度，这样组织才能更迅速地适应环境的变化并做出及时调整。

3. 技术的影响

技术会对组织结构的设计带来重大影响。任何一个组织都需要通过技术的力量将投入转化为产出，为达到这一目标，需要将设备、材料、富有知识和经验的人员按照一定形式有机地结合在一起。此外，组织结构的设计需要适应技术的变化，特别是要适应技术应用的重大转变。

4. 规模的影响

组织规模大小是组织结构设计中必须考虑的一个基本因素，不同规模的组织会表现出不同的组织结构特征；同理，不同规模的组织也需要不同的组织结构设计。

美国组织学家彼得·布劳（Peter Blau）通过对组织规模与组织结构设计相关关系的大量研究认为，组织规模是影响组织结构设计的最重要因素。当组织业务呈现扩张趋势时，组织内的员工数量增加，管理幅度增大。管理层级增多，即组织的规模不断扩大，使得组织中劳动分工越多、越细，组织的复杂程度也会相应提高，这必然给组织的管理带来新的困难，进行组织结构调整成为必然。

5. 生命周期的影响

组织结构是为了有效实施企业长期目标而设计的，因此在企业的不同成长阶段需要不同的组织结构与之相适应，二者的匹配程度直接影响企业经营效率和企业目的实现情况。

通常认为，企业的生命周期主要分为四个阶段，即创业阶段、成长阶段、成熟阶段以及衰退阶段。在创业阶段，组织规模较小，组织结构也比较简单，但是随着组织的成长与发展，企业需要及时调整产品的结构，这就必然会产生调整组织结构的压力。在成长阶段，企业进入了快速发展通道，发展目标也更加明晰，企业和谐的劳动关系与合理的激励使员工开始与组织目标保持一致，但该阶段的组织结构可能仍然不够规范合理。在成熟阶段，企业可能会大幅增员，并通过建构清晰的层级制和专业化劳动分工进行规范化、程序化工作。在衰退阶段，企业可能会尝试跨越部门界限组建团队来提高效率。

6. 员工的影响

组织结构的设计必须考虑到组织员工的个体差异。具体来说，企业需要考虑员工对工作专业化、管理层级和幅度等的偏好程度，企业在进行组织结构调整时还要理顺内部员工的劳动关系。

以专业化为例，只有适度的专业化才能赋予员工更高的满意度；过度的专业化会降低员工的满意度，从而导致员工的工作质量降低、缺勤率和流动率提高。以管理层级和幅度为例，随着中间管理层的减少和员工素质的普遍提高，员工也非常渴望对自己从事的工作拥有更多的发言权，因此，较少的管理层级和幅度可以使组织变得更加灵活，激发员工参与计划、管理以及决策的热情，从而提高组织的工作效率。此外，组织结构的调整必然会带来企业员工以及薪酬水平的变动，在短期内会增加企业的不稳定性，因此，企业在进行组织结构调整时，需要高度重视并处理好减员分流、劳动合同、债务债权等一系列涉及企业劳动关系的事宜。

第 3 节　人力资源与劳动关系管理战略

一　人力资源与劳动关系管理战略概述

人力资源与劳动关系管理战略指导着企业用工管理的流程和制度规范，同时，人力资源与劳动关系管理战略应当与企业战略保持一致，帮助企业战略的执行，对企业战略目标起到支撑作用，是企业战略的有机组成部分。

(一) 人力资源与劳动关系管理战略的含义

组织外部的政治环境、经济环境、技术、文化等处于不断的变化之中，使得组织的战略目标也处于不断的调整之中，从而导致组织面临的人力资源与劳动关系问题也处于不断变动之中。寻求效率、公平与发言权的动态平衡是人力资源与劳动关系管理战略的基点，也是人力资源与劳动关系管理战略存在的必要条件。

为了适应兼并发展的需要，企业必须制定出明确的发展战略，战略管理逐渐成为企业管理的重点，而人力资源与劳动关系管理对企业战略的实现有着重要的支撑作用，因此需要从战略的角度考虑人力资源与劳动关系管理的问题，将其纳入企业战略范畴。人力资源与劳动关系管理战略是以组织战略目标为基础的，当组织战略目标与经营方式发生变化时，人力资源与劳动关系管理战略也随之发生变化。因此，人力资源与劳动关系管理战略的实施是一个不断调整的动态过程。

人力资源与劳动关系管理战略要保障组织和个体都得到长期的利益，既要保障组织的利益得到实现，如企业绩效、可持续发展等，又要保障个体利益，如个体的幸福感、工作-家庭平衡等。

（二）人力资源与劳动关系管理战略的影响因素

随着生产经营活动的不断拓展，企业人力资源与其他资源一样，总是受到外部环境和内在条件的制约和影响，因此在制定企业的人力资源与劳动关系管理战略时必须把握企业内外部各种影响因素及其作用的程度，才能切实保证战略方案的科学性、合理性和可行性。

1. 企业的外部环境和条件

影响企业人力资源与劳动关系管理战略的外部环境和条件包括企业劳动力市场的完善程度、政府劳动法律法规的健全程度、工会组织的作用等。

（1）企业劳动力市场的完善程度。劳动力市场的运行过程也就是求职者与用人单位以及社会中介与政府之间相互作用和影响的过程。具有市场主体资格的劳动者和用人单位始终是劳动力市场运作的主角，企业在一定时期内对一定数量和素质的劳动力的补充，形成了劳动力市场的需求方，而素质不同、要求各异、个性多样的劳动者，无论是短期聘任还是长期雇佣，始终是劳动力的供给方。企业劳动力市场的供给与劳动力参与率、人口的平均寿命、人口的素质与技能等因素有关。

（2）政府劳动法律法规的健全程度。随着《中华人民共和国劳动法》（简称《劳动法》）、《中华人民共和国劳动合同法》（简称《劳动合同法》）、《中华人民共和国社会保险法》（简称《社会保险法》）等劳动法律的颁布和实施，我国的劳动人事法律法规体系逐步健全和完善。目前，我国劳动法律的立法、司法、执法和守法体系基本形成。作为企业来说，根据其发展战略制定的人力资源与劳动关系管理战略都必须符合国家的劳动法律、法规和政策的要求。

（3）工会组织的作用。在我国，中华全国总工会以及下属各级工会是唯一合法的代表企业员工合法权利的社团组织和法人。随着社会主义市场经济体制的逐步健全和完善，工会组织在企业中的地位和作用越来越突出和重要。为了切实保障劳动者的合法权益，工会在劳动合同签订、劳动关系建立和调整等涉及劳动者切身利益的方面发挥着重要作用。

2. 企业的内部环境和条件

影响企业雇佣战略内部环境和条件包括企业战略、生产技术、治理结构、组织结构、企业文化等。

（1）企业战略。企业战略是覆盖组织整体的战略，处于最广泛的层面。人力资源与劳动关系管理战略是企业战略的子战略。因此在制定人力资源与劳动关系管理战略时，应将企业战略作为指引与约束。

（2）生产技术。企业的生产技术水平与人力资源与劳动关系制度安排存在密切的关系。不同的技术装备对员工的素质和技能有着不同的要求，它直接对企业员工的招聘和管理等提出了具体标准和要求。

（3）治理结构。广义的公司治理结构不局限于股东对经营者的制衡，而是涉及广泛的利益相关者，包括股东、债权人、供应商、雇员、政府和社区等与企业有利害关系的集团。公司治理是通过一套包括正式或非正式的、内部或外部的制度或机制来协调企业与所有利益相关者之间的利益关系，以保证企业决策的科学化，从而最终维护企业各方面的利益。在不同治理结构模式下，企业所采用的人力资源与劳动关系管理战略存在一定的差异。

（4）组织结构。市场竞争是组织形态再造的根本动力。企业组织结构的形态经历了从直线制组织到矩阵制组织，再到今天的网状组织、平台型组织的迭变，这一过程中组织的弹性越来越大，由此导致企业的用工弹性也越来越大。组织结构形态对企业人力资源与劳动关系管理战略有着直接的影响。

（5）企业文化。企业文化实质是企业内部的物质、精神和制度诸多要素的动态平衡和最佳结合。企业文化包括家族式、发展式、官僚式、市场式等类型。企业文化具有凝聚、规范、激励、渗透和革新等功能。企业竞争策略、人力资源与劳动关系管理战略的制定与企业文化存在极为密切的关系。

二 雇佣战略

雇佣战略是企业人力资源与劳动关系管理战略的重要组成部分。它是指依据企业总体战略，并基于社会经济发展现状、企业内部生产经营状况、治理结构、组织结构、企业文化，从企业和员工长远利益出发，就企业人力资源用工规划、雇佣管理等制定的中长期策略。雇佣战略对企业用工决策及雇佣模式的选择有着直接的影响。

由于雇佣战略是从企业整体和长期利益出发，企业在制定雇佣战略时，应对影响雇佣战略制定的内外部环境和条件进行综合分析与考量，尤其是要及时、全面地对用工需求与供给进行预测、分析，从而制定出符合长远性和经济性需求的雇佣战略。

（一）用工需求预测

企业在进行用工需求预测时，要以实现企业的战略发展目标为指引，综合考虑多方面因素，诸如宏观经济形势、科学技术发展、政策变化、消费者心理、企业的经营发展状况等。其中，与企业直接相关的因素主要包括：

（1）企业的经营规模、经营结构、盈利以及财务资源对企业用工需求数量的约束。

（2）企业未来的生产经营任务和发展计划对用工的职业类别、技能水平的具体要求。

（3）企业的业务量或产量；现有员工的劳动定额和工作负荷情况。

（4）预期的员工流动率，即由晋升、调动、退休、辞职、解雇等原因引起的人员变动规模。

（5）企业有关培训和工作时间等劳动关系管理制度的设计，以及企业劳动关系管理的理念和管理水平对用工需求的影响。

（二）用工供给预测

企业在进行内部用工供给预测时，同样要结合企业经营发展战略，对涉及企业的相关因素进行考察，主要包括如下方面：

（1）了解企业当前所处的战略发展阶段，掌握企业实际拥有的人员存量。

(2) 结合企业所采取的与战略管理相适应的用工策略，对未来的人员供给数量进行测量。

(3) 充分考虑企业未来在战略实施的不同阶段可能发生的晋升、调动、退休、辞职、解雇等情形，以及它们对于人力资本变化的影响。

(4) 注意从员工个人职业生涯发展的角度，考虑员工的职业目标、接受培训的状况，即企业总体的员工发展潜力。

(5) 综合上述各因素，对企业员工的数量、职位类型、素质结构、人工成本等各个方面进行综合反映。

企业在进行外部用工供给预测时，应主要考虑如下因素：劳动力市场状况、政府就业法规和人才政策、企业对人才的吸引力、当地临时劳动力的供给状况、当地教育系统的毕业生数量以及竞争对手的情况等。

总之，雇佣战略的制定是一项复杂的系统工程，而用工需求预测和用工供给预测是制定雇佣战略的核心工作，用工需求和供给预测的有效性是决定能否制定科学合理的雇佣战略的关键所在。

思考题

1. 公司治理、企业战略、组织结构及雇佣战略之间的关系是什么？
2. 如何看待新经济背景下公司治理结构及组织结构的创新？
3. 组织结构的主要类型有哪些？各有什么特点？

案例分析

波音公司："内外结合，刚柔并济"的公司治理

公司治理是所有者和经营者在跷跷板上进行的一场利益博弈，是所有者对经营者进行制衡的一套方法体系。它包括外部治理和内部治理两方面。波音公司的外部治理是强有力的，这主要得益于完善的资本市场和经理人市场。波音公司的股权分散，加大了单个股东对经营者监管和控制的难度，而通过资本市场，股东可以选择"用脚投票"的方式来监督和控制经营者。完善的经理人市场也为股东制衡经营者创造了有利的条件。美国的公司一般是在经理人市场上选聘管理人员，那些由于失信于股东、经营业绩不佳等问题被解雇了的经理人将很难再找到和以前同一级别的工作。因此，为了自己的职业生涯，经理层也会好好管理公司，为股东谋利。

波音公司内部治理的精髓在于"刚柔并济"。其"刚"表现为对经理层的约束，让经理们不得不为股东谋利；其"柔"表现为对经理层的激励，让经理们心甘情愿地为股东谋利。波音公司对高管的约束机制即公司内部一套相互制衡、相互协调的制度安排，是对股东大会、董事会以及经理人等权利主体权、责、利的明确划分。股东大会是波音的最高权力机构，它将监督经理人的大权交予董事会，并通过公司章程的形式对董事会的权责以及选取、留任等进行了严格的规定，以确保董事会的独立性，使董事会始终代表股东的利益。而董事会的运作是通过下设的五大委员会——薪酬委员会、治理与提名委员会、审计委员会、财务委员会和特别计划委员会来进行的。各委员会各司其职，共同完成对经理人

的监督，使经理人与股东的利益相趋同。

波音公司的高管激励机制主要体现于对高管薪酬的巧妙设计上。波音公司坚持根据绩效支付工资的原则，让高管集中精力提高股东投资的回报率，使股东的利益最大化。高管薪酬包括基本工资、年度奖励和长期奖励，其中长期奖励为高管提供了股票期权和限制性股票，最直接地将高管利益与股东利益连接在一起。

资料来源：彭剑锋．波音：全球整合，集成飞翔．北京：机械工业出版社，2013.

第 2 编

人力资源与劳动关系管理流程

第 3 章 工作研究与工作分析

学习目标

学完本章后，你应该能够：

- 掌握工作研究的概念、研究内容和操作方法。
- 熟悉劳动定额与劳动定员的概念与分类、内容与作用、水平与制定方法。
- 重点掌握工作分析的概念、作用、实施办法以及工作分析与工作研究的关系。

引导案例

KW 公司是我国中部省份的一家小型房地产开发公司。近年来，随着当地经济的迅速增长，房产需求强劲，公司有了飞速发展，规模持续扩大，逐步发展为一家中型房地产开发公司。随着公司的发展和壮大，员工人数大量增加，众多的组织和人力资源治理问题逐渐凸显。部门之间、职位之间的职责与权限缺乏明确的界定，扯皮推诿的现象不断发生；有的部门抱怨事情太多，人手不够，任务不能按时、按质、按量完成；有的部门又觉得人员冗杂，人浮于事，效率低下。

面对这样严重的形势，人力资源部开始着手进行人力资源治理的变革，变革首先从进行工作分析、确定职位价值开始。工作分析、职位评价究竟如何开展，如何抓住工作分析、职位评价过程中的要害点，为公司本次组织变革提供有效的信息支持和基础保证，是摆在 KW 公司面前的重要课题。

资料来源：根据 HR 案例网相关资料编写。

第 1 节 工作研究

一 工作研究的概念与历史沿革

（一）工作研究的概念

工作研究是采用科学的方法，以劳动力、劳动手段、劳动对象构成的作业系统为研究对象，从空间和时间上进行分解剖析和研究探讨，改进工作设计的一系列活动。

工作研究是人力资源管理领域的概念，工科学界称其为“工业工程”，将工作研究视为与建筑工程、机械工程一样具有科学性和可重复性的活动。

（二）工作研究的历史

工作研究的思想起源于社会分工思想。英国古典经济学体系的建立者亚当·斯密提出，社会分工对提高生产效率、促进个人发展和社会发展都具有重要作用，这一思想成为工作研究的发端。

1911 年，弗雷德里克·泰勒出版了《科学管理原理》，开创了“时间研究”的先河，形成了劳动定额管理的理论和方法体系，使劳动定额管理成为一门科学。泰勒从工人、工头、车间主任到总工程师，对七个方面进行了研究：

（1）研究人机关系和劳动效率。

（2）进行动作研究和时间研究。通过对动作的分解，仔细研究工人的操作顺序和方法，以求找出最合理的肢体运动路线、加工方法和应用的工具，剔除多余和不合理的动作，将劳动方法标准化。泰勒还对操作时间进行了研究，通过挑选技术熟练的强壮工人，要求他们紧张地操作，同时以几分之一秒的时间为单位，记录每道工序、每个动作所需时间，加上必要的调整、休息等额外时间，经过周密分析，最终制定出完成每个标准动作所需的标准时间，作为定额管理和支付工资的依据。

（3）对工艺路线和切削用量进行分析和试验。

（4）对劳动条件、劳动环境和劳动过程的服务工作进行了初步的研究。

（5）实行差别计件工资制。达到定额的用高工资率计算工资，否则用低工资率计算工资，以鼓励工人提高生产效率。

（6）严格挑选工人，并且用新的作业方法标准和作业时间标准培训工人。

（7）改直线制为职能制，建立职能管理科室。泰勒主张一切工作都应通过考察来明确职责分工，他划分了管理职能和执行职能，并建立生产控制、成本计算和质量控制的基本制度。

总之，就是实行两个标准：标准作业方法和标准作业时间（或标准日工作量）。通过这两项标准的建立，泰勒将工作分解为若干组成部分，并用秒表精确测量完成每部分工作所需的时间，完成了对工作流程的梳理，对于规范生产流程、明确岗位职责起到巨大的促进作用。

除了泰勒，吉尔布雷斯夫妇也对科学管理的发展做出了重大贡献。弗兰克·吉尔布雷斯是一名建筑工程师，注重对工作效率的研究。其夫人莉莲·吉尔布雷斯（Lillian Gilbreth）是心理学家，研究工人的心理作用。夫妇二人通过动作研究，发明和应用了许多新技术来改善劳动动作，通过动作分解剔除不必要的动作因素，形成新的工作方法，提高工作效率。

泰勒等人通过对科学管理思想的发展，运用工作研究对生产流程进行管理，使得劳动定额成为一门独立的科学，为现代劳动定额学的理论和方法体系的形成奠定了基础。

二　工作研究的内容

工作研究分为方法研究和时间研究。

方法研究是指对工作程序和方法进行全面深入的观察、记录和分析，运用特定手段和技术，为寻求经济合理的最佳工作程序和操作方法而进行的一系列科学活动。其研究对象是"怎么干"，属于定性研究。目标是实现劳动者、劳动工具、劳动场所与劳动对象的最佳结合，以较少的人、财、物消耗，获取较多较好的经济效果。最终成果是形成标准工作方法。

时间研究是指利用测时器或记录装置，在一定生产技术组织条件下，通过观测、收集、整理和分析所得数据，确定为完成某项工作或操作所需时间量的一种研究方法。其研究对象是工作"用多少时间"，属于定量研究。目标是了解实际消耗时间的数量，确定必要时间消耗量，即制定劳动定额。最终成果是形成标准工作时间。

方法研究与时间研究的对比如表3-1所示。

表3-1　方法研究与时间研究

工作研究	定义	研究对象	目标	最终成果
方法研究	对工作程序和方法进行全面深入的观察、记录和分析，运用特定手段和技术，为寻求经济合理的最佳工作程序和操作方法而进行的一系列科学活动	"怎么干"工作，属于定性研究；包括干什么、怎么干和用什么人干等	要实现劳动者、劳动工具、劳动场所与劳动对象的最佳结合，以较少的人、财、物消耗，获取较多较好的经济效果	标准工作方法
时间研究	利用测时器或记录装置，在一定生产技术组织条件下，通过观测、收集、整理和分析所得数据，确定为完成某项工作或操作所需时间量的一种研究方法	工作"用多少时间"，属于定量研究	了解实际消耗时间的数量，确定必要时间消耗量，即制定劳动定额	标准工作时间

方法研究是时间研究的前提，时间研究是衡量、评价方法研究成果是否经济合理的依据。

三 工作研究的操作方法

工作研究是一种用来考察劳动者在各种情况下的工作，分析各种影响工作效率的因素，以进一步改进工作流程的技术，主要由方法研究与时间研究组成，二者相辅相成、互为渗透，而又有所不同。一般来说，时间研究应当在方法研究的基础上进行，经过方法研究，使得生产流程和操作方法合理化之后，进行时间研究才有意义；时间研究是衡量工作方法优劣的主要尺度，因此时间研究的结果也可以作为比较和选择工作方法的依据。方法研究主要研究如何减少作业的工作量，而时间研究则针对如何减少无效时间，以方法研究所确定的必要工作量为基础，进一步制定作业的标准时间。

（一）方法研究的一般方法和步骤

方法研究的一般方法和步骤包括选择研究对象、分解研究对象、进行现场观测记录、研究并寻找新的方法、制定工作方法标准并写出报告书、新工作方法标准的贯彻和实施。

1. 选择研究对象

要注意对象选择的全局性、时效性和可能性。

2. 分解研究对象

目的是便于进行深入细致的研究。分解原则是按层次往下一级划分。如研究产品的工艺工程则需分解到工序，研究工序则需分解到操作，研究操作则需分解到动作，研究动作则需分解到组成动作的基本要素（动素）。

3. 进行现场观测记录

主要步骤有测时、写实、访问、座谈、统计调查等。

4. 研究并寻找新的方法

事实记录下来后，就要逐项考察，寻求改善的新方法。

通常程序为采用“六问研究法”和“四技巧改进”，以达到“一目的”。

首先是“六问研究法”，对“目的、对象、地点、时间、人员、方法”这“六问”进行四次提问。具体内容见表 3-2。

表 3-2 六问研究法

	第一次提问现状	第二次提问为什么	第三次提问能否改善	第四次提问新方案
目的	为何做	必要性	能否不做	新理由
对象	做什么	为何做它	能否做别的	新对象
地点	何地做	为何此地做	能否别处做	新地点
时间	何时做	为何此时做	能否别时做	新时间
人员	何人做	为何此人做	能否别人做	新人员
方法	何法做	为何此法做	能否别法做	新方法

进行工作研究，一定要严格按照六组问题的先后顺序逐一进行，不得随意变更。因为这个顺序是根据快速、省时的原则，按照改进工作的内在逻辑确定的。比如，目的被取消，则其他所有问题便没有意义，也就没有必要再研究了；先研究方法问题，而后却发现目的、对象、时间、人员中的任何一种有变化，就会导致方法缺乏针对性。

在对上述六个方面的问题逐个考虑后，开始构思新的工作方法，可以运用“取消、合并、重组、简化”这“四技巧改进”，以达到最佳工作方法这“一目的”（见图 3-1）。

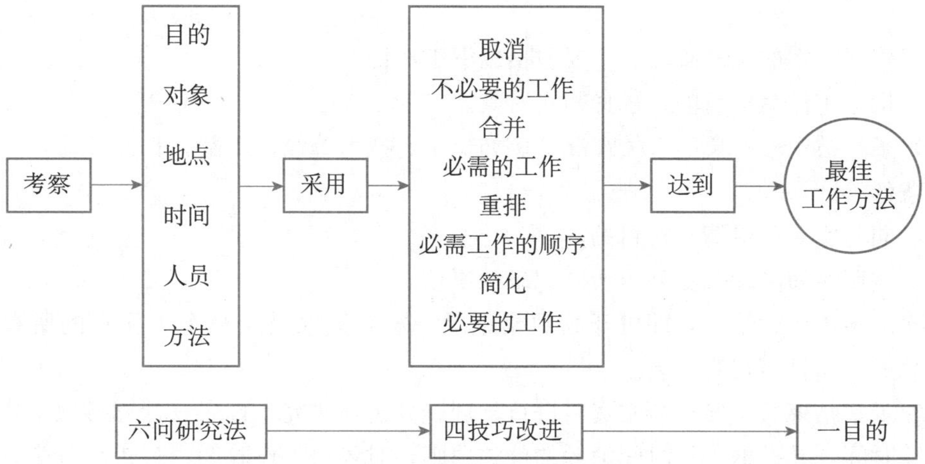

图 3-1　研究并寻找新的方法

5. 制定工作方法标准并写出报告书

提出新工作方法后，要与旧工作方法做对比，进行新工作方法的技术经济分析，制定工作方法标准并写出书面报告。书面报告包括：（1）两种方法的劳动强度、安全和工作条件对比；（2）两种方法的成本、工作时间、效率和质量对比；（3）两种方法所能取得的技术经济效果；（4）新工作方法所需的设备等投资费用；（5）主管人员对新工作方法的实施应采取的技术组织措施等。

6. 新工作方法标准的贯彻和实施

新工作方法应该得到领导、管理人员和操作者的讨论、验证、支持和协助。应该根据新工作方法标准指导劳动分工与劳动操作，给出执行新工作方法标准的时间标准，修订相关考核奖惩办法。对操作人员就新工作方法标准进行培训，在尚未取得期望的劳动生产率之前不能认为培训已经完成或成功。取得经验后，应该宣传、推广、现场指导和监督。应该重视班组长、车间和科室领导的作用，成立工作改进小组，在贯彻新工作方法的同时，检点其得失并进行改善。

（二）时间研究的一般方法和步骤

时间研究又称作业测定，是指以时间为单位，把劳动者所进行的工作细分成若干单元，分别加以观测，记录其时间值，进行分析研究，建立标准工作时间的活动。其根本目的是寻求在标准情况下完成一项工作所需的时间，即一个合格工人在标准作业方法和条件下，以正常的作业速度完成某项工作所需的时间，即标准时间，相当于企业中的劳动定额时间。标准时间是完成一项作业的纯作业时间与宽放时间的总和。

时间研究的方法主要包括工作日写实法、测时法、工时抽样法。

1. 工作日写实法

工作日写实法就是对劳动者整个工作日内的工时利用情况，按其时间消耗的顺序，如实地进行观察、记录和分析的一种方法。通过工作日写实，可以了解劳动者的工时利用情况，找出工时损失的原因，通过在组织上和技术上进行改进，提高工时利用率和劳动生产率。

在工作日写实的准备阶段，主要包括以下工作：

（1）根据工作写实目的，选择写实对象。

（2）了解被观察对象的有关情况，例如员工的技术等级、工龄，作业性质，工作场所的设备条件等。

（3）向写实对象讲清写实目的。

（4）按照时间消耗分类划分所要记录的事项。

写实准备工作就绪后，即可开始观察记录。应当记录员工整个工作日的所有时间消耗，汇总成工作日写实观察表。

写实观察结束后，要对写实资料进行整理、分析与研究。首先，计算各项工作时间消耗的延续时间，并根据工作时间消耗的分类原则，对各项工作时间消耗进行分类、整理汇总，填写工作日写实汇总表；之后，再根据写实结果做出总结，提出改进工作时间消耗的措施，并制定具体的实施方案。

2. 测时法

测时法即时间测定法，是指在工作场所中，以工序、操作或某一工作事项的作业时间为对象，按照先后顺序进行反复观察、记录和分析研究的一种方法。通过这种方法，可以为制定技术定额标准提供基础性数据，也可分析工人定额完成情况，优化生产流程，提高劳动效率。

运用测时法，主要分为以下几个步骤：

（1）做好测时前的准备工作。主要包括正确选择测试对象、向被测试对象讲清测时目的、详细了解测试对象和工作场所的生产技术和组织情况、合理划分工序、正确确定区分操作工序的时间点、确定观测次数、准备测时工具等工作。

（2）进行观测。因为操作过程较短，所以测时者必须集中精力，把握住工人操作过程中的时间点，并将非常规因素记录下来。记录时，要根据准备工作中划分的工序，记录每项工序操作的终止时间。

（3）整理和分析测时资料。测时结束后，测时者要检查核定测时记录，剔除明显不合理的数据。根据整理好的数据，计算每个操作的延续时间，求出合计数与平均值，并计算出稳定系数。稳定系数是指每个操作测时所取得的数列中最大值与最小值之比，它是检验测时结果的质量指标。稳定系数越接近 1，说明该操作测时所取得的数列波动越小，数据质量也较好。数据分析完成之后，即可确定工序作业时间标准，或总结经验、寻找问题，写出分析报告。

3. 工时抽样法

工时抽样法又称瞬间观察法、抽样推断法，是对写实这种传统时间调查方法的改进，是按随机抽样原则对报告期的实际消耗时间进行抽样调查和抽样推断的方法。工时抽样法可为改进时间利用、制定劳动定额提供依据，可以比较科学地了解被观察者和生产设备的利用情况，相比写实法可以更节省观测人力和时间，但也对观测人员的观测技术提出了更高的要求。

在工时抽样的准备阶段，研究者首先需要明确抽样推断的目的，全面了解抽样推断对象的性质和生产作业方式，确定观测对象的范围，确定研究与观测的项目，通过进行预备观测来确定观测次数，同时采用抽签法确定观测时刻。

准备工作完成之后，就可以进行现场抽样观测。根据之前确定的观测时刻，准时到现场进行抽样观测，这就要求观测人员在观测时刻快速判断观察到的事项属于哪种项目类型和劳动速率水平，同时也要记录每个观测期的产品数量。

现场抽样观测结束后，还要整理观测结果，核对各个时刻的记录有无偏差，并计算出每个分类项目发生的次数、总观测次数，以及二者的比率，即分类项目的发生率。如果这个发生率在 $p-3\sqrt{p(1-p)/n_i} \sim p+3\sqrt{p(1-p)/n_i}$ 管理界限之内，则说明观测的数据没有异常；如果超出这个范围，则说明数据有异常，应查找原因并剔除。如果不满足抽样次数，还应继续补测。之后，还要计算总的分类项目的发生率并做出观测质量评定，进行稳定性分析，计算平均值。最后，通过计算总标准时间和单件（单次）标准工序作业时间，来制定劳动定额。

第 2 节　劳动定额

一　劳动定额概述与分类

劳动定额是社会化大生产的产物。早在 1760 年，法国人波拉勒特就对 6 号别针提出每分钟制造 494 支的产量定额；1898 年，弗雷德里克·泰勒在美国伯利恒钢铁厂进行了著名的铁铲试验，通过对工人的铁铲进行改进，科学地制定劳动定额，采用标准化作业，极大地降低了成本，提高了效率。

劳动定额是指在一定生产、技术、组织条件下，运用科学、合理的方法，为生产单位产品或完成一定量工作，事先规定的必要劳动消耗量的标准。从劳动定额的概念中可以看出，劳动定额是在一定条件下制定的，劳动定额不能脱离具体的生产、技术和组织条件。生产条件主要是指生产方式和生产批量；技术条件主要是指设备、工具、量具等；组织条件主要是指劳动组织条件、操作者的分工协作情况与专门化程度。劳动定额所衡量的对象是劳动者在劳动过程中脑力和体力的消耗，即劳动量。同时，由于各部门生产过程具有不同的性质和特点，在计算劳动量时，应根据实际情况，采取科学有效的计量方法。

劳动定额按照不同的分类方法有不同的类型（见表 3 - 3）。

表 3-3 劳动定额的分类

分类方式	内容
按其表现形式	时间定额、产量定额、看管定额、服务定额、销售定额
按其在管理中的作用	现行定额、标准定额、计划定额
按其使用范围	国家定额、地区定额、行业定额、企业定额
按其制定方法	经验估工、统计分析、技术测定、技术分析
按其水平高低	先进的定额、平均先进的定额、落后的定额

其中较为主要和常用的有时间定额、产量定额以及标准定额。

时间定额也称工时定额，是指用生产单位产品消耗的时间数量表示的劳动定额。它是劳动定额最基本、最普遍和最主要的表现形式。一般来说，劳动定额常常是指时间定额，通常采用双重单位，如工时/件、工时/千克等。

产量定额是指用单位时间产出的产品数量表示的劳动定额。它与时间定额互为倒数。因为产量单位是表示劳动产出的最直观的量纲，所以最实用于大量生产企业，如采掘业、运输业等。

标准定额是制定或考核劳动定额所依据的定额。劳动定额本身就是劳动消耗量的标准，标准定额是标准的标准。标准定额是针对典型生产、技术组织条件制定的定额，一般相对稳定，能够较长时间不变。

二 时间定额

（一）时间消耗分类

时间消耗分类是指把工作班时间按照活动的作用与时间消耗的规律、形成的原因与管理的需要划分为不同的类型。

时间消耗可以分为定额时间与非定额时间，组成体系见图 3-2。

各种时间消耗类型的不同组合方式，构成了不同的时间定额方式。对各种时间消耗类型的掌握，有助于我们把握时间定额的构成，有助于研究并改进时间消耗结构，提高劳动生产率。

改进时间消耗结构的目标如下：

一长：作业时间尤其是基本作业时间要长。在计算基本作业时间占工作班时间的相对数时，这一时间的比重一定要大，因为只有这一时间才是真正做出成果的时间。

二短：作业宽放时间要短。这只是使工作正常化的时间，越短越好。

三适当：休息和个人生理需要的时间必须适当地给予。

四必要：准备与结束时间要足够多，足够长。

五消灭：非定额时间要坚决消灭。这是没有意义的时间。

（二）时间定额的构成

时间定额的构成与生产类型密切相关。不同的生产类型，其时间定额的构成完全

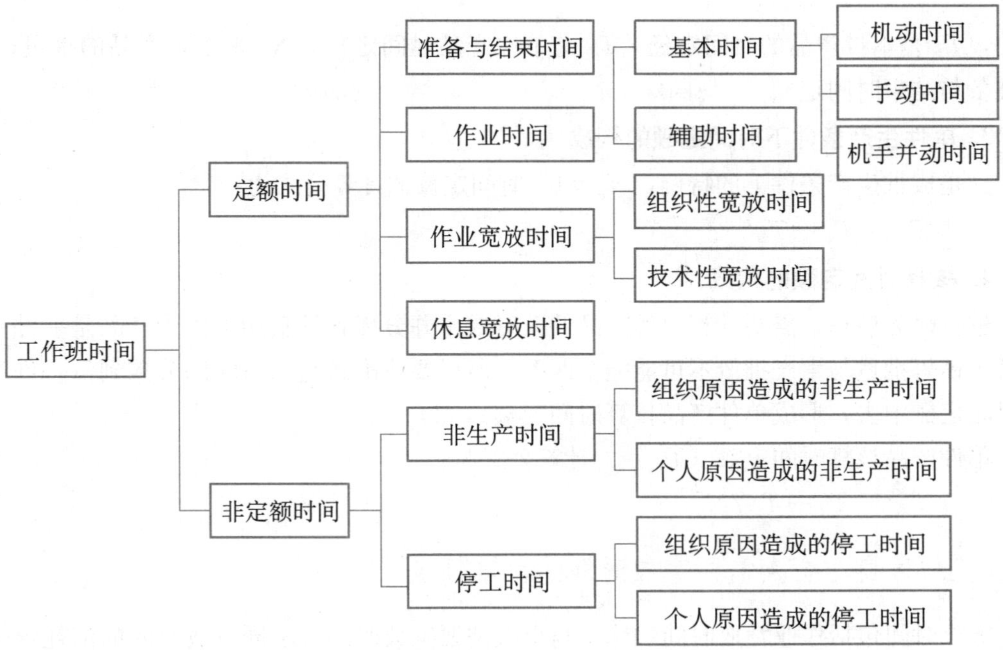

图 3-2　时间消耗分类体系

不同。

1. 大量生产条件下时间定额的构成

在大量生产条件下，工作场所生产专业化程度高，长期固定地执行少数几道工序，产量又比较大，准备与结束时间分摊到每件产品上的数量微不足道，可以略而不计。因此，大量生产条件下只需制定单件产品的时间定额和产量定额。

单件产品的时间定额（T_d）的构成只包括作业时间（T_z）、作业宽放时间（T_{zk}）和休息宽放时间（T_{xk}）三个部分：

$$T_d = T_z + T_{zk} + T_{xk} = T_z \times (1 + K_{zk} + K_{xk}) = T_z \times (1 + K)$$

式中，K_{zk}是作业宽放率，即作业宽放时间与作业时间的比率；K_{xk}是休息宽放率，即休息宽放时间与作业时间的比率；K 是宽放率，也叫时间规范，是作业宽放时间与休息宽放时间的总和与作业时间的比率。

已知单件产品时间定额公式即可推导出产量定额的计算公式：

$$Q_b = T/T_d$$

式中，Q_b 是产量定额即班产定额；T 是工作轮班时间长度；T_d 是单件产品时间定额。

该公式即表示单件产品时间定额确定的条件下，在固定工作时间内的产量。

2. 成批生产条件下时间定额的构成

在成批生产条件下，由于工作地轮番生产多种产品，每更换一种产品都要消耗一次准备与结束时间。因此，除了计算单件产品时间定额，还要单独确定准备与结束时间定额，必要时再计算批量产品时间定额。

批量产品时间定额的计算公式为：

$$T_p = T_d \times N_p + T_{zj}$$

式中，T_p 是本批产品的时间定额；T_d 是单件产品时间定额；N_p 是本批产品的批量；T_{zj} 是准备与结束时间定额。

3. 单件生产条件下时间定额的构成

这是成批生产条件下的特例，$N_p=1$，时间定额的计算公式为：

$$T_p = T_d + T_{zj}$$

4. 核算时间定额的构成

进行财务核算，需要计算单件产品的工时成本并分摊各种费用。因为产品是一件一件销售，销售批量与生产批量不可能完全匹配，所以要将准备与结束时间分摊到每一件产品的时间定额中去，形成单件产品核算时间定额。

单件产品核算时间定额（T_{dh}）的计算公式为：

$$T_{dh} = T_d + T_{zj}/N_p$$

（三）休息与个人需要宽放时间的科学确定

宽放时间包括作业宽放时间和休息与个人需要宽放时间。不同宽放时间的消耗规律不一样。

作业宽放时间分为组织性宽放时间和技术性宽放时间。组织性宽放时间是每个工作轮班首尾交接班活动所消耗的时间，其处理的是上一班与下一班之间的关系。组织性宽放时间相对固定，占整个工作轮班时间的比重基本固定或与作业时间成一定比例。技术性宽放时间是在工作轮班中使工作保持正常活动所消耗的时间。不同作业活动之间差异较大，因此技术性宽放时间差异较大。

休息与个人需要宽放时间，是在工作轮班中，操作者由于生理需要，为恢复工作精力而停歇工作所消耗的时间。这类时间与作业的劳动强度和作业环境有关，不同作业的休息与个人需要宽放时间同作业时间成一定比例。

一个工作班时间中，如果消除了非定额时间，忽略了准备与结束时间，便只剩下作业时间与宽放时间了。而宽放时间大部分与作业时间成正比，不同作业的比例又是相对固定的。因此，如何确定作业时间便至关重要。

如上所述，确定这种作业时间，就是要确定劳动定额。在确定劳动定额时必须考虑的问题就是：一个生产员工应该保持什么样的劳动强度？应该如何确定合理的工作量？

劳动强度的确定应当从劳动卫生原则出发，确定在一般情况下，一个健康的一般体格的人一天内劳动消耗量的指标。这个指标应该与劳动者一天摄入的能量大体平衡。因各个国家的生活水平、体质条件、机械化自动化程度不同，这个指标也是不同的。

衡量劳动强度一般采用能量代谢率（RMR）指标，表示一天劳动时间中平均作业强度。其计算公式为：

RMR=(作业时的能量消耗－安静时的能量消耗)/基础代谢能量消耗

一般情况下，一个健康的一般体格的人，一天劳动时间中平均作业强度指标 RMR 在 2.5～3.0 为宜。

衡量劳动强度，需引入的另一个指标是劳动日能量消耗标准。中国医学科学院经过研究提出，一个劳动日能量消耗的标准为1 300～1 500大卡/人（1大卡＝1 000卡路里＝4 200焦耳）。

可利用作业强度以及劳动日能量消耗标准，确定工作日中的休息与个人需要宽放时间。

作业时间的能量消耗构成如表3-4所示。

表3-4　作业时间的能量消耗

作业时的能量消耗（劳动代谢）	(5)	纯粹作业时的能量消耗	这是劳动能量消耗的主要部分，是为完成作业达到劳动目的的能量消耗
	(4)	进行作业时伴随身体运动的能量消耗，即空运动的能量消耗	如搬运货物时，在没有负荷的情况下，走向物品堆放处的能量消耗
	(3)	为了保持作业姿势、平衡身体的能量消耗	各种作业时身体的姿势是不同的，人体为了保持作业姿势，需要消耗一定的能量
安静时的能量消耗	(2)	保持安静姿势（坐着或站着）的能量消耗	这相当于人体休息时，坐着或站着时的能量消耗
	(1)	基础代谢（由于身体大小、性别、年龄、体质条件不同而异）的能量消耗	这是维持人体正常新陈代谢必需的最低的能量消耗。测量时人体应该停止体力和脑力劳动，卧床并保持安静

各种综合能量消耗的构成如下：

作业时的能量消耗 $C=(1)+(2)+(3)+(4)+(5)$

安静时的能量消耗 $C_1=(1)+(2)$

作业时增加的能量消耗 $C-C_1=(3)+(4)+(5)$

三　劳动定额水平与制定方法

（一）劳动定额水平的概念

劳动定额水平是指对员工完成规定工作应该消耗劳动量要求的高低与松紧程度。这个高低或松紧是个相对数，因此，不做特别说明，劳动定额水平常常是指劳动定额的相对水平。劳动定额水平是劳动定额的质量标准。劳动定额水平的外延就是其种类，其中，工序劳动定额水平是最基本的劳动定额水平。

（二）劳动定额水平的影响因素与制定方法

在制定劳动定额时，必须分析各类主客观因素，才能制定合理的劳动定额标准。相关因素包括设备工具、生产情况与生产过程、操作方法、劳动力的配备与组织、工作场所、劳动规章制度及其他有关的因素。

在制定劳动定额水平时，工时研究是保证其科学合理的重要依据。

企业制定劳动定额，主要有经验估工法、统计分析法、类推比较法、技术定额法等。

（1）经验估工法：就是劳动定额员依照产品图样和工艺技术要求，并考虑生产现场使用的工艺设备、原材料及其他生产条件，根据过去的实践经验对产品劳动消耗量进行估计，制定劳动定额的方法。这种方法简便易行，工作量相对较小，但依赖于劳动定额员的经验水平，可能会出现偏差，因此准确性较差。

（2）统计分析法：就是根据过去生产相同产品实际消耗时间的统计资料，经过分析，制定劳动定额的方法。这种方法也比较简便，并有统计资料为依据，有一定说服力，适用于生产条件正常、产品种类相对固定、生产统计记录比较健全的企业，但也受制于统计资料的质量，会对劳动定额的准确性有所影响。

（3）类推比较法：就是通过参照类似产品的劳动定额来制定劳动定额的方法。该方法适用于生产同类型产品、零件的企业。随着产品通用化、系统化、标准化程度的提高，应用的范围也将扩大。

（4）技术定额法：在研究生产技术组织条件，总结先进经验，挖掘生产潜力，设计合理的操作方法的基础上，按时间消耗分类通过现场测定或书面分析制定劳动定额的方法。通过现场测定资料制定劳动定额，是技术测定法；通过分析各类书面资料制定劳动定额，是技术分析法。技术分析法较技术测定法而言更为客观，但这两种方法对劳动定额制定人员的要求都比较高。

四 劳动定额管理

劳动定额管理包括劳动定额的制定、贯彻执行、统计分析和修订等环节。

一般而言，在整个劳动定额管理中，劳动定额的制定是核心工作，但劳动定额的制定、贯彻执行、统计分析和修订是一个有机的整体。只有抓好每个环节，才能充分发挥劳动定额管理在企业管理中的作用。从狭义上理解，劳动定额管理主要涉及定额组织机构的设置、业务分工和人员配备、劳动定额考核、劳动定额修订等内容。其中，劳动定额考核作为劳动定额管理的重要环节，将在本部分中重点介绍。

劳动定额管理职能机构是企业巩固和加强劳动定额管理的重要保证，也是执行各项管理制度的必要条件。定额管理机构设置和人员配备的基本原则应是从企业具体生产技术组织条件出发，贯彻“精简、效能”的原则，建立劳动定额管理主管领导的分管责任制和劳动定额管理机构与人员的管理职责及岗位责任制。

因为企业规模、生产技术、组织条件不同，所以需要不同的定额管理机构。例如三级管理中，厂级定额管理机构主要负责制定、执行并依靠员工和生产实践，负责企业定额人员的业务培训，提高劳动定额管理水平；车间一级定额管理机构主要在车间主任的领导下，接受厂级定额管理机构的指令，贯彻执行劳动定额标准，同时收集整理相关资料，为修订劳动定额标准提供依据；段或班组定额员负责执行车间一级定额管理机构的指令，掌握员工的定额执行完成情况，发现问题及时处理，必要时向上级汇报、提出建议。

劳动定额管理制度是企业员工在定额工作方面的行动准则和活动规范。在劳动定额管理体制中，应建立健全如下几个方面的规章制度：

（1）劳动定额管理主管领导的分管责任制。

（2）劳动定额管理机构和人员的管理职责和岗位责任制。

（3）劳动定额制定、修改的分工权限、时间、方法、程序的规定以及定额水平管理的制度。

（4）处理劳动定额日常管理问题的责任、权限、原则、办法、程序的制度。

（5）实际消耗时间记录、统计、分析与信息反馈的做法、要求、程序以及信息传递的制度。

（6）确定劳动定额管理部门与有关职能科室和车间的正常业务联系的制度。

企业的专职定额人员应当选择那些坚持原则、责任心强、对生产流程比较熟悉、有丰富的实践经验、具备定额管理相关知识的人员来担任，并根据企业生产类型和生产工人的数量来配备。劳动定额管理人员应在工作实践中进行专业训练和学习，经过一定技术培训，提高管理水平。

制定劳动定额只是劳动定额管理工作的开始，要充分发挥劳动定额的作用，还要采取各种有效措施，保证其能够贯彻执行。要在思想上提高广大工人对劳动定额的认识，同时采用各种经济手段，加强对员工的物质激励。此外，企业还应重视生产设备的更新改造，采用一些配套的生产、技术和组织措施，推广先进的操作方法，加强对工人的技术培训，为员工完成甚至超额完成劳动定额创造有利条件。

劳动定额考核是劳动定额管理中的重要环节，是鼓励先进、带动一般、促使后进的有力措施，是调动工人工作积极性的重要环节。传统方法用劳动定额完成率来考核劳动定额水平是错误的，认为其数值越大，则定额水平越低。其实，劳动定额完成率衡量的是劳动定额完成情况，反映的是操作者劳动的质量；而劳动定额水平指的是劳动定额松紧程度，反映的是劳动定额制定者的工作质量；这二者是两个完全不同的范畴。这种传统的考核方法缺乏客观性和科学性，考核结论错误在所难免。因此，需要制定科学的考核办法来对劳动定额进行考核。

所谓科学考核办法，就是指必须剔除操作者在实际生产劳动中的各种不正常因素的影响，用操作者在标准努力下的标准时间消耗作为判定劳动定额水平的标准。

科学考核的指标是劳动定额水平指数。计算公式如下：

$$K_{lsz} = T_d/(T_s \times K_{lxx}) = T_d/T_b$$

式中，K_{lsz} 是劳动定额水平指数；T_d 是时间定额；T_s 是实际消耗时间；K_{lxx} 是劳动效率系数；T_b 是标准时间。

劳动效率系数就是标准时间与实际消耗时间的比率。标准时间就是操作者采用标准工作用量，按照标准工作速率，根据标准宽放时间工作时需要消耗的时间。

根据这种考核方法，可做出以下判断：

劳动定额水平指数>1，劳动定额水平较低。

劳动定额水平指数=1，劳动定额水平较合理。

劳动定额水平指数<1，劳动定额水平较高。

劳动定额考核水平可分为三类：平均先进、先进合理和平均合理。

（1）平均先进劳动定额水平：指介于职工普遍能达到的平均水平与先进水平之间的一种劳动定额水平。定量规定：时间定额等于实际消耗时间的平均数与先进数的平均数。其实质是劳动定额水平指数小于1。

执行平均先进水平的劳动定额的结果就是，在正常努力条件下，大部分达不到劳动定额，更谈不上超过劳动定额了。因此，各种计划——生产计划、劳动计划、成本计划和利润计划等都不可能完成。

(2) 先进合理劳动定额水平：指在正常生产条件下，大多数员工经过努力可以达到，部分员工可以超过，少数员工能够接近的水平。定量规定：或者是没有，或者是借用平均先进劳动定额水平的定量规定。其实质是劳动定额水平指数大于 1。

但先进合理水平的劳动定额在理论上存在数学错误、统计口径错误，以及逻辑错误。

(3) 平均合理劳动定额水平：指一般操作者应该并且可能达到的劳动定额水平。定量规定：按生产该产品（或完成该工作）实际需要消耗劳动量的平均数来确定的劳动定额。其实质是劳动定额水平指数等于 1。

制定平均合理水平劳动定额时的依据——实际需要消耗时间的平均数具有可预测性、空间性、实践性和平均性等性质，这也是平均合理劳动定额水平的主要特性。因此，平均合理劳动定额水平是最合理、最适当的劳动定额水平。

在现代人力资源管理中，传统的劳动定额水平演进为绩效管理制度，因此平均合理的劳动定额标准推演到工作场所用工管理中，即衍生出平均合理的绩效考核标准，平均合理思想也是评判绩效考核水平是否科学的依据。

五 劳动定额管理在工作场所用工管理中的作用

企业制定科学合理的劳动定额标准，有利于提高企业的劳动生产率，对劳资关系的改善和企业的发展都能起到积极的作用。

第一，劳动定额是企业组织生产劳动的重要依据，通过方法研究、时间研究，可以促进生产流程标准化、模块化，使得整个生产流程在时间上和空间上都能够连续、协调地进行，工时得到充分利用，生产效率得到提高。

第二，劳动定额是挖掘生产潜力、提高工人劳动生产率水平的重要手段。因为劳动定额的制定会以先进的技术操作经验作为重要参考，同时也是考核工人劳动成果的重要依据，所以通过劳动定额可以将先进的生产方法进行推广，激励工人不断学习先进技术，从而促进生产效率的普遍提高，为企业创造更大的经济效益。

第三，劳动定额是企业进行计划管理的基础。企业制定生产计划时，要依靠劳动定额来核算生产能力，对人、财、物的使用做出估计。科学合理的劳动定额有利于将生产计划建立在严格的数量分析基础上，使得企业能够制定出先进可靠的生产计划，合理计算生产成本，提高人力、物力的利用率。

第 3 节 劳动定员

一 劳动定员的概念

劳动定员是与劳动定额相关的另一个重要概念。劳动定员同劳动定额一样，也是加强企业管理的一项基础工作，是编制劳动计划、合理组织生产、实行经济核算、调配与节约使用劳动力、提高劳动生产率不可缺少的条件。劳动定员是企业的劳动力库存标准，劳动定额是企业的劳动力消耗指标。二者共同构成了企业用人的数量指标。劳动定员是企业配备人员的依据和标准，是企业的劳动力消耗标准，可以促进劳动组织的改善，有利于建立岗位责任制。同时，劳动定额的概念也与“编制”存在非常密切的联系。广义上理解，编制是指国家机关、企事业单位、社会团体及其他工作单位中，各类组织机构的设置以及人员数量定额、结构和职务的配置。

劳动定员与劳动定额这两个概念的区别和联系，可从如下几个方面分析：

（1）从概念的内涵上看，劳动定员是对劳动力使用的一种数量质量界限，它与劳动定额的内涵，即对活劳动消耗量的规定是一致的。

（2）从计量单位上看，劳动定员通常采用的劳动时间单位是人/年、人/月等，与劳动定额所采用的劳动时间单位工日、工时在实质上没有差别，只是在长度上有所不同，例如按照制度工日（一周五天工作日）或工时折算，1人/年可等于250工日或2 000工时。

（3）从实施和应用范围来看，凡是在相对稳定工作岗位上工作的人员，例如基本生产人员、辅助生产人员、工程技术人员、管理人员、辅助人员、服务人员等，都被纳入定员管理的范围。同时，这些员工也被纳入劳动定额管理的范围。企业可以根据工时定额等数据，核定出相应的定员人数。在企业中可以实行定额的人员，也可以实行定员管理；而不能实行定额的人员，仍可实行定员管理。企业各类人员的关系如表3-5所示。

表3-5　企业各类人员的关系

员工分类		习惯归类	职能身份
工人	基本生产人员	一线人员（工人）	执行者
	辅助生产人员	二线人员（工人）	
	服务人员	三线人员	
干部	技术人员		管理者
	管理人员		

（4）从制定方法上看，主要有按劳动效率定员，按设备定员，按岗位定员，按比例定员，按组织机构、职责范围、业务分工定员等。前三种定员方法与劳动定额存在直接的联系，而后两种则是经验估工、统计分析、技术测定等劳动定额制定方法的进一步推广与应用。

总体来说，劳动定员与劳动定额都是对企业人力消耗所规定的限额，但在计量单位、应用范围等方面有所不同。

二　劳动定员标准

（一）劳动定员标准的概念与特征

劳动定员标准，是对劳动定员制定、实施、统计分析、考核和修订各个环节中重复性事物和概念所做的统一规定。它以科学技术、生产工作实践经验的综合成果为基础，经有关方面协商一致，由主管机构批准，以特定形式发布，作为共同遵守的准则。劳动定员标准化是以制定和贯彻劳动定员标准为主要内容的全部活动过程。具体而言，劳动定员标准化是在人力资源管理的实践活动中，对劳动定员各个环节中重复性事物和概念，通过制定、发布和实施标准，达到统一，以获得最佳的秩序和社会效益。其涉及的范围十分广泛，不仅包括物质生产领域，还涉及非物质生产领域。劳动定员标准体系具有集合性、目标性、可分解性、相关性、环境适应性等特征。

（二）劳动定员标准的制定原则与具体方法

1. 劳动定员标准的制定原则

制定、修订劳动定员标准，应当遵循如下基本要求与原则：

（1）有利于保障劳动者身体健康，通过采用平均合理的标准，在减轻劳动强度、改善工作条件的前提下，提高劳动效率。

（2）有利于人力资源的合理开发，结合先进的生产技术和相关的科学研究成果，提高社会效益和经济效益。

（3）应当与其他定额标准之间相互协调、相互一致。

（4）应当借鉴国外先进标准，借鉴国际上关于劳动定员的先进技术与方法，提高劳动定员管理水平。

2. 不同岗位劳动定员的方法

编制劳动定员，可根据劳动定员的岗位类型，确定具体方法。

（1）生产人员（包括基本生产人员和辅助生产人员）的劳动定员方法。因为生产人员（包括基本生产人员和辅助生产人员）的工作大部分可以采用劳动定额进行量化考察，所以在对生产人员进行劳动定员编制时，也可沿用劳动定额的制定方法，如效率定员法、设备定员法、岗位定员法等。

1）效率定员法，就是根据生产任务量、工人劳动生产率和平均出勤率等因素，计算定员人数。凡是实行劳动定额的员工都可以采用该方法计算定员人数。

实行时间定额定员人数的计算公式为：

$$M_1 = \sum Q_i T_{di} / TP_c$$

式中，M_1 是定员人数；Q_i 是计划期产品产量；T_{di} 是计划期单位产品时间定额（平均合理水平劳动定额）；T 是每人计划期制度工作时间数；P_c 是计划期预计平均出勤率。

实行产量定额定员人数的计算公式为：

$$M_2 = \sum Q_i / TQ_{hi} P_c$$

式中，M_2 是定员人数；Q_i 是计划期某种产品产量；T 是每人计划期制度工作时间数；Q_{hi} 是某产品小时产量定额（平均合理水平劳动定额）；P_c 是计划期预计平均出勤率。

2）设备定员法，就是根据需要开动的设备台数、班次和员工看管定额以及出勤率计算定员人数的方法。本方法主要适用于以机械操作为主，使用自动化程度较高的设备，实行多机台看管（一人多机）或数人共同看管（多人一机）的工种定员。

计算公式为：

$$M = \sum S_i C_i / A_i P_c$$

式中，M 是定员人数；S_i 是计划期某种设备开动台数（台）；C_i 是计划期该种设备开动班次；A_i 是计划期该种设备看管定额（台/人）；P_c 是计划期预计平均出勤率。

3）岗位定员法，就是根据工作岗位的多少以及岗位工作负荷量大小来计算定员人数的方法。该方法适用于设备岗位以外的所有岗位，包括生产岗位、服务岗位以及某些管理工作岗位。

岗位定员法与单人操作设备的岗位定员类似，主要根据岗位职责、工作任务量、工作区域，并考虑实行兼职作业的可能性等因素来确定劳动定员。岗位定员法分为设备岗位定员和工作岗位定员，应考虑以下因素：设备在运行时，看管或操作设备的岗位数；岗位负荷量不足50%，要考虑兼岗、兼职；根据岗位的工作责任大小、安全危险程度，考虑是否可以交叉作业；生产班次、倒班及替休；对于单人操纵设备的工种，也要根据设备性能、工作区域、工作负荷量以及兼职和交叉作业的可能性来确定劳动定员。

（2）管理人员的劳动定员方法。管理人员的劳动较为复杂，具有事务性、执行性、创造性、多变性等特征，是一种不易量化的脑力劳动，因此不能照搬一线生产工人的定员方法，而应当根据管理人员的工作特性选择适合的方法。常见方法主要有管理幅度定员法、时间研究法、统计分析法、工作抽样法等。

（3）工程技术人员的劳动定员方法。工程技术人员的劳动特点与管理人员比较相似，同样是一种复杂的脑力劳动。制定工程技术人员定员标准的常用方法包括类推比较法、工作抽样法、分析对比法等。

（4）服务人员的劳动定员方法。服务人员的工作有不同于其他人员的特点，例如门卫、保洁人员、保安人员等后勤服务人员，其服务量的大小和时间是不规则的，因此编制其劳动定员的方法也要相应做出调整，比较常用的方法包括经验估算法、比例定员法等。

比例定员法就是以服务对象的人数为基础，按定员标准规定的比例计算定员人数的方法。该方法适用于计算企业中的服务人员定员。计算公式为：

$$M=F/B$$

式中，M 是某类人员定员人数；F 是服务对象人数；B 是定员标准规定的比例。

3. 常用的劳动定员方法

在人力资源管理实务中，常用的劳动定员（定编）方法有以下几种：

（1）经验预测法。经验预测法是定编方法中最简单的一种，就是用以往的经验（考虑现有的人员数量、业务规模、市场/产品/服务等变化因素）推测未来的人员数量需求。

（2）标杆分析法。标杆分析法主要根据行业中有关服务/产品相近的组织的人员编制数据进行标杆分析，并根据标杆分析结果进行定编。

（3）劳动效率法。劳动效率法是指根据生产任务和员工的劳动效率以及出勤等因素来计算岗位总人数的方法。它根据工作量和劳动定额来计算员工数量。劳动定额的基本形式有产量定额和时间定额两种。其计算公式为：

$$\text{总定编人数}=\frac{\text{生产任务}\times\text{时间定额}\times（1-\text{提升劳动生产率}）}{\text{工作时间}\times\text{出勤率}}$$

（4）人力资源利润法。人力资源利润法是指通过设定单个员工创造的利润值，在总利润目标要求下，计算出组织所需要员工数量的定编方法。

（5）模型法。模型法是通过数据模型对真实情况进行试验的一种方法。模型法首先分析企业发展的历史数据，建立数学模型，根据模型确定销售额增长率与人员增长率之间的关系。

（6）财务预算法。财务预算法是通过人工成本预算控制在岗人数，而不是对某一部门内某一岗位的具体人数做硬性的规定。部门负责人对本部门的业务目标、岗位设置和员工人数负责，在获得批准的预算范围内，自行决定各岗位的具体人数。

三 劳动定员标准化在企业用工管理中的意义

劳动定员标准属于生产组织及其管理的范畴，对企业生产组织状况和劳动效率的提高有着重要作用，特别对生产成本中人工成本的部分产生直接影响。其主要任务是，经常研究企业环境和企业目标，分析动态，预测未来，本着节约、高效和促进企业发展的原则，及时提出定员的调整方案并组织实施。因此，在市场经济条件下，确立科学合理的劳动定员标准，是每个企业都非常重视的问题。劳动定员标准化在企业用工管理中具有如下功能：

（1）有效节约劳动消耗，合理开发和利用包括人力资源在内的各种资源。

（2）不断积累实践经验，推广应用科学合理的作业程序和操作方法，减轻劳动强度，促进劳动生产率的提高。

（3）有助于企业建立正常的工作秩序，确立共同遵守的劳动规则，协调各方面的关系。

（4）为企业用工管理和组织结构科学合理化奠定基础。

（5）有利于对劳动者工作成果进行考核，建立公平合理的工资分配机制。

（6）有利于改善劳动环境和工作条件，保障劳动者身心健康，促进劳资关系和谐稳定。

企业劳动定员管理主要应该做以下工作：

（1）努力采取技术组织措施。如进行技术改造、引进先进技术设备、建立自动生产线、改善劳动组织等，这些是实现劳动定员的重要保证，也是劳动定员管理的重要内容。

（2）稳定各岗位人员。保证各岗位人员的相对稳定，不要随意抽调。要建立劳动用工管理制度，如调入、调出、考勤、请假、奖惩等制度建设和制度执行。

（3）及时调余补缺。

（4）做好劳动力的日常平衡调剂工作。

（5）适时修订劳动定员。

第 4 节 工作分析

一 工作研究与工作分析的关系

工作研究的重点是车间工人的作业，主要为生产劳动组织服务（如安排生产、组织劳动、改善工作地布置、改进工艺）；工作研究更侧重于生产过程的合理、工作方法的科学、劳动时间的节约。定量成分多，定性成分少。其结果是方法标准和时间标准。

工作分析的重点是车间工人以外工作的岗位，主要为人力资源管理服务（如定员、招聘、绩效、薪酬）；工作分析更侧重于职务设置的合理，做到人适其事。工作分析会对部门主要岗位的职责进行分解，避免部门内部的重复劳动，优化工作流程。工作分析是科学化、数量化、结构化方法在企业中难以量化管理的部门的延伸。其结果是工作说明书和工作规范。

从工作研究与工作分析的侧重内容可以发现，工作分析借鉴了工作研究量化的思维方式，对职能部门的管理工作进行量化分析。在白领工人数量逐渐超过蓝领工人、第三产业规模逐渐增大的今天，工作分析成为人力资源管理领域广泛应用的概念，其本质是借鉴传统工厂流水线工作研究的量化思维，来进行非生产领域职能化研发部门准量化的工作管理。工作研究对组织绩效的改善是显著的，同样，包括工作分析在内的人力资源管理技术，也成为人力资源管理专家、人力资源管理从业者的重要工具，对于改善个人绩效、提升组织绩效都有着重要的作用。

二 工作分析的概念与相关术语

工作分析也叫岗位分析、职务分析、职位分析，是对各类职务工作的性质、任务、职责、条件和环境，以及员工承担本岗位工作应该具备的资格、能力进行系统分析，并制定出工作说明书和工作规范等人力资源管理文件的活动。其相关术语如下：

工作要素是指工作中不能再继续分解的最小活动单位。如木工锯木头前从工具箱中拿出一把锯。

任务是指工作活动中为了达到某一明确目的的工作要素集合，它是对某人做某事的具体描述。如让秘书起草一份文件。

职责是指为了在某个关键领域取得成果而完成的一系列任务的合集，它常常用任职者的行动加上行动的目标来加以表达。如维护医患关系，以保持和提升医院在社会中的形象。

权限指为了保证职责的有效履行，任职者必须具备的对某事项进行决策的范围和程度。如具有审查权、知情权等。

职位就是工作岗位，是劳动定员的单位。它是承担一系列工作职责的某一任职者所对应的组织位置，是组织的基本单位。职位与任职者是一一对应的，有多少职位就应该有多少员工。

职务指组织中承担相同或相似职责或工作内容的若干职位（岗位）的总和。这些职位（岗位）的性质、类别完全相同，完成工作所需要的资格、能力也一样。例如，电脑程序员就是一种职务，一个企业需要 8 名电脑程序员，就是该企业有 8 个电脑程序员的职位（岗位）。

职级指工作责任大小、工作复杂性与难度，以及对任职者的能力水平要求近似的一组职位的总和。如科室主任就是一个职级。

职位簇指根据工作内容、任职资格或者对组织的贡献的相似性而划分为同一组的职位。它的划分常常建立在职位分类的基础上。如管理职位簇、研发职位簇、生产职位簇、营销职位簇等。

三 工作分析的实施办法

广义的工作分析包括工作调查、工作分析和工作设计。这也是完成广义工作分析过程的三大步骤。

（一）工作调查

工作调查是以工作职务为对象，采用科学的调查方法，收集各种与职务有关的信息和资料的过程。

1. 工作调查的目的

收集各种资料和数据，以便对职务进行描述；为工作职务评价和工作职务分类提供必要的依据。

2. 工作调查的内容

（1）担任本职务工作员工的一般情况，包括职称、职务、年龄、工龄、技术等级。

（2）本职务工作的详细情况，包括本职务工作的名称、工作地点、性质、内容、程序、完成各项任务所需的时间以及占工作日制度时间的比重，本职务的责任、任职资格和条件，本职务工作的危险性、劳动强度、劳动姿势、空间操作的自由度等。

（3）本职务使用设备、工具的复杂程度。

（4）本职务与其他职务之间的关系。

（5）本职务的工作条件和劳动环境等。

（二）工作分析

1. 工作分析的主要内容

（1）工作概述，包括工种、职务、职称、等级等项目。

（2）工作任务分析，包括岗位的任务性质、内容、形式，执行任务的步骤、方法，使用的设备、器具以及加工对象等。

（3）工作职责分析，包括资金、设备、仪器等的使用、保管，与他人的分工、协作及安全生产，完成工作任务的数量、质量及劳动效率。

（4）工作关系分析，包括与横向职务的协作、与纵向职务的监督指挥。

（5）工作劳动强度和劳动环境，包括劳动强度大小、温度、湿度、照明、通风、噪声。

（6）工作对员工的资格要求，包括知识、技能、经验、性格、体力等。

2. 工作分析的方法

（1）收集工作分析信息的方法。这类方法收集的信息多以定性为主，叙述较多，带有较强的主观色彩。包括访谈法、观察法、非定量问卷法、工作日志法、关键事件法、工作实践法等。

1）访谈法。既包括完全非结构化的访谈，也包括高度结构化的访谈。进行访谈要注意做好事前沟通并进行访谈者培训，同时做好文献研究并初步发放问卷，还要注意沟通技巧，访谈结束之后做好信息确认工作。优点是面广，可以收集到所有信息；缺点是受访谈者和被访谈者主观意识的影响。

2）观察法。是指工作分析师在工作现场采用实地观察、交流、操作等方式收集工作信息的方法。适用于由可观察的身体活动而不是脑力活动所构成的工作，如装配线上的工人、司机等。观察法可与访谈法结合。观察法的优点是较准确，少主观影响，易核查；缺点是有的工作难以观察到，时间花费较多。需注意的是，应尽量采用结构化的观察，预先确定观察内容。

3）非定量问卷调查法。是以书面的形式，通过任职者或其他职位相关人员单方信息传递来实现的职位信息收集方法。优点是收集信息全面、迅速，适用范围广，方法容易掌握，灵活高效；缺点是受主观因素影响，精度不够。

4）工作日志法。是由任职者本人按时间顺序，实时、准确记录工作活动与任务的工作信息收集方法。优点是信息完整、全面、较客观；缺点是适用范围有限，不适用于工作循环周期较长、工作状态不稳定的职位。需注意的是，为防止夸大或弱化某些活动，任职者的上级要定期审核工作日志。

5）关键事件法。该方法对实际工作中任职者特别有效或者无效的行为进行记录，通过积累、汇总和分类，得到实际工作对员工的要求。优点是直接描述工作者在工作中的具体活动，可以揭示工作的动态性质；缺点是需要大量时间，描述的是典型事例，难以对通常的工作形成总体概念。

6）工作实践法。是工作分析人员亲自参加、从事被分析工作来收集工作分析信息的方法。优点是能够收集到第一手资料；缺点是不适于某些有危险性的工作。

（2）定量方法。以上定性的方法并不适用于所有情况，尤其是当需要对各项工作的价值进行比较来决定薪酬和待遇的高低时，就应该采用定量的方法。常用的定量方法有职位分析问卷法、O* NET 工作分析系统等。

1）职位分析问卷法（position analysis questionnaire，PAQ）。这是心理学家麦考密克（E. J. McCormick）于 1972 年提出的一种利用清单的方式来确定工作要素的方法。这份问卷包括 194 个标准化的项目，代表从不同工作中概括出来的各种工作行为、工作条件以及工作本身的特点。

这 194 个项目可以归为六个方面：

- 信息输入：员工从哪里以及如何获得执行工作所需的信息。
- 脑力过程：执行工作时需要完成的推理、决策、计划以及信息加工活动。
- 体力过程：执行工作时所发生的身体活动以及所使用的工具和设备。
- 人际关系：执行工作时与他人发生的关系。
- 工作环境：执行工作过程中所处的物理环境和社会环境。
- 其他特点：其他与工作有关的内容，如工作时间安排、报酬等。

在对某项工作进行分析时，首先要确定问卷中的项目是否适用于评价该工作；其次就该工作内容对问卷的每一项进行以下五个方面的6分制评分：使用程度、时间长短、重要性、发生的可能性、对各个工作部门以及部门内部的各个单元的适用性。

图3-3是一个职位分析问卷法的示例。

一、信息输入

（一）工作信息的来源

请根据任职者在工作中将其作为信息来源使用的程度，对以下各项目进行评分。

使用程度

N（0）　不使用

1　很少/几乎不用

2　偶尔

3　中等

4　经常

5　非常高

1. 工作信息的视觉来源

（1）书面材料（书籍、报告、文章、说明书等）

（2）定量材料（图例、账目、明细表、数字表格等）

（3）图片材料（图形、设计图、X光片、地图等）

（4）模型及相关器具（模板、钢板、模型等）

（5）可视展示物（刻度盘、标准尺、信号灯、雷达示波器、时钟等）

（6）测量器具（尺、天平、温度计、量杯等）

（7）机械器具（工具、机械、设备等）

（8）使用中的物料（工作中、修理中、使用中的零件、材料和物体等）

（9）尚未使用的物料（未经过处理的零件、材料和物体等）

（10）自然特征（风景、田野、植被等）

（11）人造环境特征（建设物、水库、公路等，经过观察或检查成为工作资料来源）

图3-3　职位分析问卷法示例

资料来源：德斯勒．人力资源管理：第12版．北京：中国人民大学出版社，2012.

2）O* NET（Occupational Information Network）。这是由美国劳工部组织开发的工作分析系统，它吸收了多种工作分析工具的优点，日益得到广泛应用。其最大的特点是包含丰富而全面的要素，几乎涵盖个人和组织心理学家对一个职位感兴趣的所有方面。

O* NET内容模型围绕六个方面的要素建立，包括任职要求、经验要求、工作特性、职业要求、职业特定要求、职业特征。在数据收集上，O* NET开发了一套标准化的问题，为了减轻被调查者的负担，所有问题被分成四份问卷，每份问卷中的问题属于不同类别，每位样本员工被随机分配填答四份问卷中的一份，以及一份用于提供人口统计学信息的任务问卷。得到员工填答的问卷数据后，会有职位分析专家使用这些信息来填答第五份关于能力的问卷。

图3-4是一个O* NET工作分析系统的问卷示例。

3. 工作分析的结果

（1）工作说明书，又叫职位说明书或岗位说明书，主要包括工作描述和任职资格两部分。

（2）工作描述，是对工作本身的内涵和外延加以规范的描述性文件。以“事”为中心，主要内容包括工作目的、职责、任务、权限、业绩标准、职位关系、环境条件、工作负荷等。

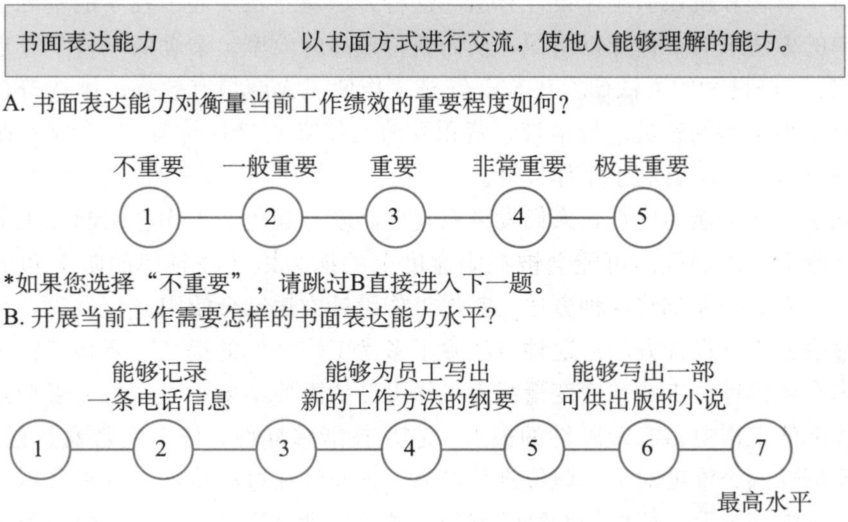

图 3-4　O* NET 问卷示例

（3）任职资格，又叫工作规范或职务资格，是对于任职者或者应聘者应该具有的个人特质的要求。它以“人”为中心进行说明，主要内容包括特定的技术、能力、知识要求，身体素质要求，教育背景、工作经验、个人品格与行为态度要求等。

（三）工作设计

在当前情况下，企业的外部环境瞬息万变，内部生产和经营管理技术不断革新，这对工作分析所提出的挑战有二：其一，工作分析所处理的是一种“静态”的职位信息，针对的是当下的职位管理问题，但常常遇到的情况是，生产经营的变化要求设立新的岗位，或者某个已经存在的岗位工作内容有了新的变化。这就要求进行全新的工作设计或工作再设计。其二，通常工作分析所进行的是对某个职位的纵向管理。在新的形势下，企业内外部环境处在变化之中，可能导致组织战略随时发生变化，那么组织结构在一段时间内也总是处在变化之中，会带来运作流程的变化，这将直接导致岗位之间横向关系的变化。单纯的工作分析并不能适应这种横向的各个岗位之间关系的调整，这时便需要强调工作设计的作用。

工作设计是在工作分析、岗位评估的基础上，就某个岗位的工作任务、职责、权限、职位等级、横向职位转换、纵向职位晋升、在组织中与其他岗位的关系，以及内部劳动力市场建设等内容进行规定或修改的过程。

工作设计分为两类：一是对企业中新设置的工作岗位进行设计；二是对已经存在的缺乏激励效应的工作进行重新设计，也称工作再设计。工作设计属于工作改进性分析，包括工作内容设计、工作职能设计、工作关系设计。

没有最好的工作设计方法，不同的环境需要对工作特征进行不同的安排；另外，根据希望达到的目标的不同，工作设计的不同方法在绩效、满意度等方面的侧重点也不同。因此，对工作设计的选择需要基于组织最核心的需求进行权衡。常用的工作设计方法有以下几种：

（1）科学管理和机械型工作设计方法。这种方法建立在工业工程学的基础上，寻求用一种最简单的方法来对工作加以组织，从而获得最高的效率。泰勒的《科学管理原理》中有如下建议："按科学的方法研究工作；安排工作使工人变得有效率；挑选符合工作要求的雇员；对从事工作的雇员进行培训；货币薪酬与绩效直接挂钩等。"管理者在这些建议之下发现科学管理方法有利于工作设计。

但是除了这些可能的优点，人们发现重复的高度专业化的工作会引起员工的不满，科学管理在效率上带来的提高可能会被在满意度上的损失以及高频率的旷工和员工更替抵消。因此，大部分企业都将这种方法与其他工作设计方法结合使用。

（2）激励型工作设计方法。这种方法除了考虑工作效率的提高，还将工作满意度、工作投入、内在激励等员工的态度变量视为工作设计的重要结果。职位特征模型是一个能够说明怎样才能使工作更富有激励性的模型。它从技能多样性、任务完整性、任务重要性、自主性、反馈性五个维度对某一职位进行描述，该职位在这些特征上的得分越高，则激励性就越强。通常情况下，职位的激励性越强，员工的满意度越高，产出数量越多，工作效果也更好。将职位特征模型应用于工作设计的方法包括工作扩大化（扩大需要完成的工作任务的类型）、工作丰富化（赋予任职者更多的自主决策权）、自我管理工作团队（让一个自我管理工作团队来完成工作，以实现对员工的授权）、灵活的工作时间安排（弹性工作制和职位分析），以及远程工作。

（3）人体工程学工作设计方法。这种方法围绕人体完成工作的方式构建物理工作环境，以减轻任职者的身体疲劳、各种疼痛以及其他与身体健康有关的问题，从而提高工作效率。

（4）心理能力工作设计方法。这种方法通过降低工作对于信息加工的要求来确保工作不超过人的心理能力和心理局限。例如，限制工作对任职者提出的信息处理以及记忆的数量要求，或者提供充分的照明、易于理解的标尺和标识、易于操作的设备以及清晰的指令。

四 工作分析在工作场所用工管理中的作用

（一）工作分析在人力资源与劳动关系管理系统中的作用

工作分析在人力资源管理系统中发挥着基础性的作用，主要表现在以下几个方面：

（1）工作分析是人力资源规划的重要基础和依据。工作分析为人力资源需求预测和供给分析提供了必要的详细信息，为有效的人力资源规划提供了可靠的依据。

（2）工作分析为人员招募过程提供基础参照标准。科学的工作分析为用人标准确定、招聘信息发布、简历筛选、面试工具选择和设计，以及人员配置提供了重要的参考与基础信息。

（3）工作分析为客观公正的绩效评估体系提供标准和依据。工作分析明确了工作任务、工作职责、期望的绩效水平，为客观公正的绩效评估体系提供了标准和依据。

（4）工作分析是确定岗位价值、设计薪酬体系的基础。工作分析所提供的信息是进行岗位价值评估的基础，而科学合理的岗位价值评估有助于设计公平的薪酬体系。

（5）工作分析使得培训与开发工作更具针对性。工作分析的结果为确定培训需求提供了重要信息，也使得培训与开发工作更具针对性。

（6）工作分析为个人职业发展规划提供帮助。工作分析所提供的信息有助于员工理解企业需求，分析自身的优势与不足，从而有助于确定职业生涯发展规划。

（7）工作分析有助于构建和谐劳动关系。通过工作分析，能明确工作任务、责任和职责，建立规范化的工作程序和结构，确定明确的胜任资格和条件，同时也对员工调动、晋升或降级提供了重要依据。这些为劳动关系管理的合法性提供了支撑，也能够促使管理者做出更为客观的人力资源管理决策，提高员工的认同感和工作满意感，从而促进和谐劳动关系的构建。

（二）工作分析在战略与组织管理中的作用

工作分析对于企业的战略落地与组织的优化具有十分重要的意义，主要表现在以下几个方面：

（1）实现战略传递。通过工作分析，能够明确设置该职位的目的，从而明确工作目标，使组织战略得以落地。

（2）明确职位边界。通过工作分析，能够消除不同职位在职责上的重叠，避免扯皮推诿，消除职位之间的职责真空，使每一项工作都能落实。

（3）提高流程效率。通过工作分析，能够理顺职位与其流程的关系，从而提高效率。

（4）实现权责对等。通过工作分析，能够根据职位的职责来确定或者调整组织的授权与权力分配体系，从而在职位层面上实现权责一致。

（5）强化职业化管理。通过工作分析，能够在明确职位的职责、权限、任职资格等的基础上，形成该职位的工作的基本规范，从而为员工职业生涯的发展提供牵引与约束机制。

工作分析在战略与组织管理中的作用如图 3－5 所示。

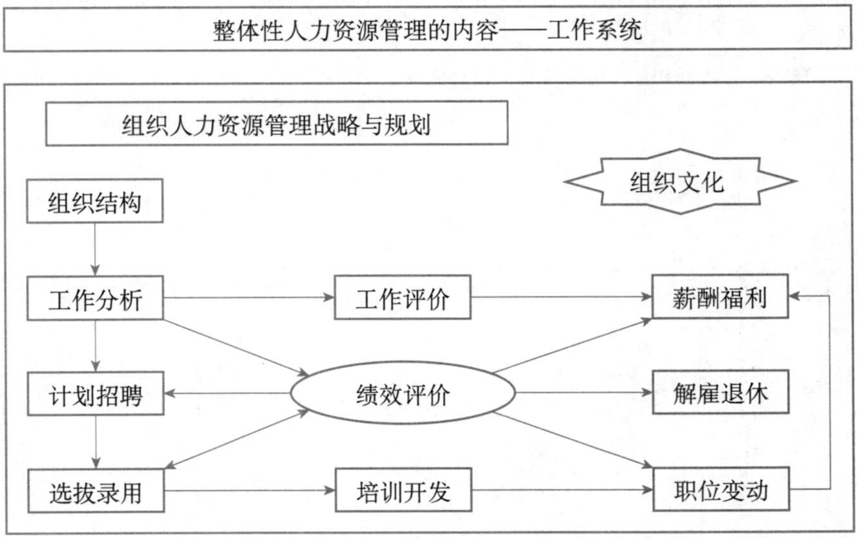

图 3－5 工作分析在战略与组织管理中的作用示意图

思考题

1. 工作研究与工作分析的关系是什么？
2. 如何进行有效的工作分析？
3. 如何制定劳动定额和劳动定员标准？

案例分析

上海市首个区域性行业工时劳动定额标准

上海市首个区域性行业工时劳动定额标准——《普陀区男式西裤、男式长袖衬衫工时劳动定额指导标准》于2006年12月制定完成，并已经在该区纺织服装行业的51家企业2 000多名职工中试行，这意味着今后员工在普陀区打工制作男式西裤和长袖衬衫的工时有了参考依据。

该区总工会行业工作部部长指出，因为服装的类型不同、面料不同、使用的设备不一样，制作的工时也不一样，所以标准还只是个参考。就实施中出现的问题，将听取各企业职代会民主监督小组的意见进行修改、完善。2006年以来，普陀区纺织行业工会通过专委会推动制定了8个主体加工品种总计803道工序的“行业劳动定额标准”，积极推进劳动定额“一品一测一协商”，即纺织企业每产生一个服装品种，区纺织工会进行一次现场测试，同时开展一次集体协商，以此来确定该企业生产加工品种的劳动定额标准。此外，工会方在行业工资集体协商指导员的具体指导下，还提出了三方面的议题：一是修改部分现有工序的工时劳动定额标准，确保企业中90%以上的职工能在法定工作时间内完成定额任务；二是工时劳动定额应以每天7.5小时为计算基数，为职工争取每日半小时的机动休息时间；三是新进员工在前三个月内劳动定额减半。

为了检验标准的可操作性和合理性，普陀区总工会对相关企业中的大、中、小三种类型企业进行了调查，并对随机抽选的熟练工、半熟练工、生疏工现场操作时间进行计算，而后由区总工会、劳动保障部门和行业协会三方协商确认。最后，标准在相关企业的职代会上获得通过。

资料来源：卫敏华．上海纺织业工时定额标准制订完成．(2006-12-21)．http：//www.ttmn.com/news/details/444260.

第4章 工作场所用工流程管理（上）

学习目标

学完本章后，你应该能够：

- 掌握工作场所用工管理的基本流程，熟悉其中的关键步骤。
- 掌握确定雇佣模式与雇佣标准的方法。
- 了解企业用工管理规章制度的基本内容、用工招聘的操作方法以及试用期的用工管理办法。

引导案例

百度有自己的人才成长机制：招最好的人，给最大的空间，看最后的结果，让优秀的人才脱颖而出。百度副总裁刘辉坦承，正因为有了这样的人才机制，百度自始至终都只招精英人才。

那么，到底如何才能在一定时间内高效率地网罗人才呢？百度的招聘模式可以非常简单地浓缩成三个单词，同时也是三个环节：Lake，River，Gate（LRG）。

Lake：深入业务，打造专业人才蓄水池。在百度这样的公司，招聘团队每天面对上万份简历，快速筛选简历是个难题。利用强大的技术优势，百度自主研发了智能化人才管理系统——百度人才智库（talent intelligence center，TIC）来做统一的管理。借助移动互联网的思维，“标签”化的人才库管理使得本来无序的庞大数据活了起来，每个候选人进入招聘系统中，都会被加上“标签”。每个人的特点、技能、个性甚至需求都在系统中标注出来，当招聘岗位对某个特定人群有需求时，只需要快速地对特定“标签”进行选择就能找到相应的“Lake”。

River：积极联络，建立沟通渠道。百度会和各个“Lake”里的候选人在“River”阶段不断接触，让彼此了解各自的需求。这个阶段有一个比较重要的理念就是“视人才为盟友”，百度招聘团队将每位候选人视为自己的“联盟者”，而不是只做“一锤子买卖”的求职者。因此，即便最终没能建立起雇佣关系，候选人依然有机会以顾问、合作伙伴的方式与公司保持联系。

Gate：能力、价值观是否匹配的双向判断。在 Gate 阶段，百度在面试过程中会给候选人做情景判断测试（situational judgment test，SJT）。每个场景下都有若干选项，这些选项没有对错之分，主要是考察候选人的价值观是否与公司的文化价值观相吻合。

资料来源：人力资源智享会 HREC. 百度 LRG 招聘模式全解析.（2017-09-02）. https：//www.pinlue.com/article/2017/09/0223/314397564369.html.

第 1 节 雇佣模式与雇佣标准

企业劳动关系的建立需要与经营战略及雇佣战略相一致，与员工发展需求相协调。在做出用工决策时，企业必须遵循必要的实践步骤，进行合理、规范的用工规划。企业应准确分析用工需求与供给，选择适当的用工模式，确保雇佣决策在实现企业利益的同时满足员工利益。

一 雇佣模式

（一）影响雇主用工决策的因素

1. 雇主劳动力的动态需求理论

在考虑影响雇主用工决策的因素时，我们首先借鉴劳动经济学中雇主劳动力的动态需求理论来分析劳动关系建立的过程。

如图 4-1 中右下方的点所示，求职者刚进入劳动力市场时，最初的保留工资要比雇主提供的工资高，随着工作搜寻的进行，保留工资呈现下降的趋势，即图中右下方的点有向左边移动的倾向，最终求职者会遇到一个可接受的工作，但是所花费的时长包含了很大的随机因素。企业最初会试图以低工资率雇用具有高生产力的员工，如图中左上方的点所示；但如果没能够如愿以偿，企业也会逐渐放宽技能要求或者提供更高水平的工资，因此图中左上方的点有向下和向右移动的趋势。两块阴影部分没有交点表明求职者提出的报酬要求在此时点上没能得到满足，双方不可能达成雇佣协议。当两部分阴影出现相交时，就意味着求职者和雇主具有了建立劳动关系的区间，这样的一个动态分析实际上就是合同建立的过程。

上述理论只探讨了工资在雇佣决策中的作用。而在实际情况中，边际劳动生产率、技术水平和资本存量的变化都会对雇主劳动力需求产生直接影响；实际工资则会给劳动力需求带来间接影响。同时，实际工资又受到名义工资和物价水平的制约。短期内，通货膨胀率的变化会影响企业的劳动力需求。但长期来看，由于理性预期，名义工资会与物价水平同步上升，这时通货膨胀对就业和劳动力需求的影响基本上就不存在了。

2. 产品需求

产品需求对企业劳动力需求的影响是间接的。宏观经济变动、居民收入变化、未来预

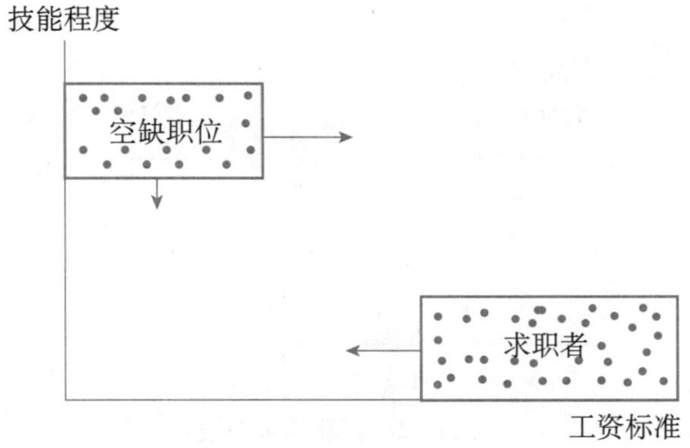

图4-1　雇主劳动力的动态需求理论

期变化都会引起产品市场上的需求变化，从而导致企业劳动力需求变化。新古典经济学告诉我们，均衡工资和均衡就业量取决于企业和工会的谈判议价能力，而谈判议价能力则取决于一些比较模糊的因素，如工会组织的参与率、政府介入的程度和法律法规的约束、垄断企业垄断利润的高低、企业所在行业的地位、组织规模、技术结构等。

3. 企业的财务状况

劳动力质量的选择不完全取决于企业的财务状况，但企业的财务状况会直接影响经营者是否愿意继续经营下去的决策，进而可能会对雇佣决策产生影响。例如，财务状况差的企业可能会进行裁员；决定继续进行生产的企业，财务状况对雇佣决策的影响就非常小。雇主进行雇佣是工作场所劳动关系管理的第一步，企业需要确立科学的用工模式预测，为开展劳动关系管理提供基础。

（二）确定企业用工需求

要进行工作场所的用工管理，首先需要确定管理对象。在确定企业的用工规模前，我们首先需要明确一个问题：企业为什么需要招人？

1. 雇佣规模

我们首先考虑经济学上的劳动力需求决策原则。

假设企业的生产只有劳动力这一种投入要素，在企业的产品在产品市场完全出清的情况下，即产品的供给量等于产品的需求量，企业的劳动力需求决策原则可以用以下公式表示：

$$\mathrm{MAX}\pi = P \cdot f(L) - W \cdot L$$

$$MR_L = MC_L$$

式中，π 表示产品利润；P 代表产品价格；$f(L)$ 为生产函数；L 为企业劳动力的投入；W 是企业支付给劳动者的工资。MR_L 表示边际利润；MC_L 表示边际成本。

此时，劳动需求曲线如图4-2所示。图中，VMP 表示劳动的边际产品收益，MP 表示边际产量。

雇佣规模的确定首先需要对雇佣人数的总量进行控制，再运用劳动定额的方法将雇佣人数分配到各个部门中。在确定总的雇佣人数时，需要把握以下原则：只要增加一名新员

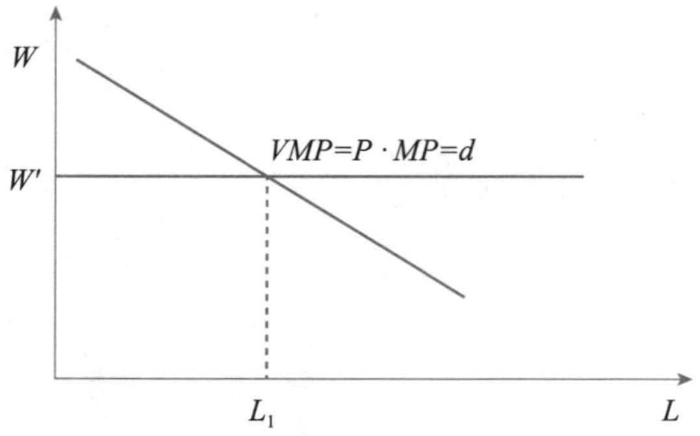

图 4－2　劳动需求曲线

工的边际收益大于边际成本，并能够为企业带来正的利润增量，那么企业就应当继续增加雇佣的数量。而随着边际生产率的递减，必将会出现一个雇佣量使得新增加员工的边际收益等于边际成本，这时就应该停止继续招用新的员工，而这个特定的雇佣员工数量就是企业雇佣的最佳规模。

2. 工作时间

我们首先借鉴经济学中的雇佣量与工时权衡的静态决策模型。在该模型中，ME_M 表示雇用最后一名工人的边际成本，ME_H 表示延长现有雇员平均周工作时间一小时面临的边际成本。ME_M 等于周准固定劳动成本、周工资、随时间变动的小额优惠成本的和，ME_H 等于小时工资和变动的小额优惠成本的和再乘以雇员人数。ME_M/MP_W 为只考虑投入 M 时最后一个单位产量所花费的成本；ME_H/MP_H 为只考虑投入 H 时最后一个单位产量所花费的成本。该模型表明，企业的最佳雇佣量满足的条件是只考虑投入 M 时最后一个单位产量所花费的成本与只考虑投入 H 时最后一个单位产量所花费的成本相等。

$$\frac{ME_M}{MP_M}=\frac{ME_H}{MP_H}$$

为了提高企业的投入-产出比，企业需要仔细计划雇佣的人数和工作时间。我们发现，按照标准工时制度规定的每天工作 8 小时，每年 52 周计算，全年的工作时间为 2 080 小时，在实际工作中还需要去除无效率的工作时间。另外，工作时间还受到物理的限制，因为每一天的时间是有限的。

必要情况下还需要考虑加班选择。在加班决策中，要满足的条件为加班的边际成本等于边际产出。但同时，个体加班的数量和时间也是有限的，而且加班选择需要严格遵守用工时限。我国目前有三种工时制度：标准工时制、综合计算工时制、不定时工作制。一般劳动者大多采用标准工时制，在这种情况下，工作时间超过标准时间就是加班，休息日、法定节假日工作也是加班。综合计算工时制和不定时工作制都需要劳动部门批准，综合计算工时制一个周期内平均每天工作 8 小时，每周工作 40 小时，一个周期内超过总标准工作时间就属于加班，原则上加班不超过 1 小时，最多不超过 3 小时，节假日安排工作也是加班。而不定时工作制则没有固定的工作时间要求，一般也不存在加班，只有法定节假日安排工作才算加班。

在实际用工管理中，企业一方面要灵活运用不同的工时制度，另一方面要注意对不同工时制的加班认定。

3. 劳动者的努力程度

扩大劳动者数量和增加劳动者的工作时间，采取的都是人海战术（或时间战术），这种方法比较适合于产业化和流水线作业，其前提假设是劳动者是同质的，因此可以在数量和时间上替代。在实际中，要想提高企业的效率，往往并不是简单地通过增加员工数量和增加工作时间就能达到的，这是因为劳动者基本上不可能是同质的。即使工作时间相同，不同劳动者的劳动产出也可能不同，这是因为劳动者是异质的。个体的劳动努力程度不同，劳动生产率也会不同，在企业的劳动者人数和劳动时间都是固定的情况下，运用管理手段提高劳动者的努力程度，不仅可以提高企业劳动生产率，而且可以提高企业竞争优势，实现组织的可持续发展。

（三）企业用工模式选择

在确定企业用工需求的基础上，企业需要考虑用工方式。在实践中，我们经常会听到“正式雇佣”和“非正式雇佣”的提法，但这种说法其实是不标准的。

符合我国管理情景和法律规制的用工模式分类如图 4－3 所示。企业用工模式可以分为标准性用工、辅助性用工、劳务性用工和关联性用工四大类。标准性用工即为直雇全日制。辅助性用工包括直雇非全日制、劳务派遣和其他分离性用工。其中，分离性用工又包括投资企业外派、关联企业借用、富余人员调剂和组织安排挂职锻炼等。劳务性用工包括劳务性聘用、业务外包和退休返聘、实习、见习等其他用工。关联性用工目前以互联网新型用工为主，最具代表性的为 P2P 用工模式。

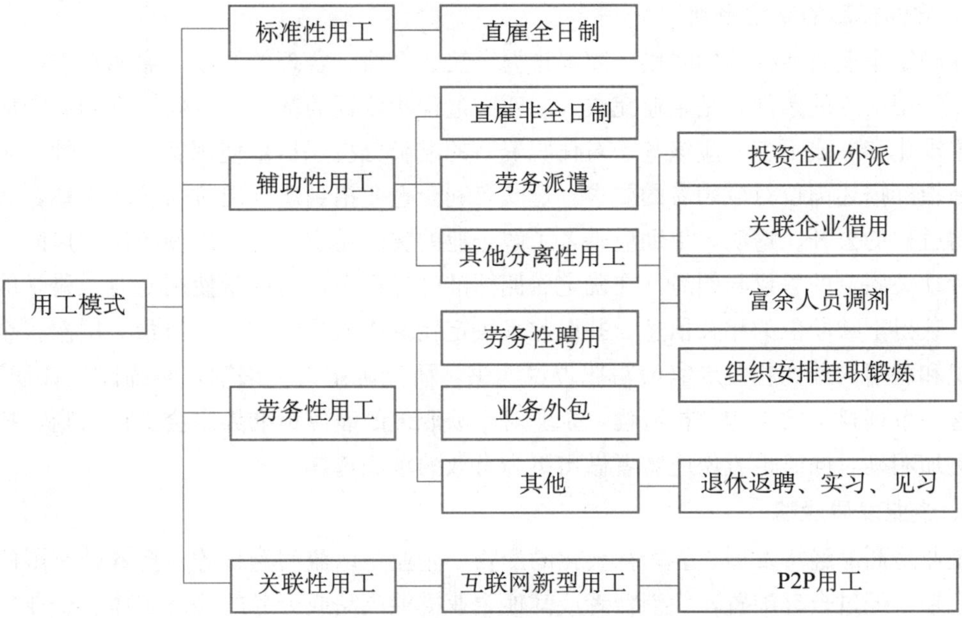

图 4－3　用工模式分类

P2P 用工模式由共享经济与互联网结合而产生，带着互联网的种种特性，是一种全新的用工模式。它又称点对点用工，具体是指共享经济型企业通过互联网平台与加入平台的私有资源分享者之间建立起的用工关系。这种用工模式不仅仅是“不稳定的、有条件的短期雇佣”或者“非典型雇佣”，更像是创业者与用户建立联系的一种手段。P2P 用工模式体现了新经济下共享、平等、自由、开放和去中心化的移动互联网精神，新一代工作者参与成本低，工作选择多，高效利用私人时间和闲置资源，享有较传统工作者更强的对工作的支配权和更大的成就感。

企业需要根据自身的实际情况确定用工模式，在实践中企业往往不止使用一种用工模式，而是采用混合形式的用工。企业在使用不同种类的用工模式时需要注意合法的原则。参考弹性用工模型组合使用多种用工模式，能够为企业增强用工灵活性，简化用工手续，降低用工成本和管理成本，并在一定程度上规避用工风险。企业可以借此专注于核心业务，提高生产效率，保持并提升自身的核心竞争力。同时对于劳动者而言，企业弹性用工模型的建立创造了更多的就业岗位，也为灵活就业创造了机遇。

二 雇佣标准

（一）雇佣标准的确定

高绩效的工作场所用工管理的着眼点是组织绩效的提升，以求最终实现组织绩效目标和个人发展的共赢。在每一个环节上都要以此为导向，着力提高绩效。组织高绩效的实现离不开劳动者的付出，这就需要企业在做出雇佣决策时选择合适的员工。确定用工规模、制定合理的雇佣标准是进行科学招募的基础，在工作场所用工管理中占据着非常重要的地位。

1. 雇佣标准的制定原则

在确定企业雇佣标准的时候，需要把握合法、合情、合理的原则。雇佣标准，也就是招聘、录用员工的条件，是企业完成人岗匹配过程所依据的基准。雇佣标准的制定应避免过于主观化和一成不变，应该基于对任职资格的准确分析，尽量使用客观、中性、可量化的判断指标描述岗位对应聘者的要求。这既有利于企业招到适合岗位需求的人选，又可促进招聘过程的公开、透明，帮助应聘者了解企业的实际需求；还可以预防法律风险，避免日后劳动关系上的争议与纠纷。在确定雇佣标准的过程中，要尽量使用专业、科学的技术步骤，获得空缺职位的相关信息，并以此来决定新录用人员的类型、数量、层次。企业可以组织和聘请内外部相关专家编写职位说明书，研究确定人员编制，明确岗位任职资格。通过这一系列科学的工作分析流程，企业对空缺职位的雇佣标准界定会更加清晰，招聘对象会更加明确，同时也方便应聘者做出更为有效的求职选择。

2. 企业发展战略

企业是商品经济发展、生产社会化的产物。企业是以盈利为目的，把各种有限的资源组织起来，经过合理配置，为消费者或其他企业提供产品或劳务的经济实体。企业发展战略是关于企业整体的管理，对企业的成长和发展具有重大意义，尤其是对和谐劳动关系的构建起到至关重要的作用。企业雇佣标准的确定必须与企业发展战略相联系，在掌握企业当前所处战略发展阶段实际拥有人员存量的同时，还要考虑企业未来在战略实施的不同阶段可能发生的晋升、调动、退休、辞职、解聘等因素以及对人力资本变化的影响。企业要从整体和长期利益出发，了解未来的用工需求，制定符合企业未来发展的生产经营任务和发展计划，以及相应的用工职业类别、技能水平的具体雇佣标准。

3. 工作分析与岗位价值评估

雇佣标准需要通过工作分析来确定。最早的工作分析来自泰勒的《科学管理原理》。工作研究包括方法研究和时间研究，前者属于定性研究，后者属于定量研究。在管理实践中，企业可以通过对目的、对象、地点、时间、人员和方法的“六问研究法”与取消、合并、重排、简化的“四技巧改进”来达到寻找最佳工作方法的目的。工作分析可以使管理者对岗位进行职责分解，确定任职资格，进而为企业的招聘工作提供依据。可以说，企业招聘标准的制定主要是来源于工作分析。

岗位价值评估基于岗位分析，根据一系列科学、客观的标准，对每个岗位的相对价值、满足个人需求的能力等进行分析，其评估对象是企业劳动者的生产岗位。岗位评估是对岗位价值的评价，它是在岗位分析的基础上依据岗位本身所具有的特性确定其相对价值的过程。评估过程要考虑该岗位的职责大小、职责范围以及工作的复杂程度，雇佣标准的确定需要基于此来确定。

4. 技能变量的选择

不同技能的员工可能会对企业的劳动生产率产生不同的影响，但同时企业还需要考虑用工成本因素的影响。因此，在确定招聘标准的时候，企业需要考虑具体招录具有何种技能的员工。

在现实情况中，这种技能变量往往体现为不同的教育水平。那么是不是招录高教育水平的员工就使企业受益更多呢？实际上，考虑这个问题时，我们引入“员工的平均工资与其平均产量的比率”这个变量来进行比较，企业往往会选择平均工资和平均产量的比率更高的那类人进入公司，这是因为在这样的情况下，企业在绩效与成本之间达到了最优的平衡，企业选择了最高的“性价比”，这也是组织绩效与员工报酬之间的对等承诺实现的过程。

我们用高中生和大学生的例子来说明。如图 4-4 所示，假设 Q_C 是大学毕业生的平均产量，Q_H 是高中毕业生在同一时期的平均产量，W_C 是大学毕业生的平均工资，W_H 是高中毕业生在同一时期的平均工资，那么企业选择雇用大学毕业生还是高中毕业生的情况如下：当大学毕业生的平均工资与其平均产量的比率小于高中毕业生时，应该雇用高中毕业生；当大学毕业生的平均工资与其平均产量的比率高于高中毕业生时，应该雇用大学毕业生；当二者的比率相同时，雇用高中毕业生和雇用大学毕业生对企业而言是一样的。

$$\frac{W_H}{Q_H} < \frac{W_C}{Q_C} \Rightarrow \text{雇用大学毕业生}$$

$$\frac{W_H}{Q_H} > \frac{W_C}{Q_C} \Rightarrow \text{雇用高中毕业生}$$

$$\frac{W_H}{Q_H} = \frac{W_C}{Q_C} \Rightarrow \text{雇用高中毕业生和雇用大学毕业生无差别}$$

图 4-4 雇佣标准的确定

因此，企业在确定招聘标准时，需要考虑到不同类型员工的平均工资与平均产量的比率，从而确保招聘的合理性和科学性。

5. 雇佣标准确定过程中需注意的问题

在招聘过程中，企业要注意避免造成就业歧视。性别歧视、民族歧视、身体残障歧视、传染病歧视、城乡户籍歧视等，这些都是《劳动法》《中华人民共和国就业促进法》（简称《就业促进法》）所明令禁止的。

（1）性别歧视。我国在消灭性别歧视、促进男女就业平等、保障女职工权益方面，出台了一系列法律法规，《劳动法》《中华人民共和国妇女权益保障法》《就业促进法》《女职工劳动保护特别规定》《就业服务与就业管理规定》等都对此有所规定。

（2）民族歧视和身体残障歧视。禁止对这些特殊人员歧视的法律法规主要来自《就业促进法》《中华人民共和国残疾人保障法》等。

（3）传染病歧视。在以往的招聘管理实践中，一些企业以区别性态度对待乙肝病原携带者，使其遭受不公正的求职待遇。对此，我国通过法律法规的制定进一步明确了这些人员以及其他传染病病原携带者相应的合法权益，并予以保护。相关规定可以参考《就业促进法》《就业服务与就业管理规定》。

（4）城乡户籍歧视。《就业促进法》首次将城乡户籍歧视纳入了法律禁止的就业歧视条款中，企业不得再以劳动者的城乡户籍差异作为雇佣标准的内容。

同时企业还应该避免发布虚假用工信息。《劳动合同法》第八条规定，用人单位招用劳动者时，应当如实告知劳动者工作内容、工作条件、工作地点、职业危害、安全生产状况、劳动报酬，以及劳动者要求了解的其他情况；用人单位有权了解劳动者与劳动合同直接相关的基本情况，劳动者应当如实说明。在实际招聘过程中，企业需要防止招聘过程中出现虚假用工信息。为了减少员工招聘阶段用人单位和劳动者双方的信息不对称问题，双方当事人应严格履行告知义务。对于人力资源管理的招聘工作而言，为了避免日后纠纷，必须在签订劳动合同前对员工履行上述内容的告知义务。

在实践中，可以将相关内容作为劳动合同的条款，也可以单独制作成书面文件，要求员工签字认可已被告知。当然，也可以口头告知，但一定要留有员工签名，承认企业已向其披露相关信息。否则，发生劳动争议时往往难以举证，致使企业被动。同样，企业在录用员工之前，对员工的情况也要十分清楚，尤其是其就业现状。

（二）企业用工管理规章制度

1. 科学、合理的制度设计

企业在工作场所用工管理时，需要注意加强对规章制度的建设与管理。企业用工管理规章制度是针对企业用工管理的制度安排，会涉及企业内部各项生产经营活动，因而种类繁多，不同行业、不同规模、不同性质的企业所设计的用工管理规章制度有所不同，但在进行制度设计时，都必须根据现代化管理的要求，明确职责分工和工作程序。规章制度看似是“冷冰冰”的，实际上却是企业文化的体现，对于提高团队凝聚力有重要作用。规章制度建设是工作分析的有力补充，既有利于企业结合实际情况选择适合自身的雇佣模式，又为企业解雇员工提供了依据。同时，规章制度也是各项工作有序开展的重要保障。

企业用工管理规章制度的设计要遵循合法、合情、合理的原则。其一，规章制度的内容不能违法，这是对规章制度设计的最基本的要求。同时，规章制度的设计也不应该与集体合同和劳动合同相冲突。企业应该结合企业的具体情况将法律规定具体化，使其具有可操作性。如果企业的规章制度因与法律抵触而导致无效，往往会有很严重的后果。员工可以不遵守，而且有权随时解除劳动合同，并要求企业支付经济补偿金。因此在制定时一定要注意程序合法和内容合法。

其二，规章制度的制定程序要公平、合情、合理。在制定规章制度的过程中，必须严格履行必要的法定程序。《劳动合同法》第四条明确指出，用人单位在制定、涉及或者决定直接涉及劳动者切身利益的规章制度或重大事项时，应当经职工代表大会或者全体职工讨论，提出方案和意见，与工会或者职工代表平等协商确定。其中，“讨论”“提出方案和意见”的主体是职工代表大会或者全体职工，“平等协商”的主体是工会或者职工代表。这些规定体现了职工民主参与的原则，也是规章制度制定的重要原则。在实际操作中，企业尤其应当注意公示的程序。规章制度的修改和变更要依据《劳动合同法》第四条规定的民主协商程序。

企业设计科学合理的规章制度，充分行使自主经营权，有利于开展科学的工作场所用工管理。

2. 公开、公正的制度执行

企业用工管理规章制度要本着公开、公正的精神执行，这是企业民主管理的重要体现和有效途径。规章制度只有被劳动者清楚知晓，才能真正起到监督、规范劳动者行为的作用，同时在一定程度上起到保障劳动者合法权益的作用。公开包括规章制度内容、方式和程序的公开。公示是公开的正式程序和方式，在规章制度经过会议讨论通过后，必须采取公示的方式向全体劳动者正式发布。

企业用工管理规章制度的实施是企业领导者行政权力的运用，它和其他权力一样要接受民主监督。企业如果不把执行规章制度的过程和结果置于群众民主监督下，它的制定和实施就缺少了群众基础，对后期的监管也不利。群众的监督主要体现在职工有权对规章制度实施过程中企业管理者的行为提出批评、建议和意见，并且有权进行检举。

第 2 节　用工招募流程

在确定企业的用工需求和雇佣标准后，企业就可以开始进行人员招募了。招聘是用人单位和劳动者建立劳动关系、签订劳动合同的关键环节，因此，招聘过程首先就要受到《劳动合同法》的约束；同时，研究学习科学合理的招聘与雇佣管理，从经济学角度分析企业招聘和雇佣决策过程，可以为企业科学地开展工作场所用工管理提供一定的借鉴和指导。

一　招聘标准

招聘需要遵循的原则是不能招来最差的员工。招聘的新员工水平应该高于企业现有团队平均水平，才能提高团队的平均水平；相反，如果新招聘的员工水平低于企业现有团队平均水平，就会拉低团队的平均水平，造成组织萎缩。

工作场所用工管理的目的之一是提高组织绩效。一个组织的高绩效不仅来自绩效考核与管理，还来自员工的素质，所以在人力资源的每个环节找到高素质的人才是至关重要的。招聘作为员工进入公司的第一关，对于选拔高素质的人才具有举足轻重的地位，其最基本的要求就是个体素质高于平均水平，从而提高企业内部整体的人力资本存量。

但是需要我们注意的是，招聘并不能一定招来最优秀的员工，最优秀的人才往往需要通过职位的纵向管理和晋升来进行培养和选拔。

招聘选拔阶段，企业开始与求职者进行直接的接触。这一阶段各环节实施的合法性与规范性，以及求职者对此的反应与反馈会直接影响劳动关系的建立、履行和终止，也直接决定了企业能否招到符合企业战略发展需要的员工。因此，为了更好地保障企业和劳动者双方利益的共同实现，减少日后劳动关系管理中的争议与纠纷，需要采取科学、规范的招聘行为和招聘流程。

二 招聘流程

招聘的主要流程包括进行人力资源规划、制定职位说明书、制定招聘计划、招募与选拔、录用以及评估六部分。这六部分交叉循环，共同构成工作场所用工招聘的重要内容。

（一）人力资源规划

企业在开展具体的招募工作之前，需要有针对性地进行组织人力资源规划，包括企业招聘周期（一般为一年）内的招聘需求，最终的招聘需求一般需要经过部门上报和人力资源部确认两个步骤。人力资源部结合企业的长期战略、短期目标，参照年度人力资源规划，运用人力资源管理的专业工具进行分析和判断之后确认最终的人员需求。

如果部门确实存在人手不够的情况，那么人力资源部可以结合部门的工作内容为部门提供相关建议，采用其他形式来缓解短期人员紧张的情况，例如工作再设计、人员调配、业务外包等。

确认招聘需求之后，负责招聘工作的人员或者小组，即所谓的招聘者，要系统地了解空缺岗位的工作内容及职责、任职资格信息。这些信息是企业发布招聘信息、筛选求职者的重要依据。

（二）制定职位说明书

制定职位说明书的主要方法为工作分析。工作分析一般包括两个步骤，首先将职位分解为岗位职责，然后进行职责描述。职责是指一项或多项相互联系的任务集合。一般来说，将一个职位分解为 3～8 个岗位职责较为适宜。如果一个职位的岗位职责数量太多或者太少，则可以采用取消、合并、重排、简化的“四技巧改进”方法来进行调整。工作分析直接影响招聘广告的效果，是招聘能否取得成效的关键。

一份优秀的职位说明书应当对以下内容进行清晰的界定：

（1）职责范围。职责范围体现了该职位需要负责的工作内容。通俗地讲，就是“上什么岗位就干什么活”。

（2）任职资格条件。任职资格条件体现了该职位所要求的知识和能力。通俗地讲，就是“有什么能力上什么岗”。任职资格条件是招聘广告的内容的主要来源和渠道。

（3）考核标准。考核标准是绩效考核说明书的主要来源，它是对该岗位如何进行考核的说明。

（4）薪酬。体现了该职位根据考核结果支付薪酬的信息。

（三）制定招聘计划

企业应根据招聘需求、岗位任职资格等信息制定招聘计划。招聘计划包括招聘时间安排、拟招聘岗位及其任职资格条件、招聘人数、招聘对象等。招聘时间安排包括发布招聘信息时间、收取简历期限、甄选时间等。招聘对象是拟招聘岗位所面向的求职者群体，例如高校毕业生、社会人员，也包括企业内部在岗员工、本单位离退休人员。其中，高校毕业生是劳动力市场的主力军，退休人员以及其他特殊人员是招聘中容易带来法律风险的人群，企业招聘此类人员时应遵守相应的法律，降低违法风险。

（四）招募与选拔

招募与选拔主要包括招募甄选、履历分析、笔试、面试、心理测验以及管理评价中心等内容。

1. 招募甄选

企业可以通过多种渠道发布招聘信息，让求职者对企业的用人需求充分知悉。招聘信息的内容须包括用人单位的基本情况、招用人数、工作内容、录用条件、劳动报酬、福利待遇等信息，以及法律法规规定的其他内容。企业发布招聘信息时，还应公布简明、便捷的求职申请方式以及企业的联系信息，便于求职者提交有效的求职简历或申请表，保证企业与求职者之间的信息交流通畅。

企业停止收取简历意味着招募阶段结束，将要进入甄选环节。在此环节中，企业要运用多种劳动关系管理的专业工具对求职者进行甄选鉴别，寻找到能力、素质与空缺岗位的要求相匹配的求职者。为了保证甄选的效率，企业可以首先依据一定的标准对求职者的简历或者登记表进行初步的筛选，通过筛选的求职者进入具体的甄选环节。通过运用心理测验、面试、评价中心等工具完成甄选工作，这些工具可以单独使用，也可以综合运用，达到鉴别人才的目的。企业做出招聘决策的依据主要是应聘者的信息，包括知识、技能和能力以及人格、兴趣和偏好。在此过程中可以采取的信息收集技术主要包括申请表、书面考试、工作模拟、评价中心、面试以及体格检查等。

2. 履历分析

履历分析是一种初始阶段筛选工具。随着网络技术的发达，现在很多企业在履历分析这一环节都采用网络筛选的技术，网络筛选方便了企业使用统计上的平均水平来鉴别个别水平，但是需要注意的是网络筛选可能产生统计性歧视。

常用的工具包括申请表和简历。申请表的内容包括过去和现在的工作经历、受教育水平、教育内容、培训等。申请表一般只要求申请人填写与工作内容有关的情况，因而在精确性上存在不足。另外，在使用过程中需要注意避免非法的或不适宜的问题。

申请表和个人简历各有优缺点。一般来说，申请表直截了当、结构完整，限制了不必要的内容，也易于评估。但申请表是一种封闭式的表格，限制了求职者的创造性。个人简历的优点如下：个人简历是一种开放式的表格，有助于创新；允许申请人强调想要展示或表达的重点；费用较少，成本较低，操作简单易行。但个人简历同样存在缺点：允许申请人略去某些东西；内容可能被添加，难以确定真实性；难以评估。

3. 笔试

纸笔考试主要以认知能力测试的方式进行信息收集，考察应聘者的语言理解、数字分析、逻辑推理、理解速度、记忆等能力。具体包括一般能力测验和特殊能力测验两种类型。一般能力测验又包括主要测试常识、理解、推理、记忆跨度、字意等内容的语文测验和以完成图画、图片排列、实物拼接、方块设计、形数交替等为主要内容的操作测验。而特殊能力测验则主要侧重于语文推理、数学能力、推理能力、空间关系、机械推理、文书速度等。

4. 面试

面试是最常见的甄选工具之一。招聘人员也就是面试官，与求职者直接见面，并通过对话、提问等方式，结合求职者所表现出来的非语言特征，对求职者的智力和性格做出判断。面试的目的在于提供或寻找什么样的信息，以及判断什么信息是有价值的。面试一般考察应聘者的仪态仪表、求职动机、灵活应变能力和工作经验等。面试的方式存在多样性，包括结构化面试和非结构化面试、情景面试和以行为为基础的面试、压力面试等。具体操作中，招聘人员可以结合不同面试方式的特点综合使用。

（1）面试的分类。根据不同的标准，面试分为不同的类型。根据面试的结构化程度，可以分为非结构化面试和结构化面试。根据面试的目的，可以分为选择性面试（或压力式面试）、评估性面试等。根据面试的内容，可以分为情景面试和与工作相关的面试。根据对面试的控制，可以分为一对一面试（单独面试）、多对一面试（集体面试），连续性面试、一次性面试，计算机面试、人工面试等。

结构化面试是在面试前，主考官准备好各种针对拟招聘职位的问题和提问的顺序，严格按照设计好的程序对每个求职者进行相同内容的面试。

与此相对，非结构化面试没有事前准备好的问题，而是由主考官在面试中随机提问。相比之下，非结构化面试中面试官会通过提出探索性、无限制的问题鼓励求职者多谈，挖掘更多的信息。因此，结构化面试降低了非结构化面试带来的不一致性和主观性，增加了面试的可靠性和准确性。但是，非结构化面试的随意性给予求职者很大的自由，更容易使之将自己的态度、情感等隐性信息暴露出来，利于主考官判断。企业多是将这两种面试综合使用，尤其是将非结构化面试作为其他甄选方式的前奏或是补充，发挥“补漏”的作用。

（2）面试的过程技巧。面试在刚开始时一般采用导入性问题，用时不超过 1 分半钟。随后，在正式提问中往往会涉及有关工作经验的问题、有关工作能力的问题、有关求职动机的问题、有关个人背景的问题和有关团队合作的问题。

面试的过程包括以下五个阶段。

1）预备：1～2 分钟，社交话题引入。

2）引入：对简历中的问题展开，询问不清楚的地方。面试官不要重复简历中的内容。

3）正题：实质阶段，重点应该放在了解应聘者的其他信息上。

4）变化阶段：向应聘者提供信号，面试快结束了，应聘者也可以把握机会向面试官提问。

5）结束面试。

在面试中，考官需要注意三方面的技巧：过程控制技巧、提问技巧和行为观察技巧。

一是过程控制技巧。面试需要自然状态引入；考官只提问需证实的问题，不问已知的；引申提问，让其有限发挥；回答其关心的问题；轻松结束面试。

二是提问技巧。提问可以包括封闭性问题、开放性问题、假设性问题、连串的压迫性问题和引导性问题等。

三是行为观察技巧。一般认为，印象的 35％来自声音，65％来自非语言信息，如无声手语、掌语、指语、眨眼、点头等。因此，在面试时要多注意应聘者的身体语言。

（3）面试对考官的要求。面试对考官也有一定的要求：考官需要了解岗位任职资格；考官要问与工作要求相关的问题；考官应当避免歧视性问题，如家庭情况、婚姻状况等；考官采用的面试方法和内容要保证公平，适用于每一个应聘者，如不因出场顺序改变标准等；面试信息周知，包括安排通知应聘者面试流程、时间、程序、政策等。

5. 心理测验

心理测验包括标准化测验和非标准化测验两大类。标准化测验又可以分为认知测验、人格测验、个人与职业素质测验。认知测验主要测量的是成就、智力、能力等；人格测验主要测量的是情绪、兴趣、态度、价值观、动机、性格等。非标准化测验主要是投射测验，用于对人格、动机等内容的测验。

6. 管理评价中心

管理评价中心（assessment center）是一种针对中高级管理人才的组合技术。

在管理评价中心的实施过程中，招聘人员是主试或主考官，求职者是被试或应试者。主试在了解岗位工作内容与任职资格要求的基础上，创设一系列与工作高度相关的模拟情景，然后将被试纳入该情景中，要求其完成该情景下多种典型的管理工作，如主持会议、处理公文、商务谈判、处理突发事件等。在被试按照情景角色要求处理或解决问题的过程中，主试按照各种方法或技术的要求，观察被试在各种模拟情景压力下的行为表现，分析被试的心理活动，测量和评价被试的能力、性格等素质特征。评价中心一般安排在 2～3 天、10～20 个人的范围内进行，主要的内容有公开演讲、文件筐测验、无领导小组讨论、管理游戏以及分角色扮演不同的考察对象等。这些方式的组合频率和分值权重是不一样的，测评结果是在多个测试者系统观察的基础上综合得到的。

一般来说，如果企业在发布招聘广告后收到了大概 4 000 名求职者的申请，经过履历分析大概会筛选出 1 000 名求职者，经过纸笔考试大概会筛选出 200 名求职者，经过面试后可能会有 100 名求职者进入心理测验，而通过心理测验进入管理评价中心的人数则大概为 25 人，最终通过管理评价中心进入二次面试的可能只有 5 人。

（五）录用

企业在完成信息收集后需要做出合理的录用决策。做出录用决策的步骤包括：

（1）回顾预期业绩。

（2）详述并审核应聘者的行为和能力特征。

（3）把行为和能力特征与预期业绩进行比较。

（4）在行为上预测应聘者将来在相关的工作环境和预期业绩中的表现，最终做出录用决策。

需要注意的是，企业在做出录用决策后，应当适时给应聘者信息反馈，寄送录用通知或辞谢信。之后，企业需要与录用的劳动者建立劳动关系，订立劳动合同。

《劳动合同法》规定，用人单位自用工之日起即与劳动者建立劳动关系。这就是说，劳动关系的建立时间应当以实际用工之日为准，企业应该同时建立员工名册备查。在实际用工之前，企业也可以与劳动者签订劳动合同，但是劳动关系也是自用工之日起建立。

企业建立劳动关系，应当订立书面劳动合同。订立劳动合同的时间，一般最晚不超过企业自用工之日起一个月内。如果用人单位自用工之日起超过一个月不满一年未与劳动者订立书面劳动合同，应当依照《劳动合同法》第八十二条的规定向劳动者每月支付二倍的工资，并与劳动者补订书面劳动合同。这里规定的二倍赔偿的起算时间为用工之日起满一个月的次日，截止时间为补订书面劳动合同的前一日。

如果用人单位自用工之日起满一年未与劳动者订立书面劳动合同，则视为自用工之日起满一年的当日已经与劳动者订立无固定期限劳动合同，应当立即与劳动者补订书面劳动合同。

企业往往会在用工管理实践中与劳动者约定试用期，这既是企业了解员工劳动生产率的机会，也是劳动者了解企业环境和企业文化的过程。企业在约定试用期时要注意双方权利与义务的约定，从而为企业需要在试用期解除劳动合同提供依据。关于试用期的具体内容，我们将在第 3 节介绍。

劳动关系建立与劳动合同订立的相关内容如图 4－5 所示。

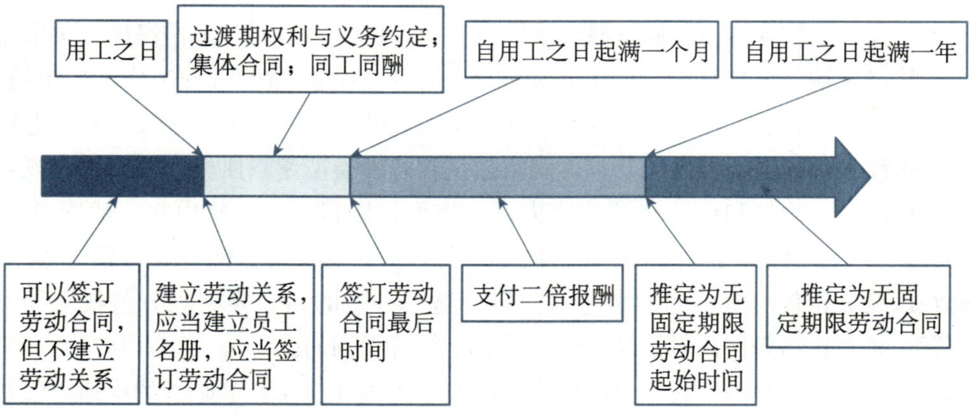

图 4－5　劳动关系的建立与劳动合同的订立

需要注意的是，劳动者与企业在劳动关系确立之前具有平等性，而一旦建立劳动关系，进入用工流程，劳动关系就具有了隶属性，劳动者需要听从组织协调。

（六）评估

1. 招聘评估的准则

在招聘完成后，我们需要对招聘情况进行评估。招聘评估是一个全方位的评估体系，评估的主要准则包括以下四项内容：

（1）速度。企业为空缺岗位招聘到合适人员的时间有快有慢，一般企业主要考虑的是需要的新员工何时能够上岗。

（2）成本。不同招聘方式所花费的成本不一样。从管理的角度来说，企业需要在降低招聘成本的同时又能保证招聘的质量。

（3）效率。不同招聘方式的成功率可以进行简单而有效的比较。成功率的计算方法为：通过方法 A 招聘的可雇佣的申请者人数/通过方法 A 招聘的申请者人数。当然企业也可以通过员工流失率等指标来衡量招聘的效率。

（4）多样性。企业在实践过程中往往需要在同一时间招募到不同质的员工，因为招聘多元化的员工能给组织带来新的活力和创意。不同的招聘方法对应聘者的多元化有重要影响。

2. 招聘评估的流程

一般来说，招聘评估的流程如下：

（1）确定要评估的岗位，组织要选择那些经过评估后能带来最大潜在回报的岗位进行评估。

（2）确定组织现行的甄选方法，确定组织现行的评估工具。

（3）确定用现行的甄选方法计算每个候选者得分的策略。

（4）评估招募阶段吸引求职者的效果，用第（3）步中的方法评估每一位求职者。

（5）将招聘行为与每个招聘阶段相匹配，并且要估计招聘的成本。

（6）估计投入值，完成效用分析。这个效用分析要进行成本和收益的计算。

（7）评估现行的甄选方法的适当性。

3. 招聘结果评估指标

招聘结果的评估可以用表 4－1 中的指标来观测。

表 4－1　招聘结果评估指标

名称	释义	说明
应聘比	应聘人数/计划招聘人数×100%	该值越大，说明招聘信息发布的效果越好，同时也说明应聘人员的素质可能越高
招聘完成比	聘用人数/计划招聘人数×100%	等于或大于 1，说明全面或超额完成了招聘计划
招聘完成时间	职位开始空缺到填补所用的时间	一般来说，时间越短，招聘效果越好

续表

名称	释义	说明
录用比	录用人数/应聘人数×100%	该值越小，相对来说，录用者的素质越高；反之，则可能录用者的素质越低。更低的录用比意味着吸引到更多数量的候选者
录用成功比	录用成功人数/录用人数×100%	该值越大，说明录用人员的质量越高，组织用于招聘的时间、精力与金钱获得了较为理想的回报；反之，说明录用人员的质量越低，组织在招聘过程中所消耗的人力、物力、财力很多都被浪费掉了
聘用合格比	聘用人员胜任工作人数/实际聘用人数×100%	聘用合格比是反映当前招聘有效性的绝对指标，其大小反映了聘用的正确程度
基础比	原有人员胜任工作人数/原有总人数×100%	反映以前招聘有效性的绝对指标
聘用合格比和基础比之差	聘用合格比一基础比	反映当前招聘的有效性是否高于以前招聘有效性的平均水平，即可以反映招聘的有效性是否在逐步提高

另外，招聘的最终成果是为空缺职位找到合适的人员来填补，那么，员工被录用后的表现可以作为衡量招聘效果的重要指标之一。员工入职表现的指标体系包括出勤率、工作参与度、工作态度、工作绩效、工作满意度、上级监督满意度、流动率等。此外，学者瓦努斯（Wanous）还根据员工入职后的表现的测量结果指出，通过非正式招聘方式（如员工推荐）录用的员工流失率要略微低于采用正式招聘方式录用的员工流失率。

高绩效的工作场所用工管理需要每个环节都立足于提升组织绩效。同样，组织绩效与用工管理的每一个环节都息息相关，包括从招聘、录用到绩效考核等。从招聘开始，企业就要注意提升绩效，最终实现组织和个人的共同发展。

第3节　企业试用期用工管理

试用期是企业与员工双方进行考察和熟悉的时间缓冲区，是初步检验招聘成果、评估用工决策与企业战略发展之间实际适应情况的最初阶段。换言之，它是指在劳动合同期限内，劳动关系还处于非正式状态时，企业对员工是否合格进行考核，员工也对企业是否符合自身要求进行了解的期限，是企业和员工建立劳动关系后为相互了解和选择而约定的考察期。

《劳动合同法》第十七条规定，劳动合同除包括必备条款外，用人单位与劳动者可以约定试用期。试用期和适当设计的报酬计划可以为企业带来一个合格的求职者群体。

一　试用期适用条件

试用期一般适用于初次就业或再次就业时改变劳动岗位和工种的职工。在企业转制过程中，用人单位与原有职工签订劳动合同时，不再约定试用期，即《劳动合同法》第十九条第二款所明确的“同一用人单位与同一劳动者只能约定一次试用期”。

劳动合同本身的期限必须达到一定长度才能约定试用期。《劳动合同法》第十九条第三款规定，以完成一定工作任务为期限的劳动合同或者劳动合同期限不满三个月的，不得约定试用期。

另外，需要注意的是，试用期包含在劳动合同期限内，最长不得超过六个月。

二　试用期与劳动合同期限

《劳动合同法》对企业中不同期限的劳动合同类型规定了不同的试用期。试用期与劳动合同期限有如下关系：试用期必须与劳动合同期限并存，不得仅约定试用期；试用期与劳动合同期限必须同时开始；劳动合同期限必须长于试用期；试用期长度与劳动合同期限对应。根据《劳动合同法》第十九条第一、四款，可以概括为如表 4－2 所示的几种情况。

表 4－2　不同合同期限下的试用期长度

劳动合同期限	试用期
三个月以上不满一年	不得超过一个月
一年以上不满三年	不得超过二个月
三年以上固定期限和无固定期限的劳动合同	不得超过六个月（即试用期的最长期限）
劳动合同仅约定试用期或者劳动合同期限与试用期相同	试用期不成立，该期限为劳动合同期限

对公务员而言，按照《中华人民共和国公务员法》（简称《公务员法》）的规定，新录用的公务员试用期为一年。试用期满合格的，予以任职；不合格的，取消录用。

对于使用聘用合同的事业单位而言，国家对聘用合同另有规定：试用期一般不超过三个月，特殊情况可以延长，但最长不超过六个月；被聘人员为大、中专应届毕业生的，可延长至十二个月。该试用期包括在聘用合同期内。

三　试用期内员工待遇

通常来说，员工在试用期的薪酬水平比正式员工要低一些，因此一些新员工希望尽量缩短或取消试用期。但是，《劳动合同法》第二十条对“低一些”做出了明确的规定，试用期工资首先不能低于当地最低工资标准，其次不能低于同岗位最低档工资或者劳动合同约定工资的百分之八十，其中“劳动合同约定工资”是指该劳动者与用人单位订立的劳动合同中约定的劳动者试用期满后的工资。双方约定的试用期工资高于试用期期满后的工资，或与该工资相等的，法律并不阻挠或干涉。

此外，工时和劳动安全卫生条件等方面不能因试用期而有差别，具体的福利待遇差距可另行约定。

四 试用期内考核与评估

企业推行的试用期考核管理对于考察新员工的工作成绩、工作态度、工作能力等潜质比较有效。但试用期考核需要注意几个问题。首先，试用期考核只能针对试用期内的表现；其次，试用期考核的时间应该是在试用期结束之前；再次，试用期考核结果的应用是决定企业是否录用该人员，而不是作为解除劳动合同的依据。

五 试用期内劳动合同的解除

试用期是企业和劳动者双方相互考察了解的阶段，法律允许在一定条件下双方在试用期期间解除劳动合同。试用期内劳动合同的解除可以分为用人单位主张解除和劳动者主张解除两种。

如果是劳动者主张在试用期解除劳动合同，根据《劳动合同法》第三十七条的规定，劳动者在试用期内提前三日通知用人单位，可以解除劳动合同。但劳动者没有向单位说明理由的法定义务。

如果是用人单位主张在试用期解除劳动合同，根据《劳动合同法》第二十一条的规定，用人单位应当向劳动者说明理由。法律规定的情形主要包括：

(1) 在试用期间被证明不符合录用条件的；

(2) 严重违反企业的规章制度的；

(3) 严重失职，营私舞弊，给企业造成重大损害的；

(4) 劳动者同时与其他用人单位建立劳动关系，对完成本企业的工作任务造成严重影响，或者经企业提出，拒不改正的；

(5) 以欺诈、胁迫的手段或者乘人之危，使对方在违背真实意思的情况下订立或者变更劳动合同的；

(6) 被依法追究刑事责任的；

(7) 劳动者患病或者非因工负伤，在规定的医疗期满后不能从事原工作，也不能从事由用人单位另行安排的工作的；

(8) 劳动者不能胜任工作，经过培训或者调整工作岗位，仍不能胜任工作的。

需要注意的是，对试用期内不符合录用条件的劳动者，企业可以解除劳动合同；但若超过试用期，则企业不得以试用期内不符合录用条件为由解除劳动合同。规定这些可以解除劳动合同的情形，大大降低了试用期解除合同的随意性，有利于保护双方的合法权益。

第4节 岗位管理

传统的企业岗位管理是指组织通过招聘、培训、迁调等管理活动来恰当地配备人员，并予以控制和管理。而现代人力资源与劳动关系管理下的组织职位管理，是一种多方参与、以人为本、和谐可持续的管理方式。它依据企业自身战略目标设计组织职位，并据此来设计与管理职业发展通道，依据员工职业生涯规划来实施人岗匹配，以达到人与组织的匹配。

一　岗位管理的目标

企业岗位管理以组织为实施管理的主体，以员工为被实施管理的客体，以组织与员工在职业生涯规划、发展和管理过程中的匹配为内容。树立明确的岗位管理目标是企业职业生涯管理的首要任务。从员工角度来看，企业的岗位管理秉承“以人为本”的理念，帮助员工实现其工作期间的职业发展轨迹，达成其职业发展目标；从组织角度来看，一方面，成功的岗位管理是吸引人才的一种强有力的手段，有助于激发和维持他们的工作热情，提高其工作质量及对企业的忠诚度；另一方面，岗位管理有机兼容了员工发展目标与企业发展战略目标，使员工在追求自身发展目标的过程中实现企业发展战略目标。

1. 协助员工实现职业生涯规划

组织在充分了解员工需求的基础上，根据组织自身情况与员工所具备的条件、特征来判别其需求的合理性、可行性，然后为员工提供职业生涯规划的指导。在确立了现实、可行的职业生涯规划后，企业需要进一步引导员工，为其提供更多合适的培训与发展计划、知识技能更新方案和职业发展通道，增强员工对工作环境的把握能力和对工作困难的控制能力，协助员工顺利实现其职业生涯目标。

2. 促成员工发展与企业发展的统一

实施企业岗位管理，就是将员工的个人职业生涯规划统筹于企业发展的战略实践，通过对员工的引导和管理，促进员工能力的发展，协调企业与员工之间的关系，强化员工对企业的承诺，从而激发员工潜能，提高工作效率与质量，降低监管成本，进而高效实现组织战略。这一管理过程，统筹了员工与组织二者的需要，实现了员工发展与企业发展的统一。

3. 实现企业的长期可持续发展

企业的任何一项管理活动，都以实现企业绩效、促进企业发展为根本目标。而企业的长期可持续发展意味着，组织具备旺盛的生命力与持久的战斗力，这来源于组织拥有高竞争力的人才储备。科学有效的组织职位管理，在尊重员工个人发展需求的基础上，遵从公平、参与原则，通过科学地设计职位，提供员工合适的培训机会，以及明确的纵、横向职业发展通道，来吸引、留住与激励人才，保证高质量人力资本的供给，从而实现组织平衡且可持续的长期发展。

二　职位发展的纵向通道设计与管理：晋升管理

最优秀的员工往往不是直接招聘来的，而是需要通过对职位的纵向管理，以晋升的方式来进行选拔和培养。晋升是人才管理中十分重要的环节之一。

内部晋升方法是指在组织内公布空缺职位、发布招聘启事、在职位所需技能和现有员工的技能库进行搜索，从内部寻找聘用者并从内部招聘员工。对员工而言，晋升是其职业生涯目标一种逐步实现的方式，是对员工工作成绩的肯定与奖励，表明员工的素质和能力已经发展到可以升职的阶段。对组织而言，实施员工晋升发挥着激励作用。其一，晋升作为员工在组织内部相对地位的提升，能产生心理激励，满足员工成就的心理需要；其二，与晋升匹配的工资增长能对员工产生物质激励。因此，晋升能从心理与物质两方面激励员工进一步提高自身能力，促进企业发展，并推动组织发展。此外，晋升可以在内部劳动力市场上对员工进行择优，激励更具相应能力与职业偏好的员工向该职位流动。

（一）晋升激励的薪酬设计

根据锦标赛理论，企业内部的职位都是事先固定好的，每一个职位都对应一个基于职位的薪酬水平。企业可以充分利用这种薪酬设计来激励员工和设计晋升通道，这时就需要考虑到两方面的内容：薪酬水平和薪酬差距。

就薪酬水平而言，企业内部的平均工资必须达到一定水平，才能吸引员工进入企业或者留在企业。就薪酬差距而言，一般企业内部晋升前后的职位工资差异越大，晋升对员工就越有价值，员工争取获得晋升的动力就越强，也就是说，工资差距足够大，才能促使员工付出必要的努力。一方面，薪酬差距的设计要考虑晋升决定因素中的不确定因素。当晋升的决定因素中存在一些像运气等不确定因素时，扩大晋升前后的工资差距也有利于提高员工的努力程度。例如，日本企业在选定总裁时，往往需要对候选人进行较长时间的考察，直到充分了解候选人的生产率等情况。而美国企业的总裁选定则存在更多的随机因素，事实上美国企业内部的工资差距比日本大很多，这可以解释为美国企业希望以此来保持或提高员工的努力程度。另一方面，薪酬差距的设计还要考虑企业内部员工的异质性程度。如果企业内部员工的能力水平参差不齐，能力高的人可能会因为胜算很大而消极怠工，这时就需要在设计薪酬差距时增加工资的等级类型。换言之，每一次晋升的工资增长幅度都不太大。

在企业做出晋升决策时需要考察员工的绩效。需要注意的是，对员工的晋升起到决定作用的是相对绩效，而不是绝对绩效，也就是说一个人得到晋升不是因为他自己工作得好，而是因为他比处于同一层级的人绩效水平更高。基于相对绩效的晋升可以提供较好的激励。一方面，相对绩效衡量起来比绝对绩效更为容易；另一方面，绝对绩效可能受干扰项的影响较大，而相对绩效的衡量可以减少共同的干扰项，更为公平和合理。

内部晋升有积极的激励作用，在确定的工资差距下，内部晋升会促使企业总体努力程度的提高。因此，只有当最好的内部候选人与外部候选人的能力差距非常大时，才应该在高层人员的招聘中选择外部雇佣。

（二）纵向通道设计与管理

职位发展的纵向通道设计，指在划分员工所从事工作类别的职种、职类的基础上，以设计员工职业发展的双重通道为主，并设计晋升的类别、标准、周期与之匹配。根据组织的业务功能模块与分工，晋升类别设计包括领导类、文秘类、行政类、业务类、操作类、工程类、技术类和管理类八种类型。晋升标准设计一般涉及任职资格标准、能力素质标准与绩效标准三个方面。

纵向通道设计是构建组织人才队伍梯队建设的前提，为组织人事决策提供客观依据，对薪酬制度激励作用的局限性进行弥补。

纵向通道管理是在完成纵向通道设计之后，综合考虑员工职业生涯规划、员工晋升标准达标情况与纵向通道设计，对员工职位晋升进行评定、控制和调整的一系列管理活动。

（1）晋升评定。包括如下环节：第一，评定小组对晋升候选员工的任职资格、能力素质与绩效指标进行评估与测试，通过情景模拟与工作实践来考察候选员工的实际工作能力；第二，根据员工的测试结果和综合评价来确定是否给予员工晋升；第三，将员工的定级与升级结果填表，上交领导核准；第四，审核无误且员工本人无异议，由人力资源部负责公布晋升评定结果。

（2）晋升控制。晋升控制是为了保证晋升通道管理的效果，人力资源部不定时对各部门、各岗位的晋升状况进行评估，评估的内容集中于晋升的可行性、适用性与有效性。

（3）晋升调整。晋升调整是组织根据组织战略与管理方式的调整而对员工职业晋升体系进行的修订活动。

纵向通道管理涉及考核程序与考核结果，需要考虑是否合情、合理。但在实施员工晋升工作时，要谨慎处理原岗位工作人员的安排问题，必须符合相关劳动法律法规的要求。在对纵向通道的应用中，其最初、最广的用途是调整员工职位的晋升与薪资。纵向通道管理在员工激励等方面发挥了重要的作用，也是工作场所企业用工管理的重要内容。

三　职位发展的横向通道设计与管理：内部转岗

（一）内部转岗的设计

在试用期结束，企业做出对员工的录用决策后，需要根据员工的表现确定适合员工的岗位，从而实现人岗匹配、提高组织绩效的目的。每一位工人都具有其个人的比较优势，发现工人的才能需要对他们进行观察和监督，需要企业支付一定的费用。

实施转岗管理是组织进行人岗匹配的调整，是解决组织内部人岗不匹配问题的方法，有利于帮助员工寻找最适合的岗位，进一步促成员工与组织的匹配。同时，转岗也会对组织原有的内部人员结构进行变革，有利于为组织发展增强活力。

此外，组织对员工实施转岗管理是一种内部培训，有利于全面提高员工的素质与能力，增进员工对组织战略、组织结果和组织文化的理解，树立员工的全局观念，帮助员工进一步认识自我、实现自我，提高员工工作积极性和满意度，在和谐劳动关系的氛围中，促进员工多样化发展，实现员工与组织的共同发展。

转岗是横向通道管理中的重要内容，与晋升的纵向通道管理一起构成了企业内部的员工职业生涯管理，有利于组织在人岗的纵、横向的重复匹配中，发现正确的人，实现人岗匹配，形成正确的企业文化，推动企业健康发展。

需要注意的是，在《劳动合同法》实施后，企业调整劳动者工作岗位将受到严格限制。岗位的调整涉及劳动合同的变更，而变更劳动合同首先需要当事人双方协商一致，任何一方当事人不与对方协商、单方面变更劳动合同的行为都是不合法的。现实中，劳动合同的变更大多由企业提出，企业应当纠正“企业掌握合同变更的自主权”这一错误的理念，不能单方面强制变更劳动合同。另外，《劳动合同法》只允许在劳动者不能胜任工作时，用人单位才可以变更劳动合同或者重新安排劳动者工作岗位。这就要求企业的绩效考核评价系统必须有充足的证据说明员工“不能胜任工作”。

（二）横向通道管理

组织对员工职业发展实施横向通道管理，即是对员工轮岗过程的管理。其具体实施过程包括：第一，组织安排人力资源部负责宏观管理，在已设计轮岗操作制度与实施细则的基础上，对可轮换岗位与可轮换对象进行调研与论证；第二，结合组织战略、内外环境、员工队伍建设、组织发展的阶段性要求，具体实施员工轮岗；第三，实施轮岗知识性培训与适应性训练，并对轮岗过程进行监督、评估与反馈；第四，调整并完善与之相匹配的考核体系、职位管理与培训体系等。

组织在实施员工转岗过程中，还应结合员工职业生涯规划与组织战略发展规划来进行。一方面，组织实施的员工转岗必须以个人职业生涯规划为基础，从员工长期发展的目标与要求出发，对实施条件进行分析，对实施路径进行掌握，通过推动员工转岗来有效地促进组织发展。另一方面，组织实施的员工转岗必须以组织战略发展规划为根本，以组织战略为根本出发点，将人力资本优化配置，使转岗为促进组织发展发挥最大作用。

实施转岗也是组织对人岗匹配的调整，有利于促成员工与组织的匹配。同时，转岗调整打破了组织内部原有的员工配置结构，减少了组织内部人员僵化带来的工作惰性，有效避免了组织内部形成腐败、官僚主义的习气。

纵向通道与横向通道的设计与管理，有利于组织在人岗的纵、横向的重复匹配中发现正确的人，使其与正确的岗位相匹配，并通过岗位纵横发展的机会激励员工寻找正确的做事方法，形成正确的组织文化，将组织决策落到实处，执行有力，进而推动组织发展。

思考题

1. 影响企业用工决策和雇佣标准的主要因素有哪些？
2. 请分析我国当前用工模式的基本类型及各模式的主要特点。
3. 请阐述雇佣决策与招聘的基本流程。

案例分析

丰田公司的全面招聘体系

丰田公司著名的看板生产系统和全面质量管理体系名扬天下，其行之有效的全面招聘体系却鲜为人知。正如许多日本公司一样，丰田公司花费大量的人力、物力寻求企业需要的人才，用精挑细选来形容一点儿也不过分。

丰田公司全面招聘体系的内容

丰田公司的全面招聘体系大体上可以分成六大阶段：

第一阶段：丰田公司通常会委托专业的职业招聘机构进行初步的人才甄选。应聘人员一般会观看丰田公司的工作环境和工作内容的录像资料，同时了解丰田公司的全面招聘体系，随后填写工作申请表。1 小时的录像可以使应聘人员对丰田公司的具体工作情况有个大致了解，初步感受工作岗位的要求，同时这也是应聘人员自我评估和选择的过程，许多应聘人员知难而退。专业招聘机构也会根据应聘人员的工作申请表以及具体的能力和经验做初步甄选。

第二阶段：评估员工的技术知识和工作潜能。通常会要求员工进行基本能力和职业态度心理测试，评估员工解决问题的能力、学习的能力和潜能以及职业兴趣爱好。如果是应聘技术岗位的人员，则需要进行6小时的现场实际机器和工具操作测试。通过第一、二阶段的应聘者的有关资料会被转入丰田公司。

第三阶段：丰田公司接手有关的招聘工作。本阶段主要是评价员工的人际关系能力和决策能力。应聘人员在公司的评估中心参加一个4小时的小组讨论，丰田公司的招聘专家计时观察讨论的过程，评估比较典型的小组讨论。通过小组讨论提出的对实际问题的解决方案，可以反映应聘者的洞察力、灵活性和创造力。同样，在第三阶段应聘者需要参加5小时的实际汽车生产线的模拟操作。在操作过程中，应聘人员需要组成项目小组，负起计划和管理的职能，比如在生产一种零配件的过程中，如何对人员分工、材料采购、资金运用、计划管理等生产过程的一系列因素进行有效运用。

第四阶段：应聘人员需要参加一个1小时的集体面试，向丰田公司的招聘专家介绍自己取得过的成绩，这可以使丰田公司的招聘专家更加全面地了解应聘人员的兴趣和爱好：他们以什么为荣？什么样的事业才能使应聘员工更好地做出工作岗位安排和职业生涯计划？在此阶段也可以进一步了解员工的小组互动能力。

第五阶段：全面身体检查。通过以上四个阶段的应聘者基本上被丰田公司录用，但是还需要进行25小时的全面身体检查，目的在于了解员工身体的一般状况和特别情况。

第六阶段：新员工需要接受6个月的工作表现和发展潜能评估。新员工会接受观察督导和培训。

丰田公司全面招聘体系的主要特点

（1）招聘不仅要考虑员工的技能，还要考虑员工的价值观念。通过对员工基本价值观念的考察，可以了解员工是否具备优秀的素质、持续改善的精神，以及团队协作能力。

（2）必须为复杂的招聘过程付出时间和精力。丰田公司在招聘初级员工时，面试时间通常会达到8～10小时，有时甚至高达20小时。大量时间和精力的投入是赢得人才的关键。

（3）企业的需求与员工的价值观以及技能相匹配。解决问题能力、人际关系技巧、对优良品质的追求是录用员工的关键要素。

（4）员工的自我选择也是招聘过程的重要一环。丰田公司不论在招聘的初期还是在长达6个月的试用期中，都给予员工双向选择的机会，同时淘汰不能胜任的员工。整个全面招聘体系需要应聘员工做出同样的牺牲，员工需要花费大量的时间并竭尽全力才能入选。

资料来源：根据中国人力资源网相关材料编写。

第5章 工作场所用工流程管理（下）

学习目标

学完本章后，你应该能够：

- 了解培训管理的概念及其在工作场所用工流程管理中的地位和作用。
- 掌握培训的主要流程和技术方法。
- 了解员工支持计划的内涵及基本形式。
- 重点掌握企业裁员行为的管理方法和评估手段。

引导案例

为了提升员工的专业能力和国际化管理水平，中国平安建立了完善的职业培训体系，培养了初、中、高级讲师近3 000人，并于2001年成立了平安大学。平安大学占地面积20万平方米，建筑面积7.85万平方米，有多间独具特色的教室、研讨室和会议室，能同时容纳1 000人学习，适合承办各类会议和研修培训班；平安大学还拥有高尔夫球场等一流的康体设施，星级服务的配套酒店，以及商务中心、超市等服务设施。

平安大学设有寿险学院、产险学院、金融学院、管理学院及博士后工作站，面向公司所有内外勤员工，提供面授培训、认证考试、网上学习、卫星电视教学等培训方式，并与国际著名的专业培训机构美国寿险行销研究协会（LIMRA）、美国寿险管理协会（LOMA）、美国财产和意外险注册承保师学会（AICPCU）、沃顿商学院，以及北京大学等共同开展职业培训。平安大学通过集中面授、网上学习、自学与认证考试等多种方式，将制式化、专业化的培训内容送达各层级员工。员工也可以结合自身职业生涯发展需要，在平安大学定制个性化学习方案。平安大学的目的是为员工提供终身培训，培养平安专业人才队伍，为中国平安造就世界一流的职业经理人群体，为中国平安永续发展提供动力源。它是国内规模最大的企业培训基地之一，该基地的建成将为提升平安人才的竞争力打下坚实的基础。

资料来源：平安大学的人才培养之道．(2015-06-23). http://www.goschool.org.cn/zgjyxx/alyj/2016-04-15/5563.html.

第 1 节　培训管理

一　企业劳动关系中的培训管理

（一）培训的定义

本书关于培训的定义，主要是指企业劳动关系的培训。培训的分类包括内部培训和外部培训、入职培训和在职培训、长期培训和短期培训、转移工作岗位以后的培训及其他的专业技能培训等。

（二）培训管理的战略重点

培训管理的战略重点在于员工自主学习能力的培养。传统的培训以技能为基础，一般是以内容和教师为导向的教授与传导行为。在当今社会，信息与技术快速更新，竞争日益加剧，这对企业培训和技能开发提出了新的要求，使得企业员工的知识与技能时常需要提升，如果仅依靠传统的培训方式，难以满足企业发展与员工个人发展的需要。在这种背景下，相比传统的培训方式与内容，员工对知识与技能的自主学习在帮助企业和员工的共同发展方面更为有效，更能稳定企业劳动关系。

二　培训管理的实践

（一）基于组织战略的培训

基于组织战略的培训有两方面含义：第一，以组织战略为内容进行的培训；第二，以组织战略来定位培训的战略目标。

（1）培训战略的目标确定。企业的经营战略主要包括集中战略、内部成长战略、外部成长战略和紧缩投资战略等。依据不同的战略制定的培训方案能够将企业引入不同的发展轨道。

（2）培训战略的制度建设。培训只有获得组织支持与制度保证，才能成为促进企业与员工共同发展以及双方劳动关系和谐稳定的长效机制。这就要求匹配相关的制度建设来确保培训的顺利实施。

（3）培训战略的调整机制。尽管战略是企业的长期发展目标，但环境的多变性与动态性往往使企业战略仍然需要不断调整。当企业战略调整时，企业人才的培养方案与措施也应随之调整，甚至对相关个人要进行针对性的培训。战略调整往往引起企业内部的整体联动，在此过程中，各部门之间的沟通与协调尤为重要。人力资源部需要积极与各部门配合，了解培训需求的变化并及时制定培训的调整计划。

（二）基于企业文化建设的培训

企业文化不仅能催生出企业精神和员工对企业的忠诚感，而且是一种习惯、方式和氛围，对企业的长期经营业绩、劳动关系的稳定发挥着重要作用。一方面，企业文化直接影响员工的行为准则、职业道德与价值指向，弱化员工的个人偏好倾向，利于减少决策成本，降低经营活动的不确定性。另一方面，企业文化对企业的重大决策、长远目标和策略甚至规章制度的执行都有不可低估的影响。企业文化作为企业的非正式制度，补充了企业正式的行政制度，降低了内部监测的成本。

对员工进行企业文化的培训主要有以下要点：

（1）学习优秀的企业文化。需要注意的是，最优秀的企业文化方案并不一定适合本企业，企业需要借鉴其中的管理方法和传播手段，并根据自身特点进行适当的调整。

（2）抓住企业变革与文化塑造的契机。与一般的员工培训不同，企业文化在员工头脑中的植入是一个无法完全程序化的过程，需要通过一些仪式、员工习惯的培养，甚至是企业变革来实现。在此过程中，只有通过不断地接触、碰撞和了解，企业文化和全体员工才能融为一体。

（3）推动企业文化的共享、传播与弘扬。逐步建立企业文化的过程，同时也是将企业文化渗入企业各层级的过程。从宏观的企业战略制定到各项具体的培训计划的开发，都需要贯彻企业文化的理念。

（4）明确管理者在塑造与弘扬企业文化中的职责。管理者是企业文化实践的带头人，一个企业是否具有自己鲜明的个性，在管理者的身上体现得最为明显。对于一个团队来说，管理者的职责不仅在于保证团队的运行和沟通，更重要的是让成员意识到团队的前进方向和最终需要达到的战略成果。

（三）基于领导力发展与接班人计划的培训

企业的领导力发展计划与接班人计划都是统筹员工个人发展与企业发展的培训措施，能够从企业发展的高度促进员工的个人技能提升与职场发展，稳定并协调企业的劳动关系，凝聚企业领导班子与人才队伍。

1. 领导力发展计划

领导力的发展是为实现企业的战略目标而服务的，其目标必须与企业的战略目标相一致，同时兼顾个人开发和企业开发两个方面。领导力发展的对象要依据一定的标准进行确定和选拔，主要来源于关键岗位及管理岗位人员、业绩优秀人员、高潜力人员。

企业在实施领导力发展计划的过程中应注意以下问题：

（1）尽量挑选最优秀、最具有潜力的人才作为领导力发展的对象。

（2）领导力发展要与企业的其他工作流程紧密联系。

（3）领导力素质模型的构建与360度反馈评估是领导力发展计划的重点。

（4）获得高层管理者的支持并充分利用好公司的外部资源，使其直接参与计划。

（5）不断完善领导力发展计划，使其得到持续的认可和支持。

领导力的发展所涉及的其他重要问题还包括关键员工的培训与竞业限制相关条款的约定。

2. 接班人计划

接班人计划是指涵盖每一位具有管理职能的岗位任职者的后备人才梯队规划。公司不仅要培养选拔高层管理岗位的接班人，还需要一大批具有一定任职资格的中基层管理人才。

企业在实施接班人计划时需要注意以下两个问题：

（1）不能向培养对象保证一定会得到提升。

（2）接班人的挑选标准在一定程度上既要有一致性，又必须因岗位需求的不断变化而保持一定的弹性和灵活性。

（四）基于职场学习与绩效的培训

职场学习与绩效（WLP）是人力资源开发领域的最新发展阶段。作为从业于更高层次的人力资源与劳动关系领域的 WLP 专家，为了提升员工个人与组织绩效、满足个人和组织需求，必须综合运用学习和其他干预措施，在组织内创造积极而进步的变革。

WLP 关注的焦点是绩效。在基于 WLP 的培训过程中，培训专家采用一套提升绩效的系统流程，达到提高生产力的目的。在此过程中，他要扮演管理者、分析者、干预措施设计与开发者、干预措施实施者、变革领导者、评估者等多种角色。这些角色在原有的绩效管理与评估的流程当中都能找到踪迹。例如，员工绩效问题可能是缺乏及时的信息，可能是缺乏足够的能力，也可能是缺乏足够的实践或动力。经过多维思考，培训专家就不应重复以前的做法，只是简单地提供培训，而要提供履行职责的信息，明确工作职责，提供培训与实践机会，提供清晰的反馈、工作辅助/支持等一系列条目清单。为了确保经营需求，WLP 综合运用学习导向的干预措施与管理导向的干预措施，以在个人发展和组织需求之间寻求平衡。

三　培训管理的有效评估

（一）培训评估的意义

科学的培训评估对于界定培训对组织的贡献、证明员工培训所取得的成绩非常重要。大多数企业较为重视的是培训资金的投入或者如何改善培训的方法和技术等问题，却容易忽略培训的评估工作，没有认识到培训评估工作的重要性。我们可以这样说，培训评估是培训活动长期有效开展的重要保证，而遵循良好的评估流程是进行有效的培训评估的重要保证。

（二）培训评估的实践

遵循良好的培训评估流程是进行有效的培训管理的关键。一般说来，有效的培训评估应该包括以下八个基本步骤：

1. 培训需求与目的分析

进行培训需求与目的分析是培训项目设计的第一步，也是培训评估的第一步。对许多管理者来说，培训工作“既重要又模糊”，出现这种认识的根本原因在于，他们意识到培训的重要性但又对自身的培训需求不明确。在培训项目实施之前，企业培训主管就必须把培训评估的目的明确下来。

2. 选定评估对象和评估内容

培训的最终目的就是为企业创造价值。有效的培训是多方积极参加的结果。培训评估的主要参加对象有企业领导、培训主管、受训员工、培训讲师、培训机构等。由于培训的需求呈增长趋势，实施培训的直接费用和间接费用也在持续攀升。我们认为主要应针对下列情况进行重点评估：

（1）新开发的课程。应着重于培训需求、课程设计、应用效果等方面。

（2）新教员的课程。应着重于教学方法、质量等综合能力方面。

（3）新的培训方式。应着重于课程组织、教材、课程设计、应用效果等方面。

（4）外部培训企业进行的培训。应着重于课程设计、成本核算、应用效果等方面。

（5）出现问题和投诉的培训。针对投诉的问题。

3. 完善培训评估数据库

在进行培训评估之前，培训主管必须对培训前后的数据进行收集整理。因为培训数据是培训评估的对象。培训的数据按照能否用数字衡量可以分为两类：硬数据和软数据。硬数据是对改进情况的主要衡量标准，以比例的形式出现，是一些易于收集的无可争辩的事实。这是最需要收集的理想数据。硬数据可以分为四类：产出、质量、成本和时间。在几乎所有组织机构中，这四类数据都是具有代表性的业绩衡量标准。有时很难找到硬数据，这时，软数据在评估人力资源开发培训项目时就很有意义。常用的软数据类型可以归纳为六类：工作习惯、工作场所氛围、新技能、发展、满意度和主动性。

4. 选择评估衡量方法

如果决定对培训进行评估，评估工作在培训进行中就可以开始了。这时候采取的方法主要是培训主管部门或有关部门管理人员亲临课堂听课，现场观察学员的反应、培训场所的气氛和培训师的组织能力与授课水平。虽然这样可以获得第一手材料和信息，但培训还未结束，除非是特别的重大培训项目，为获得完整数据，一般在培训结束后才开始正式评估。

评估内容主要包括对培训课程本身的评估和对培训效果的评估。按评估的时间可以划分为培训结束时进行的评估和受训者回到工作岗位一段时间后进行的评估。评估的方式主要有评估调查表填写、评估访谈、案例研究等。

5. 统计分析评估原始资料

培训主管对前期的培训评估调查表、培训结果调查表以及收集到的问卷、访谈资料等进行整理、统计和分析，得出相关结论。

6. 撰写培训评估报告

培训主管在分析以上调查资料之后，再结合学员的结业考核成绩，对此次培训项目给出公正合理的评估报告。培训主管还可以要求此次培训的培训机构基于本培训项目的评估提交报告书，对培训项目做出有针对性的调整。在对评估数据、评估问卷进行认真分析之后，如果培训项目得到了学员的认可，收效很好，则这一项目继续进行。如果培训项目没有什么效果或是存在问题，培训机构就要考虑调整或取消该项目。

7. 沟通培训项目结果

很多企业重视培训评估，但是其评估却与实际工作脱节，对培训效果的检验仅仅局限于培训过程中，没有落实到实际的工作中或者不够重视。在培训评估过程中，人们往往忽视对培训评估结果的沟通。经过分析和解释后的评估数据理论上应该转给个人，但是应该得到这些信息的人如果没有得到或者没有重视，培训评估的效果就会出现问题。在沟通有关培训评估信息时，培训部门一定要高效，一般来说，企业中的管理层、培训主管、受训员工以及受训员工的直接上级这四种人必须得到培训评估结果。

8. 调整培训项目

对收集到的信息进行认真分析后，培训主管就可以有针对性地调整培训项目。如果培训项目没有什么效果或是存在问题，就要对该项目进行调整或考虑取消。如果评估结果表明，培训项目的某些部分不够有效，例如内容不适当、授课方式不适当、对工作没有足够的影响或受训人员本身缺乏积极性等，就要有针对性地考虑对这些部分进行重新设计或调整。

四　培训管理与企业劳动关系管理

随着我国经济高速发展，劳动关系不断涌现出新问题与新矛盾，新的法律法规、政策条例也因此逐步出台。这些事件综合形成了一个动态的、快速变化的环境。在这样的环境里，企业的战略重点随之发生改变，培训政策也需要与之相适应。具体到企业设计培训项目的环节，在资源有限尤其是培训预算受限制的情况下，如何合理利用已有资源实现企业与员工双方的短期要求与长期发展，是培训面临的一项难题。

（一）培训管理对劳动关系的影响

培训管理对劳动关系的影响主要是通过员工接受培训，适应新技术、新设备，学习新技能来实现的。例如，企业中不熟练或半熟练员工的晋升机会相对较小，这些员工通过培训提高知识与技能水平，从而提高生产效率，提升工作满意度，减少劳动过程中产生的矛盾。

企业增加工作难度，会提高对员工技能的要求。如果员工现有的技能水平无法满足企业的需求，被解雇的可能性则会增大；员工通过参加技能培训，满足了岗位对新技能的要求，就会稳定劳动关系。

传统情况下，企业对员工的培训是从企业需求角度出发，员工接受培训后，生产效率提高，企业盈利增加，员工的工作条件和福利待遇等物质收益都会提高。

培训对员工的意义存在两种可能：第一，该培训从属于员工的职业规划，在短期内能给员工带来提高专业素质或升职的机会，同时在长期能给员工带来更好的工作条件或福利待遇等物质收益。第二，该培训完全不属于员工的职业规划，短期内的培训机会对员工无吸引力，却要耗费员工的时间与精力去参与培训，但长期来看，培训给员工带来更好的物质收益的可能存在。第一种情况下，员工会以更积极的态度和行动来参与培训，不仅员工增加了对企业的认同，而且企业也增加了对员工的认同，从长远来看，对企业本身的发展有利；第二种情况下，员工在培训问题上对企业的认同程度可能会有所降低，同时，在培训过程中态度与行动的积极性都较低，这可能会给企业劳动关系带来负面影响。因此，从考虑员工职业规划的角度出发，如果企业将自身发展与员工职业规划结合起来，那么培训对企业劳动关系的影响是正向的。

此外，在劳动关系管理中，集体谈判是劳动者争取自身合法权益的一种重要途径。将培训纳入集体谈判的议题，有利于保护培训意识较为滞后的企业的员工合法权益。

（二）培训管理对员工可雇佣性的影响

培训管理不仅使参加培训的员工在与工作相关的知识和技能方面有所提高，提升了员工的专业素质，而且增强了员工的不可替代性与就业能力。员工的不可替代性与就业能力都属于员工可雇佣性的范畴，可雇佣性是对技能、知识、能力等人力资本投资的结果。

员工的不可替代性主要是指拥有某份工作的员工被其他人员代替的难易程度。不可替代性越高的员工，就越具备该工作所需要的某种人才属性，也越不容易被外部人替代。员工的就业能力主要是指员工寻找新工作时取代该工作原有员工的难易程度。拥有更强的就业能力的员工，更容易找到新工作。因此，员工拥有越高的不可替代性或者越强的就业能力，就拥有越高的可雇佣性。

员工的高可雇佣性对企业与员工自身都具有保险作用。对于企业而言，员工的高可雇佣性意味着员工较高水平地掌握了对企业实际有用的知识与技能，可以保证企业在发展或变革的时候，拥有能实现战略目标的知识与技能储备。

因此，增强员工的可雇佣性成为企业管理中的重点。为了提高员工的敬业度和其与工作的契合度，企业要不断保持与增强其员工的可雇佣性，为稳定劳动关系起到辅助作用。而员工也需要投入到持续的学习和发展中，提高自己的工作能力，补充相关知识与工作技能，以满足现在或将来的工作需求。同时，通过企业培训提高员工的可雇佣性，可增强员工对企业的认同感，从员工角度稳定企业劳动关系。

（三）培训管理对企业内部关系和企业文化的影响

员工参与培训与学习的过程，不仅是提高员工技术与能力的过程，也是增进员工与员工之间、员工与管理者之间沟通和交流的过程，还是向员工推荐企业价值观和文化的过程。

员工参与培训，尤其是企业内部培训，或者接受指导、教导等，可以增加员工与员工之间、员工与管理者之间在工作程序以外的接触。这为员工与员工、员工与管理者之间的沟通和交流提供了机会，有助于增进彼此的理解，改善双方的关系，降低双方产生矛盾或冲突的可能性。即使矛盾已经产生，相互的理解也有利于双方采取协商的方式来解决矛盾，并形成习惯，以低成本解决劳动关系冲突或争议，维护企业劳动关系的和谐。

企业作为员工培训的买单者，往往会选择与本企业价值观和文化相符的培训课程或项目，员工在接受培训的过程中会感受到企业价值观和文化。同时，企业的价值观和文化又蕴含于企业制度、管理模式、经营模式之中，员工接受企业的价值观和文化，也就是认同企业，认同企业各种正式与非正式制度，从而稳定了企业的劳动关系。

第 2 节　员工支持计划

企业间的竞争主要表现在人才的竞争，员工支持计划通过企业对员工无微不至的关怀，提升员工对企业的忠诚度，从而帮助企业吸引人才、留住人才，发挥人才的最大效用。越来越多企业管理者已经意识到，现代管理的中心任务是对人的管理。员工支持计划为管理者提供了一种新手段，把以人为本的人性化的管理思想理念贯彻到战略劳动关系管理的实践过程中。员工支持计划是构建和谐的劳动关系，进行高绩效人力资源管理的有力推手。

一　员工支持计划的定义及其内涵

（一）员工支持计划的定义

员工支持计划，英文全称为 employee assistance programs（EAP）①。EAP 是一种新生的管理技术方法，是由组织为员工提供的系统的、长期的支持项目，是维护劳资双赢的和谐劳动关系的有效手段。EAP 通过专业人员对组织的诊断、建议和对员工及其家属的专业指导、培训和咨询等多种方式，帮助解决组织成员及其家属的身心和行为问题，以维护员工的身心健康，提高员工工作生活质量，从而提升组织效率，达到劳资双赢的目的。

EAP 具有以下特点：

（1）服务对象广泛性。EAP 的服务对象既包含普通员工，也涉及高级管理人员；既包含员工本人，也可涉及员工家属。

（2）服务内容多样性。如今，EAP 已经发展成一种综合性的服务，其内容包括压力管理、职业心理健康、裁员心理危机、灾难性事件、职业生涯发展、健康生活方式、法律纠纷、财务、婚恋、子女教育、饮食习惯、减肥等各个方面。

（3）服务人员专业性。20 世纪 80 年代，EAP 组织建立了国际注册员工咨询师（CEAP）协会，开创了 EAP 咨询师这一职业。现在，EAP 服务从业者绝大多数接受过专业教育，并且持有与工作相关的执照或资质证书。但他们来自社会工作、心理咨询、健康护理、人力资源管理、劳动关系、法律等不同专业领域。

（4）服务过程保密性。专业的 EAP 服务机构和服务人员应恪守职业道德，不得向任何人泄露服务对象的资料，雇主和员工都不必担心自己的隐私被泄露。EAP 服务机构和服务人员向组织提供意见或建议时，也不得泄露员工个人隐私。当然，有重大情况（如危及他人生命财产安全），应及时与有关方面沟通。

---

① 又译为员工援助计划、员工帮助计划或员工辅助计划，个别组织为了突出人本观念，也叫员工关怀计划。笔者认为以上名称均略显狭隘，挂一漏万，只有员工支持计划才能更好体现 EAP 的精神实质。

（二）EAP 的服务内容

由于分类标准不一致，目前中外学者在有关 EAP 的服务内容上没有一致结论。我们认为，任何影响个人工作绩效的因素都可以纳入 EAP 的服务内容，涉及个人能力、性格、动机、价值观、态度、压力、工作条件和环境等因素。如今，EAP 已经发展成一种综合性的服务，其内容包括压力管理、职业心理健康、裁员心理危机、灾难性事件、职业生涯发展、健康生活方式、法律纠纷、理财、婚姻、子女教育、饮食习惯、减肥等方面，全面帮助员工解决工作问题和个人问题。

解决这些问题，主要从三个方面入手：一是针对造成问题的外部压力源本身去处理，即减少或消除不适当的管理和环境因素；二是处理压力所造成的反应，即情绪、行为及生理等方面症状的缓解和疏导；三是改变个体自身的弱点，即改变不合理的信念、行为模式和生活方式等。

（三）EAP 的主要作用

近年来，劳动关系领域出现了许多新问题，例如众多企业出现“用工荒”现象、物价上涨及各地提高最低工资标准等，这些事件都给企业管理者带来了前所未有的困扰。如何更好地处理好企业内的员工关系，营造有效、和谐、良好的劳动关系环境，是各方关注的焦点。

从理论上说，EAP 是组织人性化管理的一个组成部分。它最大的作用就是无论是个体还是企业，通过实施 EAP，可以有效地预防各种劳资矛盾的发生，对于已发生的重大劳动关系事件可以给予有效的解决、处理建议。那么，EAP 到底能为组织和员工带来什么呢？

（1）员工层面。如果组织所提供的这套支持计划具有高度的保密性、实际的帮助性、可操作性和便利性的话，可以减轻来自家庭以及工作方面的压力，使员工能够全力投入自己的职业生涯，充分发挥创造力及工作热情。

EAP 能够帮助员工优化人际关系，摆脱心理困扰，减少关系冲突，提高工作积极性，提升身心健康，消除不良嗜好，促进个人成长，提升个人绩效等。

（2）管理者层面。EAP 也是人力资源部应对快速发展和变革带来的不稳定因素的有效助手。它能帮助企业更好地应对业务重组、并购、裁员等组织变革和发展危机。EAP 的实施，有助于发现员工的心理问题以及与之相关的组织气氛、企业文化和管理等方面存在的问题，这对企业的决策、管理、改进和员工开发是很有意义的。EAP 还能提供裁员心理帮助、员工绩效沟通，有效降低员工和管理者的压力，预防过激事件的发生。

EAP 能够帮助管理者提升领导能力，保持工作-生活平衡，缓解工作冲突，促进家庭和睦，降低工作压力，促进人岗匹配，提高部门生产力等。

（3）组织层面。通过实施员工支持计划，组织可以更深入地了解员工的个人信息，有针对性地为员工排忧解难，保持员工良好的工作状态，并且更易于培养员工的忠诚度。

EAP 能够帮助组织节约用工成本，改善组织氛围，改进生产管理，提高员工积极性，优化福利制度，加强组织绩效，提升组织形象，减少怠工缺勤，减少非正常离职，增强组织凝聚力等。

总之，EAP既是对员工负责，也是对企业负责，更是对社会负责，是构建和谐劳动关系的有效手段之一。

二　EAP的发展历程与本土化

（一）EAP的发展历程

EAP最早起源于20世纪二三十年代的美国，经过几十年的发展，目前已在欧、美、日等地的许多企业成功运用。纵观EAP的发展过程，我们可以将其简要概括为五个阶段。

1. 职业戒酒计划（1917—1962年）

职业戒酒计划（occupational alcoholism programs，OAP）最早可追溯到1917年美国纽约梅西百货所创立的员工咨询系统。20世纪二三十年代，美国的一些企业注意到员工酗酒、吸烟与吸毒等问题影响企业的绩效，于是聘请有关方面的专家帮助员工解决这些问题，在此基础上建立了OAP，这便是EAP的雏形。在这一阶段其主要特点是，认为酗酒是引起员工问题的主要原因，并成为员工是否需要帮助的特征，没有考虑到酗酒背后的深层次原因，组织及管理者在职业戒酒计划中处于被动状态。组织的职责是引导有问题的员工到外部寻求帮助，但前提条件是当员工需要帮助或治疗时，组织管理者或工会才会提供这种引导。

2. 员工支持计划（1962—1980年）

20世纪六七十年代，由于美国社会剧烈变动，滥用药物、家庭暴力、工作压力、离婚、疾病、法律纠纷、亲人伤亡等问题越来越成为影响员工情绪及工作表现的重要原因。企业绩效的降低不是酗酒单方面造成的，企业开始考虑更为广泛的健康问题。于是，OAP向EAP转变，范围得到扩大，内容也更丰富，提供更多的服务以解决更广泛的个人问题。在这个时期，企业主要运用一些系统干预的方法来了解、诊断问题员工的行为并探讨产生的原因，积极主动地提供家庭、法律、医疗、财务方面的援助，帮助员工解决问题。常见的干预方法包括评估、咨询、辅导、治疗等。

3. 职业健康促进计划（1980—1988年）

开始于1980年的职业健康促进计划（occupation-health promotion programs，OHPP）是针对OAP中员工支持项目过于一般化，对员工心理与行为问题缺乏细致描述而提出来的。OHPP是组织所采取的寻找并解决那些在工作场所内外引起员工健康隐患问题的措施和活动的总称，目的在于通过加强员工健康医疗维护，提高其身心健康水平，促进员工的人际关系的良性发展，增加工作环境中的合作行为，提高员工的适应性、健康水平及主观幸福感，最终达到提高工作效率与组织绩效的目的。关注员工具体疾病隐患，具有预防性，是OHPP与其他项目的主要区别。

4. 员工增强计划（1988—2004年）

从20世纪80年代起，一些新概念的提出使员工支持计划延伸至员工增强计划（employee enhancement program，EEP），它强调压力管理、全面健康生活状态、工作生活质量、人际关系管理等问题，致力于改善工作中和工作后可能逐渐引发未来健康问题的行为。员工增强计划具有系统性、全面性、动态性、超前性的特点。

5. 人性化的雇佣（2004 年至今）

近年来，一些专家学者将人性化的雇佣（employment with a human face，EHF）这一新理念引入企业管理，特别是一些劳动关系领域的专家学者对 EAP 日益重视，并积极为此开辟新的发展领域。例如，巴德（John W. Budd）认为，只有对人性问题给予更大的尊重，才能实现广泛的、共享的繁荣①。特里伯（Edward Trieber）和法恩（Jo Renee Fine）则认为，工作—生活平衡项目的目的就是帮助员工解决他们每天工作和生活中存在的困扰，让员工能更好地投入到工作中②。

由此可以看出，随着人们对员工出现问题的认识的不断深入，EAP 的内容在不断扩展，其定义的内涵和外延也不断发生变化，具有一定的阶段性和时代性。

近年来，随着经济全球化进程的加快，企业规模不断扩大，出现了越来越多的跨国企业，领导层的流动性增加，员工离职率上升，这一系列问题的出现都引起了管理者的重视。同时，一些国家的政府对 EAP 的态度越来越积极，认为 EAP 不仅给企业带来收益，也给社会带来好处，因而 EAP 在政府部门、军队得到广泛应用。一些政府在立法方面加强了对 EAP 的监管，使其得到更多关注、尊重，实施也更加规范。

（二）EAP 的本土化

目前，在中国接受 EAP 服务的对象，除了少数外籍员工，绝大多数是本地员工。由于文化背景、员工的观念或意识等方面的差异，向本地员工提供的 EAP 服务的内容和方式需要进行必要的调整，由本地专业人员提供相关的服务会更受欢迎。因此，本地的 EAP 服务机构也相继出现，国内大企业如联想集团、国家开发银行和上海大众集团等也逐步引入 EAP 服务。

与国外的 EAP 相比，我国还处于起步阶段，心理健康在中国仍是一个较新的概念，更多的管理者还没有充分认识到关注企业员工的心理问题的重要性。此外，由于缺少相关的法律制度，很多项目在实施的过程中常常会遇到法律或道德上的难题。例如，在 EAP 项目实施过程中，员工的哪些个人信息可以告知管理者，哪些会侵犯员工的隐私，类似的问题在目前还没有明确的条文界定，EAP 专家在面对管理者和员工时存在两难选择。

随着社会的发展和科技的进步，工作压力、网络成瘾、社会老龄化、文化多样性和危机事件等一些新的问题又不断涌现。一方面，EAP 服务在中国还需要更广泛的推广；另一方面，其服务内容还需要跟上时代发展的步伐，不断进行更新和完善。这对于 EAP 工作者来说必然是一项巨大的挑战，还需要更多专家和相关人士的努力探索和开拓。参考国外案例可以发现，工会的参与、企业管理者的了解和支持，以及工作人员的极度热情，在 EAP 的推动过程中都是必不可少的。同时政府机构给予相应的支持，也会推动 EAP 的发展。

---

① 巴德．人性化的雇佣关系：效率、公平与发言权之间的平衡．北京：北京大学出版社，2007.

② 马燕．EAP 前沿实践动态论丛：第一辑．北京：世界图书出版公司，2013.

三　EAP 的实务应用

（一）EAP 的主要模式

EAP 常见的四种模式分别是以内部管理为基础的内部 EAP 模式、以契约为基础的外部 EAP 模式、以资源共享为基础的联合 EAP 模式、专业化和灵活性相结合的内外结合 EAP 模式，下面简要介绍。

1. 内部 EAP 模式

内部 EAP 模式是指组织内部设置专门的 EAP 部门或在某些部门设置专门的 EAP 职位，由组织内部的专职人员负责 EAP 的策划，以及为员工实施培训、心理咨询等服务。组织或者招聘相关专业的人员专职负责 EAP，或者通过培养的方式将员工培养为 EAP 专业人员。美国 EAP 发展的初期基本采用这种服务模式，但目前逐渐转为外部 EAP 模式。

2. 外部 EAP 模式

外部 EAP 模式是组织将 EAP 外包，完全由外部的 EAP 专业机构或具有心理咨询相关知识经验的专业人员为员工提供 EAP 服务的模式。近年来，西方国家的中小企业越来越愿意采用外部 EAP 模式，中国大多数组织也是采用这种模式来为员工提供 EAP 服务。

3. 联合 EAP 模式

联合 EAP 模式是多个组织联合成立一个专门提供 EAP 的服务机构，在该机构中配备专职的 EAP 专业人员。这种模式一般适用于具有长期合作关系的企业之间。

4. 内外结合 EAP 模式

内外结合模式是组织内部的 EAP 实施部门和外部的 EAP 专业机构联合，共同为组织提供 EAP。实践证明，对于超过 5 000 人的大型组织，这种模式是最理想的，既能保证服务人员的专业性、员工的信任度，同时还有组织内的 EAP 人员在充分了解组织内部的情况下，协助设计服务方案、协助推进项目的进度，并对质量进行监督。

当组织决定导入 EAP 项目时，如何选择最适合的 EAP 模式，则需要从组织本身的实际情况、实施部门的人员配置、组织规模以及对 EAP 的定位等多方面进行考虑。但无论采用哪种模式，都应该保证服务的专业性、便捷性和保密性，以期达到 EAP 的效果，让员工相信并愿意使用 EAP。

（二）EAP 干预模型

EAP 的实施过程可以分为三个层级的干预，如图 5－1 所示。

一级干预是组织层面的干预，主要通过对 EAP 的理念宣传、一般技能学习进行干预，具体实施方法有 EAP 规划、员工心理调查和 EAP 效果评估，目的在于帮助企业和员工更好地接受和信任 EAP，培养自觉参与的意识，使 EAP 具有可发展性。

二级干预的主要对象是群体员工，可以聚焦到某个部门、某个岗位、某个职级或是某个年龄段等等的某个特定群体。二级干预在确定目标后，提供的是有针对性的主动干预，干预手段以心理培训为主，对 EAP 的理念进行深入推广，干预结果具有预防性和应用性。

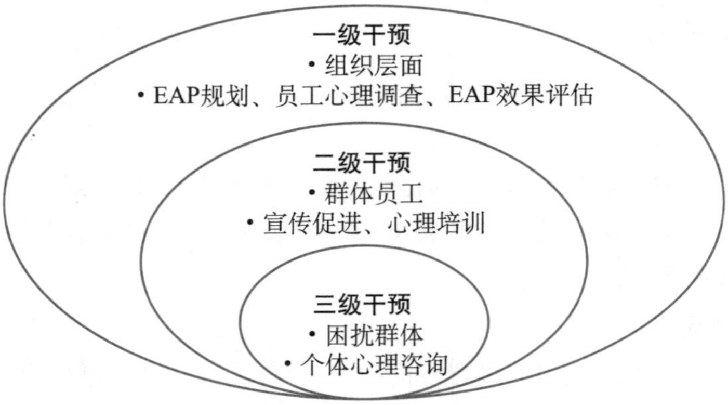

图 5-1　EAP 干预模型

三级干预是在二级干预基础上，锁定有严重心理问题的困扰群体，为其提供个体心理咨询等帮助，目的在于发现组织中的危机并进行干预，以问题的解决为导向。

（三）EAP 实施的基本要素

由于组织的行业特性、员工特质存在较大差异，以及员工面临的个人问题和组织对 EAP 的预期目标不同，员工支持计划在不同组织中具体实施时各有侧重。然而归纳汇总国外 EAP 的研究和实践，我们可以发现，对于一个成功、有效的 EAP 来说，以下这些相同的要素是必须具备的。

1. 来自管理层的支持

管理者最大程度的认可与积极支持，对 EAP 的顺利实施来说非常必要。特别是在 EAP 的初期导入阶段，中层管理者的参与可以为项目的执行提供基本的支持和协助，但如果不能得到最高层管理者的认同，EAP 很难达到预期的成效并持续进行下去。

2. 来自工会等组织或职能部门的支持

在美国，EAP 得到了全国范围内的工会组织的支持，同时工会与管理者之间的协作对 EAP 专家来说也非常重要。

如果实施 EAP 的企业存在有组织的工会且对 EAP 报以积极的态度，希望员工能够更多地参与其中，那么与工会取得合作将非常必要。当然，在中国的 EAP 中，由于组织所介入的角度不一，这方面的支持也不仅限于工会层面。

3. 明确的政策与程序说明

每一个向员工提供 EAP 的企业，都必须声明 EAP 的公开政策与程序，要让员工了解并相信公司推动 EAP 的诚意与决心。最有效的办法是正式宣布一套明确的政策与程序，其中应该包括以下几个方面：

（1）员工存在问题是可以被接纳的。让员工认识到每个人都有可能遇到问题或受到困扰，回避问题不是最佳选择，要有勇气面对并解决问题。

（2）充分支持员工为解决问题所做的努力。个人问题或困扰对组织和员工个人都存在负面影响，只要员工本人愿意在这方面做出努力，同事和公司都会给予协助和支持，并愿意通过聘请专业机构向面临困扰的员工提供保密的、专业的帮助。

（3）确保接受服务员工的安全感。让员工知道接受 EAP 所提供的服务是安全的，不会因为曾向 EAP 寻求帮助而影响考核绩效甚至升迁，同时其个人资料受保密条款约束，不记入档案。

（4）EAP 的设立是为了帮助员工及其家人，不会成为管理者的工具。

（5）遵循自愿原则。

总之，要强调员工是公司最宝贵的财富，同时，所有接受 EAP 的员工的资料都将受到保护。

4. 良好的保密措施

保密是 EAP 得以有效实施的基础，所有员工都有权利为自己的问题寻求帮助并获得保密的承诺。在员工被公司的管理者推介给 EAP 专业服务机构后，他有权获知，在任何情况下，他的相关信息都不会记入档案，而且转介者也不会知道他的实质问题。在各个环节上做到严格的保密，是 EAP 取得成功的关键。

5. 完善的教育促进与培训

EAP 的推动与实施是在广大员工参与的基础上取得成功的，并非职能部门几个专员就能达成目标。因此，为了顺利执行 EAP，必须让公司上下全面系统地了解 EAP，并明白个人与组织在这方面的共同利益，特别是与员工直接接触的基层主管，要为他们举办培训，提升其发现与面对员工问题的能力；对于其他管理者，经过教育促进与培训，使其充分了解 EAP 的哲学、功能和做法，协助他们更有效地提高部门管理效能，让 EAP 成为他们一个新的动力系统。另外，也要让员工及其家属了解 EAP 的政策、程序、方案内容（如向新员工及其家属提供一份员工支持计划的说明书，为一般员工举办员工支持计划说明会，利用各种机会、场合、渠道进行宣传与推进），要始终秉持“全员参与”的理念进行经常性、多形式的宣传和介绍。

6. 财务支持和劳工保险

在美国的大多数 EAP 中，公司往往会为雇员支付前三次的咨询费用。五年之内的费用保持不变，希望能够有更多的员工参与此项计划。和普通人一样，有问题的员工也害怕做心理咨询，并担心负担不起费用，但当他们知道不需要支付任何费用时，就会更倾向于接受服务以及让家属参与。

同时，公司会考虑把 EAP 与劳工保险相结合，这样可以通过保险金的方式支付部分与 EAP 相关联的费用，比如转介过程中的治疗费等，相对可以降低 EAP 的实施成本。通常情况下，保险金只付给心理治疗师和心理学家提供的服务项目。然而，很多问题由专业人员负责其实效果更好，这些专业人员包括家庭治疗师、戒酒咨询师、药物滥用专家、社会工作者、性问题专家、康复治疗家或营养专家等。EAP 协调人员应该准备一份这些专家的名单，进行有效的转介；组织则应敦促保险公司接受这些专家。

7. 专业的 EAP 从业人员

在 EAP 被广泛运用的美国，一般要求 EAP 协调人员应该具备以下几个方面的专业知识：

（1）对酗酒问题的认识和解决。应该指出，EAP 最初就是为了尽力让酗酒的员工恢复工作能力而出现的。取得了巨大的成功之后，就拓展到了其他问题。现在的 EAP 仍是对酗酒问题最好的干预治疗方法。如果失去了这种动力，对于全国范围的戒酒运动无疑是一个打击，也会削弱 EAP 的效用。

（2）婚姻和家庭关系问题的解决。情感问题在 EAP 所接案例中占第二位。EAP 从业人员对这个领域必须非常熟悉，并能通过转介获得足够的资源来解决这个问题。

（3）一般情感障碍。EAP 协调人员要知道，当情绪失调的症状（如沮丧、焦虑和压力大）越明显时，就越要时刻准备好及时转介给专家处理。

（4）其他典型问题。困扰员工的问题有很多，如经济问题、法律问题等，但通常只是因为其中一些问题而被推荐接受 EAP 的帮助。因此，公司在转介时必须为 EAP 提供充足的信息。

（5）咨询技巧和个案管理。EAP 协调人员经常要处理很多不同业务，他们需要与当事人交谈、进行诊断、咨询和掌握转介技术。因此，他们必须了解这个领域，知道怎样促进治疗，以及针对某一种情况哪些专家更适合或更优秀。

8. 广泛的服务项目

EAP 的存在一定是为了解决员工出现的一系列问题（如酗酒、药物滥用、隐私、家庭、经济、悲伤、心理健康、医疗以及法律问题等）。这与 EAP 的最初模式有很大不同，进步是显而易见的。现在，员工可以因为各种影响工作或自身利益的问题而向 EAP 寻求帮助。

但也有一个明显的缺点：当前的 EAP 吸引了很多普通医生，他们对 EAP 不了解，而且也没有给别人做酗酒或药物滥用的康复训练的经验。有证据显示，这些医生在接诊时，不能很好地诊断诸如酗酒或药物滥用的问题，对于改善来访者的酗酒问题更不会有什么帮助。

9. 确实的记录、追踪和评估

首先，每项和 EAP 有关的服务，都要保留及时、准确、完整的记录，以保有完备的资料，作为后期诊断、评估、追踪、督导及研究的依据；其次，要有适当的追踪服务，包括向服务对象了解成效、关注转介员工的后续情况等；最后，对整体 EAP 的执行情况及相关人员的表现也要进行定期评估，并将结果呈报管理层。

EAP 项目的整体评估，对于一个有效的 EAP 来说非常关键，组织和 EAP 服务机构都需要知道计划进行得怎么样，是否取得了预期的成效。

（四）EAP 的实施步骤

当前，企业在实施 EAP 时，往往要遵循如下导入程序：

1. 明确 EAP 职能部门

EAP 作为一套系统、长期的项目，涉及诸多环节，且环环相连，彼此互为支持和呼应。在此过程中，还要考虑与组织现有资源的匹配和融合，为此需要企业根据自身情况和项目本身的定位，明确项目的责任部门，以便统筹调度和组织实施。

2. 成立 EAP 工作小组

由负责 EAP 的职能部门牵头，成立 EAP 工作小组推动组织实施。在规模较小的组织中，可设在职能部门内部；规模较大的组织往往有其他职能部门人员介入，这些人员来自不同的部门，可以站在不同的角度提供意见，甚至可以发挥他们的专长，如有些人善于沟通，有些人擅长宣传和推广等。

当然，并不意味着组织内部所有职能部门均委派代表参与，总体负责的职能部门要根据组织内部的需要进行选择，最核心的目的是争取各部门的认同并集思广益，共同推进 EAP 的实施和执行。

3. EAP 需求分析

EAP 工作小组应根据组织的特性和员工的需求，对项目进行初步需求分析，为 EAP 模式的选定、专业机构的选择做好相应准备。

通常情况下，如果组织倾向于采用外部模式，该项工作往往由外部专业机构协同进行。

4. 确立 EAP 目标及编制预算

EAP 工作小组一个至关重要的任务就是确立 EAP 的预期目标。当然这个目标的确认需要得到公司高层管理者的最终认同，否则将极大影响项目的最后评估。

目标可以从短期、中期、长期不同的角度来阐述，具体要根据组织的情况和员工需求进行设定。

如同企业导入其他项目一样，成本是工作小组考虑的另外一个重要问题。编制项目预算要结合公司的财务状况和年度预算，并尽可能在细化的基础上进行量化。

采用外部模式的 EAP，外部机构在该环节往往有不同程度的介入。

5. 设置专职人员或指定专业机构

对于采用内部模式的 EAP，需要设置专员具体负责项目的执行，并对该岗位的工作职责予以澄清和明确，确立相应的工作流程和制度。

其他模式需要甄选具备专业能力和实施能力的外部专业机构，并就整体合作事宜通过合约形式进行明确。

6. 建立员工支持系统

任何一种模式的 EAP，均需要形成 EAP 详细规划书，并由工作小组对其进行完备的论证，在提交公司高层管理者批准后实施和执行。

实施前的规划方案与相关准备工作对 EAP 的顺利导入有较大影响，一方面容易说服高管层并获得最大限度的支持，另一方面容易得到员工的认同和信任。

实施前期的促进和宣传工作同样具有非常重要的意义，包括项目导入目的、工作流程、服务内容、服务形式等，由此员工可以清楚地知道如何有效使用组织所提供的资源并寻求相关帮助。

7. EAP 效果评估

根据设定的项目周期，EAP 工作小组将进行效果评估分析，对前期执行过程中存在的缺陷和不足进行修正，同时将评估分析结果和相关建议向管理层汇报，作为组织层面审定后期项目实施和执行问题的相关依据。

（五）EAP 效果评估

EAP 的评估就是指通过科学的方法对 EAP 能为企业和员工带来的效果进行客观的评价，或者说是在多大程度上实现了预先设定的目标。效果评估不仅提供一个机会让使用 EAP 的企业看到投资得到了很好的回报，而且有助于体现 EAP 的价值，使它受到更多人的关注。EAP 所涉及的问题包括心理健康、家庭婚姻、工作场所创伤、财务、酒精及药物、法律、身体健康等。由于 EAP 服务对象和内容的多样性，我们需要从多个角度来评估 EAP 是否有效，以及如何有效。

1. 员工对 EAP 满意度的评估

在一个项目实施之后，对其使用情况和满意情况的评估，能够帮助工作人员考察该项目是否为员工所接受，这也是一个项目持续推广的首要条件。同样，对于 EAP 而言，使用率和满意度的评估是一个不可或缺的过程。EAP 的使用情况和员工满意度是指员工对 EAP 的使用情况以及对所接受的服务是否满意。其评估指标包括 EAP 服务的便捷性、及时性，EAP 的使用率，一般员工对 EAP 的满意度，管理者对 EAP 的满意度，等等。

2. 员工个人改变的评估

EAP 发展至今，尽管服务范围不断扩大，但其首要作用仍是帮助员工解决自身问题。如果 EAP 确实可以为那些需要帮助的员工解决心理困难，帮助企业处理特殊员工的心理问题，那便可以证明 EAP 的效果和使用价值。EAP 对员工的影响主要是指在使用了 EAP 提供的各种服务后，员工自身的情绪、态度、能力和行为发生了哪些改变。

现有的大量研究通过对员工心理健康、压力状态等指标的检验，发现 EAP 对员工特定问题（例如酒精药品滥用）的干预和解决有着很好的效果。但值得中国企业注意的是，国外研究发现，EAP 对酒精药品滥用等物质依赖问题所产生的效果要大于其对心理健康问题产生的效果。在中国，员工对于酒精和药品依赖并不多，更多的是单纯的个人或家庭心理问题，因此，EAP 对于解决这类问题的效果可能不够明显。尽管如此，国内已使用 EAP 的企业纷纷表示多数使用者从中获得了心理问题的改善，这证明了 EAP 也能给中国员工带来个人改变。由于员工心理问题的恶化可能会给企业造成经济和形象上的极大威胁（如员工自杀等极端问题会带来赔偿纠纷和负面的社会影响），那么为员工提供 EAP 服务来改变其个人心理与行为，将是企业主动应对员工压力、主动避免风险的一种正确途径。

3. 组织层面改变的评估

EAP 对组织运行的影响，是指 EAP 在组织内的实施是否为组织带来了实际的改变。对组织层面的评估分为硬性指标（如生产率、产品质量、缺勤率、员工赔偿、招聘及培训费用等）和软性指标（如人际冲突、工作满意度、组织气氛等）。

大多数 EAP 的定义中，都将组织层面的改变（如提高组织绩效）作为一个重要的目标，并认为 EAP 通过对员工减压，可以减少员工缺勤，改善企业工作氛围，从而使企业生产效率获得较大的提升。过往数据统计也显示，中小企业投资 1 美元的员工支持计划，可以带来 5～16 美元的成本节约。但这一结论并没有得到普遍验证。

相当多的研究也发现绩效指标并未随着 EAP 的引入而发生变化。对此，主要的解释有两点：

其一，随着 EAP 服务范围的扩大，员工不再是单纯因为酗酒等物质依赖问题而寻求帮助，多数是因为个人或家庭问题导致的心理困扰。这些困扰与 EAP 最初用以解决的酒精成瘾等问题不同，并不会严重影响工作绩效。因而，员工在接受短期的 EAP 服务之后，即使心理困扰得到解决，也不会像解决严重的酗酒问题那样使工作绩效发生大幅的改变，EAP 评估者无法在组织层面上察觉。

其二，EAP 的介入可能使潜在问题在变得更严重之前就获得了解决。对于 EAP 使用者来说，无法保证如果其没有接受 EAP 服务将出现怎样的后果，也就无法通过比较获得 EAP 对于组织真实的作用。因此，针对 EAP 对组织层面的作用，企业要有清醒的认识，及时纠正这一误区，即并不是在所有情况下 EAP 的引入都能带来组织层面上的各类变化。

综上，我们认为 EAP 在员工使用率及满意度、员工个人问题解决上都具有较为明显的作用，而在组织层面的效果并不明显。

第3节 企业裁员管理技术

当企业经营效益不好时，为了降低损失，往往会选择裁员。从合理的角度来看，企业裁员是为了降低损失，因此，裁员需要慎重选择裁员的对象，以改善企业经营状况，实现可持续发展；从合情的角度来看，员工是企业重要的利益相关者，企业裁员需要尽可能地弥补对员工造成的伤害和损失；从合法的角度来看，企业裁员必须遵循相关的法律法规要求。

一 企业裁员对象的选择

实际情况中，企业会选择哪些员工作为裁员的对象呢？一般来说，企业偏好解雇年纪大的员工和最年轻的员工，因为这样往往可以使企业的损失降到最低。年纪最大的员工马上面临退休，未来对增加企业受益的贡献是十分有限的。而年轻的员工往往刚进入公司，接受企业的培训较少，获得企业特殊人力资本投资也较少，所以解雇导致的损失也很小。

从合理的角度来看，企业解雇老员工和年轻员工确实有利于降低企业损失。但从合情的角度来看，老员工往往再就业很困难，解雇对他们而言可能会造成较大的损失。而从合法的角度来看，在实际情况中，老员工往往是受到法律保护的。在我国，《劳动合同法》规定“在本单位连续工作满十五年，且距法定退休年龄不足五年的”劳动者是受到解雇保护的；在美国，就业法也规定 40 岁以上的工人受到保护，企业不得以年龄为由解雇员工。因此，企业不能简单地以年龄为由解雇老员工。这时候在实际操作中企业很有可能会采取买断工龄的措施。

二 企业裁员的程序

裁员是企业单方解除劳动关系的一种方式。在实际操作中，为了避免劳动争议，裁员必须经过一系列法定程序。

按现行法律法规的规定，经济性裁员应当履行下列程序：

(1) 做出裁员决定。用人单位根据生产经营状况，在内部意见一致的情况下做出裁员决定，提前 30 日向工会或全体职工说明情况，并提供有关生产经营状况的资料。

(2) 拟定裁员方案。用人单位制定裁减人员的初步方案，内容包括被裁减人员名单，裁减时间及实施步骤，符合法律法规规定和集体合同约定的被裁减人员的经济性补偿办法，等等。用人单位应将初步方案向全体员工和工会公布，征求意见，在此基础上对方案进行修改和完善。

(3) 上报方案。将修改后的裁员方案上报劳动行政部门，并听取其意见。

(4) 确定方案。待劳动行政部门审核通过后，确定最终的裁员方案。

(5) 后续程序。与协商解除合同的程序相同，包括办理交接、财务结算、完善手续以及备案。

三 企业裁员幸存者管理

在市场竞争日益激烈的今天，裁员已成为企业对人力资源和其他资源进行重新配置的重要手段之一。幸存者（即裁员后的留岗者）、被裁者和执行者是裁员事件涉及的三个主体，因为被裁者的境遇比幸存者更为悲惨，所以大量的实证研究和对策建议都是针对这一群体的。幸存者被想象成暗自庆幸自己能够保住饭碗，并会以更大的热情投入工作。但实际情况并非如此，裁员幸存者的心态是复杂多样的。

（一）裁员幸存者的心理特征

裁员引发的幸存者与工作相关的心理症状主要表现为工作不安全感增强、工作满意度下降以及组织信任度下降，这些心理特征都会对其工作绩效产生影响。

工作不安全感是指工作受到威胁却无能为力的程度。失业是导致工作缺乏安全感的最直接的因素，对工作和生活的影响也最大。企业采取裁员措施后，幸存者意识到自己的工作是不稳定的，在一次裁员中幸存下来并不意味着失业可能性的终结。幸存者面对不安全感一般会有两种反应：积极的反应是努力提升自己的能力，增强在变幻莫测的劳动力市场上求得发展的本领；消极的反应是为保护自己的职位做出不利于组织绩效的行为，如资源贮藏、拉帮结派排挤同僚等。

裁员与工作满意度之间有较强的负相关关系，无论是被裁者、裁员的执行者还是幸存者，裁员都会导致他们的工作满意度产生变化。裁员的时间越长，员工的满意度越低；裁员的规模越大，员工的满意度越低，对组织政策的抵触情绪也越强烈；选择永久性裁员，员工满意度较低，对组织政策的抵触情绪较强。

组织信任度方面，既包括幸存者对组织的信任，又包括幸存者对领导者和同事的信任。漫长的变革过程会将员工置于惶惶不可终日的“失业阴影”中，削弱他们对高层管理者管理能力的信任。而在裁员之后，领导者和工作流程的改变也会严重影响幸存者的组织信任感。

（二）裁员幸存者的行为反应

裁员幸存者的行为反应主要有建设性/破坏性和积极/消极两个维度，在此基础上，可以搭建出一个企业裁员幸存者的反应模型，如图5-2所示。

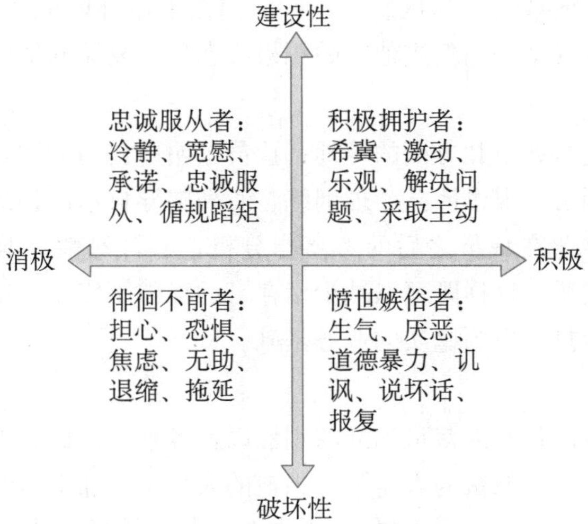

图5-2　幸存者反应模型

建设性的幸存者不会把裁员视为威胁或伤害，因此他们愿意在裁员方面与高层管理者合作；相反，破坏性的幸存者从裁员中只能感受到威胁和伤害，他们常常采取不合作态度来对待裁员。积极的幸存者反应表明员工在应对裁员问题上的自信，他们可能会用正式或非正式的方式来抵制裁员；消极的幸存者则认为自己没有足够的能力来应对之后再实施的裁员，也很少主动采取措施，而只是被动地等待结果。

（三）裁员幸存者管理

1. 程序公正

幸存者消极心理的出现与裁员公正性高度相关。如果裁员过程充满“暗箱操作”，必然带来员工的猜疑和暗斗；如果裁员没有保证公平性，员工的积极性将受到严重的打击。在裁员过程中，要做到信息透明，公开、公正、公平，一旦做出决策，应当及时公开地向所有员工传递正面、积极的信息，以增强员工对公平性的理解，力求使员工感到他们的工作和待遇是公平的，从而确保其工作热忱。

2. 重塑企业文化

企业文化是企业宝贵的精神财富，其对员工的激励作用是无形而持久的。裁员如果能符合企业的精神文化，那么，在裁员过程中可以取得员工的支持，在裁员结束后，又能迅速减少幸存者的消极心理。一般来说，企业裁员会动摇企业原有的文化根基，给留任员工带来较大的心理压力和负担。在这种情况下，企业应主要采用激励手段而不是约束手段，以鼓励员工的工作和创造热情，帮助员工树立新的价值观，重新找到归属感，这是保证裁员最后取得成功的关键。

3. 加强沟通

重建留任员工安全感和忠诚度的最好办法是管理者及时公开信息，并本着坦诚的态度与幸存者充分沟通。沟通还有利于排解员工压力。当企业被迫缩小规模时，管理层应对留任的员工有更多的耐心，以便尽快消除他们心理上的阴影。对于员工来讲，沟通提供了一种释放情感、缓解压力的情绪表达机制，允许他们在工作群体中吐尽对裁员的消极情绪、表达自己的挫折感和不安全感是促进他们的积极心态尽快复原的最好方法。

4. 培训

对幸存员工可以进行如下几方面的培训：让员工明白公司的困境，以及企业对幸存者赋予的使命和责任；为员工提供团队心理训练、心理辅导自信心训练等培训，增强员工自信与抗压能力；根据企业在裁员之后的考察与分析，有针对性地对留任员工进行技能培训，提高他们的业务素质。这样既可以减少幸存者的工作不安感，增强对组织的信赖，同时也为企业的继续发展打下更为坚实的业务基础。

5. 人力资源拓展

（1）修正工作业务流程。因裁员标准的刚性以及各种意外因素的影响，通常会出现偏离企业裁员目标的情况，如想留的人走了，想裁的人留了，加上裁员之初准备的职位及业务流程设计可能存在不合理和不尽如人意的地方，在裁员后应认真分析并进行修订和改正，以提高组织运行的效率和效力。

（2）修正岗位职责。裁员结束后，对出现减员的部门要立即更新员工的岗位说明书，明确岗位职责和绩效标准，并根据工作量和质量要求相应调整员工薪酬，以减少因人数减少或新伙伴加入而出现的任务不明、相互扯皮现象。

整合新的工作关系，可以通过团队竞技、联谊会、集体培训等方式，加强了解，促进良性互动。

四 企业裁员的效果评价

综合企业裁员的实践以及学术界的现有研究成果，可以将裁员的效果评估归纳为财务绩效、行为绩效和能力绩效三种绩效。

（一）财务绩效

企业裁员的财务绩效主要表现为裁员行动所引致的财务指标变化。在这些指标中，最直接的莫过于企业的人力成本、劳动生产率、销售收入以及股票价格等指标。这些指标均为直接指标和即期指标，往往在裁员声明宣布后或者裁员结束后就迅速显现出变化。

除了上述指标，还有一些间接和远期指标也能从不同侧面体现裁员的绩效。综合经营者和学者的看法，这类指标主要有：

（1）利润率。该指标表现为利润额与销售收入之比，其变化情况既可用来说明裁员活动导致的利润变化，又可反映裁员引起的成本升降特征。

（2）资产回报率。该指标表现为利润额与资产额之比，主要反映公司资产的盈利性水平高低，但从中也可以发现裁员企业资产回报的总体变化以及资产利用效率的变化。

（3）股本回报率。该指标表现为利润额与公司所有者权益的比值。尽管它与资产回报率指标有相似功能，但能够更准确地反映裁员活动对公司股东权益的影响，这一变化往往是公司股东最关心的裁员绩效。

相对而言，远期指标和间接指标更具有综合性特征，可以更全面系统地体现裁员活动对企业的总体影响。因此，在不少学者的研究中，对裁员活动与财务绩效关系的分析往往基于这些远期和间接指标。

（二）行为绩效

企业裁员的行为绩效主要表现为由裁员声明或整个裁员行动所引起的员工个体或群体的行为变化。

依照主体不同，裁员的行为绩效可以划分为两种类别：一类是被裁减人员的行为变化，该类行为绩效大致有三种表现形式：平静离职、消极对待和联合抵制。平静离职指的是被裁减员工平静地接受企业的裁员决定并顺利离开所在岗位；消极对待指的是被裁减员工因不满企业的裁员决策而表现出来的发泄、抗争、怠工、离职等个体行为；联合抵制指的是被裁减员工针对企业的裁员决策所采取的团体抗议、停产、罢工等行为。另一类是裁员幸存者的行为变化，这类行为绩效主要分为建设性幸存者、破坏性幸存者、积极幸存者和消极幸存者四类，在前文中已做过解释，此处不再赘述。

一般而言，企业裁员的行为绩效多为即期绩效和直接绩效，其效果往往在裁员声明发布后或相关的过渡干预措施实施后逐步显现出来。从这一角度看，行为绩效通常是企业在采取裁员行动后最先收到的成效。

（三）能力绩效

企业裁员的能力绩效主要体现为裁员实践所引致的组织能力和企业竞争能力变化。一般而言，这类绩效通常是远期绩效和间接绩效，需要经历一段时间的演变和调整后才会显现出来，重点体现在如下几个方面：

（1）企业生存能力的变化。此处所谓的生存能力，指的是企业通过适当投入使其与外界保持正常交换的基本条件，其中最主要的应该是企业的现金流状况。企业要想生存，正常开展生产经营活动，就必须保证现金流动的畅通，因此，现金流量指标可以简单明了地反映出裁员企业生存状况的变化。

（2）组织效率的变化。在企业裁员实践中，组织效率的变化会直接表现为人员配置数量与结构的变化、组织机构设置的变化、组织内部权责关系的变化、组织信息沟通的变化以及与工作方式和工作效率相关的变化等，这些变化在组织运行过程中相互影响、相互作用并最终改变企业整体的投入产出比。基于这一演变规律，利用全员劳动生产率指标来衡量和测度裁员企业组织效率的变化情况无疑是一个较为客观、准确的选择。

（3）企业竞争力的变化。这是一个更具综合性和长期性的评价因素，是指在竞争性市场中，与同行业其他企业相比，一个企业所具有的能够更持续、更有效地向市场提供产品或服务，并获得盈利及自身发展的综合素质和条件。

综合上述分析不难发现，裁员绩效的构成实际上是一个多维度、多因素、多指标的综合体，其显现过程具有明显的阶段性和渐进性的特征。其评价过程需要综合考虑维度差异和时间要素的影响，其结果不能简单表述为某个数值，只能表现为一个综合性的判断。

思考题

1. 如何构建有效的培训管理体系？
2. 如何确保培训成果的转化和应用？
3. 如何在企业发展中发挥 EAP 的重要作用？
4. 如何对企业裁员的有效性进行评估？

案例分析

IBM 培养“新蓝”——新员工培训

所有的 IBM 新员工都是“新蓝”，包括大学刚毕业就加入 IBM 的“纯蓝”。IBM 的新员工培训一般都在本土进行。IBM 的新员工培训按照新员工的职属不同被分为两类：一类是针对业务支持的员工，主要指行政管理人员，即 back-office；另一类则是对销售、市场和服务人员，占公司员工的大多数，称为 front-office。社会招聘的新员工因为有工作经验，进行的培训要比校园招聘的新员工精简一些。

back-office 培训

IBM 对新进入的行政管理人员，要先进行两个星期的培训，目的是使其了解 IBM 的企业文化、政策等公司概况。之后，这些新员工回到自己的岗位上跟着一名指定的“师傅”（tutor）边工作边学习，这也就是常说的 IBM “师傅-徒弟制”，以便于新员工边干边学、尽快熟悉工作。

front-office 培训

对新进入销售、市场和服务部门的人员，IBM 首先会对他们进行四个月的全面培训，之后，会按照职位需要和个人能力分配到相关的部门接受六至九个月的业务学习，针对新员工的指导计划会同步展开，以帮助新员工分享老员工的知识和经验。

不仅如此，以“培养 IBM 的未来之星”为目标的“个人发展链”（EDC）将伴随着新员工在 IBM 成长、成熟乃至担当大任。

新员工培训之“魔鬼训练营”

IBM 的入职培训里有一个阶段称为“魔鬼训练营”。许正（IBM 前资深经理人，后任通用电气中国有限公司副总裁）在他的《与大象共舞——向 IBM 学转型》一书中记录了他参加“魔鬼训练营”的那段日子：

> 参加这个在业界闻名遐迩的培训，的确是一次非同寻常的经历。四个月时间我只有两次回家探亲的机会，其余时间全部封闭在培训的酒店里。四个月时间被分为三个阶段。现在回想起来，当时上这样的课程真是一种奢侈。正是这四个月封闭式的魔鬼训练打造了我基本的职业素养和职业技能，使我受用终身。
>
> 第一阶段的学习就给了我一个下马威。在连续一周的密集培训中，每堂课都是讲产品知识，因为我在 IT 方面是门外汉，一些专业知识听得云里雾里。最有挑战的是当天讲完的课程第二天早上就要进行考试，成绩低于 70 分就算不及格。所有考试的

成绩平均下来作为第一个阶段的成绩。规则是，所有人的成绩按照高低排名，前25%得分为1，最后25%为3，中间50%为2。在三个阶段里，如果有两个阶段落在最后5%就要回家。这其实就是对市场法则的模拟，在市场里没有最强，只有更强，市场也不同情弱者。

第二阶段的名字叫解决方案销售培训（solution selling school），历时一周。这个阶段里面最有特点的，除了教授解决方案的知识和销售技巧，还要做非常多的模拟客户拜访的练习。我们这些学员模拟IBM的销售代表，IBM从公司里请来许多资深的销售人员和经理扮演客户。客户拜访要求遵循在课程中学到的拜访客户的流程，包括问话的流程、应对的流程。IBM的培训要求每个学员拜访客户的时候遵循一套标准化的方式：一开始与客户建立沟通，做一些客套性的寒暄，然后说明来意，与客户谈起业务问题，了解客户业务中碰到的挑战、困难，发现IBM可以在哪些方面帮助客户解决问题。之后通过不断询问、澄清来锁定客户问题，对应地提出IBM解决方案和建议。

在这个阶段中，所有人都体会到了什么是真正的魔鬼训练，这也是所有人体会最深、收获最大的培训阶段。大家知道了什么是团队，懂得了团队的真正意义，懂得了在团队中如何分享彼此的领导能力、如何共同协作、如何为了团队共同的目标做出妥协让步，同时高质量地完成工作，更懂得了如何在压力下创造出团队的出色业绩。

入职培训中这些课程的设计，一方面服务于IBM转型的战略目标，将总结出来的最佳销售流程和模式融入其中，同时利用行为科学的实践方法，在四个月的时间里，用体验式的学习手段使员工的思考和行为模式得以固化。IBM通过这个培训，把新进入的员工塑造成自己想要的样子，成为“蓝色IBM”真正的一员。

资料来源：IBM商业价值研究院．创新·转型·绩效：企业蜕变的新思维．北京：东方出版社，2011.

第 6 章 绩效认可与绩效管理

学习目标

学完本章后，你应该能够：

- 掌握绩效管理的相关概念。
- 熟悉绩效管理系统设计的原则及目的。
- 重点掌握绩效管理的程序和技术以及绩效考核结果的运用。
- 了解企业绩效管理理念和方法的创新及发展趋势。

引导案例

2013 年 11 月 12 日，微软全球总部发出一封信，宣布放弃员工分级评鉴制度（stack ranking），这封信将改变其 10 多年来对 10 万名员工的绩效评比制度。

何谓员工分级评鉴？就是把员工依业绩从最好到最差分等级。前 20% 表现超乎预期者，为最有潜力员工，给予最多的奖金、升迁机会和培训；中间 70% 属于符合预期者，奖金和升迁机会比前者少；最后 10% 表现未达预期者，必须改善或者离职。

1999 年，全球处于人才战争之际，微软被《财富》评为全球卓越企业之一，就是因为它能用最好的报酬吸引最优秀的人才，在育才、留才方面得到最高评价。微软还做过内部员工调查，结果显示，“高绩效员工喜欢明确工作目标，清楚地知道自己的表现”。

微软为何要放弃这个曾协助其市值冲到 6 160 亿美元的秘密武器？原来，这个过去让微软创始人比尔·盖茨引以为傲的武器，竟在这几年砍掉了内部众多创新机会！

当苹果尽全力研发 iPhone 和 iPad、谷歌给予员工 20% 时间做创新时，微软内部却开始因此制度而出现各种奇门怪招。例如，每年 5 月制定年度个人目标时，不能定得太高，否则隔一年达不到，你就可能成为被淘汰的末位者。同时，大家不想拼创新，因为创新初期总是会失败，你就可能会成为末位被淘汰的人。有人甚至拒绝团队合作。

资料来源：微软推新政：鼓励团队合作，废弃员工排名．中国人力资源开发，2013（22）：6.

第 1 节　绩效考核和绩效管理

一　绩效考核

（一）基本概念

1. 绩效

绩效是行为与产出的综合，既包括员工在实施计划或者执行任务过程中的行为表现，又包括员工在实施计划或者执行任务之后实际达成的结果。一般会从组织、部门（团队）、个体三个层次来考虑企业绩效，但无论是组织层次还是部门层次，其绩效都来源于员工个体的绩效。因此，本章主要阐述员工个体层面的绩效管理。

2. 绩效考核

绩效考核是指考核主体对照工作目标和绩效标准，采用科学的考核方法，评定员工的工作任务完成情况、员工的工作职责履行程度和员工的发展情况，并且将评定结果反馈给员工的过程。

（二）绩效考核的意义和目的

绩效考核是人力资源与劳动关系管理核心职能之一。它承担着将企业战略目标与整体绩效期望落实到员工个人的任务，并且对每个员工和部门的绩效进行管理、改进和提高，从而实现和提升企业整体绩效，推动企业整体实力和竞争优势的增长。

从员工的角度来看，绩效考核是获得更正确的自我认知的手段。通过绩效考核，员工认识到自身存在的优点与不足，并针对不足接受企业培训进行改进，最终实现与企业的共同进步。

从整个组织的角度来看，绩效考核是确保组织目标实现的重要工具。组织目标逐步分解为各个业务单元的目标以及各个职位上的每个工作者的目标。个人目标的达成促使业务单元目标的达成，各个业务单元的绩效再支持组织整体目标的实现。

（三）绩效考核的内容

绩效考核主要包括三部分内容：工作业绩、能力素质和行为态度。

（1）工作业绩。工作业绩是指员工绩效目标计划的完成情况，主要包括员工完成工作的数量、质量、成本费用、效率等。员工的工作目标计划主要来源于组织的发展战略和经营计划，是公司对员工的工作期望。业绩的达成情况，直接体现出员工在企业中的贡献大小，是绩效评估中最重要的组成部分和核心内容。

（2）能力素质。能力素质本质上是指一个人顺利完成本职工作所必备的并影响工作效率的稳定的个性特征，包括员工从事工作的各种能力，例如体能、知识、智能、技能等。体能取决于年龄、性别和健康状况等因素；知识包括文化水平、专业知识水平、工作经验等，与员工的受教育程度、工作经历有关；智能是人们认识客观事物获得知识并运用知识解决问题的能力，包括记忆、分析、综合、判断、创新等能力；技能包括操作、表达、组织等能力。

(3) 行为态度。行为态度是指员工对工作的投入程度、员工对待工作的态度、员工的思想意识和工作作风，主要指纪律性、协作性、积极性、主动性、服从性、执行性、责任性、归属性、敬业精神、团队精神、钻研精神、贡献意识、进取精神、开拓精神、使命感、荣誉感、事业心、信誉、忠诚、健康心态、良知与良心等。工作态度是工作能力向工作业绩转换的桥梁，在很大程度上决定了能力向业绩转化的效果。

工作业绩、能力素质和行为态度具有不同的属性，在实际考核过程中，三者的权重要根据企业的战略和实际情况进行动态调整。对于不同的岗位，这三项考核的权重也可能不同。一般岗位的权重如表 6-1 所示。

表 6-1 不同考核内容在考核中的权重

要素	业绩	能力	态度
一般权重	70%	20%	10%

二 绩效管理

(一) 绩效管理的概念

绩效管理以绩效考核制度为基础，是组织人力资源与劳动关系管理的子系统，是一个有序的复杂管理活动过程。绩效管理是把组织目标和员工个人目标联系起来获得组织效率的过程。组织目标表现为企业绩效，员工个人目标就是员工的总报酬要求，包括薪酬、福利、工作与生活有效性、认可、绩效管理和人才发展六个方面的内容。因此，绩效管理就是对组织绩效与员工报酬的对等承诺与对等实现过程的管理，企业绩效管理包括三个方面：

第一，绩效管理是对目标建立共同理解的过程；

第二，绩效管理是管理和开发员工能力的过程；

第三，绩效管理是增加实现组织短期目标和长期目标可能性的过程。

(二) 绩效管理的环节

在传统的绩效考核中，组织往往单纯地依赖定期的、既有的绩效评估方法，考核更多关注结果和形式，忽略了对各种过程的控制和督导，是一种只问结果不问过程的考核管理方式。随着绩效管理的发展，我们不仅要重视绩效考核的结果，也要对绩效形成的过程进行严格的控制。在绩效控制中注意进行持续有效的沟通，记录真实有效的绩效信息，及时进行双向反馈，对员工提供必要的指导，以及根据需要调整绩效目标。避免为了考核而考核，最终只得到一些数字和表格。

完整的绩效管理其实是一个管理控制系统，是一个封闭循环的环形结构，包括预先控制、过程控制、事后控制三个关键环节[①]。

1. 预先控制（前馈控制）

企业在进行绩效考核之前需要做诸多准备工作。预先控制首先是对目标的确认，包括对环境的调查、对可行性的预测、对预算的评估等。预先控制还是过程控制的前提，因此要制定规则、程序、流程、指导书等。预先控制主要包括以下四个部分。

（1）目标与计划控制。绩效管理首先要制定目标与计划。古典管理思想中的目标管理是以职责为基础的计划管理，强调计划、实施、评估中的控制和规范化管理。行为科学的目标管理是以战略目标为导向，强调激励和共享。在绩效管理中，具体说就是把部门职责细化到岗位职责，给出职责权限分配表。

（2）职责与权限控制。职责与权限控制属于对责任主体进行的必要控制，它包括部门职责、岗位职责，以及每一项工作活动职责权限的明确界定。只有一切责任有人承担，并且当工作过程和结果产生问题可以明确地追究责任的时候，员工才会具有工作的主动性。因此，工作谁牵头、谁协作、结果通报给谁等都要明确。

（3）制度控制。制度控制属于例行性事务和活动的前馈控制条件，也是进行过程控制的前提条件。它规定着员工做事的原则、程序、方法。只要有规则，低工资、低素质的员工也能提供高质量服务。因此，为了规范工作和加强控制，可以制定工作规范和作业指导书，以强调管理精细化和可操作性。

（4）人员控制。人员控制主要是考虑员工任职资格与行为态度的可控性问题，包括完成工作的能力、关注质量的意识（责任心）、改善绩效的能力、服从意识、诚信和正直的品格等。为了实现对员工的控制，首先要有关键控制点的控制标准，如行为准则，以强调行为的一致化；另外还要有控制手段，如纠偏的手段与奖惩机制。

2. 过程控制

过程控制主要是通过指导控制（同步控制），及时发现问题，并纠正偏差，使目标活动控制在规定范围内；同时回答是否继续的问题，即通过对流程中的关键点进行控制，决定项目是否该继续进行下去。过程控制主要包括以下两个部分。

（1）常规性控制。常规性控制是一种规则控制，即法治，包括进度控制（质量、成本、交货期等）、费用控制、质量控制、流程控制、行为控制，它依赖于前馈控制条件的可靠性、管理者执行制度和规则的有效性。

（2）非常规性控制。非常规性控制主要依靠管理者的能力，即人治，包括对制度不能覆盖的非例行事务的控制、对工作过程中所产生偏差的控制、运用奖惩维护现场的纪律和现场的纠正与改善。

3. 事后控制（反馈控制）

事后控制是建立在结果及其评估基础之上的。通过评估、分析结果与目标之间的差距，找出差距产生的原因，看到底是制度的原因，还是个人的原因（行为、态度）。如果是制度的原因，就要调整目标与计划体系、改变职责与权限的分配方式、对工作流程进行

---

① 付亚和，许玉林．绩效考核与绩效管理．2版．北京：电子工业出版社，2009.

改造等。如果是个人的原因，就要对缺乏工作能力的员工进行培训，或者进行人员变更等。

第 2 节 绩效管理系统的设计原则与目的

一 绩效管理系统的设计原则

绩效管理不是简单的任务管理，它特别强调沟通、辅导及员工能力的提高；绩效管理不仅强调结果导向，还重视员工个人的发展。“员工的支持与认可”是绩效管理系统设计的底线原则，“绩效管理是组织送给员工的礼物”则是绩效管理系统设计的最高境界。设计绩效管理系统时，要考虑以下几个原则：

(1) 通过绩效管理，员工能准确地自我定位。

(2) 通过绩效管理，员工对公司和工作有了认同感、价值感。

(3) 通过绩效管理，员工的技能及行为能得到充分反馈。

(4) 通过绩效管理，员工能感受到激励的公平与公正。

(5) 通过绩效管理，员工行为有了导向，明确了下一步的工作方向。

(6) 通过绩效管理，员工有了参与工作目标设定的机会。

(7) 通过绩效管理，员工有了阐述自己观点和抱怨的机会。

(8) 通过绩效管理，员工有了讨论自身发展和职业规划的机会。

(9) 通过绩效管理，员工得以理解其工作的重要性及其衡量指标。

二 绩效管理系统的设计目的

设计绩效管理系统的目的主要有三个：战略目的、管理目的、开发目的。

(1) 绩效管理系统的战略目的在于帮助高层管理者实现战略性经营目标。首先界定为了达成某种战略所必需的结果、行为以及员工个人特征，然后设计出相应的绩效衡量和反馈系统，以此来确保员工能够最大限度地表现出这样一些行为和特征，并努力达成这样的结果。

(2) 绩效管理系统的管理目的是为组织获得各种员工管理决策提供有效的和有价值的信息。组织在做出很多员工管理决策时，都需要获得员工绩效方面的信息，这些决策包括薪酬管理、晋升或调动等。如果组织不能获得有关员工的实际工作能力和工作结果、工作行为和工作态度等方面的信息，不仅很难做出对组织发展和经营有利的决策，而且无法确保员工的公平待遇，更有甚者会在组织中滋生平均主义。

(3) 绩效管理系统的开发目的是对员工进一步开发，确保他们能够胜任本职工作。当一位员工完成工作的情况没有达到应有的水平时，可以通过绩效管理体系寻求其改善绩效。绩效反馈是实施良好的绩效管理体系的一个重要组成部分，通过它可以识别出员工的优势和劣势以及导致员工绩效不佳的原因，针对已有的问题采取措施进行补救。

绩效管理系统的战略目的和管理目的主要服务于组织的长远发展，而开发目的则是服务于员工，有效的绩效管理体系可以帮助员工认识到自己绩效的优劣，对自己有更加准确的认知，同时帮助绩效不良者找到问题所在，从而提高绩效水平。因此，绩效管理是组织送给员工的礼物，有助于实现员工与组织共同发展。

第 3 节 绩效管理的程序和技术

绩效管理程序主要包括八个步骤，依次为确定绩效评价目的、建立工作期望与考核指标、设计绩效评价体系、绩效形成过程督导、绩效评价实施、绩效评价面谈、制定绩效改进计划、绩效改进指导。结合管理控制系统，绩效管理程序具体如图 6－1 所示。

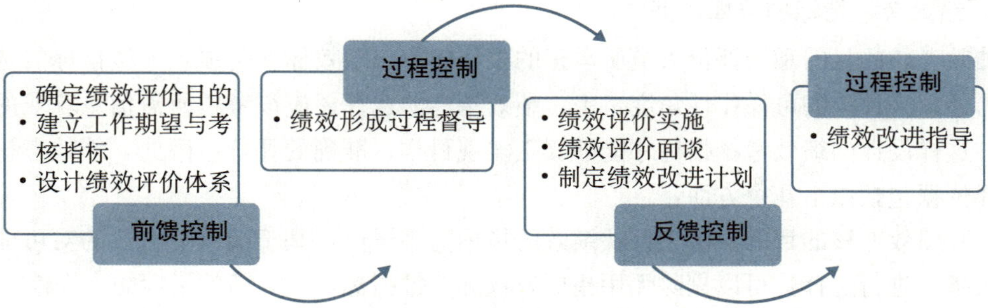

图 6－1 绩效管理程序

一 确定绩效评价目的

在绩效管理之初，首先需要明确进行绩效评价的目的。简单来说，先明确在一定时期内组织期望达成的目标，再理清为实现目标组织内部目前存在的问题和障碍。思考绩效评价如何针对性地解决这些问题，来支撑组织目标的达成。

二 建立工作期望与考核指标

（一）建立工作期望

工作期望主要是指企业要求员工应该达成怎样的工作绩效指标和如何达成工作绩效指标。这主要包括四个方面：第一，应该做什么；第二，应该遵循哪些规章制度、工作程序和操作规范；第三，应该达成什么工作结果，包括工作的质量和数量；第四，完成预定绩效应该具备哪些知识、经验和技能。

（二）建立考核指标

建立工作期望后就需要根据工作期望建立具体的绩效考核指标。绩效考核指标是进行绩效考核的基本要素，制定有效的绩效考核指标是绩效考核取得成功的保证。在建立绩效考核指标时，一定要注意与员工进行及时、充分的沟通，保证绩效考核指标获得员工的认可。这既保证了绩效考核指标的科学性，使员工认可绩效考核的结果，也可以为绩效考核后期的员工培训与发展规划奠定基础，令员工获得更大进步。

1. 绩效考核指标的来源

绩效考核指标主要来源于四个方面：

（1）主要工作职责领域。这主要来自工作分析。

（2）日常工作的管理。这主要来自直线经理人。

（3）上一个考核周期未完成和需要改进的目标。这主要也来自直线经理人。

（4）企业经营与管理目标的分解。这主要来自企业的战略和目标。

评价某一岗位绩效的指标往往很多，但绩效评价不可能面面俱到，否则会降低可操作性，导致考核结果失真。因此，必须根据一定的依据，选择恰当的方法来确定考核指标。

2. 绩效考核指标的选择依据

绩效考核的目的和被评价人员所承担的工作内容与绩效标准是绩效考核指标的选择依据。另外，从评价的可操作性角度考虑，绩效指标的选择还应该考虑所需信息获取的难易程度，这样设计的绩效考核指标才能够真正实现科学、准确的评价。因此，绩效考核指标的选择依据包括以下几个方面：

（1）绩效考核的目的。由于反映绩效的指标的多样性，基于绩效考核目的对可能的绩效考核指标进行选择，可以剔除无用指标，选择关键指标，提高绩效指标的代表性。

（2）被考核者所承担的工作内容和绩效标准。每名被考核的员工的工作内容和绩效标准都是通过将企业的总目标分解成分目标落实到各部门，再进一步分工而确定的。绩效指标应该体现这些工作内容和标准，从时间、数量、质量上赋予考核指标一定的内涵，使绩效考核指标的名称和定义与工作内容相符，使指标的标度和绩效标准相符。这样的绩效考核指标才能准确地引导员工的行为，使员工的行为和组织的目标相一致。

（3）获取考核所需信息的难易程度。在绩效考核中获取的与考核指标相关的统计资料或其他信息，必须保证其来源的可靠性、数据的真实性以及获取信息的便利性。

基于以上选择依据形成的绩效考核指标体系才是切实可行的，同时在实施考核时才是有据可依的，避免主观随意性，使绩效考核的结果更容易被考核对象接受。

3. 提取绩效考核指标的方法

提取考核指标的方法主要有工作分析法、个案研究法、业务流程分析法、专题访谈法、经验总结法和问卷调查法六种。

（1）工作分析法。在以提取绩效考核指标为目的的工作分析中，首先需要分析某一职位的任职者需要具备哪些能力，以及该任职者的工作职责；然后，确定以什么指标来衡量任职者能力和工作职责，并指出这些能力的相对重要性，这样就可以明确各个职位的绩效考核指标。

（2）个案研究法。根据考核目的与对象，选择若干具有典型代表的任务或事件为调研对象，通过系统的观察访谈分析确定评价要素。

（3）业务流程分析法。该方法指的是通过分析被考核人员在业务流程中承担的角色、责任及同上下级之间的关系来确定衡量其工作绩效的指标。

（4）专题访谈法。该方法是研究者通过面对面的谈话，用口头沟通的途径直接获取有关信息的研究方法。

（5）经验总结法。指众多专家通过总结经验，提炼出规律性的研究方法。

（6）问卷调查法。该方法指设计者根据需要将调查内容设计到一张调查问卷中，然后分发给相关人员填写，收集和征求不同人员意见的一种方法。

4. 提取绩效考核指标的步骤

（1）工作分析。根据考核目的，对被考核对象的岗位的工作内容、性质以及完成这些工作所具备的条件等进行研究和分析，从而了解被考核者在该岗位工作所应达到的目标、采取的工作方式等，初步确定绩效考核的各项要素。

（2）工作流程分析。绩效考核指标必须从流程中去把握。根据被考核对象在流程中扮演的角色、责任以及同上下游之间的关系，来确定衡量其工作的绩效指标。此外，如果流程存在问题，还应对流程进行优化或重组。

（3）绩效特征分析。可以使用图表标出各指标要素的绩效特征，按需要考核的程度分档，如可以按照非考核不可、非常需要考核、需要考核、需要考核程度低、几乎不需要考核五档对上述指标要素进行评估，然后根据少而精的原则按照不同的权重进行选取。

（4）理论验证。依据绩效考核的基本原理与原则，对所设计的绩效考核要素指标进行验证，保证其能有效、可靠地反映被考核对象的绩效特征和考核目的要求。

（5）要素调查，确定指标。根据上述步骤初步确定的要素，可以灵活运用多种方法进行要素调查，最后确定绩效考核指标体系。在进行要素调查和指标体系的确定时，往往将几种方法结合起来使用，使指标体系更加准确、完善、可靠。

（6）修订。为了使确定好的指标更趋合理，还应对其进行修订。修订分为两种：一种是考核前修订。通过专家调查法，将所确定的考核指标提交领导、专家会议及咨询顾问，征求意见，修改、补充、完善绩效考核指标体系。另一种是考核后修订。根据考核及考核结果应用之后的效果等情况进行修订，使考核指标体系更加理想和完善。

5. 绩效标准的制定

当提取出合适的绩效考核指标后，每个绩效考核指标还需有相对应的绩效标准。绩效标准分为描述性标准和量化标准，这两类标准的制定过程存在较大的差异。

（1）描述性标准。描述性标准常用于行为指标和能力指标中，在对整体性绩效结果的评估中运用较多。描述性标准在能力指标中主要用来区分被评价者能力或者特质差异的行为因素，需要借助行为指标和相应的描述区分优劣。而描述性标准在行为指标中应用的结果是行为标准。

描述性标准往往基于实际发生的事情或行为，因此需要企业对日常发生的工作行为和事件有清晰的了解。下面，以行为标准的制定过程为例说明如何建立描述性标准。

制定行为标准需要五个基本步骤：第一，对不同工作绩效水平员工的工作行为进行长期而连续的观察和详细的记录；第二，分析、整理收集的行为资料，分辨造成员工之间绩效差异的一系列关键行为或代表性行为；第三，将选择的行为分配到已有的行为指标下；第四，运用简洁明了的陈述句描述筛选的一系列行为；第五，对各行为指标下的行为分等分级，建立具有参照性的行为标准。

（2）量化标准。在绩效考核中，量化标准常常运用在业绩指标中。量化标准能够精确描述指标需要达到的各种状态，被广泛运用于生产、销售、成本控制、质量管理等领域。量化标准要基于企业的历史数据和战略目标（或绩效目标）来制定。具体有五个步骤：第一，以公司层面、部门层面和职位层面的绩效目标和绩效指标为依据，初步确定各层面的量化考核标准；第二，参考企业最近几年的绩效标准，调整上述标准；第三，将调整后的绩效标准分发各级管理人员和相关人员；第四，各级管理人员和下属就各级量化考核标准进行讨论，形成一致的调整意见，然后将调整意见递交给相关部门；第五，企业汇总各级量化标准，形成最终的量化考核标准。

6. 绩效考核指标的权重分配

考核指标体系的量化，包括加权、赋分与计分几项工作，它是在考核指标与绩效标准确定后必须进一步量化的工作。加权是对所有考核指标进行纵向比较，然后根据每个指标在考核体系中的重要性，把总体“1”逐一地分赋到每个指标，使其分赋到的数字能够恰当地表示该指标在“总体”中的重要性。同时，考核项目的权重分配要依据考核的目的而定。

常见的确定绩效考核指标权重的方法有主观经验法、等级序列法、对偶加权法、倍数加权法和权值因子判断表法。

（三）确定绩效指标中的有效沟通

管理者和员工的共同投入和参与是绩效管理的基础。绩效管理是一项协作性活动，由工作执行者与管理者共同承担。在确定绩效指标和绩效计划阶段，管理者需要与员工就工作绩效期望达成共识，员工对自己的工作目标做出承诺。

在上下级双向有效沟通并达成共识后，员工的绩效计划不但要用文字记录在案，而且需要主管上级和直接下属签订书面协议书，一式三份，上下级各保留一份，人力资源部存档一份。这可以有效规避之后的法律风险。

三 设计绩效评价体系

（一）选定评价者

一般来说，由直线经理给员工进行绩效打分。事实上，在进行评价时，所有与员工相关的人都可以对员工进行评价，包括自我评价、同事评价、上级评价、下级评价、服务对象评价、小组评价等。将这些评价综合起来就是 360 度反馈评价。

360 度反馈评价是涉及公司内外来源的多层面信息的评价方法，也称为全方位反馈评价或多源反馈评价。传统的绩效评价主要由被评价者的上级进行；而 360 度反馈评价则由与被评价者有密切关系的人，包括被评价者的上级、同事、下属和客户等，分别匿名进行。被评价者也对自己进行评价。然后，由专业人员根据有关人员对被评价者的评价，对比被评价者的自我评价向被评价者提供反馈，以帮助被评价者提高能力水平和业绩。具体如图 6－2 所示。

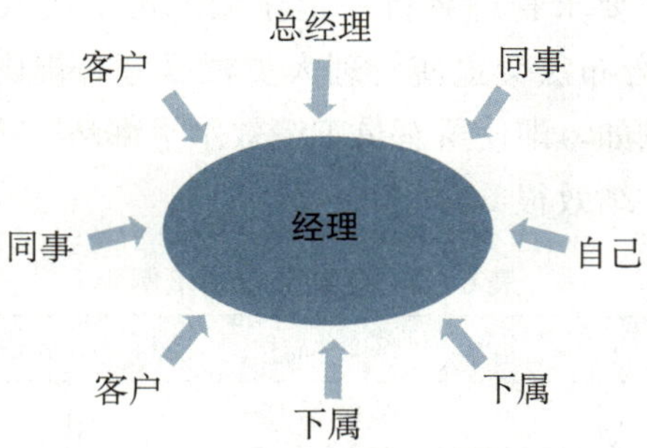

图6-2 360度反馈评价示意图

360度反馈评价一般是让被评价者的上级、同事、下属和客户对被评价者进行评价，但是并不是所有的上级、同事、下属和客户都适合做评价者，一定要选那些与被评价者在工作上接触多、没有偏见的人担任评价者。即使是这样，也不一定要求所有的评价者对被评价者的所有方面进行评价，可以让被评价者确定由谁来对他的哪些方面进行评价。比如，对于被评价者的客户服务意识，可能由客户来评价更合适；对于被评价者的人际关系，可能由同事来评价更合适。

360度反馈评价通常以匿名的形式提供评价反馈。采用多名评价者，确实扩大了信息收集的范围，但是并不能保证所获得的信息就是准确、公正的。因此，为了提高评价结果的准确性和公正性，在进行360度反馈评价之前，应对评价者进行选择、指导和培训，让评价者对被评价者的职位角色有所了解，知道如何来做出正确的评价，知道在评价的过程中经常会犯哪些错误。在培训的时候，最好能让评价者先进行模拟评价，然后根据评价的结果指出评价者所犯的错误，以提高评价者实际评价时的准确性和公正性。

（二）选择适当的评价方法

绩效考核的评价方法可以分为四类。第一类是比较法，主要包括排序法、强制分布法和配对比较法；第二类是特性法，包括图评价尺度法、混合标准尺度法；第三类是行为法，包括关键事件法、行为锚定法、行为量表法、组织行为修正法；第四类是结果法，包括目标管理法、平衡计分卡、关键绩效指标法。

一个组织采用的考核方法，一般并不是单一的一种方法，而是多种方法的组合，可能是同一类型中的不同方法，也可能是不同类型方法的组合。

1. 比较法

绩效评价的比较法要求评价者将一个人的绩效与其他人进行比较，这种方法所采取的通常做法是，首先对个人的绩效或价值进行某种总体上的评价，然后设法对属于同一工作群体的所有员工排定一个顺序。比较法可以分为排序法、强制分布法、配对比较法。

（1）排序法。简单排序法要求管理人员将本部门的所有员工从绩效最优者到绩效最差者加以排序。交替排序法则要求管理人员从所有需要接受评价的员工名单中，首先挑选出绩效最好的员工，将这个人的名字从名单中划去。接着，从剩下的名单中找出绩效最差的员工，也把其名字从名单中划去。依此类推。

（2）强制分布法。强制分布法同样采取排序的形式，只不过是以群体的形式对员工进行排序。这种绩效评价技术要求管理者将一定比例的员工放入事先确定好的各类等级之中，如表 6-2 所示。强制分布法会迫使管理人员根据分布规则的要求，而不是员工个人的实际绩效来进行归类。例如，即使所有员工绩效水平都高于平均水平，管理者也会被迫将某些员工的绩效评价为“绩效很低”。

表 6-2　强制分布法示例

等级	绩效描述	比例分布
A	绩效最高	10%
B	绩效较高	20%
C	绩效一般水平	40%
D	绩效低于要求水平	20%
E	绩效很低	10%

（3）配对比较法。配对比较法要求管理人员将每一位员工与同一工作群体中的所有其他员工进行一对一的比较。如果一位员工在与另一位员工的比较中，被认为是绩效更优秀者，那么此人得 1 分，否则记为 0 分。在全部的配对比较完成之后，对每一位员工的分数进行汇总，从而得出每一位员工的绩效评价分数，如表 6-3 所示。配对比较法是一种系统比较程序，科学合理，但是它只考评总体状况，不分解维度，也不测评具体行为，其结果也是仅有相对等级顺序，不能反映员工之间的差距有多大。与此同时，配对比较法是一种很耗费时间的方法。

表 6-3　配对比较法示例

员工	A	B	C	D	E
A		1	1	0	0
B	0		0	0	0
C	0	1		1	0
D	1	1	0		1
E	1	1	1	0	
总分	2	4	2	1	1

2. 特性法

绩效评价的特性法关注的是员工在多大程度上具有被认为对企业的成功非常有利的那种特性（特点或特质）。运用这种方法的绩效评价技术通常会界定出一系列个人特质，如主动性、领导力、竞争力等，然后根据这些特质来对员工个人进行评价。

（1）图评价尺度法。图评价尺度法是绩效管理中最常见的方法之一。在这一方法中，评价者需要利用评价尺度和特性对被评价者的绩效进行评价，如表 6-4 所示。管理人员每次只需要考虑一位员工的绩效状况，在每一项特性的五个分数中圈出一个与被评价员工最为相符的分数即可。图评价尺度法既可以为评价者提供大量的不同分数，又可以为评价者提供一种连续的分数，评价者只要在这个连续的分数段上画一个符号即可。

表6-4　图评价尺度法示例

下列这些绩效领域对于大多数职位来说都非常重要。请你通过圈定相应分数的形式来得出你对每一绩效维度的评价结果。

绩效维度	评价尺度				
	杰出	优秀	良好	尚可	较差
知识	5	4	3	2	1
沟通	5	4	3	2	1
判断	5	4	3	2	1
管理技能	5	4	3	2	1
质量	5	4	3	2	1
团队合作	5	4	3	2	1
人际关系能力	5	4	3	2	1
主动性	5	4	3	2	1
创造性	5	4	3	2	1
问题解决能力	5	4	3	2	1

（2）混合标准尺度法。混合标准尺度法是为了克服图评价尺度法所存在的一些问题而产生的。为了创建一个混合标准尺度，首先必须对相关绩效维度加以界定，然后分别对代表每一个绩效维度好、中、差的内容加以说明，再在实际生成的评价工具中将这些代表一个绩效维度好、中、差的说明性文字与代表其他绩效维度好、中、差的说明性文字混合在一起。如表6-5所示。

表6-5　混合标准尺度法示例

被评价的三个特性	绩效等级说明
主动性	高
智力水平	中
与他人关系	低

说明：请在每一项陈述后面指明员工的绩效是高于陈述水平的（填“＋”）、相当于陈述水平的（填“0”），还是低于陈述水平的（填“－”）。

主动性＋	高	1. 该员工确实是一个自发主动工作的人，一贯积极主动做事，从来不需要上级监督
智力水平＋	中	2. 尽管这位员工可能不是一位天才，但是他确实比我认识的许多人都更聪明
与他人的关系0	低	3. 这位员工有与别人发生不必要冲突的倾向
主动性＋	中	4. 虽然总体来说这位员工的工作还是积极主动的，但是偶尔也需要上级对其进行督促才能完成工作
智力水平＋	低	5. 尽管这位员工在理解一些事情的速度方面比某些人要慢，并且在学习新东西方面也比别人要花更长的时间，但他还是具有一般的智力水平

与他人的关系－	高	6. 这位员工与每一个人的关系都不错，即使与别人意见相左的时候，他也能够与其他人友好相处
主动性＋	低	7. 这位员工有点儿坐等指挥的倾向
智力水平 0	高	8. 这位员工极其聪明，学东西的速度非常快
与他人的关系－	中	9. 这位员工与大多数人相处都比较好，只是在极其偶尔的情况下才会在工作中与他人产生冲突，而这些冲突通常是很小的

赋分标准如下：

陈述			分数
高	中	低	
＋	＋	＋	7
0	＋	＋	6
－	＋	＋	5
－	0	＋	4
－	－	＋	3
－	－	0	2
－	－	－	1

根据上述评价等级确定分数的过程举例：

	陈述			分数
	高	中	低	
主动性	＋	＋	＋	7
智力水平	0	＋	＋	6
与他人的关系	－	－	0	2

3. 行为法

绩效评价的行为法主要是将一位员工在有效完成本职工作时所必须展现出来的行为加以界定。这种方法中所包括的各种绩效评价技术，都是首先界定这些行为，然后要求管理人员来评价一位员工在多大程度上展现出这些行为。

（1）关键事件法。关键事件法要求管理人员将每一位员工在工作中表现出来的能够代表有效绩效与无效绩效的具体事例都记录下来。管理人员可以利用这些事件向员工提供明确的反馈，让员工清楚地知道，自己在哪些方面做得好、在哪些方面做得不好。此外，通过重点强调那些能够对组织战略起到支持作用的关键事件，这种方法还能够与组织的战略密切相连。

（2）行为锚定法。行为锚定法建立在关键事件法基础之上。这种绩效评价方法的设计思路如下：通过开发与不同绩效水平相联系的行为锚，来具体界定各个绩效维度。开发行为锚定评价尺度，首先要收集代表职位上优秀绩效与无效绩效的大量关键事件，然后将这些关键事件加以分类，划归到不同的绩效维度中去。那些被专家们认为能够清楚地代表某一特定绩效水平的关键事件将会被作为行为事例来对评价者提供指导。管理人员的任务就是根据每一个绩效维度来分别考察员工的绩效，从而确定在每一个绩效维度中，员工的实际绩效表现与具有指导性的哪些关键事例最为相符，这种评价结果就成为员工在这一绩效维度上的得分。

行为锚既存在优点，也存在缺点。优点是，它可以通过提供精确和完整的绩效维度定义来提高评价者的信度；缺点是，它可能导致偏见性的信息回忆，也就是说，那些与行为锚最为近似的行为最容易被回忆起来。

（3）行为量表法。行为量表法是在关键事件法的基础上发展起来的，它要求评价者根据某一工作行为发生的频率或次数来对被评价者打分。因此，行为量表法只不过是将行为进行加总的考评量表，评价者只要将那些表示员工具体行为发生频率的数字简单相加就可以了。行为量表的建立主要包括以下步骤：第一，运用关键事件技术进行任务分析；第二，通过任务分析识别出工作行为；第三，将每种行为所出现的次数划分为无等级标度，并进行因素分析；第四，将每个要素内的每项得分相加，所得总分与每个员工的小时工作量进行相关性分析。

行为量表法有很多优点：第一，它克服了关键事件法不能量化、不可比以及不能区分工作行为重要性的缺点，是从员工所做的系统的工作分析中设计和开发出来的，因此有助于员工对考评工具的理解和使用。第二，它有助于产生清晰明确的反馈，因为它鼓励主管和下属之间就下属的优缺点进行有意义的讨论。

（4）组织行为修正法。组织行为修正法是通过一套正式的行为反馈与强化系统来管理员工的行为。该系统建立在行为学家的动机观点基础之上。这种观点认为，被评价者的未来行为由其得到过正面强化的过去行为所决定。一般而言，组织行为修正法包括以下步骤：第一，界定对工作绩效来说必要的一套关键行为；第二，运用一套衡量系统来评价这些行为是否表现出来；第三，管理者或咨询人员将这些关键行为告知被评价者，也许还会为被评价者制定目标，要求其必须以怎样的频率来表现出这些行为；第四，向被评价者提供反馈与强化。

4. 结果法

结果法是一种按照员工的工作成果进行评价的方法，评价者以员工的工作结果而不是行为表现或特征来对员工进行考评。这种方法比较客观，容易为员工所接受，能够减少产生偏见的可能性。同时，结果法促使员工对其行为负责，从而认真谨慎地选择完成任务的方法。

（1）目标管理法。目标管理法基于以下理论基础：并不是有了工作才有目标，而是有了目标才能确定每个人的工作，企业的使命和任务必须转化为目标。因此，管理者应该通过目标对下级进行管理。当组织最高层确定了组织目标之后，必须对其进行分解，转化为各个部门以及个人的目标，管理者根据目标完成情况对下级进行考核和奖惩。

目标管理是一种程序或者过程，即让企业的管理人员和员工一起亲自参加工作目标的制定，根据组织使命确定一定时期内组织的总目标，并由其决定上下级的责任和分目标，再把这些目标作为考核组织绩效以及考核部门和个人产出对组织贡献的标准。它要求每个员工在工作中实行自我控制，并努力完成工作目标。目标管理具有以下优点：形成激励、有效管理、明确任务、自我管理、控制有效。

（2）平衡计分卡。平衡计分卡（balanced score card，BSC）是20世纪90年代初由哈佛商学院的罗伯特·卡普兰（Robert Kaplan）和诺朗诺顿研究所所长戴维·诺顿（David Norton）共同提出的一种绩效评价体系。按照卡普兰和诺顿的观点，平衡计分卡将企业战略目标逐层分解为各种具体的、相互平衡的绩效考核指标，并对这些指标的实现状况进行不同时段的考核，从而为企业战略目标的完成建立起可靠的执行基础。

平衡计分卡中的目标和评价指标来源于组织战略，组织的使命和战略转化为有形的目标和衡量指标。平衡计分卡包含四个维度，基本框架如图6-3所示。

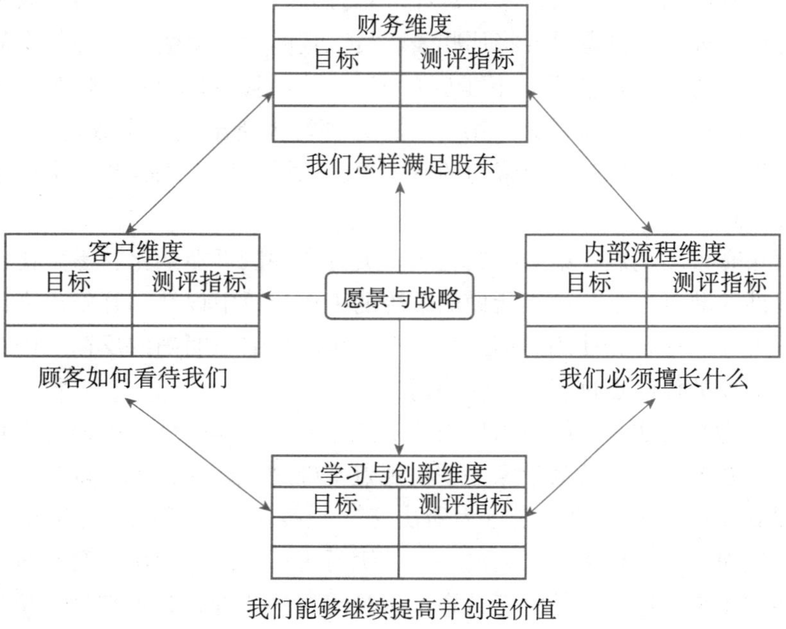

图6-3　平衡计分卡

1）客户维度。目标是解决“顾客如何看待我们”这类问题。公司如何以客户为导向进行运作已经成为管理层首先考虑的问题。平衡计分卡要求管理者把为顾客服务的宣言转化为具体的测评指标，这些指标应该能够反映与顾客真正相关的因素。顾客所关心的五类事情是时间、质量、性能、服务、成本。对于企业而言，应该明确这些方面所达到的目标，然后把这些目标转化为指标。客户方面体现了企业对外界变化的反应。常见的客户指标包括送货准时率、客户满意度、产品退货率、合同取消数等。

2）内部流程维度。目标是解决“我们必须擅长什么”这类问题。以顾客为基础的指标十分重要，但是这又依赖于组织中所发生的流程、决策和行为。管理者需要关注这些使公司能够满足顾客需要的关键内部经营活动。内部流程方面的指标应该来自对顾客满意度有最大影响的业务流程，包括生产率、生产周期、合格品率、新产品开发速度、出勤率等。

3）学习与创新维度。目标是解决“我们能够继续提高并创造价值”这类问题。以顾客为基础的测评指标和内部业务程序测评指标确定了公司认为竞争取胜的最为重要的参数。但是环境和竞争要求公司不断改进现有产品和流程。只有通过持续不断地开发新产品、为顾客提供更多价值并提高经营效率，才能够发展壮大，从而增加股东价值。

4）财务维度。目标是解决“我们怎样满足股东”这类问题。财务指标告诉企业管理者，他们的努力是否对企业的经济收益产生了积极作用，所以财务方面是其他三个方面的出发点和归宿。常见的财务指标包括销售额、利润率、资产利用率等。

在企业内应用平衡计分卡一般遵循以下步骤：

第一，公司的愿景与战略的建立与倡导。公司首先要建立愿景与战略，使每一部门可以采用一些绩效衡量指标去判断公司的愿景与战略的完成情况；另外，也可以考虑建立部门级战略。同时，成立平衡计分卡小组或委员会去解释公司的愿景和战略，并建立财务、客户、内部流程、学习与创新四个方面的具体目标。

第二，绩效指标体系的设计与建立。本阶段的主要任务是依据企业的战略目标，结合企业的长短期发展的需要，为四类具体的指标找出其最具有意义的绩效衡量指标，并对所设计的指标自上而下、从内部到外部进行交流，征询各方面的意见，吸收各方面、各层次的建议。这种沟通与协调完成之后，所设计的指标体系达到平衡，从而能全面反映和代表企业的战略目标。

第三，加强企业内部的沟通与教育。利用各种不同沟通渠道如定期或不定期的刊物、信件、公告栏、标语、会议等让各层管理人员知道公司的愿景、战略、目标与绩效衡量指标。

第四，确定每年、每季、每月的绩效衡量指标的具体数字，并与公司的计划和预算相结合。注意各类指标间的因果关系、驱动关系与连接关系。

第五，绩效指标体系的完善与提高。首先，对于平衡计分卡在该阶段应重点考察指标体系设计得是否科学，是否能真正反映本企业的实际。其次，关注采用平衡计分卡后，对于绩效的评价中的不全面之处，以便补充新的测评指标，从而使平衡计分卡不断完善。最后，对于已设计的指标中的不合理之处，要坚决取消或改进，只有经过这种反复认真的改进才能使平衡计分卡更好地为企业战略目标服务。

（3）关键绩效指标。关键绩效指标（key performance indicator，KPI）是通过对组织内部流程的输入端、输出端的关键参数进行设置、取样、计算、分析，衡量流程绩效的一种目标式量化管理指标。关键绩效指标是把企业的战略目标分解为可操作的工作目标的工具，是企业绩效管理的基础。关键绩效指标可以使部门主管明确部门的主要责任，并以此为基础，明确部门人员的绩效衡量指标。关键绩效指标的理论基础是“二八原理”，即80%的工作任务是由员工20%的关键行为完成的。因此，只要对20%的关键行为进行分析和衡量，就能抓住业绩评价的重心。

绩效可以按其实施主题分为组织绩效、团队绩效、个人绩效三个层次，因此对组织绩效进行评价也有三种关键绩效指标：企业级关键绩效指标、部门级关键绩效指标、员工个人关键绩效指标。实际上，在实施绩效管理时，三者并非完全独立，因为组织绩效依赖于个人绩效，提高个人绩效的最终目的还是提高组织绩效。所以，在对个人进行绩效考核时，既要考核个人关键绩效指标，又要适当考核其所在部门的关键绩效指标。只有这样，才能有效地将个人利益与部门利益、组织利益有效地结合起来。

在确定关键绩效指标时要遵循一些原则，这些原则概括为 SMART 原则，如表 6－6 所示。

表 6－6 确定关键绩效指标的 SMART 原则

原则	正确做法	错误做法
具体的（specific）	切中目标 适度细化 随情景变化	抽象的 未经细化的 复制其他情景中的指标
可度量的（measurable）	数量化的 行为化的 数据或信息具有可得性	主观判断 非行为化描述 数据或信息无从获得
可实现的（attainable）	在付出努力的情景下可以实现 在适度的实践内实现	过高或过低的目标 期限过长
现实的（realistic）	可证明的 可观察的	假设的 不可观察或证明的
有时限的（time-bound）	使用时间单位 关注效率	不考虑时效性 模糊的时间概念

企业在制定关键绩效指标时，应当根据企业的战略重点，运用头脑风暴法和鱼骨图分析法找出业务重点，并找出这些关键业务领域的关键绩效指标。在制定部门和岗位关键绩效指标时，通常采用以下步骤：

第一，详细描述部门和岗位的工作职责。首先根据组织的战略目标、部门设置情况、部门间的工作流程，确定每一部门的基本职责。然后，根据部门内的岗位设置情况以及不同岗位间的工作业务流程关系，把部门的职责分解到各个岗位上。再通过工作分析，明确每一岗位的具体职责，为每一岗位建立规范的工作说明书。

第二，提取工作要项。工作要项是指各部门和岗位工作中所包含的重要职责。在明确了工作职责的基础上，管理者与被管理者共同确定将哪些工作作为工作要项。确定工作要项的方式有以下三种：一是管理者与被管理者先通过商讨共同拟定一个初稿，然后召集所有相关员工一起讨论，直到意见一致为止。二是管理者先拟定一个初稿，被管理者在仔细阅读的基础上提出改进意见，管理者再根据被管理者的意见做出一定修改，直到双方都接受为止。三是被管理者先拟定一个初稿，管理者在仔细阅读的基础上提出改进意见，被管理者再根据管理者的意见做出一定修改，直到双方都接受为止。

第三，建立关键绩效指标。确定了工作要项之后，每一项工作要项就是一个关键绩效指标。关键绩效指标必须符合量化和行为化标准，否则就不能作为关键绩效指标。关键绩效指标有四种类型，分别是数量、质量、成本和时限。

第四，确定不同指标的权重。不同方面的绩效指标在总体绩效中所占的比重不一定相同。

第五，确定绩效标准。关键绩效指标体现了每一部门或岗位对组织目标有增值作用的工作产出，指标的内容规定了从哪些方面对工作产出进行衡量或评估，标准则指明了各个指标应分别达到什么程度或水平。绩效标准是进行绩效评价时所依据的标准，对量化的绩效指标设定的绩效标准通常是一个范围，这个范围的下限是基本标准，上限是卓越标准。基本标准是被评估对象必须达到的水平。如果被评估者的绩效低于标准的下限，表明被评估者存在绩效不足的问题，需加以改进；如果被评估者的绩效超出标准的上限，则表明被评估者做出了超出期望水平的卓越表现。

四 绩效形成过程督导

在绩效形成过程中主要通过行为监督指导记录表来进行督导。行为监督指导记录表主要记录在考核期间被考核者发生的极限行为。记录内容包括编号、发生的极限行为、日期、管理者针对该行为采取的应对措施、采取措施的时间、采取措施后的变化、下属改变现状的时间、双方签字。这些内容都体现了对绩效形成过程的督导。

行为监督指导记录表主要有三方面的作用：一是作为考核的事实记录和信息来源，正常行为不记录，超过标准的行为记为 A，B，低于标准的行为记为 C，D；二是作为管理的依据；三是作为各级管理者是否承担相应管理责任的监督表格。

五 绩效评价实施

（一）评价实施

在实施绩效评价时要强化原始记录，提高评价质量，并对评价标准统一认识，达成一致。同时，要为自己的主观感受寻找事实和客观依据。

（二）常见评价因素的判断基准

一般来说主要有 14 个常见的评价因素。

（1）工作过程的正确性。工作过程正确性的优秀标准为：一贯遵循正确的方针、政策、程序和方法。不合格的情况为：未经批准擅自违反既定方针政策；破坏正常的组织权力结构，发生越权、侵权行为；擅自改变规定的程序和方法。

（2）工作结果的有效性。工作结果有效性的优秀标准为：工作结果总是达到和超过预期的要求。不合格的情况为：以某种借口为由，达不到预期要求；存在返工、投诉和有关部门的抱怨；需要经常指导、监督和控制，让人有对其工作不放心的感觉。

（3）工作方法选择的正确性。工作方法选择正确性的优秀标准为：总是能够选择正确的工作方法。不合格的情况为：在工作方法选择方面经常需要上级指导；对自己的职业能力缺乏信心；因工作方法不当造成工作失误和损失。

（4）工作效率。工作效率的优秀标准为：总是能在规定时限内完成工作。不合格的情况为：拖延工作具有一贯性；完成工作需要上级监督和不断督促；工作缺乏逻辑性，没有条理。

（5）工作数量。工作数量的优秀标准为：承担明显超过平均水平的工作量，并能同时推进多项工作。不合格的情况为：承担的工作与大多数人相仿；不能同时推进多项工作；一旦工作数量增加，工作质量明显下降。

（6）工作的改进与改善。工作改进与改善的优秀标准为：主动改进工作方法，不断提高绩效水平。不合格的情况为：墨守成规，安于现状，缺乏创新意识；缺乏改善工作的热情和有价值的建议；固执己见，反对改革。

（7）统筹安排与计划。统筹安排与计划的优秀标准为：合理分配工作，有效利用资源。不合格的情况为：工作分配上出现职责重叠，时间安排发生冲突；员工的工作任务与责任不均衡；存在人浮于事的现象。

（8）知识。知识的优秀标准为：拥有足以履行各种职责的专业知识和管理知识。不合格的情况为：因相关知识欠缺而需频繁指导；难以正确理解和把握上级意图，执行不力。

（9）经验和技能。经验和技能的优秀标准为：在处理本职工作时总是得心应手，无须指导和帮助。不合格的情况为：在履行工作职责时经常就具体问题寻求指导和帮助；对处理常规问题显得没有把握；在事务性处理过程中缺乏主见；难以独立承担完整的工作。

（10）沟通能力。沟通能力的优秀标准为：善于选择适当的人与方式进行交流；准确理解他人意图，准确表达自己意见，表达流畅。不合格的情况为：不能根据客观情况选择适当的沟通方式；文字、语言表达缺乏逻辑，存在沟通障碍；无法准确理解他人意图。

（11）解决问题能力。解决问题能力的优秀标准为：总是善于发现问题，并正确解决。不合格的情况为：不能预先发现问题以把问题消灭在萌芽状态；不能正确把握问题的本质和产生的原因；不能选择正确的处理问题的方法；经常因问题处理不当抱怨。

（12）督导能力。督导能力的优秀标准为：经常检查下属工作进度，指导和协助下属处理工作中的问题，有效协调下属的工作关系，注重培养下属的工作能力。不合格的情况为：经常抱怨下属工作不力；经常抱怨下属工作能力不足；不能准确把握下属工作进度和存在的问题。

（13）责任意识。责任意识的优秀标准为：忠于职守，尽职尽责，积极主动，实事求是，工作扎实。不合格的情况为：强调客观理由，推脱应负责任；好大喜功，言过其实；畏惧困难，不敢承担挑战性工作；牢骚满腹，抱怨重重；把问题上交，提不出有价值的建议。

（14）个人品格。个人品格的优秀标准为：自信、友善、公正、无私、乐于助人。不合格的情况为：没有主见，人云亦云；语言粗鲁，怪话连篇，经常阴阳怪气；缺乏同情心，在力所能及的范围内坐视他人的困难不管。

（三）考核结果的修正

在考核结果出来后，还需要进行宽严修正和部门修正。之所以要进行宽严修正，是因为各部门掌握标准不一，需要统计修正；之所以需要进行部门修正，是因为各部门存在绩效方面的实际差异，需要在宽严修正的基础上进行部门修正，确保公平。

六　绩效评价面谈

（一）绩效反馈

实施绩效考核后要给予绩效反馈。绩效反馈是指由员工和管理人员一起，回顾和讨论考核的结果。如果不将考核结果反馈给被考核的员工，考核将失去极为重要的激励、奖惩和培训功能。因此，绩效反馈对绩效考核起着至关重要的作用。

反馈是一个双向的动态过程，由反馈源、所传送的反馈信息、反馈接收者三部分组成。绩效反馈一般通过语言沟通、暗示及奖励等方式进行。根据不同的分类依据，绩效反馈有不同的分类方式。根据被考核者的参与程度可以分为指令式反馈、指导式反馈和授权式反馈。根据反馈的内容和形式可以分为正式反馈和非正式反馈。

（二）绩效面谈

绩效面谈是考核结果反馈的重要形式。绩效面谈是直线经理与员工之间针对绩效评价结果进行讨论的面谈。绩效面谈主要有三个目的：一是要让员工了解自己的考核结果背后的原因，以此来增加共识，减少误解和猜疑，从而对考核结果形成一致看法，既承认员工的优点，又指出其不足；二是对下一阶段工作的期望达成一致协议；三是通过面谈讨论制定双方都能接受的绩效改进计划，并为员工的发展提供建议。

七　制定绩效改进计划

获得绩效考核结果并进行绩效面谈后，要制定绩效改进计划，主要有四个步骤：第一，确定绩效改进目标，包括工作绩效改进目标、个人能力提升目标等。在制定目标时注意目标要具体，难度要适当，并且容易改的先改，容易见效的先改。第二，拟定具体的行动方案。第三，明确改进绩效资源方面的保障，确定外部资源和内部资源，如组织与上级、员工的客户、培训教师、企业培训制度等。第四，明确评估改进计划完成的方法。

八　绩效改进指导

（一）绩效改进指导的步骤

在进行绩效改进指导时，主要分为四个步骤：第一，分析绩效改进指导的需求，明确绩效改进项目的先后顺序，明确各个绩效改进项目的关键点，明确各个绩效改进项目的最佳时机；第二，拟定指导计划，首先评估下属的学习风格，然后选择学习活动，再准备指导计划；第三，执行指导计划，要求与下属保持深入沟通，发挥下属改进绩效的主动性，并营造有利的学习环境，包括管理者的指导技巧、员工的学习条件、其他人的配合等；第四，评估绩效改进指导成效，评估指导目标是否达成，是否需要进一步指导，对下属的辅导是否有效，下属在指导过程中有什么反应，下属有哪些需要改进的地方。

（二）绩效改进表

每一次考核结束后，管理者应与被考核者就考核中的不足进行绩效面谈，这就需要用到绩效改进表。绩效改进表的内容包括：绩效改进项目，改进标准，一项改进是属于业绩改善还是能力提高，绩效改善的步骤，绩效改善的关键点，表格建立的日期，双方签字。通过这种方法，帮助员工改善绩效，同时对管理者本人进行考核。

第 4 节　绩效考核结果的运用

绩效管理之所以被称为人力资源与劳动关系管理的基石，根本原因在于绩效考核结果可以应用于人力资源与劳动关系管理的方方面面，如图 6-4 所示。下面详细阐述其中四个方面。

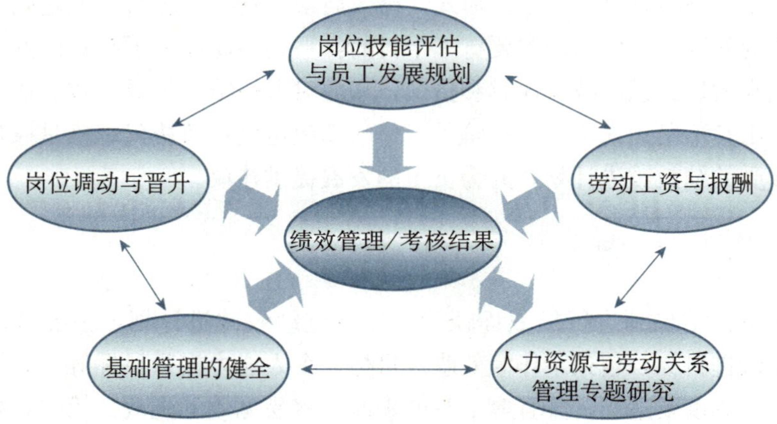

图 6-4　绩效管理是人力资源与劳动关系管理的基石

一　岗位技能评估与员工发展规划

在绩效管理后期，管理者应当根据绩效考核结果进行岗位技能评估，为被考核者制定培训计划，如一年计划、三年规划等，及时组织相关的培训教育活动，实现员工与组织的共同发展。

技能评估的目的就是要了解员工在目前和将来的工作中获得成功的重要技能是什么，从而帮助员工设立个人发展规划，这个规划是建立在员工的目标设定之上的。

（一）技能的分类

技能分为软技能和硬技能两类。软技能是指沟通能力、倾听能力、说服能力、自我激励能力等；硬技能是指程序化技能（process skill）和专业技能（professional skill）。以销售代表为例，硬技能就是口头沟通能力、计算机使用能力、专业知识、谈判技巧、演讲技巧等，这些是容易通过培训获得的认知技能。而软技能则是指那些不易后天获得的非认知技能。

（二）技能评估

对硬技能可以进行定量评估，分为新手、初步胜任、完全胜任、可当师傅、专业技能大师五个等级，而对软技能则不能进行1，2，3，4，5打分，只分成两类：符合要求、有待提高。继续以销售代表为例，表6－7展示了技能评估表的样本。

表6－7　销售代表的技能评估表

<table>
<tr><th colspan="4">硬技能评估</th><th colspan="2">软技能评估</th></tr>
<tr><th>评估项目</th><th>现在得分</th><th>期望得分</th><th>行为建议</th><th>评估项目</th><th>行为建议</th></tr>
<tr><td>1. 口头沟通能力</td><td>4</td><td>4</td><td>可当师博</td><td>1. 自我激励和指导</td><td>有待提高</td></tr>
<tr><td>2. 计算机使用能力</td><td>2</td><td>3</td><td>完全胜任</td><td>2. 和谐相处能力</td><td>符合要求</td></tr>
<tr><td>3. 专业知识</td><td>2</td><td>3</td><td>完全胜任</td><td rowspan="3">3. 影响力和说服力</td><td rowspan="3">有待提高</td></tr>
<tr><td>4. 谈判技巧</td><td>4</td><td>3</td><td>可当师傅</td></tr>
<tr><td>5. 演讲技巧</td><td>3</td><td>3</td><td>完全胜任</td></tr>
</table>

（三）员工培训与发展规划

如果进行岗位技能评估后，发现员工在硬技能和软技能上存在不足，这时就要分析原因，对症下药。如果是硬技能存在不足，那是因为员工个人能力不足。如果是软技能存在不足，既有可能是员工自身原因，也有可能是外部环境的原因，如经理没授权、公司政策限制、绩效与奖励不挂钩、人手财力等问题。因此，软技能缺失，有时并不需要培训，变革公司的制度就可以解决问题。

针对硬技能不足，以及由于自身能力引起的软技能不足，就需要制定员工发展规划，对员工进行培训。员工培训计划及发展规划表的样例如表6－8所示。

表6－8　员工培训计划及发展规划表

员工缺失技能	行动计划	负责人	时间	核对

附注：（1）员工未来3～5年的计划是什么？他要做到什么职位？需要增加什么技能？
（2）针对这个员工的发展规划，从现在起他需要学习的是什么？

二　劳动工资与报酬

绩效考核的结果最直接的应用就是决定奖金的发放与工资的调整。绩效考核结果能够为报酬分配提供切实可靠的依据，因此进行薪酬分配和薪资调整时，应当根据员工的绩效表现，应用考核结果，建立考核结果与薪酬奖励挂钩制度。例如在年度工资额的调整上，对绩效较差的员工，可以下调其下年度的工资；反之，如果绩效很好，则可以适当上调其下年度的工资。

三 岗位调动与晋升

绩效考核还是岗位调动与晋升的重要依据。管理层可以通过分析累积考核结果的记录，发现员工工作表现与其职位的不适应性问题，查找原因并及时进行职位置换。

如能级较高的员工，由于个人爱好或其他原因不能适应现有职位，能力没有充分发挥；或能级较低的员工，逐渐不能胜任现有职位，但可以胜任较低序列职位。对这两类员工可参照个人选择，有组织、有计划地将其置换到新的职位，真正做到人适其事、事得其人。

四 人力资源与劳动关系管理专题研究

绩效考核的结果还可以在人力资源与劳动关系管理的方方面面得到应用。例如：绩效考核结果是制定新的测评指标的基础；绩效考核结果应用于招聘录用；绩效考核结果用于检验人力资源政策的效用；绩效考核结果用于制定人力资源规划；绩效考核结果用于编制人力资源培训计划。

第 5 节　绩效管理理念和方法的创新

一 绩效管理理念的演变

绩效管理的理念与方法需要和组织的形态与功能契合。彼得·德鲁克将过去 200 年的组织创新总结为三次革命。在工业革命时代，机器取代了体力；在生产力革命时代，科学管理普及，强调标准化和量化；在管理革命时代，知识超越资本和劳动，成为最重要的生产要素。如何激励知识型员工和提高知识型员工的工作效率，成为一个重要问题。

在互联网时代，行业的边界被打破，生产者与消费者的边界被打破，企业的组织边界被打破，需要重新思考未来组织的形态与功能。谷歌将正在面临的时代称为创意革命的时代，提出了“创意精英”的概念，认为未来企业的成功之道，是聚集一群聪明的创意精英，营造合适的氛围和支持环境，充分发挥他们的创造力，快速感知客户的需求，愉快地创造相应的管理和服务。创意精英的特征是自激励，最主要的驱动力来自创造带来的成就感和社会价值，他们需要的是赋能，而不是激励。未来组织最重要的功能将是赋能，而不再是管理或激励。

伴随着组织形态和功能的变化，绩效管理的理念也需要重新定义。如何通过适当的绩效管理方法促进组织目标的实现，需要重新思考。

二 绩效管理方法的创新

在互联网时代，工作内容多样化且难以量化，导致量化指标的实现未必能够带来组织目标的实现。例如，一家互联网公司希望用户喜欢公司的产品，关键绩效指标制定者以“页面浏览量”来衡量“喜欢”，并下达了关键绩效指标。员工为了完成关键绩效指标，把用户原本可以在一个页面上完成的事情分到几个页面上完成。最终关键绩效指标达成了，用户却更讨厌这个产品了。

传统的关键绩效指标遭遇挑战，目标和关键结果（objectives and key results，OKR）管理方式被热捧。目标和关键结果是一套定义和跟踪目标及其完成情况的管理工具和方法。1999 年英特尔公司（Inter）发明了该管理方式，随后推广到甲骨文（Oracle）、谷歌和领英等高科技公司并逐步流传开来，现在广泛应用于 IT、风险投资、游戏、创意等以项目为主要经营单位的大小企业。目标和关键结果管理究竟是如何运作，与传统考核方法有怎样的区别和创新之处呢?

以谷歌为例，目标和关键结果管理解决了员工个人目标未必能带来组织目标实现的问题。在谷歌，每位员工都需要在每个季度更新自己的目标和关键结果，并在公司内发布。首席执行官在每个季度都要发布自己的目标和关键结果，并召开全公司会议进行讨论。各产品和业务负责人均需汇报自己的目标和关键结果以及对所在团队的意义，并依据自己上一季度的目标和关键结果为本季度的表现打分。通过这种方式，保证每位员工都明确公司本季度的工作重点，员工之间也能迅速了解彼此的工作重点，从而保证每位员工努力的方向不偏离企业目标，同时保持各个团队之间的协作。

作为一种目标管理和绩效管理工具，目标和关键结果克服了关键绩效指标在实操中可能出现的一些问题。相对于关键绩效指标而言，目标和关键结果并不是真正的考核工具，而是目标管理工具。

自上而下有利于执行，自下而上有利于创造。关键绩效指标、目标和关键结果，二者各有所长，并无优劣之分，重要的是与企业的业务本身相匹配，根据自身企业特性找到最适合的绩效管理方法，才能有效激发员工为达成企业目标而共同努力。如果企业领导者非常清楚企业的发展目标和方向，更需要的是员工执行力，那么自上而下的关键绩效指标有利于高绩效组织逐级履行职责并完成任务，推进最终目标达成。如果企业发展到行业或者领域尖端，或行业本身依赖于创新，没有可跟随的目标和方向，需要自己探索，那么自下而上的目标和关键结果则更能激发员工的创造力。

三　回归绩效管理的本质

绩效管理本质上是一个认可系统，而不仅仅是问责系统。多数企业在实施绩效管理的过程中，将绩效考核视为一个问责系统，绩效管理成为简单的任务管理，侧重绩效考核环节，一味盯着考核结果。绩效管理特别强调沟通、辅导及员工能力的提高，仅将绩效管理视为问责系统，出发点不是正向激励，反而会带来负向激励。例如，有些领导在“绩效”压力下，容易变成为了目标而填鸭的导师，只问成果，不问过程；或是流于形式，按流程了事，让绩效管理的益处无法彰显；抑或不知如何提升员工潜能、协助员工成长，错失激励员工的机会；最糟糕的是，绩效评价的结果不但没有帮助员工改善绩效，反而引发员工的不满情绪或挫折感，造成对立，加深日后管理的障碍。因此，“员工的支持与认可”是绩效管理系统设计的底线原则。

绩效管理是发展导向，而不仅是分配导向。绩效管理不仅强调结果导向，而且重视达成目标，促进员工实现工作目标和个人和谐发展的过程。通过全面的绩效管理，员工可以确认组织目标、工作内容、达成方式；如果在工作中有不足之处，也可以通过绩效管理找出问题所在，进而提升员工工作能力，改善工作绩效，帮助员工成长。因此，“绩效管理是组织送给员工的礼物”是绩效管理系统设计的最高境界。

思考题

1. 绩效管理包括哪些环节？各个环节的具体内容有哪些？
2. 绩效考核结果应用在哪些方面？
3. 如何看待互联网时代绩效管理理念和方法的创新？

案例分析

通用电气终于明白了绩效管理的真谛

传统绩效管理系统运用 30 多年后，通用电气（GE）宣布放弃曾引以为傲的绩效考核“强制分布曲线”和“末位淘汰制”，对现有绩效管理体系进行全新的改革。新的绩效管理系统将以 APP 方式出现，经理对员工的管理与考核主要通过“持续沟通”（continue dialog）进行，考核结果不出现数字，也尽量不与奖金与薪资直接挂钩。

很多人惊呼通用电气居然放弃绩效考核，其实这是误解。传统的绩效管理要求经理为员工设定目标，然后经理考核员工是否完成目标，进行一年一次或两次的面谈沟通，最后给员工绩效打分，放入某一考核档次，如优/良/中/差。通用电气放弃强制分布，取而代之的是一年间经理与员工的持续沟通。

通用电气的 APP 名字叫 PD@GE。这是一个移动应用程序平台，可以定义近期的工作目标，使得经理和员工可以保持持续沟通，回顾目标的完成情况是否符合预期。通用电气把这个流程称为接触点（touchpoints）。此应用程序还可以提供这些接触点的总结。程序的主要目的是促进员工绩效持续改进。通用电气的这个绩效工具很好地证明了绩效管理的核心理念非打分、排名与惩罚，而是对话、激励与员工发展。

传统的通用电气面临市场的巨大变化，尤其移动互联网技术的不断发展。通用电气人力资源主管苏珊·彼得斯表示，千禧一代员工的特点影响了这一决定。因为千禧一代的员工出生在科技时代，频繁使用社交媒体，更喜欢得到及时的反馈。这一习惯也会延续到工作中。他们更喜欢主管不断、及时地就他们的工作进展给予反馈。

通用电气的变革与创新非常符合绩效管理的理念。考核不是绩效管理的核心，排名与强制分布更背离绩效管理的初衷。绩效管理的真正目的是通过提升员工绩效与能力，从而提升组织绩效，实现组织战略目标。实现绩效管理最好的方法与手段应该是持续沟通。

我们可以预期，伴随着通用电气在绩效管理中的改革与创新，越来越多的跨国公司（微软、埃森哲、德勤）已经或将加入这个队伍中，而我们国内的企业也要思考，是否敢于放弃排名与等级，加强绩效沟通与反馈，从而真正实现绩效管理的目的：提升与发展员工，从而实现公司最终的愿景与使命。因为这才是绩效管理的真谛。

资料来源：环球人力资源智库 . GE 终于明白了绩效管理的真谛．（2016－03－10）．https：//www. sohu. com/a/62907145_117482？qq-pf-to＝pcqq. discussion.

第 7 章 总报酬模型与薪酬管理

学习目标

学完本章后，你应该能够：

- 掌握总报酬模型的内涵。
- 熟悉总报酬模型设计的技术。
- 重点掌握普通员工和高管的总报酬管理。
- 了解基于劳资双赢的薪酬管理模式。

引导案例

当大多数职场人还面临公司端午发的粽子是甜是咸、中秋发的月饼是五仁还是青红丝、过年过节的福利是粮油米面还是鱼肉果蔬等传统问题时，腾讯已经开始运用定制化的福利平台颠覆传统。

“鹅民公社”作为腾讯福利中心推出的新型弹性化福利平台，2016 年 4 月底针对全员上线，这也是业界首次推出移动端弹性福利选择平台。“鹅民公社”是为满足员工个性化的福利需求和提升员工福利享受体验而设计和研发的内部弹性福利选择平台。“鹅民公社”的福利既包括基因检测这样照顾员工健康的高精尖技术，还覆盖保险理财、旅游出行、有机生活等多达 70 种福利项目供员工自由选择。腾讯员工总能找到一款适合自己的福利。

福利中心还会根据员工建议与反馈，不断优化“鹅民公社”平台内的产品。员工通过拨打内部 8008 热线提建议或者在内部社区留言，就可以将自己的所想所需反馈至福利中心。福利中心评估可行性后，通过招评标流程，即能引入员工想要的福利。

腾讯福利用产品思维打造了“鹅民公社”——一个创新型的福利模式，在资源配置与员工需求之间搭建了一个良好的机制。在这个机制中，员工的需求被最大化重视。

资料来源：私人订制，看腾讯如何用产品思维打造爆款福利.（2016 - 07 - 07）. http：//news. huaxi100. com/show-109 - 792920 - 1. html.

第 1 节 总报酬模型

一 总报酬模型的内涵

人力资源与劳动关系管理中最核心最根本的问题就是如何做到员工报酬和组织绩效的对等承诺及其对等实现。对于劳动者而言，劳动者付出的是劳动，获得的是报酬，为了保证组织效率和劳动关系的和谐，就必须让劳动者觉得自己所得的等于甚至大于自己所付出的。基于这个目的，本书将总报酬定义为员工由于为企业工作而获得的一切成果，也就是说，用广义的薪酬衡量员工为企业工作所得的一切。

总报酬模型描述了雇主和雇员之间的动态关系，包括薪酬、福利、工作-生活有效性、认可、绩效管理和人才发展六大要素，它们共同定义了一个组织的战略如何吸引员工、激励员工、保留员工和促进员工参与。如图 7－1 所示。

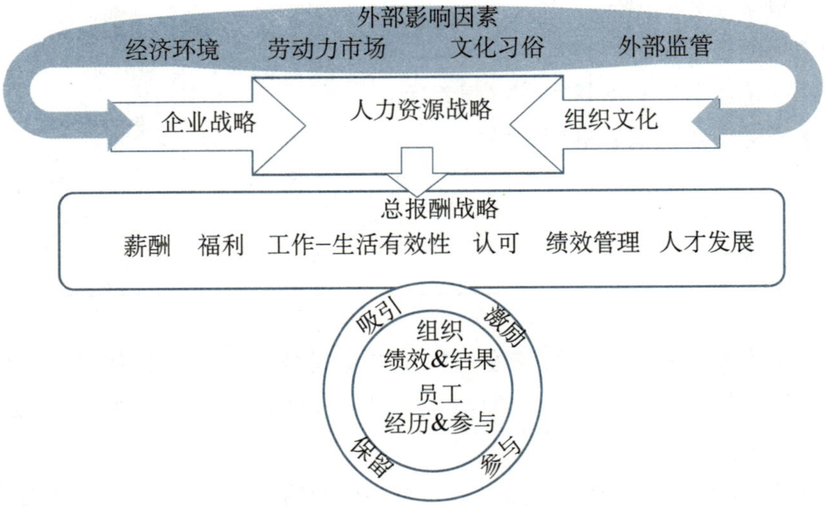

图 7－1 总报酬模型

相比于传统的薪酬概念，总报酬强调了很多与工作相关的非经济性报酬，如被赏识、有身份地位、就业安全感、挑战性的工作、学习机会等。这些非经济性报酬，更好地满足员工的精神需要，改善员工的心理状态，更强调以人为本的理念，更好地实现劳资双方共赢。

1. 薪酬

薪酬指雇主由于员工提供服务（时间、努力和技能等）而付给员工的工资，是总报酬最传统的要素。薪酬包括固定薪酬和可变薪酬两个部分。

（1）固定薪酬：固定薪酬也就是人们常常提到的基本工资，它是不随绩效或者成果而改变的薪酬。

（2）可变薪酬：即人们所称的风险报酬。可变薪酬直接随绩效水平或者工作成果而变化，它是一种在每一个绩效周期都必须重新建立标准的一次性报酬。可变薪酬包括短期激励薪酬和长期激励薪酬。

短期激励薪酬聚焦于激励一年期或者更短周期之内的绩效；长期激励薪酬聚焦于激励超过一年期的绩效。典型的长期激励工具包括股票期权、限制性股票、业绩股票和现金。

2. 福利

福利是雇主提供给员工的现金报酬以外的补充项目。这些项目的目的是保护员工以及其家庭不受财务风险的危害，它可以被分为以下三种类别：

（1）社会保险：四险一金等。

（2）商业保险：补充医疗、牙医等。

（3）非工作时间报酬：该计划的目的是保证员工非工作时的收入，如工作时的休息、换制服时间、不在工作时的假期等。

3. 工作-生活有效性

工作-生活有效性指一整套积极支持员工在工作和家庭方面都获得成功的组织实践活动、政策、项目和理念。在工作场所，组织对于工作-生活有效性的主要支持措施可以分为七个类别：工作场所弹性、带薪假期和非带薪假期、健康和情绪状态、子女关怀、财务援助、社区参与、管理参与/文化改变参与。这些类别涵盖了薪酬、福利以及其他人力资源计划。总体而言，工作-生活有效性强调关注员工的关键共性需求、家庭、社区以及工作场所。

4. 认可

认可是总报酬中的一个构成部分，是指雇主对雇员的绩效、行为和业绩表示特别的关注。通过鼓励某种行为（如特殊的工作成果）支持商业战略，促进组织成功。它满足了员工获得赞赏的心理要求，同时强化特定的行为（如超额业绩），促进和支持组织目标的实现。不管是正式的还是非正式的，认可计划在事实发生后需要马上实施，通常认可计划没有一个事先确定的目标和期望的绩效水平。认可激励可以采用现金方式和非现金方式（例如语言认可、奖杯、证书、晚餐等）。

5. 绩效管理

绩效是组织成功的关键因素。绩效管理的目的是促使组织、团队和个人的努力都一致朝着促进商业目标实现和组织成功的方向，持续提升员工和企业绩效。绩效管理包括以下几个步骤：确定绩效评价目的、建立工作期望与考核指标、设计绩效评价体系、绩效形成过程督导、绩效评价实施、绩效评价面谈、制定绩效改进计划和绩效改进指导。

6. 人才发展

人才发展是指通过为员工提供机会和途径，促进其长期或短期的职业发展。人才发展提高员工自身水平，促使员工职业目标的实现，同时为组织创造更大的价值。人才发展包括以下几个方面：

（1）学习机会：学费资助、企业大学、新技术的培训、参加外部研讨会、自我发展工具和技术、在职学习和在更高层级岗位上轮岗、目的明确的公休。

（2）辅导和指导：领导力培训、接触专家和信息网络、组织内或组织外正式的或者非正式的导师项目。

（3）晋升机会：实习、海外工作、职位晋升、职业阶梯、继任计划。

二 总报酬模型是对传统用工管理范式的突破

1. 总报酬模型明确了将“员工第一”作为总报酬的构成理念

在考虑企业的付薪依据时，总报酬模型强调将那些对员工最具价值的要素作为组织的付薪基础，薪酬组合要针对员工不同的需求制定，薪酬形式和薪酬内容要具有多元性。新模型重新审视了组织与组织中人的价值，建议任何员工认为具有价值的东西都应该有可能成为总报酬的组成部分。只有这样，企业才能将有限的激励资源通过组合最大限度地作用于员工价值，支持企业在人才相对短缺的市场中获得竞争优势。因此，该模型将多种激励方式有机地整合在一起，明确界定总报酬是用以吸引、激励和保留员工的各种手段的整合。

2. 总报酬模型从人力资源与劳动关系战略管理的高度，系统梳理了总报酬的逻辑框架

总报酬模型更加强调薪酬战略、人力资源与劳动关系战略和组织的一致性。模型把基于总报酬的薪酬战略置于组织整体发展战略之中，使之成为支持组织人力资源与劳动关系战略实现的重要工具。总报酬模型认为，一个有效的薪酬计划总是以支持组织战略实现为目标的。总报酬计划将多种激励方式有机地整合在一起，强调目标与绩效管理的一致性，使其成为支持组织战略实现的有力工具。

3. 总报酬模型更加强调将劳资双赢战略与企业具体的薪酬管理实践相结合

总报酬模型认为，只有通过对内外部环境变化的分析，才能有针对性地将总报酬导入组织的薪酬管理实践中来，才能吸引和激励员工、提高员工参与度和满意度，实现组织绩效的提升和发展，并最终实现劳资双赢的战略目标。

总报酬的付酬方式更加强调组织内部的沟通与员工参与，更容易促进员工的自我认知，促进员工对组织薪酬公平性的认同，建立良好的企业薪酬文化，进而提升薪酬系统的有效性。

总报酬的付酬计划更具有弹性。它将薪酬以企业价值为导向转变为以员工需要为导向，并可以根据员工需求的变化，及时调整薪酬要素以及各要素之间的比例关系，以此引导员工的行为来支持组织的变革。

总报酬模型有助于更好地控制人工成本。它在关注经济性报酬（现金）的同时，也强调诸如发展机会、工作环境、组织文化等非经济性报酬为员工带来的价值。在总报酬计划中，不增加现金成本也可以提高员工的满意度和成就感。

三 总报酬模型的有效性

（一）总报酬方法为何有效

企业通过薪酬换绩效，因此对于企业而言，薪酬最重要的作用是，能够激励员工从而获得更高的绩效。而在过去的几十年中，很多非常有说服力的证据证实，最好的吸引、激励和保留人才的方法就是总报酬，而不仅仅是工资和福利。下面用经典的激励理论——马斯洛的需求层次理论来证明这一点，因为马斯洛强调无形的需要（包括成长的需要和自我实现的需要）对员工来说具有同等重要的价值。表7-1显示了总报酬是如何与著名的马斯洛需求层次理论相匹配的。

表7-1　总报酬与马斯洛需求层次理论的匹配

自我实现需求（认知和理解，潜力全部达到）	学习和发展，晋升，成长
尊重需求（积极的自我形象）	认可，提升，绩效反馈
情感需求（团队的感情和认同）	归属感和同事
安全需求（长期生存）	财物安全，健康和福利
生理需求（短期生存）	小时工资，基本工资

（二）总报酬的五大优势

1. 提高组织弹性

21世纪已经成为“个性化报酬”的时代，雇主需要为不同的细分员工创造不同的混合薪酬包。总报酬具有极大的弹性，通过对各种奖励进行组合乃至再组合，以满足不同员工的情感需要和激励性需要。

2. 提高招聘和保留人才的效率

总报酬对于解决招聘和员工留任问题至关重要，它能够创造一种满足员工需要的工作体验，并且鼓励他们贡献额外的努力。它能够解决更为广泛的问题，并把薪酬成本花在有效解决员工工作价值观改变所导致的问题上。当组织帮助员工在工作和生活方面都高效率运转的时候，员工就会对这个组织产生强烈的组织承诺。

公司需要做一个现实的表述，以让潜在的员工能够看到在该公司工作的总体价值。一个提供总报酬的公司会更有竞争力，因为这能体现出员工在雇佣关系中的总体价值。

3. 降低员工流动成本

员工流动成本是非常高昂的。根据康奈尔大学的相关研究，对于时薪人员而言，失去一个员工的总成本估计的是该职位年薪的30%～150%。而总报酬可以大大降低组织员工流动率，从而降低人工成本。

4. 增强公司在劳动力市场中的吸引力

人才短缺已经变成商业环境中的长期问题。企业空前地需要得到员工更高的组织承诺，但是员工的忠诚度却在降低。人们如果发现有一个与自己需求更加符合的环境，就会选择那个环境。而如果人们的需要得到满足，他们就会选择留下。

总报酬就可以达到更好地满足员工需求的目标，因为企业可以在一个综合框架中对报酬进行组合和匹配，并针对员工的个人需求，通过总报酬包解决问题。

5. 提高盈利能力

人们通常会认为总报酬包十分昂贵，这是对总报酬的一大误解。实际上，将薪酬重新组合恰恰是节省成本的方法，这样的方法可以增加薪酬项目，提升员工对价值的感知，而且不需要增加企业的总投资。从很大程度上来说，将资金放在有价值的位置比增加资金本身更加有效。

第 2 节　普通员工的总报酬管理

员工的总报酬包括经济性报酬和非经济性报酬两个部分。普通员工的经济性报酬主要包括薪酬与福利两个部分，而普通员工的薪酬体系设计一般有三种，即职位薪酬体系、能力薪酬体系和技能薪酬体系。员工的非经济性报酬包括四个部分的内容：工作-生活有效性、认可、绩效管理和人才发展。

一　职位薪酬体系设计

（一）职位薪酬体系的含义与特点

建立职位薪酬体系，首先要对职位本身的价值做出客观的评价，然后根据这一评价结果，赋予承担这一职位的人与该职位价值相当的薪酬。实施职位薪酬体系的企业要求职位说明书清楚明确，工作对象相对较为固定。

职位薪酬体系的主要优点在于，它有利于按照职位系列进行企业的薪酬管理，操作过程简单且管理成本较低。然而职位薪酬体系也存在一些显著的缺点。薪酬与职位直接挂钩，导致员工通过晋升来获得大幅度加薪的可能性降低，进而使员工的工作积极性受挫。由于职位结构相对稳定，员工薪酬也就相对稳定，不利于企业对变化的外部环境迅速做出反应，也不利于企业及时、恰当地激励员工。

尽管职位薪酬体系存在一些缺点，但不可否认其仍然具有很强的实用性，且在操作方面比能力薪酬体系更简单易行。目前我国的大部分企业仍使用这一薪酬体系。

（二）职位薪酬体系设计的基本流程

职位薪酬体系的设计主要包括五个步骤：第一步，了解一个组织的基本组织结构和职位在组织中的具体位置；第二步，收集与特定职位的性质相关的各种信息，即进行职位分析工作；第三步，整理通过职位分析获得的各种信息，按照一定格式把重要信息描述出来并加以确认，编写成包括职位职责、任职资格条件等信息在内的职位说明书；第四步，对典型职位的价值进行评价，即完成职位评价工作；第五步，根据职位的相对价格高低来对它们进行排序，即建立职位等级结构，同时也形成薪酬等级结构。具体见图 7－2。

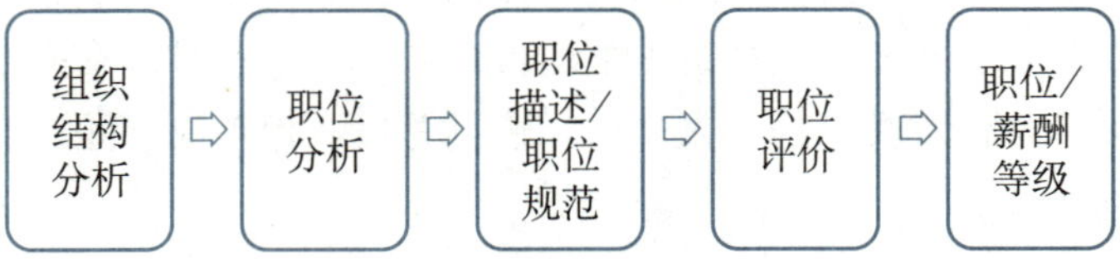

图 7－2　职位薪酬体系的设计流程

资料来源：刘昕．薪酬管理．6 版．北京：中国人民大学出版社，2021.

（三）职位评价技术

职位评价技术是帮助企业确定不同职位在企业中的重要程度的技术。首先，对职位本身的机制及其对组织的贡献度进行评价；其次，根据这种评价以及外部劳动力市场的薪酬状况，来确定应当对不同职位支付的薪酬水平高低；最后，确定不同职位在企业中的重要程度。

1. 职位评价的内涵

职位评价是一个为组织制定职位结构并系统地确定各职位相对价值的过程。这一过程以工作内容、所需要的技能、对组织的价值、组织文化以及外部市场等为综合依据。

2. 职位评价的流程

职位评价大体上可以划分为六个步骤。

（1）挑选典型职位。在组织中挑选有代表性的基准职位作为评价对象，其他职位的价值则可以通过与这些典型职位之间的比较得出。基准职位能够代表所要研究职位序列中的绝大多数职位，并且广为人知。在实际操作过程中，可以请各职能领域的管理者自行决定本职能领域中的职位大概可以划分为多少个级别，然后找出相应级别中的代表性职位。

（2）确定职位评价方法。每一种评价方法都有其优点和不足，组织必须决定采用哪种，是选择单一的评价方法还是将多种评价方法结合使用。

（3）建立职位评价委员会。根据国际经验，职位评价委员会一般包含 5～10 人，这些人最好能够站在整个企业的高度来理解职位评价。然而，在国内的操作实践中通常会建立一个规模相对较大的评价委员会，将企业的中高层管理人员和部分一线主管，甚至部分资深员工和工会代表都吸收进来。

（4）培训职位评价人员。在进行职位评价之前，必须让评价人员了解职位评价的目的以及评价中可能会出现的误差。除此之外，还应在正式评价之前对一些职位进行模拟测评或练习，以避免大家对评价工具的某些内容产生误解或重大分歧，从而提高评价的一致性。

（5）职位评价。评价委员会首先要根据已经确定好的职位评价方法对典型职位进行评价；然后根据其他职位与典型职位的关系确定其职位等级；再根据总体职位评价结果建立职位等级表，确定每一个职位的相对位置和价值。

（6）与员工交流，建立申诉机制。职位评价的结果对每位员工都很重要。在整个职位的分析和评价过程中，组织应该正式与员工进行交流，确保员工理解和接受职位评价的过程和结果。另外，组织应该建立申诉机制和程序，以便整个评价得到员工的认可和支持。

3. 职位评价的方法

职位评价的方法有非量化评价和量化评价两种。非量化评价是指那些仅仅从总体上来确定不同职位之间的相对价值顺序的职位评价方法，而量化评价则试图通过一套等级尺度系统来确定一种职位的价值比另一种职位的价值高多少或低多少。非量化评价的方法有两种，即排序法和职位分类法；量化评价的方法也有两种，即要素计点法和要素比较法。

(1) 排序法。排序法是根据总体上界定的职位的相对价值或者职位对组织成功所做出的贡献将职位从高到低进行排列。运用排序法进行职位评价，要求评价者对需要评价的职位内容相当熟悉，否则不可能做出准确的判断。

(2) 职位分类法。职位分类法是将各种职位放入事先确定好的不同职位等级中的一种职位评价方法。职位分类法的主要特征是能够快速地对大量的职位进行评价。这种方法目前在公共部门以及企业中仍然广泛使用，尤其是在存在技术类工作的组织中。首先，确定合适的职位等级数量。其次，编写每一职位等级的定义。最后，根据职位等级定义对职位进行等级分类。

(3) 要素计点法。要素计点法又称因素计点法，它通过若干要素来评定各个职位的价值大小，具有较高的准确性与适当的成本。首先，确定组织为评价职位价值而需要运用的报酬要素是哪些。然后根据程度差别来对每个报酬要素进行等级划分和等级定义，并且赋予每一个报酬要素不同的权重，赋予每一个报酬要素等级不同的点值。当每一个职位在每一个报酬要素上所处的实际程度等级被确定下来之后，职位评价者只需把该职位在每一个报酬要素上的点值进行加总，就可以得出该职位最终获得的总点值。最后，根据每一个职位的总点值大小对所有职位进行排序，即可完成职位评价过程。

(4) 要素比较法。要素比较法实际上可以看成是一种比较复杂的排序法。一般排序法是把每个职位作为一个整体，根据某些总体指标来对职位进行排序；要素比较法则要多次选择报酬要素，对职位进行多次排序，再把各个职位报酬要素上的得分通过加权得出一个总分，最后得到一个总体职位序列分。

二 能力薪酬体系设计

(一) 能力的基本概念

能力是指胜任力，即实现某种特定绩效或者表现出某种有利于绩效实现的行为的能力，而不是一般意义上的能力，它是一系列技能、知识、能力、行为特征及其他个人特性的总称。从胜任力的冰山模型（见图 7-3）看，知识和技能是位于海面上的可见冰山部分，称为基准胜任力特征，它是对胜任者基础素质的要求，却不能把表现优异者与表现平平者区别开来。海面以下的冰山部分包括自我认知、品质和动机等胜任力特征，可以统称为鉴别性胜任力特征，这是区别表现优异者与表现平平者的关键因素。

(二) 能力薪酬体系

能力薪酬体系，是指组织根据员工所掌握的与工作有关的能力（胜任力）支付基本薪酬的一种薪酬制度。目前，在能力和薪酬挂钩方面，真正像技能薪酬那样直接将能力与基本薪酬完全挂钩的做法并不常见。企业常常采取多种不同形式将能力与薪酬挂钩，其中主要的模式有五种：职位评价法、直接能力分类法、传统职位能力定薪法、行为目标达成加薪法、能力水平变化加薪法。

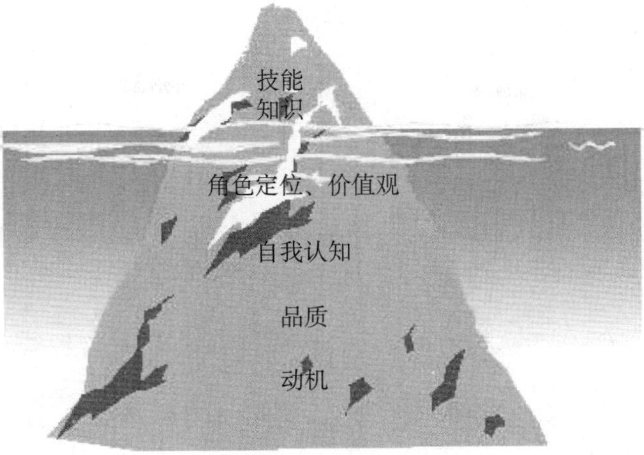

图 7－3　胜任力的冰山模型

三　技能薪酬体系设计

（一）技能薪酬体系的内涵和特点

技能薪酬体系，是指组织根据员工个人所掌握的与工作有关的技能以及知识的广度和深度，支付基本薪酬的一种薪酬制度。这种薪酬制度通常适用于所从事的工作比较具体而且能够被清晰界定的操作人员、技术人员以及办公室工作人员。

（二）技能薪酬体系的实施前提

技能薪酬体系能否在一个组织中得到应用，最终取决于管理层对员工的看法，这种看法会影响组织和员工之间心理契约的性质乃至薪酬的形式。组织形式与管理层对组织和员工之间关系看法的各种组合方式如图 7－4 所示。在图中，横坐标表示的是组织管理层对员工的态度，分为敌对态度和合作态度。在敌对的管理哲学下，管理层把员工看成是组织利益的竞争者，他们会想方设法控制员工在组织中能够发挥的作用，使其最小化。员工相对应也会采取一系列的报复行为。另一种状况是管理层对员工持合作态度，即组织通过积极地与员工合作来达到组织的目标。纵坐标代表组织形式可以划分为有机组织和官僚组织两种形式，前者是指结构松散的有机系统，而后者则是指具有严格职位描述的高度结构化的官僚主义组织。

图 7－4 四个象限中的组织都可以实施职位薪酬体系，但是只有具有特定的心理环境和职位结构的组织才能采用技能薪酬体系。最适合实施技能薪酬体系的组织，是那些管理层和员工都愿意合作，并且职位结构也允许员工不受传统的工作描述束缚而自由发展的组织，也即图中第一象限中的组织。技能薪酬体系的实施需要管理层和员工对二者之间的关系持有一种长期态度，只有这种长期观点才能保证对技能的长期强调，这恰恰是技能薪酬体系运转的一个前提条件。与此同时，在技能薪酬体系设计和实施的过程中，组织和员工需要共同承担相应的责任和风险。

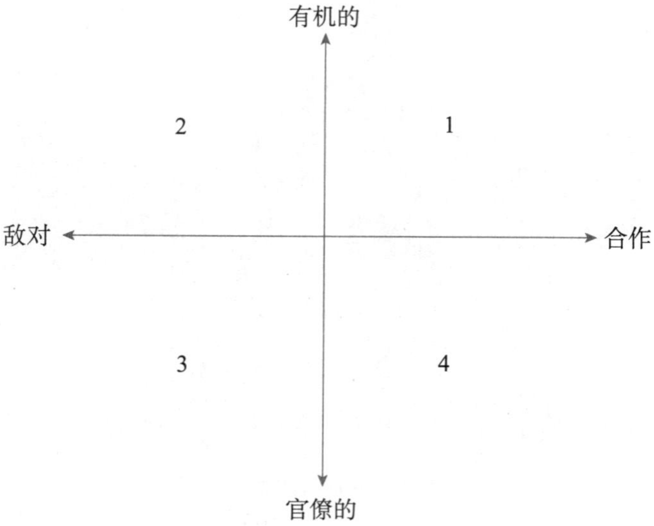

图 7-4　技能薪酬体系适用的组织与管理类型

四　福利

（一）福利的意义

对于员工来说，福利是员工获得人文关怀、共同分享企业发展成果的手段。对于企业来说，福利既可以提高员工的凝聚力、向心力与忠诚度，又可以提高企业对外的竞争力，从而创造一个双赢的局面。

（二）福利管理

1. 制定福利规划

(1) 确定员工福利的目标。企业在制定福利规划时要搞清楚自己所做福利计划要达到何种目的。

(2) 确定提供福利的类型。福利决策和直接报酬决策存在很大差异。因为直接报酬决策往往是单一的，而福利可由企业根据员工的不同要求进行组合。

2. 做好福利预算

福利预算既是为了对一系列福利成本开支进行权衡与取舍，又是为了控制成本。在考虑成本控制战略时，有必要考虑以下几个方面：第一，某种类型福利的成本越高，降低福利成本的空间就越大。第二，福利类型的增长轨迹也非常重要，即使某种类型福利的成本在当前是可接受的，但是其增长率可能会导致企业在未来承担巨大的成本。第三，只有在企业有非常大的自由度，可选择将多少钱投入某种类型的福利时，遏制福利成本才会起到作用。

3. 强调福利的沟通

员工福利要对员工的行为和绩效产生影响，必须就福利信息与员工进行有效的沟通，让员工意识到福利是总报酬的一部分。能够有效沟通的福利模式必须有三个因素：第一，企业必须宣传自己的福利目标，并且确保每一次沟通活动都能达到这些目标。第二，必须通过合适的渠道来传播这些信息。第三，沟通的内容必须具体、完整，不能用有碍交流的复杂专业术语。

4. 注重福利的评价与反馈

一套好的福利计划本身应该具有以下几个特征：一是亲和性，即员工福利计划应该建立在亲情、平等和信任的基础上，体现企业的人情化关怀，以有利于凝聚人心，增强员工的归属感，激发员工奋发有为的动力和活力，并体现企业的管理理念和人本思想；二是灵活性，即福利计划设计要灵活，尽量满足不同员工的不同需求，同时能够根据实际情况和财务情况适时做出调整；三是竞争性，即企业的福利水平对外具有竞争力，方可确保企业在劳动力市场上的竞争优势，有效吸引和保留企业的核心员工；四是成本效能，即员工福利计划和各个福利项目的成本必须控制在企业可支配的范围内，并能够很好地体现企业的经营状况和财务能力；五是可操作性，即企业福利计划的项目必须是切合实际且方便实施的，福利项目和表达越容易被员工理解和选择，对企业来讲，其管理难度和管理成本就越低；六是特色性，即福利计划要体现企业的经营哲学和战略目标，从而塑造和谐、有特色的企业文化。总而言之，只有好的员工福利保障计划，才能让员工切实得到真正的实惠，全力投入到工作中，为企业服务。

五　工作-生活有效性

（一）工作-生活有效性概述

工作-生活有效性指一整套积极支持员工在工作和家庭方面都获得成功的组织实践活动、政策、项目和理念。在工作场所，组织对于工作-生活有效性的主要支持措施可以分为七个类别，分别是工作场所弹性、带薪假期和非带薪假期、健康和情绪状态、子女关怀、财务援助、社区参与和管理参与/文化改变参与。

对于企业来说，实施工作-生活有效性政策可以带来很多好处。比如，提高工作效率、吸引人才、降低流动率和缺勤率、减少管理成本和增强顾客满意度，以及建立一个更加愉悦、公正并充满活力的工作场所。

（二）工作-生活有效性计划的设计

1. 对组织提供的工作-生活有效性福利进行评估

例如组织提供了哪些工作-生活有效性福利？有没有其他能够提供但现在没有提供的工作-生活有效性福利？

2. 管理层和员工之间的沟通

实行了工作-生活有效性计划的组织中员工满意度有多高？员工还希望有其他福利吗？人力资源专家应该经常进行调查，评估员工满意度以及他们对组织中的工作-生活有效性的看法。这些结果应该反馈到管理层和非管理层员工，而调查反馈可用来对计划进行改进。

3. 评估组织提供的工作-生活有效性福利产生的投资回报率

对员工来说，良好的工作-生活有效性所带来的好处似乎是显而易见的。但是，对组织来说，有什么好处，又如何评估？评估工作-生活有效性福利对收益和利润的直接贡献是困难的。工作-生活有效性的影响力是中期的，或者说是间接的因素，类似于留存率、公司的声誉、生产力、创造力和顾客服务等。

（三）工作-生活有效性计划的内容

1. 弹性工作制度

弹性工作安排是指在固定工作时间长度的前提下，灵活地选择工作的具体时间、方式和地点。具体形式如弹性工作时间（员工可以在保证 1 天工作 8 小时的前提下自由选择上下班的时间）、工作分享（两个或者更多的员工共同承担一份工作而有更多的休闲时间）、压缩工作周（员工可以在比较短的时间内，比如 4 天完成 1 周 40 小时的工作量，从而有更长的周末）、弹性工作地点等。

2. 人性化的请假制度

为了减少员工个人生活与工作的冲突，有些公司除了提供法定的带薪假期，还可提供付薪或不付薪的病假、照顾生病的家庭成员等事假。

3. 巧妙设计家庭照顾福利

通过与一些家政服务公司建立长期的合作关系提供相应的福利计划，如为员工的子女照看费用支付部分补贴等，缓解员工的家庭压力。现阶段，日托资助成为一种流行的福利。

4. 帮助员工寻求家人的支持

帮助员工寻求家人的支持，比如，创造家庭成员参观公司或相互联谊的机会，促使家庭成员了解其工作环境、工作状况，以及工作范围内成员的相互理解和认识，更容易取得家庭成员对其工作的理解与支持，从而提升工作-生活有效性。

六 人才发展

发展是指提高员工技能和胜任力的一系列学习体验。发展使得员工表现更好，使得领导者不断完善组织的人员战略。职业机会是一项为雇员提升职业目标的计划。学费资助、继任计划、学徒制、培训、职业发展规划指导等都是提升员工个人发展与职业机会的有效措施。

（一）继任计划

继任计划是指发现并追踪具有高潜质的雇员的过程。它是为首席执行官、副总裁、职能部门和业务部门的高层经理等职位寻找并确认具有胜任力的人员，是为组织储备核心的人力资本，其实施过程要涉及人力资源培训与开发、职业生涯管理和绩效测评等方面。

（二）轮岗培训

轮岗培训是为了让轮岗员工对新的工作环境和业务有所了解，补充新的知识和能力，使其对未来的岗位有一个清晰的了解。轮岗培训是在预定的时期内使受训者相互变换工作岗位，获得不同岗位的工作经验的形式。如在对管理人员进行培训时，让受训者有计划地到生产、销售、财务等部门工作几个月，实际参与所在部门的工作，或仅仅作为观察者，了解所在部门的业务，扩大受训者对整个企业各个环节工作的了解。

第 3 节　企业高管的薪酬管理

工作场所的用工管理有三重境界，最低境界即在老板和员工之间形成交易关系，员工付出劳动，企业给付报酬。第二重境界即形成“三位一体”的关系——利益共同体、事业共同体、命运共同体。此时员工与组织不仅形成了书面契约，还形成了心理契约。最高境界则是形成使命共同体，但基本不可能实现。而员工从普通员工变成高管后，不仅仅是职位的转变，在很大程度上还是从交易关系到“三位一体”关系的转变，伴随着这一转变过程的还有薪酬的转变，因为高管薪酬的核心是股权激励，而股权激励的核心则是分享。在高管层，高管与企业形成的是利益共同体、事业共同体、命运共同体，因此高管在更大程度上要分享企业的发展成果。

一　高管薪酬激励概述

（一）相关概念界定

1. 企业高管

高管是指能有效利用各类资源，独立、创新性地开展企业重大经营活动，具有实际经营权、决策权并能承担风险，对企业发展具有控制力和影响力，对企业业绩影响较大的企业高级管理人员的总称。

2. 高管薪酬

高管薪酬分为狭义薪酬和广义薪酬。狭义的薪酬为企业以国家法规和劳动合同为依据，将员工的劳动报酬以货币形式给予。主要有工资、津贴、奖金等几种形式。广义的薪酬不但包含上述现金形式的报酬支付，还包括以培训、福利、晋升机会等非货币形式给服务于企业、付出劳动的员工的奖励和补偿。本书中的高管薪酬是广义上的概念，指高管为企业提供劳动或劳务而获得的回报。

高管薪酬包括直接报酬和间接报酬两部分。直接报酬主要包括基本工资、津贴、福利、年度激励和长期激励；间接报酬包括非现金形式的公司福利、个人发展机会、培训、表彰、工作-生活有效性等。如图 7-5 所示。

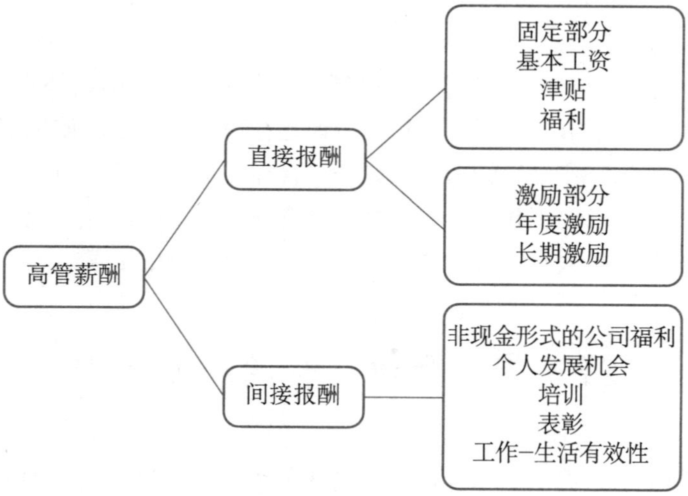

图 7-5　高管薪酬分类

（二）企业高管薪酬相关理论分析

1. 委托-代理理论

1933 年，美国学者小阿道夫·伯利（Jr. Adolf Berle）和加德纳·米恩斯（Gardiner C. Means）在《现代公司与私有财产》一书中，对美国 200 家大公司进行了分析，发现其中占公司总数量 44%、财产 58%的企业是由并未握有公司股权的经理人员控制的，由此他们得出，现代公司的发展已经发生了“所有与控制”的分离，公司实际上已经为由职业经理组成的“控制者集团”所控制。后来人们把这种现象称为“经理革命”。委托-代理关系是随着企业所有权和控制权（经营权）的逐步分离而产生的。所谓委托-代理关系，就是指委托人把自己的事务交给其代理人代为处理而形成的委托人与代理人之间的责、权、利关系。

2. 锦标赛理论

锦标赛理论认为，与既定晋升相联系的工资增长幅度，会影响位于该工作等级以下的员工的积极性；只要晋升的结果尚未明晰，员工就有动力为获得晋升而努力工作。因此，锦标赛理论把丰厚的高管薪酬当作希望成为高管的一系列竞赛的奖品。员工职位的提升被当作一种胜利，而更加丰厚的报酬（更高的基本工资、奖金、增加的福利和额外补助）就代表奖品。员工提升的级别越高，赢得竞争的机会就越少：在公司的等级结构中，级别越高，职位越少。

3. 社会比较理论

社会比较理论又称公平理论，由美国心理学家约翰·亚当斯（John S. Adams）在 20 世纪 60 年代提出来。公平理论认为，人们通常会通过比较来判断自己是否能够获得公平的报酬，通常集中在比较工作所得与工作付出这一相对值上。受到个人对所得与付出之比同参照者的所得与付出之比的比较影响，只有在二者之比为一，即二者相等时，员工才会感到切实的公平感，其行为才会得到有效的激励。当员工遇到不公平时，他会以原来选定的参照者不合适作为理由聊以自慰；当无法继续找到合适的理由时，他的意志就会很消沉，极端情况下也会考虑离开企业。因此，在制定高管薪酬时应当注意，除了报酬指标的绝对值能够影响薪酬激励效果，报酬因素的相对值也存在很大的影响。激励制度应本着公平、公正的原则，使所得与付出等式在客观上保持成立，尽管主观判断的误差难以完全消除，也不至让员工感到严重的不公平。

二　高管薪酬设计

（一）高管薪酬构成

高管的总报酬与普通员工的总报酬有一个显著差异，那就是高管的总报酬强调长期激励。高管薪酬的主要部分包括年度现金薪酬、长期激励、间接报酬。

1. 年度现金薪酬

高管的现付总核心报酬包括三个部分：年度基本工资、津贴、福利、年度奖金。

2. 长期激励

递延薪酬是指一名雇员和公司达成协议把该公司给该雇员的报酬推迟到将来的一个日期支付。递延薪酬是高管总报酬的一个特点。作为一种激励手段，递延薪酬把高管的长期利益和公司业主或股东的长期利益联系在一起，使高管有一种公司主人翁的感觉，而主人翁的感觉会使高管有动力去努力工作。

股权激励是指上市公司以本公司股票为标的，对其董事、监事、高管及其他员工进行的长期性激励。向高管让渡部分公司股权，可以使高管能够以股东的身份参与企业经营，分享利润，承担风险，勤勉尽责地为公司的长期发展服务。

目前高管的长期激励主要有以下多种形式：股票期权、限制性股票、业绩股票、股票增值权、虚拟股票、递延奖金和员工持股计划等。其中股票期权是最主要的形式。

（1）股票期权。股票期权是使用最广的股权激励计划，是指组织（授予者）给予个人（受益者）在约定的时间（行权期）内以特定价格购买一定数量的股票的权利。

（2）限制性股票。限制性股票是雇主授予雇员的股票奖励，但员工所持有股票的权利受到一定的限制。限制包括服务期或者雇佣关系维持时间的限制，在限制消失之前，员工不能将股票进行抵押、出售或者转移。然而，员工可以在受限期间获得股息和投票权。一旦限制消失，员工会获得所有的非受限的股份，也可将其抵押、出售或者转移。

（3）业绩股票。业绩股票是一种根据事先确定的内部或者外部绩效目标的达成情况而授予股票的计划。激励计划的接受者必须在一定时期（三至五年）内达到这些目标，才有资格获得这些股票。业绩股票将绩效目标和股票价格表现有机结合起来，股票的接受者就有两种动力，即达成组织目标和努力提高股票价格。

（4）股票增值权。股票增值权是指通过股票增值权计划，公司授予其高管一种获得预期股份未来增值等额的奖励的权利。股票增值权接受者需要在一定的授予期间之后才能行权。

（5）虚拟股票。虚拟股票是指公司给予高管一定数量的虚拟股票，对于这些虚拟股票，高管没有所有权，但是与普通股东一样享有股票升值带来的收益，以及享有分红的权利。

（6）递延奖金。递延奖金也是长期激励的一种，是指将高管的部分年度奖金以及其他收入存入公司的延期支付账户，并以款项存入当日按公司股票平均市场价折算出的股票数量作为计量单位，然后在既定的期限（多为五年）后或该高管退休以后，以公司股票形式或者依据期满时股票市值以现金方式支付给该高管。延期支付计划的优势在于将公司高管的薪酬与公司长期业绩联系起来，并减少公司和个人的税赋。

（7）员工持股计划。员工持股计划是员工所有权的一种实现形式，是企业所有者与员工分享企业所有权和未来收益权的一种制度安排。员工通过购买企业部分股票而拥有企业的部分产权，并获得相应的管理权，使得员工的主人翁感及组织承诺最大化。

3. 间接报酬

高管的间接报酬主要包括非现金形式的公司福利、个人发展机会、培训、表彰、工作-生活有效性等。

（二）高管薪酬确立的标准

1. 市场标准

市场标准是指主要根据高管人才市场上供需力量对比所形成的市场薪酬水平，来确定本企业高管的薪酬水平。这种基于市场薪酬标准决定高管薪酬的方法通常包括三个程序：确定市场的范围，进行市场薪酬水平的调查，确定本企业的高管薪酬水平。

2. 企业业绩标准

（1）确定企业的业绩指标。一般来说，企业经济效益指标主要体现在财务指标或是股票市场价格指标上。在各种类型的指标中，应该根据企业经营的特征选择最能体现企业高管业绩的指标，而尽量减少或避免采用那些比较短期的、高管容易影响或操纵的指标。

（2）确定业绩标准。即确定企业的业绩指标达到什么样的标准，高管就可以得到多少数量的报酬。确定企业的业绩标准，必须考虑企业发展战略、目前所处的阶段、企业所在行业的竞争程度、企业以往的业绩水平等因素。

（3）确定合理的企业高管业绩薪酬比重。以企业的经营业绩为标准确定高管的薪酬水平，必须明确高管薪酬中风险性收入在总薪酬中的合理比重。这个比重的确定，可以参考企业当地的生活标准、企业的基本规模、企业经营的难度和高管的风险规避程度等因素。

3. 风险标准

风险标准是指根据高管经营管理企业过程中可能面临的风险来决定其薪酬水平。风险理论指出，企业高管所面临的风险主要与企业的复杂程度有关，而企业的复杂程度又是由企业规模、竞争程度等因素决定的。

（1）企业规模。企业规模是一个综合性的决定因素，随着企业规模的增大，企业高管需要考虑的因素也会增加。随着高管需要考虑的因素增加，要做出的决策也会相应增加，他们面临的风险也就越大。在实际操作中，可以综合考虑企业的资产总额、营业收入总额、员工人数等具体指标，将企业划分为不同的规模等级，作为确定高管薪酬水平的一个指导因素。

（2）竞争程度。市场竞争程度越大，企业高管所受的压力就越大，他们所做出的哪怕一个不正确的决定都有可能导致企业经营失败，因此他们所面临的风险也就越大。企业竞争程度的大小，可以根据市场上业务相同（相似）的企业的数量以及其产品的市场占有率来评价。

4. 其他标准

除了市场、业绩和风险标准，还可以综合考虑其他标准来确定合理的高管薪酬水平。例如，可以通过受教育程度、参加工作的时间、所获得的荣誉和奖励等因素来衡量高管的人力资本存量，从而确定其薪酬水平。

第 4 节　基于劳资双赢的薪酬管理模式

一　绩效与报酬的对等承诺与对等实现

在人力资源与劳动关系管理中实现劳资双赢的关键在于实现绩效与报酬的对等承诺。对于员工而言，绩效是他们对组织的承诺，他们希望通过达成绩效获得报酬。对于组织而言，报酬是组织对员工的承诺，组织希望通过报酬激励员工努力工作，获得高绩效，为组织创造价值。而若要实现劳资双赢和劳动关系和谐，关键就在于使绩效与报酬的承诺对等。对于员工而言，实现从绩效到报酬的对等承诺的关键，在于他们所获得的是合法、合理、合情的报酬；对于组织而言，实现从报酬到绩效的对等承诺的关键，在于报酬成功激励员工使组织获得了高绩效，实现员工与企业的共同发展。因此，实现绩效与报酬的对等承诺的薪酬管理模式的关键，在于薪酬制定的合法、合理、合情以及薪酬的有效激励作用。这种基于劳资双赢的薪酬管理模式如图 7－6 所示。

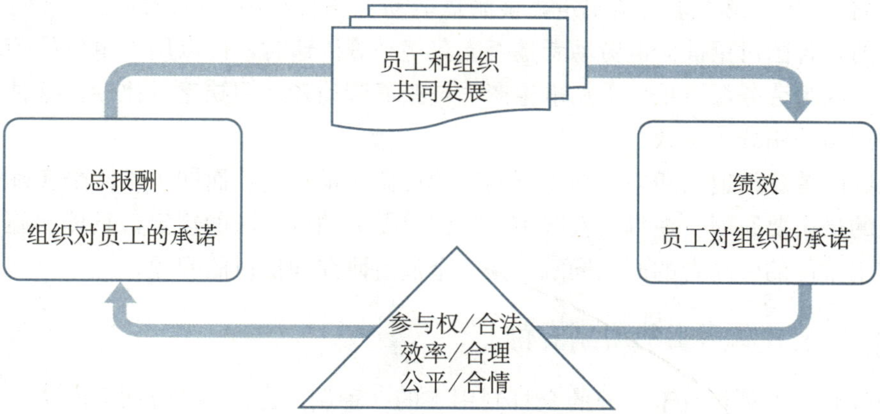

图 7－6　绩效与薪酬的对等承诺

二 薪酬管理的法律环境——合法

（一）最低工资

最低工资是指劳动者在法定工作时间内提供正常劳动的前提下，其所在单位应支付的最低劳动报酬。

（二）工作时间和休息休假

工作时间是指法律规定的劳动者在一昼夜或一周内从事工作的时间，即劳动者每天应工作的时数或每周应工作的天数。休息休假，又称休息时间，是指劳动者在法律和行政法规规定的法定工作时间以外自行支配的时间。包括劳动者每天休息的时数、每周休息的天数、节假日、年休假、探亲假等。

（三）劳动报酬权

劳动报酬权是劳动者在劳动关系中享有的最基本、最核心的权利。劳动者提供劳动力以获得报酬是劳动关系财产性的体现，支付劳动报酬是企业承担的保护劳动者财产权的义务。通过管理劳动者的报酬来促进对员工的激励和企业的发展，是现代企业的首要目标之一。

（四）加班工资支付

劳动者正常工作时间工资是指劳动合同规定的劳动者本人所在工作岗位（职位）相对应的工资。因此，加班工资基数就是劳动者正常工作时间的工资。企业在执行加班工资支付时，必须对相关法律法规有足够的了解。在此基础上，实施按劳付薪，对员工的劳动成果予以肯定，以激励其更好地为企业服务。

（五）劳务派遣工的薪酬支付

《劳动合同法》第六十三条规定，被派遣劳动者享有与用工单位的劳动者同工同酬的权利。目前，各国讨论被派遣劳动者是否能获得平等待遇时，仍以用工单位的劳动者作为比较对象，因为劳务派遣单位不从事生产，被派遣劳动者之间缺乏可比性，这种现象是劳务派遣雇用与使用分离所致。

在我国的劳务派遣实践中，同工不同酬的现象非常普遍，而同工不同酬实际也是劳务派遣泛滥的最主要原因。在具体实践中，如何遵循劳动合同法的规定，具体实施被派遣劳动者与用工单位的劳动者的同工同酬，是一个值得研究和探讨的问题。

（六）非全日制用工的薪酬支付

非全日制用工是相对于传统的全日制用工的一种用工方式。《劳动合同法》第一次以法律的形式对非全日制用工进行了专门性的规范。而辨别和确定劳动者是否属于非全日制用工，是企业在实际操作中遇到的最常见问题。

从企业的角度来说，对非全日制劳动者的薪酬管理主要体现在计酬方式和工作时间两个方面。需要具体注意的有以下几点：

(1) 注意用工时限。对此法律已做出了硬性规定，企业在使用非全日制员工时，必须严格遵守用工时限。另外，由于非全日制用工的特殊性，非全日制用工不能约定试用期。

(2) 慎重选择合同形式。尽管法律规定非全日制用工可以约定口头协议，但口头协议往往很难规范双方的权利与义务，“口说无凭”往往是产生劳动纠纷的原因。因此，企业使用非全日制用工时，如果条件允许，应尽量采用书面劳动合同的形式，以避免不必要的纠纷和风险。

(3) 履行法律义务，按时付酬。非全日制用工的用工单位应将薪酬数量和支付时间在合同中完整体现。

(4) 社会保险的缴纳。从事非全日制工作的劳动者应当参照个体工商户的参保办法参加基本养老保险，可以以个人身份参加基本医疗保险。

三 实现薪酬管理的高效率——合理

(一) 薪酬管理的效率

薪酬管理的效率包括员工个体和组织整体两个层面。从员工个体层面来看，薪酬管理的效率要求体现在对员工工作动机、工作行为以及个体绩效等方面的促进。组织层面的有效性主要是指薪酬体系对组织目标的贡献程度。因此，薪酬管理的效率要求应体现为对企业战略目标的实现所提供支持的程度。

具体来说，薪酬设计是通过以下三个方面对战略目标实现提供支持的：

(1) 吸引关键人才。不同战略模式需要不同类型的人才，这也就需要不同的薪酬制度。有关薪酬策略的研究表明，组织的薪酬水平、薪酬特征与吸引、留住特定员工所需的特征是相一致的。比如，高浮动的薪酬制度有利于吸引具有冒险精神和创新精神的员工，这种薪酬策略会促进差异化与技术创新战略的实现；相反，高稳定的薪酬制度吸引和留住的则是谨慎、墨守成规的员工，这种薪酬策略与强调标准化、低成本战略模式相匹配。能够吸引与留住实现战略目标所需要的关键人才的薪酬策略，才是有效的。

(2) 奖励关键技能。不同的战略模式需要不同的技能作为支撑，这就需要相应的薪酬制度能够激励员工学习与掌握该方面的知识。低成本战略需要在同行中领先的成本管理能力。技术领先战略则需要员工具有行业中一流的专业技能，同时又必须具备出色的研发管理能力。差异化战略要求员工具有更加敏锐的市场嗅觉与营销能力。研究表明，员工会将更多的时间花在能够得到组织认可的领域来学习掌握一种能够受到组织奖励的技能。为了激励员工掌握组织迫切需要的技能，就要根据员工关键技能的水平来确定薪酬等级。只要能够持续对关键技能进行奖励，薪酬制度就会像指挥棒一样激励员工提高关键技能，促进组织战略目标的实现。

(3) 激励关键行为。不同的战略模式对员工的行为要求也不相同。一般来说，处于初创期、成长期的企业薪酬设计中会侧重于短期行为指标，而处于成熟期的企业则更加侧重于员工的长期行为。

以上是组织层面薪酬管理的有效性。而从员工个体层面来看，薪酬设计的效率要求体现在对员工工作动机、工作行为以及个体绩效等方面的促进，也就是能够对员工进行激励。激励的本质是让员工总是把精力投入工作，积极想办法，把事情做到最好。而体现激励性的薪酬管理的一个代表性体系就是绩效薪酬体系。

（二）绩效薪酬体系的激励性

绩效薪酬体系是指将员工的收入与绩效水平挂钩的薪酬体系。它来源于“科学管理之父”弗雷德里克·泰勒创造的一种激励性的计件工资报酬体系。泰勒时代绩效薪酬的形式主要为计件工资、计时工资、差别计件工资等。根据员工的绩效来支付报酬是20世纪美国薪酬管理的一个里程碑。从薪酬管理实践的历史发展来看，特别是20世纪80年代以后，市场细化、竞争加剧及产业微利化等经济现实，促使人们对劳动关系管理产生了更为深入的关注及根本观念上的转型，相应地对人员的激励也日益重视，“按绩效支付报酬”成为薪酬分配的主流导向。绩效薪酬计划大体上可以分为基于员工个人的和基于团队的。

1. 基于员工个人的绩效薪酬计划

基于员工个人的绩效薪酬计划包括计件工资、计时工资、绩效加薪、绩效奖金等。计件工资制是一种在生产工人中使用最为普遍、以个人为基础的激励性工资。在这种薪酬制度下，工人将根据他们所生产的每一单位的产品获得一笔报酬，工人产出高则获得的报酬就高。

制定计件工资率时，最关键的问题是生产标准的确定。生产标准首先要为员工创造一定的收入激励员工努力工作，同时要将生产的人工成本控制在一定范围内，另外还需要保证员工所得的工资能够达到最低工资标准。计件工资制可以向员工提供一种直接的增加生产的激励，在该模式下员工获得的报酬与产出挂钩，所获报酬是变动的，产出越大所获报酬越高。因此，工人就有动力去努力提高绩效，从而得到较高的报酬。

尽管计件工资制在向员工提供激励以及筛选高生产率的员工方面有很大优势，但现实生活中很多企业还是偏好按投入支付工资的计划，即通常所说的小时工资等。以投入为基础的工资取决于员工所投入的时间或者在工作中所投入的努力水平，与产量没有关系。原因在于企业对产量的衡量存在很多不确定因素，成本很高。同时，大多数员工都是风险规避型的，其他条件（如报酬的平均水平）相同的情况下，他们更偏好以工时为基础的工资所具有的那种确定性。计时工资制中一个隐含的假设是员工在工作中所消耗的时间越长，则他们在工作中付出的努力程度也就越高。

绩效加薪主要是在工资保障功能的基础上，把绩效工资的内容纳入基本工资的范畴，而将绩效部分作为奖金发放。每一年的工资增加额会加入次年的基本工资内，随着时间的延续，会形成庞大的工资累计额，使企业的负担加重。因此，绩效加薪的成本是比较高的。

2. 基于团队的绩效薪酬计划

基于团队的绩效薪酬计划关注薪酬与团队以及薪酬与组织绩效之间的关系。员工与组织风险共担、收益分享的方式主要包括收益分享计划、利润分享计划、员工持股计划等。

（1）收益分享计划。20世纪三四十年代，收益分享计划逐步为企业和员工所知晓，收益分享计划的采用具有三重意义：节约劳动成本、员工参与管理、分享组织成功。乔治·米尔科维奇（George T. Milkovich）认为，收益分享计划是通过提供给员工参与企业收益分享的权利来进行团队员工激励的一些分配方式的总称。一般而言，收益分享计划是在企业和员工之间分配由于成本节省或者员工参与提出具有建设性的意见而带来的收益。

（2）利润分享计划。利润分享计划是当公司达到生产的利润目标时，将一部分利润作为奖金分配给员工。利润分享计划一般针对公司的全体员工，是组织激励计划的一种。奖励的发放可以是现金支付，也可以是延期支付，或者二者结合。现金现付制度指每隔一段时间将一定比例的利润作为奖金发放给员工，其性质与一般所谓现金分红类似。延期支付制度就是把奖励员工的现金存在某一账户中，等员工退休之后再支付。二者的差别不只体现在支付时间上，在税收安排上也有差别：支付现金的时候一般需要员工支付一定税额，采用存入账户的形式则只有当员工取用这些钱的时候才缴一定的税额。利润分享计划让员工分享到公司的利润，从而可以加深员工的归属感，同时也让公司在分享金额时有很大的自由度。但是，如果利润分享占员工总薪酬的比例过大，会降低员工的安全感，对未来薪酬水平的未知会影响员工的储蓄和购买计划，人员流动可能会因此增加。

（3）员工持股计划。根据员工持股计划，公司给予员工购买公司股票的权利，员工可以认购相应的股票，努力提升股票价值后以较高的价格将股票卖出，从而获得货币收入。一方面，公司通过实行员工持股计划可以获得税收上的优惠；另一方面，一些公司认为，通过员工持股计划可以提高员工在组织中的参与度，并借此提升公司的业绩。但是员工持股计划是有风险的，影响股票价格的因素有很多，其与员工个人绩效之间的关系不明显。这种激励计划类似于延期支付，并让员工因为购得合伙人股份而产生主人翁的感觉，把员工的长期利益和公司所有人或股东的长期利益联系在一起。

四 基于公平的薪酬分配——合情

（一）薪酬管理与公平分配

薪酬管理包括薪酬体制、薪酬水平、薪酬结构等各个方面，薪酬分配的公平性需要体现在薪酬管理的各个方面，具体如表7-2所示。

表7-2 薪酬管理与公平分配

基本内容	主要任务	公平分配关键决策
薪酬体制	确定组织基本薪酬以什么为基础，薪酬体系以什么机制构建	价值公平——体现合理的计酬要素和劳资双方价值平衡，劳动力使用与经济利益回报的价值交换公平
薪酬水平	确定组织、部门、职位的平均薪酬水平	外部公平——组织薪酬的外部竞争性
薪酬结构	确定组织内部不同职位、人员薪酬之间的相互关系	内部公平——组织薪酬的内部一致性
薪酬核定	确定具体员工的薪酬待遇（薪等、薪级、薪额）	员工公平——体现具体员工的工作价值与工作贡献程度

续表

基本内容	主要任务	公平分配关键决策
薪酬形式	确定和管理员工所得薪酬的组成形式、成分及比例关系	功能公平——恰当运用公平分配定律进行薪酬构成形式及组合的确定，达到薪酬功能平衡
不同群体薪酬	确定和管理不同工作性质员工群体的有针对性薪酬	群体公平——体现不同群体员工的工作价值与贡献，区别设计和管理不同类型员工的薪酬
薪酬管理事务	薪酬规划、预算、执行、控制、沟通、评价等	组织公平——薪酬管理系统满足员工在组织中的分配公平性感受，有助于组织和个人目标实现

（二）薪酬水平与外部公平

薪酬的实质就是劳动者付出劳动的回报，这是一个交易过程。交易的主体是劳动者与企业（企业主）。一方付出劳动（商品），另一方支付工资（货币）。在充分竞争的市场前提下，商品的价格是由市场决定的。这个价格（薪资）的形成本质上是一个博弈的过程。在一个劳动者面对多个企业，或多个劳动者面对一个企业的博弈中，均衡只会出现在雇佣双方都得到相对最满意支付的结合点上。因此，在劳动力市场上，任何一个应聘者在向企业提出工资额度（价格）要求时，都应该考虑价格是否太高，否则可能就没有人要。同样，任何一个企业对某个特定岗位给出的价格明显低于市场价格，就得不到人才。市场是公平的，作为商品的劳动力付出的劳动的卖价（工资要求）和作为企业用来购买劳动的买价（给出工资）都必须有竞争力，否则就不可能成交。也就是说，薪酬必须具有竞争力，或者说必须具有市场公平性。员工将自己在公司所得与社会上同类工作的平均工资水平相比较的过程及比较的结果会影响他今后的工作积极性甚至去留。若外部不均衡表现得过高或者过低，都会对公司产生不利影响。

但是企业的薪酬水平需要依据企业战略等具体确定。薪酬水平策略主要包括处于薪酬水平领导地位的市场领先型策略、跟随行业总体薪酬行情的市场跟随型策略、成本优先的成本导向型策略和混合型策略。如图 7-7 所示。

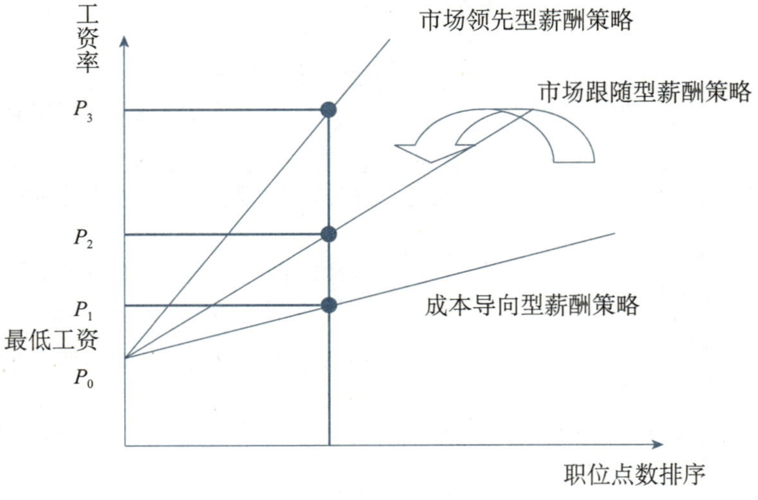

图 7-7　薪酬策略

（三）薪酬结构与内部公平

1. 内部公平

薪酬的内部公平是员工对自身工作在企业内部的相对价值的认可。根据约翰·亚当斯的公平理论，员工将自己的付出、所得与企业内其他员工的付出、所得进行比较，进而判断自己所获薪酬是否具有内部公平性。当员工发现自己的收入-付出比与企业其他员工的收入-付出比相同时，他就会获得薪酬的内部公平感；反之，则产生内部不公的感受。

薪酬结构是指对同一组织内部的不同职位或技能之间所做的工资率安排。一个完整的薪酬结构模型包括薪酬等级的数量、同一薪等内部的薪酬水平变动范围、相邻两个薪等之间的交叉与重叠关系。通过职位评价或技能评价，企业可以决定其薪酬等级的数量。企业可以将职位在组织内部的评价点数与外部市场调查薪酬数据结合起来，得到薪酬政策曲线，进一步根据该曲线来设计薪酬区间的中值、级差以及各薪酬等级的浮动区间。

薪酬的内部公平强调的是组织内部薪酬关系的一致性，薪酬结构的内部一致性强调的是组织内部薪酬结构背后的逻辑关系和政策关系的一致性，为此要做到：

（1）薪酬结构设计应当与组织结构、组织关系和工作设计之间保持一致的政策关系，所确定的工资结构应当支持组织的工作流程，对所有员工公平。

（2）在制定薪酬结构时，首先要制定工作评估的标准，对工作进行评价；然后确定不同的薪酬等级，按薪酬等级分配工作，使相同等级的工作获得相同的报酬，即同工同酬。

2. 同工同酬

同工同酬是指在同一企业中，处于相同岗位并且技术熟练程度相同的劳动者，不分性别、本地外地、年龄和民族等，只要从事同样的工作，付出相同的劳动，就应当得到一样的报酬。同工同酬的理念表明，每个劳动者在同样的劳动关系中应处于同等的地位、获得同等的劳动收益，即应当实现劳动平等。在企业劳动关系管理中，实施职位薪酬体系的目标便在于实现同工同酬，它可以看作劳动实质平等的典型体现。

实现同工同酬时需要具备以下条件：

（1）劳动者的工作岗位、工作内容、工作性质相同。

（2）劳动者在相同的工作岗位上工作时所达到的劳动强度与其他员工一致。

（3）劳动者付出同样的工作量取得了相同的工作业绩。

（4）劳动者的技术水平、熟练程度相当。

需要特别说明的是，按照劳动法中按劳取酬的原则，同酬是指，不同的劳动者在相同的工作岗位从事相同的工作所获得的薪酬构成应该是一致的。因此，企业在支付劳动报酬时，不能简单地根据同工同酬的原则来向劳动者支付数额相等的报酬，而是应该考虑劳动者具体的表现与企业特定薪酬制度的构成。工资等级是企业薪酬制度的重要组成部分，是企业自我管理的具体体现，因此不能认为在有关工资的规定中对相同岗位设计不同等级的工资是违反了同工同酬的原则。

思考题

1. 总报酬模型的内容是什么？

2. 普通员工和高管的薪酬管理各有哪些侧重？

3. 基于劳资双赢的薪酬管理模式应该把握哪些关键点？

案例分析

全面解读华为的股权激励策略：30 多年跌宕起伏

华为公司内部股权计划始于 1990 年即华为成立 3 年之时，至今已实施了 4 次大型的股权激励计划。下面梳理了华为公司 30 多年来跌宕起伏、令人艳羡的股权激励历程，并分析了其取得成功的原因和带来的启示。

创业期股票激励

创业期的华为一方面由于市场拓展和规模扩大需要大量资金，另一方面为了与竞争者争夺市场需要大量科研投入，加上当时民营企业的性质，出现了融资困难。因此，华为优先选择内部融资。内部融资不需要支付利息，存在较低的财务困境风险，不需要向外部股东支付较高的回报率，同时可以激发员工努力工作。

1990 年，华为第一次提出内部融资、员工持股的概念。当时参股的价格为每股 10 元，以税后利润的 15%作为股权分红。那时，华为员工的薪酬由工资、奖金和股票分红组成，这三部分数量几乎相当。其中股票是在员工进入公司一年以后，依据员工的职位、季度绩效、任职资格状况等因素进行派发，一般用员工的年度奖金购买。如果新员工的年度奖金不够派发的股票额，公司帮助员工获得银行贷款购买股权。

华为采取这种方式融资，一方面减少了公司现金流风险，另一方面增强了员工的归属感，稳住了创业团队。也就是在这个阶段，华为完成了“农村包围城市”的战略任务，1995 年销售收益达到 15 亿元人民币，1998 年将市场拓展到中国主要城市，2000 年在瑞典首都斯德哥尔摩设立研发中心，海外市场销售额达到 1 亿美元。

网络经济泡沫时期的股权激励

2000 年网络经济泡沫时期，IT 业受到毁灭性影响，融资空前困难。2001 年年底，由于受到网络经济泡沫的影响，华为迎来发展历史上的第一个冬天，此时华为开始实行名为“虚拟受限股”的期权改革。

虚拟股票是指公司授予激励对象一种虚拟的股票，激励对象可以据此享受一定数量的分红权和股价升值权，但是没有所有权，没有表决权，不能转让和出售，在离开企业时自动失效。虚拟股票的发行维护了华为公司管理层对企业的控制能力，不至于导致一系列管理问题。

华为公司还实施了一系列新的股权激励政策：

（1）新员工不再派发长期不变 1 元 1 股的股票。

（2）老员工的股票也逐渐转化为期股。

（3）以后员工从期权中获得收益的大头不再是固定的分红，而是期股所对应的公司净资产的增值部分。

期权比股票更合理。华为规定根据公司的评价体系，员工获得一定额度的期权，期权的行使期限为 4 年，每年兑现额度为 1/4，即假设某人在 2001 年获得 100 万股，当年股价为 1 元/股，其在 2002 年后逐年可选择 4 种方式行使期权：兑现差价（假设 2002 年股价上升为2元，则可获利25万）、以1元/股的价格购买股票、留滞以后兑现、放弃（即什么都不做）。从固定股票分红向“虚拟受限股”的改革是华为激励机制从“普惠”原则向“重点激励”的转变。下调应届毕业生底薪，拉开员工之间的收入差距即是此种转变的反映。

“非典”时期的自愿降薪运动

2003年，尚未挺过泡沫经济的华为又遭受“非典”的重创，出口市场受到影响，同时和思科之间存在的产权官司直接影响华为的全球市场。华为内部以运动的形式号召公司中层以上员工自愿提交“降薪申请”，同时进一步实施管理层收购，稳住员工队伍，共同渡过难关。

2003年的这次配股与华为以前每年例行的配股方式有三个明显差别：一是配股额度很大，平均接近员工已有股票的总和；二是兑现方式不同，往年积累的配股即使不离开公司也可以选择每年按一定比例兑现，一般员工每年兑现的比例最大不超过个人总股本的1/4，持股较多的核心员工每年可以兑现的比例则不超过1/10；三是股权向核心层倾斜，即骨干员工获得配股额度大大超过普通员工。

此次配股规定了一个3年的锁定期，3年内不允许兑现，如果员工在3年之内离开公司则所配的股票无效。华为同时也为员工购买虚拟股权采取了一些配套措施：员工本人只需要拿出所需资金的15%，其余部分由公司出面，以银行贷款的方式解决。自此改革之后，华为实现了销售业绩和净利润的突飞猛涨。

新一轮经济危机时期的激励措施

2008年，由于美国次贷危机引发的全球经济危机给世界经济发展造成重大损失。面对本次经济危机的冲击和经济形势的恶化，华为又推出新一轮的股权激励措施。2008年12月，华为推出“配股”公告，此次配股的股票价格为每股4.04元，年利率逾6%，涉及范围几乎包括所有在华为工作一年以上的员工。

由于这次配股属于“饱和配股”，即不同工作级别匹配不同的持股量，比如级别为13级的员工，持股上限为2万股，14级为5万股。大部分在华为总部的老员工，由于持股已达到其级别持股量的上限，并没有参与这次配股。之前有业内人士估计，华为的内部股在2006年时约有20亿股。

按照上述规模预计，此次的配股规模在16亿～17亿股，因此是对华为内部员工持股结构的一次大规模改造。这次的配股方式与以往类似，如果员工没有足够的资金实力，华为以公司名义向银行提供担保，帮助员工购买公司股份。

华为公司的股权激励历程说明，股权激励可以将员工的人力资本与企业的未来发展紧密联系起来，形成一个良性的循环体系。员工获得股权，参与公司分红，实现公司发展和员工个人财富的增值。同时，与股权激励同步的内部融资，可以增加公司的资本比例，缓解公司现金流紧张的局面。

资料来源：全面解读华为的股权激励策略.（2015-10-12）. https：//www.sohu.com/a/35184623_132943.

第 8 章
组织人才职业发展管理

学习目标

学完本章后，你应该能够：

- 了解职业生涯管理的相关理论。
- 掌握鉴别人才素质的多种方法。
- 理解组织人才培养的内容，掌握组织人才培养的方法。
- 掌握职位晋升通道设计、学习地图绘制和接班人计划设计的思路与方法。
- 理解组织人才关怀的出发点，掌握其方法。

引导案例

B企业是国内著名的卷烟生产企业。作为企业推进员工职业发展的重要理念，“以此为生，精于此道”见证着B企业过去十年来蒸蒸日上的发展以及良好的人力资源与劳动关系管理氛围。所谓“以此为生，精于此道”，实际上就是引导与激励员工做到“干一行，爱一行”，在工作中获得身心的愉悦。该理念推出之初，在企业内引起了不小的震动，各级员工就此展开了热烈的讨论，大家一致的看法是，这一理念的提出为员工在企业的未来描绘了希望，员工不再只是为了生计而工作，而是热爱自己的职业。企业的管理者也认为，提倡这一理念能够有效激发员工内心的工作热情与冲动，从而实现员工个人成长与企业发展的结合。

资料来源：彭剑锋．人力资源管理概论．3版．上海：复旦大学出版社，2018.

第1节　组织人才职业发展相关理论

一　职业生涯规划理论

（一）传统的职业生涯规划理论

传统的职业生涯规划理论，以工作稳定、安全以及职务正常晋升作为基本准则。雇员希望职业是一份稳定而连续的事业，他们通过努力工作与雇主建立心理契约，按部就班地在同一个职业领域内进行职务的正常晋升。我们可以发现，传统的职业生涯规划理论中潜在立足点是雇员在职业生涯发展的整个过程中，只与一个或者两个雇主有雇佣关系。职业生涯的发展意味着在单一雇主或者单一专业的情境下，进行稳定的晋升和周期交替。

（二）易变性职业生涯规划理论

易变性职业生涯规划理论（protean career theory）由道格拉斯·霍尔（Douglas T. Hall）在1976年首次提出，他认为对职业生涯进行管理的是个人自己而不是组织，个人受到自我实现的思想的引导。其特点在于人们为了获得心理满足而进行自我指导，灵活多变，且富于创造性。易变性职业生涯规划理论主要分为两个维度：一是自我定向，即自己有责任管理好自己的职业生涯，在探索职业选择方案和做出决策时要充分发挥主观能动性。二是价值驱动，即职业生涯决策要符合个人的价值观和人生目标，使自己获得心理上的成功。

（三）无边界职业生涯规划理论

无边界职业生涯规划理论（boundaryless career theory）由亚瑟（Aurther）和迪菲利皮（DeFillippi）在1994年首次提出。他们认为当今职业生涯应当与组织具有相互依存性，揭示出职业生涯的多重含义：第一，跨越不同雇主的边界，雇员为追求自己的利益最大化而改变组织；第二，得到现任雇主和市场的认可，即员工有能力在当前组织外的组织中工作；第三，受外部关系网络或信息的支撑，这类雇员一般都通过广泛的人际关系网络来发展自己的职业生涯；第四，打破组织中传统的关于职位等级和晋升等的假设，认为员工追求心理上的职业成功，即使是平级调动也可能是一种成功；第五，个体因个人或家庭原因，拒绝当前的工作机会，如员工期望花更多的时间陪伴家人，他可能就会选择能满足其要求的职位；第六，个体对职业生涯的选择依赖于自己的理解，他并不认为无边界职业生涯中存在限制自己发展的因素，也就愿意展开这种生涯模式。

二　职业选择认知

（一）帕森斯的特质-因素理论

弗兰克·帕森斯（Frank Parsons）的特质-因素理论（trait-factor theory）认为，特

质就是人的个体特征，包括能力倾向、兴趣、价值观和人格等，可以通过心理测量来评价；因素是指在工作上取得成功所必须具备的条件或资格，可以通过工作分析来了解。帕森斯认为，人的特质与职业所要求的因素匹配是职业选择的核心。

（二）霍兰德的人格-职业匹配理论

约翰·霍兰德（John Holland）的人格-职业匹配理论（personality-job fit theory）主要有四个观点：第一，将人格划分为现实型、研究型、社会型、常规型、管理型、艺术型六种类型，大多数人的人格类型都可以被归为其中一种或处于某两种之间，能够适应一种或两种类型的工作；第二，职业也有六种类型，名称、性质与人格类型分类基本一致；第三，一个人的行为表现是职业环境和人格类型相互作用的结果；第四，人格特点与职业类型之间需要匹配，否则，一个人在与其人格类型相互排斥的职业环境中工作，将不会感到快乐，也无法胜任工作。

（三）沙因的职业锚理论

埃德加·沙因（Edgar H. Schein）的职业锚理论（career anchor theory）认为，职业锚是指个人经过搜索确定的长期职业定位，是人们在选择并发展自己的职业时所围绕的中心，是个人在选择职业时无论如何不会放弃的那种至关重要的东西或价值观。职业锚由三部分组成：自己认识到的才干和能力、自我动机和需要、态度和价值观。职业锚通过个体职业经验逐步稳定、内化，当再次进行职业选择时便会发挥作用。经长期研究，沙因提出了八种职业锚：技术/职能型职业锚、管理能力型职业锚、创造型职业锚、安全感型职业锚、自主型职业锚、纯挑战型职业锚、服务型职业锚、生活型职业锚。

三 职业周期认知

（一）萨柏的职业发展理论

唐纳德·萨柏（Donald E. Super）以美国白人作为研究对象，把人的职业生涯划分为五个阶段：成长阶段（0～14 岁）、探索阶段（15～24 岁）、确立阶段（25～44 岁）、维持阶段（45～64 岁）和衰退阶段（65 岁以上），并将前三个阶段又分别细分为三个子阶段。

（二）金斯伯格的职业发展理论

美国职业生涯发展理论的先驱伊莱·金斯伯格（Eli Ginzberg）通过比较美国富裕家庭的人从童年期到成年早期和成熟过程中的有关职业选择的想法与行动，以研究人从童年到青少年阶段的职业心理发展过程为重点，将职业生涯发展分为幻想期（11 岁以前）、尝试期（11～17 岁）与现实期（17 岁以后）三个阶段，并把后两个阶段分别细分成各个子阶段。

（三）沙因的职业发展理论

美国职业生涯管理学家埃德加·沙因立足于人生命周期的特点及不同年龄段所面临的

问题与职业工作的主要任务，将职业生涯分为九个阶段：成长、幻想、探索阶段（0～21 岁）；进入工作领域（16～25 岁）；基础培养（16～25 岁）；早期职业的正式成员资格（17～30 岁）；职业中期（25 岁以上）；职业中期危险阶段（35～45 岁）；职业后期（40 岁之后）；衰退和离职阶段（40 岁之后到退休）；退休。

（四）格林豪斯的职业发展理论

美国心理学家杰弗里·格林豪斯（Jeffrey H. Greenhouse）的研究侧重于不同年龄段职业生涯所面临的主要任务，并以此为依据将职业生涯划分为五个阶段。各阶段与任务如表 8－1 所示。

表 8－1　格林豪斯的职业发展理论

阶段	职业准备阶段	进入职业阶段	职业生涯初期	职业生涯中期	职业生涯后期
年龄	0～18 岁	18～25 岁	25～40 岁	40～55 岁	55 岁至退休
任务	发展职业想象力，培养职业兴趣和能力，对职业进行评估和选择，接受必要的职业教育和培训	进入职业生涯，选择一种合适的、较为满意的职业，并在一个理想的组织中获得职位	逐步适应职业工作，融入组织，不断学习职业技能，为未来职业生涯成功做好准备	努力工作，并力争有所成就。在重新评价职业生涯中强化或转换职业道路	继续保持已有的职业成就，成为一名工作指导者，对他人承担责任，维护自尊，准备引退

第 2 节　组织人才鉴别

组织内人才的素质在个体之间存在很大的差别。组织在进行人才发展管理的过程中，首先需要对组织内的人才进行鉴别。一方面可以对组织人才有一个全面的认识，在进行人才发展管理的过程中，可以从宏观层面把握组织当前人才的配置情况，合理设置人才战略；另一方面可以更加清晰准确地认识现有人才的能力和不足，筛选出能与组织共同发展的人才，设置组织人才发展管理的人才库，为组织人才制定更加个性化的发展培养方案。

一　人才的外在素质

人才的外在素质指的是人才胜任力模型中处于冰山表面或者说洋葱模型中外在显现的素质，主要包括人才的知识与技能，概括起来可以称为人才的能力与职业能力。能力指的是一个人顺利完成某种活动所必须具备的心理特征或者主观条件；职业能力指的是个体将所学的知识、技能和态度在特定的职业活动或情境中进行类化迁移与整合所形成的完成一定职业任务的能力。

（一）职业能力构成

职业能力是指职业作为一种重要而又复杂的社会活动，要求从业者具备必要的生理和心理条件。人们从事某种职业往往需要多种能力，职业能力就是指职业所需要各种能力的综合。一般包含五大要素。

1. 体力

人的身体素质，是劳动者从事一定的职业工作必备的生理和心理条件，包括人体生理结构（如身高、体重）、人体运动机能（如力量、速度）、人体承受劳动强度的能力，以及消除疲劳和恢复体力的能力等。

2. 智力

智力是人们认识和理解客观事物并运用知识、经验等解决问题的能力。它主要通过记忆力、观察力、注意力、思维力、想象力、创造力等方面的能力大小体现出来。

3. 知识

人们通过学习和实践所掌握的有关职业活动的理论和经验，分为一般知识和专业知识。一般知识指自然科学、社会科学方面的基础理论知识和基本实践经验知识。专业知识指某一领域或学科的专门化、系统化、深入化、精细化的理论和经验。

4. 技能

技能是人们经过训练而熟练化、规范化的动作或思维能力，是从事具体职业活动的本领，包括一般技能和特殊技能。

5. 人际关系能力

人际关系能力是指人际感受能力与人际反应能力的综合，前者是对他人及他人与自身关系的觉察能力，后者则是对他人及他人对自身影响的行为应对能力，主要包括语言表达能力、倾听能力、交友能力、观察能力以及处理生活中各种问题的能力。

（二）职业能力测验

1. 一般职业能力测验（智力测验）

世界上最早的能力测验是从中国开始的。西汉的扬雄以语言反应速度为标准来判断人的智力高低。唐宋时人们用对偶法来评定人的能力。我国民间广为流传、迄今已为世界一些国家所采用的“九连环”“七巧板”也是测定智力的工具。但正式智力测验量表的编制起源于法国，后来经美国的进一步发展而遍及全世界。

（1）比奈智力测验。1905 年，法国心理学家阿尔弗雷德·比奈（Alfred Binet）以预先编制的一套题目作为测量智力的尺度，量表被命名为比奈-西蒙量表。1916 年，美国心理学家、斯坦福大学教授刘易斯·推孟（Lewis M. Terman）对其进行了修订，修订后量表改称斯坦福-比奈量表。德国心理学家威廉·斯特恩（William Stern）则提出了智力商数（智商），即以智力年龄与实际年龄的比率来表示智力测验的结果。

（2）韦克斯勒智力测验。为了准确表达一个智力水平，智力测量专家戴维·韦克斯勒（David Wechsler）提出了离差智商的概念。用一个人在同龄人群中的相对位置，即通过计算受试者偏离平均值多少个标准差来衡量，这就是离差智商。他创制的韦氏智力量表，是世界上最具影响力、应用最广泛的智力测验之一。该量表分为三种：韦氏学前儿童智力量表，适用于 4～6 岁半的儿童；韦氏儿童量表，适用于 6～16 岁的儿童和少年；韦氏成人智力量表，适用于 16 岁以上的成人。但是使用要求较高，不适合大范围使用。

（3）瑞文推理测验。由英国心理学家瑞文（J. C. Raven）于 1938 年设计，后经多次修订。该测验以智力的二因素理论为基础，主要测量一般因素中的推理能力，即个体做出理性判断的能力。量表完全采用图形推理的形式，取消了所有的文字，它可排除或尽量克服知识与文字的影响，努力做到公平，这是比奈-西蒙量表和韦氏智力量表所不能代替的。

2. 综合职业能力测验

（1）普通能力倾向成套测验（general attitude test battery，GATB）。GATB 是美国劳工部研制的，测试项目共 15 项（A～P），其中 A～K 是纸笔测试，M～P 是操作测试。测验可以测试以下九种能力：G-学习能力；N-数理能力；R-语言能力；Q-书写知觉；S-空间判断能力；P 形状知觉；F-手指灵巧度；M-手腕灵巧度；K-动作协调。全套测验需 2～3 小时，纸笔测试可集体进行，操作测试可个体进行。

（2）行政职业能力倾向测验（administrative aptitude test，AAT）。行政职业能力倾向测验最初出现在发达国家，我国则始于 1988 年。测验内容包括言语理解与表达、常识判断（侧重法律知识运用）、数量关系、判断推理和资料分析五个部分。全部为四择一的客观性试题，考试时限 120 分钟，满分 100 分。在我国主要用于国家行政机关招考主任科员以下的非领导职务公务员。

（3）BEC 职业能力测验。BEC 职业能力测验分为 I 型和 II 型。I 型是一般职业能力倾向测验，II 型是特殊职业能力倾向测验。I 型包括八个分测验，主要测试机械推理、空间关系、言语推理、数学能力、言语运用、字词知识、知觉速度和准确性、手指速度和灵活性；II 型也包括八个分测验，分别是言语推理、运算能力、抽象推理、文书速度与准确性、机械推理、空间关系、词汇测验和言语运用，主要用于职业定向。

二 人才的内在素质

人才的内在素质指的是胜任力冰山模型的中部或者说是洋葱模型的中间层，主要是员工的自我形象与价值观、社会角色及态度。自我形象与价值观是个人对自身的看法和评价；社会角色是个人一贯的行为方式和做事风格，不会轻易发生改变；态度则是一个人的自我形象、价值观和社会角色综合作用外化的结果。本书将以上三个内容概括为人才的内在素质，并在组织人才发展过程中使用职业价值观、职业兴趣和职业气质三个维度来进行人才鉴别。

（一）职业价值观

职业价值观，也叫工作价值观，是一个人的价值观在职业上的体现，是一个人看待工作或者职业的态度或者观念，以此来判断职业的价值和从事与否。每个人对于职业的追求是不同的，包括财富、地位、心理满足或者家庭和睦。职业价值观反映的是人们对于理想工作的态度。其主要分类方法有下列几种：

1. 凯茨的 SIGI 职业价值观

20 世纪 60 年代末，心理学家马丁·凯茨（Martin Katz）对 250 多种职业进行了详尽的研究，确定了十种职业价值观，后精简为八种，并形成了一个可以帮助指导职业生涯的系统，命名为SIGI（system for interactive guidance information），具体包括高收入、社会声望、独立性、帮助他人、稳定性、多样性、领导、休闲这八种职业价值观。

2. 奥尔波特的职业价值观分类

戈登·奥尔波特（Gordon W. Allport）根据人们对于职业的喜好，把职业价值观分成六类：（1）经济型：强调有效和实用。（2）理论型：重视以理论和批判的方法寻求真理。（3）审美型：重视外形与和谐匀称的价值。（4）社会型：强调对人的热爱。（5）政治型：重视拥有权力和影响力。（6）宗教型：关心对宇宙整体的理解和体验的融合。

3. 洛克奇的职业价值观分类

米尔顿·洛克奇（Milton Rokeach）根据人们实现目标的手段和目的，把价值观分成两类：终极性价值观和工具性价值观。终极性价值观指的是想实现的最终状态或者目标，比如智慧、真正的友谊、世界和平等；工具性价值观指的是为了实现终极性价值观的目标而采取的行为或者手段，比如有逻辑、诚实、乐于助人。

（二）职业兴趣

职业兴趣是兴趣在职业方面的表现，是指人们对某种职业活动具有的比较稳定而持久的心理倾向，使人对某种职业给予优先注意，并向往之。

1. 霍兰德兴趣类型说

霍兰德兴趣类型说由约翰·霍兰德开发，通过比较人们对一个领域的兴趣与其他领域的兴趣，将职业与人的兴趣匹配，得到人们的职业兴趣。这种学说使用时间较长，应用范围也比较广。霍兰德兴趣类型说也可称作RIASEC人格类型说，具体包括：

（1）现实型（realistic）：具备操作机械和运动能力；喜欢在户外使用工具对实物进行工作；偏爱与物打交道，胜于与人打交道。

（2）研究型（investigative）：具备数学、科学能力；喜欢独自工作，解决复杂问题；偏爱处理观念，胜于处理人与物相关事务。

（3）艺术型（artistic）：具备艺术能力、想象力；喜欢原创性的工作；偏爱处理观念，胜于处理具体事务。

（4）社会型（social）：具备社交技能；热衷于社交关系和帮助他人解决问题；偏爱与人打交道，胜于与物打交道。

（5）事业型（enterprising）：具备领导与演说才能；喜欢有影响力；热衷于政治和经济；偏爱与人和观念打交道，胜于与具体事务打交道。

（6）传统型（conventional）：具备文书与数学能力；喜欢室内的整理事务工作；偏爱处理文字与数字，胜于与人和观念打交道。

2. PDP性格测试

PDP的全称是professional dyna-metric programs（行为特质动态衡量系统），它是一个用来衡量个人的行为特质、活力、动能、压力、精力及能量变动情况的系统。最初的PDP系统由塞缪尔·休斯顿（Samuel R. Houston）、达德利·所罗门（Dudley Solomon）

和布鲁斯·哈比（Bruce M. Hubby）三位 PDP 研究机构创办人领导 40 余位行为科学家在 1978 年研发。PDP 根据人的天生特质将人群分为五种类型，包括支配型、外向型、耐心型、精确型、整合型。为了将这五种类型的个性特质形象化，根据各自的特点，这五类人群又分别被称为“老虎”“孔雀”“考拉”“猫头鹰”“变色龙”。

（1）老虎（支配型）：企图心强烈，喜欢冒险，个性积极，竞争力强，喜欢掌控发号施令，不喜欢维持现状，行动力强，目标一经确立便全力以赴。但决策时容易专断，不易妥协，容易与人发生摩擦。

（2）孔雀（外向型）：热情洋溢，好交朋友，口才流畅，重视形象，善于人际关系建立，富有同情心，容易和人接近。但是往往过于乐观而会忽略一些细节，在执行任务时需要专业度极高的配合和指导。

（3）考拉（耐心型）：行事稳健，不会夸张强调事实，性情平和，不喜欢给别人制造麻烦，不兴风作浪，温和善良，决心投入，是“路遥知马力”的典型。但给人的感觉往往是做事情懒散不积极，很难坚持自己的观点做出决定。

（4）猫头鹰（精确型）：传统而保守，分析力强，精确度高，最佳的品质保证者，喜欢细节条例化，个性拘谨含蓄，谨守分寸，忠于职责。但是会让人感觉吹毛求疵，有时会钻牛角尖。

（5）变色龙（整合型）：中庸而不极端，遇事情不执着，韧性强，善于沟通，能充分融入新环境、新文化且适应性良好。但是会显得没有个性也没有原则。

（三）职业气质

职业气质指的是人们典型的、稳定的心理特征，它反映的是在工作过程中，人们的心理活动进程的速度、强度、稳定性和指向性。当前使用较多的职业气质类型来源于公元前 5 世纪古希腊医生希波克拉底的看法，即人体内有四种体液（即血液、黄胆汁、黏液、黑胆汁），每种体液所占比例的不同决定了人的气质差异，后来发展成为多血质、胆汁质、黏液质和抑郁质这四种类型的分类。

（1）多血质：性格外向，敏捷好动，勤学多思，兴趣广泛，与人相处自然，喜欢与人分享，对于新环境的适应性比较强，自身工作能力和办事效率表现良好。但是性格容易浮躁，忍耐力和毅力上有欠缺。适合与人交际、灵活多变、刺激性和挑战性较强的工作。

（2）胆汁质：热情，精力旺盛，行为果敢，行动敏捷，有魄力，有担当，有自己的独立见解，为人处世遵从内心，面对问题能够迎难而上。但是一般不够细心，不够理性，缺乏自制力，看待问题容易主观臆断。适合从事工作内容多变、环境不断变化的工作。

（3）黏液质：缄默安静，沉静多思，内心坚强，处事沉稳妥当，自我控制能力强。但是一般对事物的反应不够敏捷，缺乏灵活性。比较适合集中注意力、有条不紊的工作。

（4）抑郁质：木讷羞涩，含蓄安静，用心专一，喜欢独处，谨慎细致，做事需要深思熟虑，但是性情孤僻，信心不足，缺乏果断，情绪控制力和心理承受能力都较欠缺。适合不需要人际交往但是需要周密思考的工作。

三 人才的核心素质

根据冰山模型和洋葱模型我们可以发现，真正决定一个人职业发展瓶颈的往往是冰山水面之下或者是洋葱内部的品质，这些核心的素质往往不易表露出来，难以观察到，但是起着决定性的作用。本书将此类人才发展的核心素质分为两种：一种是个人品德，其决定着个体职业发展的方向以及职业成功后对个人、家庭、组织和社会的价值和贡献积极与否；另一种是职业动机，其决定着个体职业发展过程中的发展速度与职业发展的瓶颈。

（一）个人品德

1. 品德的定义

个人品德，即个人的道德品质，指人在道德行为中所表现出来的比较稳定的、一贯的特点和倾向，是一定社会的道德原则和规范在个人思想和行为中的体现。它由道德信念、道德认识、道德情感、道德意志等因素构成，是人们决定采取什么行为的参照的标准。

2. 品德的重要性

个人品德在人才核心素质当中处于非常重要的地位。个人品德是个人日常行为的参照物。个人在职业生涯中的行为和决策都会受到品德的影响。随着个人职业生涯的发展，个体职业地位和社会地位的上升，个体的行为和决策的影响力越深，影响面越广。个体的行为可能会代表组织的形象，影响组织的发展。作为对于个体行为产生根源性影响的个人品德，其对个人的职业生涯越来越起决定性的作用，对组织现状和组织发展也越来越关键。此时，品德好的员工，组织在发展过程中与他们是互相受益的；品德不好的员工，很可能使双方都有损失。

（二）职业动机

1. 职业动机的定义

职业动机指的是人们在职业生涯中表现出来的完成工作的内在驱动力。职业动机推动并指导个人行为方式选择朝着有利于目标实现的方向前进，并且防止偏离。

2. 人才分类

根据人们在职业中所表现出的职业动机的强弱，可以将组织中的人才划分为自燃人、可燃人、木头人、石头人四种类别。详见表 8－2。

表 8－2 人才类型及其比较

比较维度	人才类型			
	自燃人	可燃人	木头人	石头人
动机	成就动机很高	成就动机较高	成就动机一般	成就动机较弱
绩效	超越绩效很高	超越绩效较高	常规绩效	履职绩效
管理办法	绩效奖励力度降低，频率变长，将超越绩效逐步转化为常规绩效	绩效奖励力度提升，频率缩短，增加超越绩效	常规绩效考核与绩效奖励	表现不佳可能是因为人岗不匹配，建议进行轮岗，将人岗匹配最优化

（1）自燃人：能够自我燃烧的一类人。自燃人具有非常强的成就动机和充沛的工作热情，对自身要求严格，不需要外界压力或要求，就能够不断追求卓越，在工作中容易产生超越绩效。

（2）可燃人：可以自我燃烧的一类人。可燃人具有一定的成就动机和工作热情，具备比较强的工作能力，能够保质保量完成任务。若外界存在压力或者绩效要求，就会出现超越绩效。

（3）木头人：具备燃烧能力，但很难燃烧的一类人。木头人本身具备燃烧的性质，成就动机弱，工作热情一般，能够完成常规绩效，对自身要求不积极主动。只有在外界产生强大的压力或者严苛的要求时才有可能产生超越绩效。

（4）石头人：不可能燃烧的一类人。石头人具有很弱的成就动机，在工作上处于应付状态，可以达成履职绩效。但是即使外界有强大压力或者严苛的要求，也不会出现超越绩效。石头人的出现有员工本身的问题，也有可能是人岗匹配的问题。

第 3 节　组织人才培养

通过组织人才鉴别，了解组织内的人才概况后，可以通过组织人才培养的方式，进一步增加组织内人才的人力资本存量，让员工快速成长起来。针对组织员工的培养方式种类繁多，方法多样，本书着重从三个比较大的方面来提出培养的方法：其一，通过组织文化的强化让员工真正认同组织，与组织同呼吸、共命运；其二，将所有的员工都培养成学习型人才，从学习行为的源头上促进员工发展；其三，通过教练技术来巩固组织文化的传播和学习型人才的培养，以及其他具有针对性的培养方法。

一　强化组织文化

组织文化是组织成员共有的能够影响其行为方式的价值观、原则、传统和做事方式。在绝大多数组织中，这些共有的价值观和惯例会随着时间的推移而演变，并且在很大程度上决定了“事情在公司是如何完成的”。组织文化是组织战略获得成功的内在动力，是组织战略实施的关键，并与组织战略相匹配。

在组织人才发展管理中，组织文化强化的目的是达成组织文化与人才发展的兼容，实现组织发展与人才发展的匹配：一方面，组织通过指导员工设计自身职业生涯规划，使员工潜在地认同组织价值观，接受组织使命，追求组织愿景，共同营造组织氛围，在组织文化氛围中，使员工自身人才发展管理与设计同组织战略相一致；另一方面，组织通过引导、管理员工实施自身发展规划，使员工职业生涯发展规划成为组织文化的载体，进一步巩固组织文化，强化组织战略与员工职业生涯发展规划的统一，实现员工职业与组织战略彼此促进，共同发展。具体可以采用以下几种方式来强化组织文化。

（1）讲述组织故事，即通过向员工讲述公司内部发生过的重大事件或者重要人物的事迹等，通过事件和人物行为向员工传达组织文化。

（2）举行组织仪式，即通过举办公司特有的带有明显组织文化的仪式或者一些仪式性的活动，让员工切身感受组织的文化。

（3）表现组织符号，即通过设计和布置组织独特的文化符号，如组织的标志等，加深员工对于组织文化的印象。

（4）运用组织语言，即通过具有组织文化特色的语言来表示组织文化的内涵，让员工在日常工作中实践组织文化。

二 学习型人才培养

（一）学习型人才培养的重要性

阿尔法狗（AlphaGo）在 2016 年 3 月以 4∶1 比分战胜世界围棋冠军、职业九段选手李世石的消息让人们再一次体会了当今社会技术发展到何种程度。随着社会经济科技的迅猛发展，工作环境也在发生显著的变化，伴随着愈演愈烈的竞争，组织面临外部环境各种各样力量的冲击。科学技术的迅猛发展也正在重塑社会的生产生活方式，互联网、智能手机、大数据与云计算、虚拟现实技术、人工智能技术等正在组织一场技术的大革命。组织想要应对瞬息万变的市场，求得生存与发展，就需要具备更多的知识、更好的灵活性、更快的学习能力、更聪明的知识性员工，成为能够发挥集体智慧的学习型组织。可以说，学习甚至变成了组织“新的劳动方式”。组织人才作为组织生存的竞争力和组织发展的原动力，更需要培养学习的意识。学习可以加快员工胜任新工作的速度，应对未出现的新职位、技术变革等，让员工与组织共同成长，共同进步。

（二）学习型人才培养的途径

（1）创造学习氛围。组织培养学习型人才的前提是成为学习型组织，组织应当合理地认识和处理组织变革的阻力，向学习型组织进行转型，创造培养学习型人才的氛围。同时，组织还可以创造学习的氛围，如鼓励员工学习与创新、与员工共担学习责任、将组织业务与员工学习有机结合等，从整体上为员工学习创造氛围。

（2）刺激学习动力。组织可以从员工的内部动力和外部动力两个方面，刺激其成为学习型员工。刺激员工内部动力指的是组织对于员工进行知识的教授和相应权力的赋予，让员工能够获得解决问题的知识，同时还能够拥有调用所需资源的权力和承担其决策造成影响的责任，如让员工参与企业战略制定、提供员工自主服务系统等。刺激员工外部动力指的是组织对学习收益高和学习效果良好的员工进行精神和物质奖励，并减轻员工承担的风险和过失，如授予荣誉称号、颁发学习优秀奖金、允许员工使用新方法时出现差错等。通过内部动力和外部动力的双重刺激，让员工能够发挥主观能动性，对于学习充满渴望，全身心地投入组织学习当中。

（3）寻找学习内容。组织需要为培养学习型员工提供必备的知识，组织寻找知识的途径可以分为两个方向：内部知识和外部知识。内部知识指的是组织本身已经拥有的和组织内员工现有的知识。组织可以采用主动方式搜寻、整理、反思内部的信息，转化为组织知识；也可以采用被动方式让知识和信息在组织内部横向和纵向流动；还可以通过特定的方式创造知识，如实验室开发项目、发明专利等。外部知识指的是外部市场上可以提供的信息，如市场信息、以其他企业作为标杆、雇用咨询顾问等。

由于组织内部的知识存在检索和迁移的障碍，组织还需要设计必要的制度或政策帮助员工获取这些知识，比如埃森哲（Accenture）高度依赖通过私人关系网络和团队分享来保证组织知识的迁移，同时还可以应用群体和社群软件将知识通过线上方式来进行分享和提供检索。

（4）提供学习条件。卓越的学习发生的前提是员工拥有充足的时间和空间。组织要培养学习型员工，为员工提供必要的学习时间和学习环境是基本的要求。员工需要时间对知识进行消化和吸收，对知识应用进行反思和分析，当人们受到催促或者时间紧张、碎片化的时候，都不会有很好的学习效果。只有为员工提供明确的学习时间，才能让学习成为日常的活动。

另外，学习过程中所处的物理环境影响学习的质量和数量，一个安静的、舒适的学习环境毋庸置疑会提升学习的效果。组织可以通过提供特定的学习区域来创造必要的学习环境，也可以通过去除办公室的分隔墙、增加公共休憩区来创造有利于学习、交流和分享的区域，催生创造和热情。

（5）促使学习应用。“学习型组织之父”彼得·圣吉（Peter Senge）曾指出，要成为学习型组织，组织需要具备将日常工作和学习合二为一的能力及持续反思和学习的文化。行动学习恰好就是按照这种模式运行的，即组织一小组员工，通过自我反思和提问，共同解决组织内部当前面临的问题。需要注意的是，解决问题的过程是在组织内部进行实际操作，而不是模拟训练。行动学习注重的是将学习获得的知识和组织中切实存在的问题有机结合，真正运用组织学习的知识来解决组织问题，可以有效地克服企业培训与实际工作脱节的问题，同时可以从个人的经验和团队中其他成员的身上进行学习，提升学习应用的效果。

三　教练技术

（一）教练的定义及其内涵

“教练”已经从传统的体育领域延伸至企业管理、职业生涯管理和绩效管理等方面。教练可以专注于个人生活的任何一个方面，来协助个人成长。

教练的定义形式非常多样化，主要依照客户的需求而采用不同的定义，从业者使用的称呼有执行教练、绩效教练、生活教练等。本书认为，教练是一个合作的过程，即以指导或传授的方式提高被训练者的能力，强化组织文化，促进自主学习和发展，巩固学习型人才，改进被训练者的绩效或发展技能，使其在生活和职业中保持行为改进，并开发多种策略来实现目标。

（二）教练技术的核心原理

教练技术是一门通过完善心智模式来发挥潜能、实现目标的管理技术。心智模式是一种深植于人们心中，影响人们如何了解这个世界以及如何采取行动的许多假设、成见或甚至印象。心智模式对个人的认知和行为以及个人所在组织的文化氛围都会产生重要的影响，会让人们选取符合某种心智模式的信息，而忽略其他信息。不同的心智模式使我们产生对“世界”和“问题”的不同认识。基于认识我们采取行动，而行为导致结果，一个个不同的结果累积起来，就形成了我们的现状或者命运。因此，认识和调整我们的心智模式十分重要。而教练技术从心智模式入手，通过引导被训练者看到其固有的心智模式及其对自身行为结果产生的影响，来引导被训练者找出盲点，改善心智模式，重新审视真实存在的客观世界，使人们不拘囿于内心的框框、自我的束缚，去寻找更多的发展、突破和改变。

（三）教练技术的理论方法

目前，教练从业者的背景五花八门，包括商业咨询、管理、教学、工厂培训学习和发展、心理治疗等。各个领域有其自身独特的知识基础，包括理论体系和实践也都各有不同。教练在实践过程中根据自身的背景和知识侧重采取不同的教练方法。下面是五种主要的教练方法：心理动力法、行为主义法、以人为本法、认知治疗法和系统导向法。除此之外，还有认知行为法、聚焦目标法、理性情绪行为疗法和现实疗法等。

（1）心理动力法。在工作中，人们常常将自身理想化，或者曲解自己的表现。心理分析用来帮助被训练者发掘无意识的想法以及他们在工作中如何思考、感觉和反应以提高认识。

（2）行为主义法。教练的重点在于可观察的行为而不是内在的心理状况。科学的心理学调查研究的主题是可观察和可衡量的行为。教练帮助被训练者理解行为相关原理，如积极强化和消极强化、惩罚、内在强化和外在强化等，使其在人际沟通和激励方面更加有效。

（3）以人为本法。以人为本法侧重于使被训练者对于工作中与自身相关的事件承担个人责任，而不是将霉运或者好运统统归因于外部的因素。人们都有发展成长的潜力，内在潜力得到释放将会更自主以及更加具有社会建设性。教练帮助被训练者从他人和自己两个不同的立场看待自我，使其觉察需要改变的方面并积极行动，充分发挥自身潜能。

（4）认知治疗法。此教练方法认为人们能够通过学习去认识和改变自我的想法。教练和被训练者一起探索什么想法引发不良情绪，然后找到相关技巧去防止消极想法，或者使被训练者转而采取更加积极和肯定的思维方式，而不是着重于改变被训练者的情绪反应。

（5）系统导向法。教练假定被训练者的行为不是内在心理的驱使，而是对各方工作要求的一种反应。以个人、群体以及组织层面对绩效水平的影响来看，教练要充分了解整体的组织系统，才能帮助被训练者以更有效的方式去适应环境。

第 4 节　组织人才激励

通过组织人才鉴别和培养，组织已经发现和着手培养能够与组织同呼吸、共命运的优秀人才，并将人才塑造成能够认同组织文化的学习型人才，这时便需要组织人才激励来激发员工潜能和留住优秀员工，让员工能够长久地同组织一起成长和战斗，共同完成组织使命，达成组织愿景。组织人才激励的手段有很多，本书认为在组织人才发展管理的过程中可以设置合理的晋升通道以及与组织体系匹配的学习地图来同时满足员工的物质和精神需要，同时匹配以接班人计划，更具针对性地培养和开发组织内的高潜质人才，让组织在人才发展管理的协助下，拥有充沛的人力资源，发展得更快更好。

一　职位晋升通道设计

（一）职位晋升通道设计的重要性

组织职位管理以组织为实施管理的主体，以员工为被实施管理的客体，以组织与员工在职业生涯规划、发展和管理过程中的匹配为内容。从员工角度来看，组织职位管理秉承以人为本的理念，帮助员工实现其工作期间的职业发展轨迹，达成其职业发展目标。从组织角度来看，成功的职位管理一方面是吸引人才的一种强有力的手段，有助于激发和维持他们的工作热情，提高其工作质量及其对组织的忠诚度；另一方面有机兼容员工发展目标与组织战略目标，使员工在追求自身发展目标的过程中，实现组织的战略目标。

（二）职位晋升通道设计——以纵向为例

纵向发展通道是传统的晋升通道，即行政级别的晋升，它是指员工在同一个职类中的不同职级或不同职等之间的变动。纵向发展通道通常适用于管理层级较多，同时管理幅度较小的企业。实施员工晋升可以从员工与组织两个层面来看。对员工而言，员工晋升是其职业生涯规划一种逐步实现的方式，是对员工晋升前工作成绩的肯定与奖励，是从物质和心理方面对员工进行的激励，同时表明员工的素质与能力已经发展到可以升职的阶段。对组织而言，实施员工晋升发挥着激励与挑选的作用。

1. 纵向通道设计

职位发展的纵向通道设计，指在划分员工所从事工作类别的职种、职类基础上，以设计员工职业发展的双重通道①为主，并设计晋升的类别、标准、周期与之匹配。晋升类别设计，根据组织的业务功能模块与分工，将双重通道细分为八类（见图 8－1）。晋升标准设计一般涉及任职资格标准、能力素质标准与绩效标准三个方面。晋升周期设计可采取固定周期与特殊情况相结合的方式。

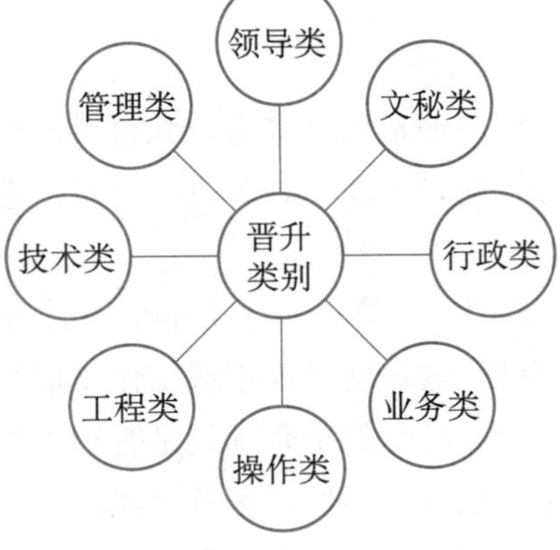

图 8－1　职业双重通道的八种类别

① 职业发展的双重通道，既包括管理类通道，又包括技术类通道。

纵向通道设计是构建组织人才队伍梯队建设的前提，为组织人事决策提供客观依据，对薪酬制度激励作用的局限性进行弥补。它要考虑能力要求、升降可能与持续改进三个维度（见图8-2）。

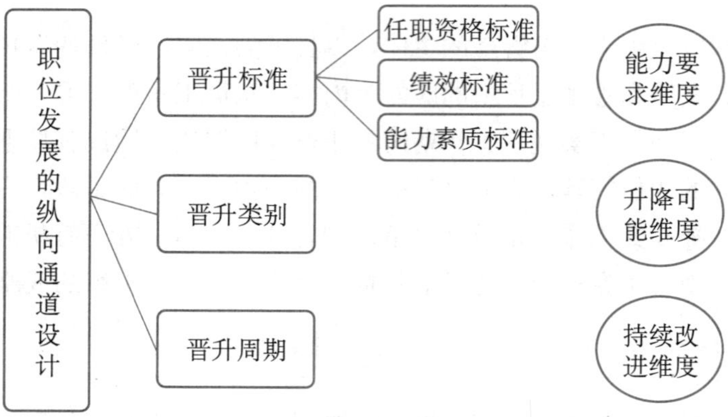

图8-2 职业通道设计考虑的三个维度

（1）能力要求。是指纵向通道设计要求员工必须在目前岗位上成绩突出，并达到晋升后的岗位所要求的胜任力水平。能力要求是员工晋升的首要标准，是组织核心竞争力所在，体现了组织对岗位价值、员工价值的重视。

（2）升降可能。是指纵向通道设计应采取在人岗匹配的上下流动方向上的动态化设计。具体而言，组织应对员工能力与工作绩效实施评估，并对该晋升或降级的员工分别实施晋升或降级，使员工在纵向通道的岗位中能升能降，以保持人力资源的持续活力。

（3）持续改进。是指随着组织与员工的发展，组织业务出现调整，员工能力素质不断提高，员工的职业发展晋升通道的晋升标准、资格评价与岗位考核标准需要及时调整和优化，确保员工与岗位的持续匹配。需要注意的是，考核标准的设计必须有员工参与，且符合法律规定。

2. 纵向通道管理

纵向通道管理，是指完成纵向通道设计之后，综合考虑员工职业生涯规划、员工晋升标准达标情况与纵向通道设计，对员工职位晋升进行评定、控制与调整的一系列管理活动（见图8-3）。

（1）晋升评定。包括四个环节①：第一，评价小组对晋升候选员工的任职资格、能力素质与绩效指标进行评估与测试，通过情景模拟或工作试用来考察候选员工的实际工作能力；第二，根据员工的测试结果和综合评价来确定是否给予员工晋升；第三，将员工的定级与升级结果填表，并上交领导核准；第四，审核无误且员工本人无异议，由人力资源部负责公布晋升评定结果。

（2）晋升控制。指为保证晋升通道管理的效果，人力资源部不定时地对各部门、

① 胡八一. 职业晋升如何落地：职业晋升设计的十大关键. 北京：人民邮电出版社，2009.

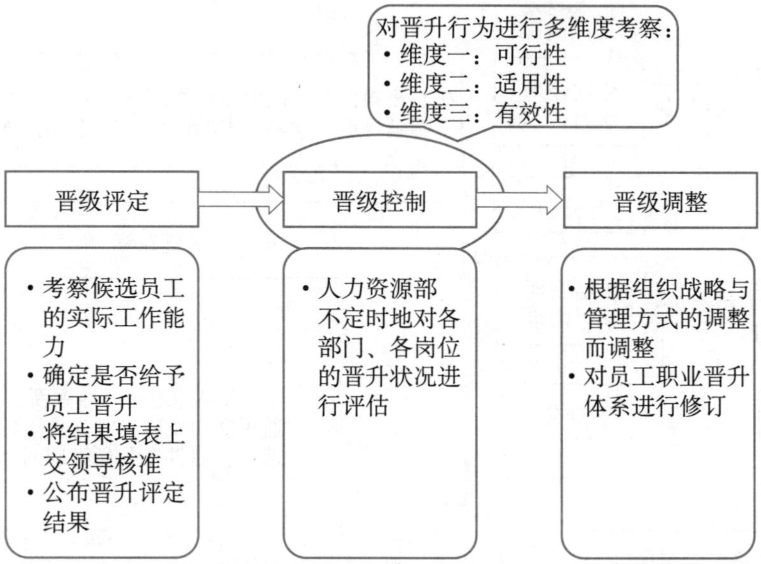

图 8－3　纵向通道管理

各岗位的晋升情况进行评估，评估内容集中于对晋升的可行性、适用性与有效性的考察。

（3）晋升调整。是指组织根据组织战略与管理方式的调整而对员工职业晋升体系进行的修订活动。

纵向通道管理涉及考核程序与考核结果，是合情、合理问题；但在实施员工晋升时，要谨慎处理原岗位工作人员的安排问题，必须符合法律要求。在对纵向通道的应用中，其最初、最广的用途是调整员工职位的晋升与薪资。如今，它已普遍运用于员工激励、继任者计划的员工培训、人力资源规划与企业绩效管理等方面。无论是展现和提高员工能力与素质，还是作为组织的激励与挑选机制，组织实施的晋升管理，既基于员工的职业生涯规划，又基于组织战略、组织结构与组织文化；既有利于员工的职业发展，又有利于组织发展与员工发展的匹配，最终实现组织战略。

二　学习地图

（一）学习地图的定义

学习地图是指以能力发展路径和职业规划为主轴而设计的一系列学习活动，是员工在企业内学习发展路径的直接体现。通过学习地图，员工可以找到其从一名最底层的新员工进入企业开始，直至成为公司最高领导者的学习发展路径。学习地图是培训、职位晋升与轮岗的结合，旨在通过目标设置的方式让员工了解整体学习和发展的路径，激励员工努力提升自身的水平，达成职业目标，同时为组织发展做出贡献。如图 8－4 所示，学习地图中拥有不同的学习路径和与之匹配的晋升通道及学习包，如业务线条学习路径、管理线条学习路径等。

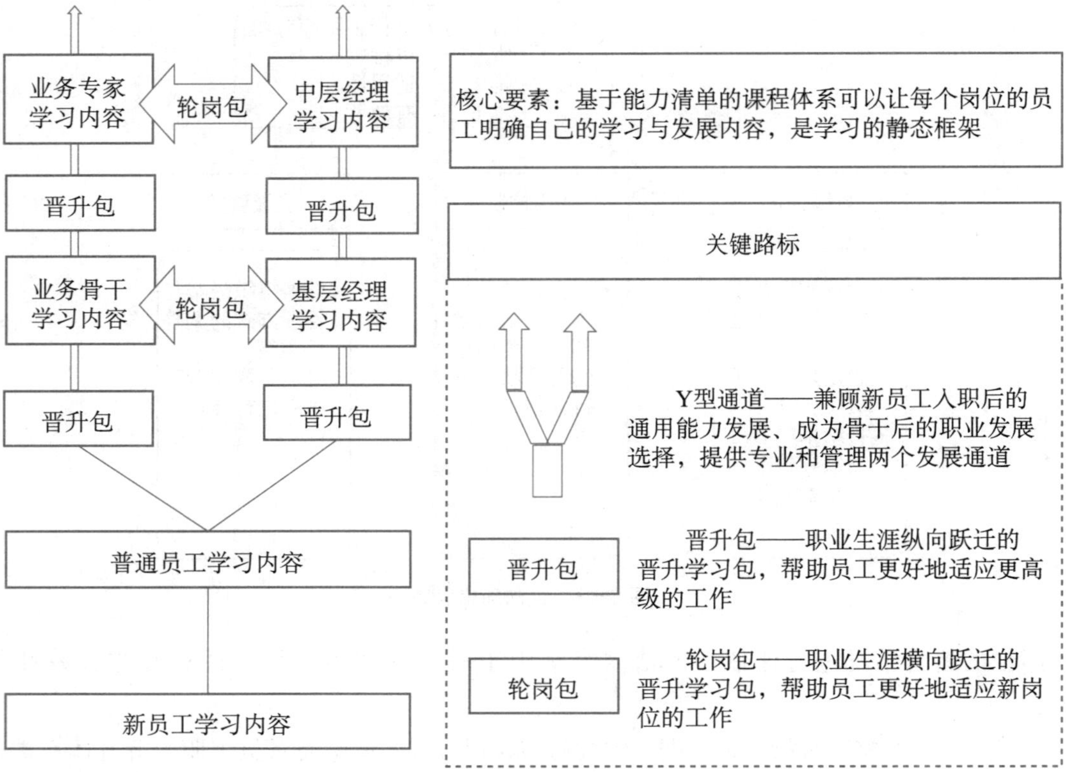

图 8-4 学习地图的内容

（二）学习地图的绘制

1. 工作分析

在企业绘制学习地图过程中，首先要进行工作分析。工作分析是人力资源工作的基础，也是人力资源工作的重心。学习路径与学习课程的设置是建立在对岗位职责和岗位任职资格全面清晰的认识的基础上；工作分析同时也是岗位能力建模的基础，只有清楚明确地了解岗位，才能在建立岗位能力模型的过程中保证其全面和准确。同时，通过工作分析，厘清职位的岗位职责与任职资格，划定职位簇，有效避免设置学习地图课程库时的重复性以及降低学习地图规划的复杂度。

2. 素质模型建立

在工作分析的基础上，通过行为事件访谈（BEI）等方法建立起的岗位的素质模型是绘制学习地图的基石。素质模型的建立可以清晰地显示完成某一特定岗位的工作任务所需要的一系列不同素质要素的组合，包括动机、品质、知识技能水平、社会角色等。可以通过审视组织战略的关键环境的核心职位、以行为事件访谈等方法研究与开发素质模型、评估确认与比较素质模型三个步骤来建立素质模型。需要注意同一素质在不同职位、同一职位不同职级上的不同设置，以便更好地匹配学习地图中所需的晋升包。

3. 内容设计

学习内容设计阶段是学习地图建立的核心阶段，主要是指完成能力的学习内容映射，针对所建立的素质模型采取一一对应的提升措施，可以是传统面授学习内容，可以是在线学习内容，也可以是更为广义的学习活动，例如内部研讨、读书会等。获取学习内容后，应当依据前阶段能力的分类与分级，对学习内容进行相应的分类与分级。分类指的是根据学习内容的专业性，将学习内容按照各个职位簇，划分成专业技能类学习内容和通用的管理培训类学习内容；分级是指对学习内容的要求设定等级，如了解、掌握等。

4. 体系建立

汇总所有的学习内容，根据员工不同职业发展路径的要求，将学习内容划分为新员工学习内容、普通员工学习内容、管理路径学习内容、专业路径学习内容，并按照职业发展路径形成相应的晋级包，依据岗位核心工作要点形成轮岗包。至此，清晰完整的企业学习地图形成了。

当企业战略发生变化时，企业的组织结构可能发生变化，岗位的职责也可能发生变化，这些变化可通过工作分析传递到素质模型建立阶段。组织战略的变化对组织能力、个人能力提出了新的要求，通过学习内容设计步骤，将建立新的、修正后的企业学习地图，迅速、及时地支撑企业的变革与战略调整。

三　接班人计划

（一）接班人计划的定义

接班人计划，又称继任计划、继承人计划，是指确定和持续追踪高潜能雇员的过程。接班人计划的职位包括需要更高胜任能力的管理职位和专业技术职位，如业务经理、职能经理、技术专家和首席执行官等。它通过内部培养和提升的方式来系统有效地获取组织人力资源，是人力资源管理与战略管理各自延伸、相互交融而形成的一个新领域，通过判断组织当前人才储备情况，预测组织未来人才需求，识别、评价、开发、管理、储备组织核心的人力资本，将一系列人力资源开发与组织人才发展管理活动同企业战略和未来发展紧密联系在一起。

（二）接班人计划的重要性

在组织内部实行接班人计划可以为组织内部关键领导职位提供内部的继任者，保障管理文化的持续性，增加企业的人力资本，降低从外部招聘和培养员工的成本。同时可以让组织对应聘者更具有吸引力，加速培养组织内的业务骨干，留住企业核心人才，并监控和协助实现员工构成的多元化目标，为组织迎接未来的变化与挑战提供人才储备，提高组织在不断变化的市场上的生存机会。

（三）接班人计划的实施

1. 建立接班人资源管理委员会

接班人资源管理委员会由首席执行官或者首席运营官，各个部门、战略业务单元的经理与骨干，专业技术的专家，人力资源代表以及外部导师等组成。委员会负责在组织内培养综合管理与专业技术人才，制定选拔标准，选拔接班人才，运作与监督接班人计划实施。其中人力资源代表负责促进整个计划的进行，把握计划运行的质量，也是整个系统可靠的信息来源。

2. 提名、确定高潜质的候选人

接班人资源管理委员会成员根据委员会制定的统一标准，定期从企业的每一个主要部分（如各个部门、业务单元等）遴选高潜质的候选人。选拔时应注意不分级别、资历，无论是经理还是普通员工均可入选。人员确定后，需根据自愿原则邀请候选人加入接班人计划，保证不加入者不会受到惩罚，以人性化的角度来管理接班人计划及其候选人。

3. 鉴别接班人发展潜力

对于自愿选择加入接班人计划的员工，需要完成一项深度的测试，以便组织了解每一位员工当前的优势和发展需求。一般会考核以下四个特质：

（1）知识：我知道什么——比如作为总经理，必须了解企业各个职能部门的工作内容、流程，组织的产品、服务或者技术，等等。

（2）经历：我做过什么——作为组织发展的储备力量，候选人需要经历或者感受过组织核心工作的情景，比如从头到尾地执行一项关键的职能任务、开发出一套核心技术等。

（3）能力：我能做什么——行为动机、知识、专业技能，这对接班人计划所要面对的核心管理与技术职位非常重要，例如变革领导能力、把握战略方向的能力、带领团队攻坚克难的能力、对于市场方向敏锐的把控力等。

（4）缺陷：我需要什么——评定导致管理人员或者核心技术人员失败的原因，比如优柔寡断、感觉迟钝、冲动、逃避问题等。

企业的管理人员或者技术专家根据组织的战略方向和价值观，在每一个方面挑选特定的领域来进行评估。可以采用加速发展中心、360度评估工具、面谈等多种方法来诊断候选人的发展需求。根据评估结果和上述四个事项的情况，结合接班人计划成员的实际工作内容，制定与接班人当前工作相联系的接班人优先发展事项计划。

4. 制定培养方案

接班人资源管理委员会对员工优先发展事项进行评估，确认员工的优先发展事项与企业发展和员工个人发展相吻合。优先发展事项经过委员会批准后，可以正式施行。但是也要注意它们的可变性，即随着时间变化，接班人的缺点得到改善，其优先发展事项也应随着改变，切忌僵化的发展体系出现。

5. 确保发展计划的实行和成长记录

建立接班人计划的人才发展档案，包括优先发展事项列表、随时更新的个人信息表、绩效评估表、完成的与进行中的发展行动表，以便存储所有的个人培养信息。接班人计划成员要全权承担执行和完成发展行动表的责任，在完成培养项目或者培训计划之后，与主管和导师一起评估自己的成就与缺失，并一一记录在成员个人的发展行动表当中。

6. 评估进展，设立新任务

接班人资源管理委员会至少每6个月考虑一次是重新安排接班人计划成员的工作、所接受的特殊训练、高管教练和外部教练的特殊辅导，还是继续当前的成长任务。

7. 人才任命或交接

在接班人计划进行的过程中，组织应当时刻关注组织内部职位的空缺和接班人计划成员的培养状态，把握时机，将组织内部职位空缺与接班人计划有机结合起来，充分发挥接班人计划为组织迅速配置继任者的核心作用。

第 5 节　组织人才关怀

在组织人才发展管理过程中，组织需要结合组织战略对员工进行职业发展管理，使组织战略与员工发展相得益彰。但是在进行组织人才发展管理、增加组织人力资本的同时，还需要注意组织人才的身体和心理健康状态，对员工实施组织人才关怀政策，保障劳动关系的和谐稳定运行，为企业可持续发展提供源源不竭的动力。

一　在职人员关怀

对于在职人员来说，他们持续承受着来自许多方面的物质和精神的双重压力，压力的来源可能是职业担忧、工作任务繁重、职场人际关系、组织特征，也可能是自身经济状况、个体社交状况等。另外，工作-家庭的角色冲突也会影响在职员工的工作状态。这可能导致在职人员身体或者精神出现问题，如疲劳、头疼、胃部不适、肌肉紧张甚至过劳死；还可能导致在职人员对于工作的消极状态，如工作满意度低、效率低下、怠工、旷工、离职等。这些降低了组织和个人的绩效，影响了组织和员工的健康状况，都是需要避免的。因此，组织在执行人才发展管理的过程中，也应当注意对在职人员的关怀。具体可以采用下列技术来应对。

1. 压力缓解技术

员工面临的压力越来越受到组织的重视，很多组织已经开展了降低员工压力程度的项目，具体可以分为三种：

（1）减少压力源。组织可以通过消除种族歧视或者性别歧视来减少压力源；设定清晰的工作目标，厘清员工工作期望，配以建设性的绩效反馈，达到员工的心理预期；训练管理者的人际技能，提高员工解决问题的技能；消除工作中对员工产生不利影响的物质条件。

（2）改变造成压力的环境。为员工提供心理咨询服务；实施改善员工的 A 类行为和心力交瘁状态的计划；运作为员工服务的社会支持小组。

（3）解决紧张症状。为员工提供放松计划，如入静、提供体育锻炼和压力发泄设施、提供心理健康咨询和必要的心理医疗服务。

2. 工作-家庭平衡

工作-家庭的冲突越来越引起组织的重视，很多组织已经意识到平衡员工的工作与家庭生活，才符合组织发展与员工个人发展的最大利益。帮助员工平衡工作与家庭生活，可以帮助组织招聘和留住优秀的员工，提高雇员的积极性和生产率。组织可以采取以下行动来达成工作-家庭平衡。

（1）照顾被抚养者或被赡养者。例如，组织可以提供照料员工幼儿的服务；设立员工子女幼儿园，帮助员工解决幼儿教育问题；为员工进行患病儿童的护理并提供幼儿护理的费用折扣等。组织还可以为员工提供老人护理业务，或者为员工护理老人提供免费的咨询业务。

（2）弹性工作安排。为员工设置弹性和兼职工作日程，增加个人事假、家庭事假、照料幼儿假、家人患病照料假等人性化的事假安排；还可以为员工提供弹性的办公地点，支持员工远程办公。

（3）改变工作-家庭文化。将工作-家庭承诺放入组织宣言，强调工作绩效而不是超长的工作时间；重新设计工作流程，以符合员工家庭和个人的需要；配置工作-家庭讨论会和支持团队，了解员工工作-家庭平衡状态，帮助员工解决工作-家庭冲突问题。

二 准退休人员关怀

为了减少固定经营成本，用低成本的年轻员工取代老年员工，许多大公司制定了提前退休计划。但是随着人口红利的慢慢消失以及全球经济增长带来的对劳动力的巨大需求，作为准退休人员的老年员工将会在组织发展中发挥不可替代的作用。另外，在面临技术革新时较差的接受能力和职业生涯高原问题，降低了老年员工的生产率，这一事实也在一定程度上造成了组织可能对老年员工存在死板、落伍、缺乏创新能力等偏见，导致老年员工的工作满意度降低，损伤其自我价值认同和自尊心。

老年员工作为组织的准退休员工，需要得到组织合情合理的管理，组织应当对职业生涯晚期的管理有敏感的态度。照顾好老年员工，妥善过渡准退休期，是组织的责任和义务，也是提高全体雇员组织忠诚度的一条途径。具体而言，组织对准退休员工的关怀措施可以分为以下几种：

（1）设置合理的退休计划。组织应当为不同的员工提供不同的退休计划，具体可以分为以下三个类别：提前退休计划，即组织为未到退休年龄的员工提供退休计划来安置准退休员工；分阶段退休，组织通过让准退休员工逐步减少工作时间来走向完全退休；就业桥，这是一种组合方式，包括工时减少、工作压力和工作责任减轻、工作更加灵活、体力要求降低等方式。

（2）标准绩效与反馈。组织应当向准退休员工公开清楚明了的绩效评价指标。当老年员工出现生产率降低的问题时，应当提出合理的改善意见，并明确持续低绩效的后果，保证绩效考核和反馈对准退休员工没有偏见。

（3）弹性工作制度。组织可以通过让准退休人员从事兼职工作、咨询工作，采取弹性工作制或缩短工作时间等来留住工作能力较强、对组织发展贡献比较大的员工，同时鼓励能力稍差的员工提前退休，保障组织新鲜血液的流动。

三 离职人员关怀与联络

离职人员虽然不属于组织内部的人力资源，但仍是组织的宝贵财富。离职人员仍然可以在组织信息宣传、组织文化传播、组织再雇佣等方面为组织人才发展管理提供间接的支持和帮助。因此，建议组织进行离职人员关怀与联络，具体可以参考以下两种方式：

（1）定期召开离职人员工友会。以线下的形式定期召开离职人员工友会，加深离职人员情谊，促进离职人员联络，同时宣传组织形象，进行组织文化传播，扩大组织影响力和影响层次。

（2）信息保留。保留员工工号及个人基本信息，鼓励员工为组织再次雇用，为离职员工发送生日及节假日祝福信息，扩大组织福利面，宣传企业正面形象，增加在职员工组织忠诚度。

思考题

1. 如何进行组织人才职业发展管理？
2. 职业发展理论有哪些？其核心观点是什么？
3. 如何鉴别组织内的人才？从哪几方面入手？
4. 如何设计组织人才发展的激励措施？

案例分析

谷歌的人才管理

谷歌作为全球领先的 IT 企业，所拥有的各种信息技术令人称道，它在人才管理方面的独到之处也值得我们研究和深思。

在人才培养方面，谷歌认为，由真正的从业人员授课远比听学者、专业培训师或者咨询师讲课更有效。学者和专业培训师倾向于传授理论知识，他们明白如何工作却没有亲身经历；咨询师了解更多的是间接获得的知识，而不是通过切身体验学到的。因此，向当天正在做某项工作的人学习效果更好，他们可以回答更深入的问题，举出当下活生生的例子。他们更加了解环境，总能即时反馈意见，而且多半是免费的。基于以上认知，谷歌推出了内部教员项目 G2G（Googler to Googler）。全体谷歌人都参与这个项目，大家互相学习知识。2013 年，21 000 多名谷歌人参加了由 3 000 多名 G2G 教员传授的课程。G2G 带来了全新的工作风貌，有助于营造更具创造性、更欢乐、更有生产力的工作环境。培训的内容种类繁多，包括算法设计、迷你 MBA 课程、走钢丝、吐火杂技等。

在人才管理和激励方面，谷歌不仅有著名的 20%时间项目（工程师每周可以有 20%的时间用于自己感兴趣的谷歌相关项目探索），还有充分认可员工个人工作影响力的薪酬分配体系（低级别的员工常常比高级别的员工拿到的薪水多）。另外，谷歌为了吸引和留住优秀的人才，还设置了由产品经理助理担任的轮值的执行会议主席，主持谷歌高层的会议，让员工能够了解高层管理的运营知识，满足员工的心理需要。此外，谷歌还有因人设岗的制度，谷歌曾为一位优秀的员工专门设置了 YouTube 主管的职位，以便留住他。

在人才关怀方面，谷歌更是把人性化做到了极致。谷歌为自己的员工提供了非常多的免费服务，旨在进行人性化的关怀，提高员工的满意度和忠诚度，进一步提高公司效率。其中包括自助取款机、干洗服务、生鲜快递、公司假日市场、流动图书馆等。另外，谷歌还建立了很多员工社区和员工资源团组（employee resource groups），由这些团组自己举办社区活动，比如拉丁裔谷歌群体在山景城组织家庭健康日活动，欢迎当地的 300 多个低收入家庭来学习科技、健康和营养的常识。

资料来源：博克．重新定义团队：谷歌如何工作．北京：中信出版社，2015.

第 3 编

人力资源与劳动关系管理规范

第 9 章
劳动标准与企业劳动规章制度

学习目标

学完本章后，你应该能够：

- 掌握劳动标准的概念与分类。
- 熟悉国际劳工标准的内容，并掌握核心劳工标准的实施情况。
- 掌握国家级劳动标准，行业级、地方级劳动标准，企业级劳动标准的划分及各自特点。
- 掌握企业级劳动标准的制定、评估与修改的过程。

引导案例

2010 年 2 月，北京某航空制造企业委托某专业咨询公司对其全套劳动规章制度进行修改和调整。2010 年 3 月，该企业委托的专业机构将全套劳动规章制度形成修改初稿，向全体员工征求意见。2010 年 4 月，该企业将员工提出的各项意见汇总后，就劳动规章制度初稿的进一步修改与工会进行协商，工会提出了相应意见。2010 年 5 月，该企业在充分考虑员工及工会意见后，根据专业机构的最终建议意见书，完成企业全套劳动规章制度的最终定稿，并向全体员工公示。2010 年 6 月，经过修改的整套劳动规章制度开始在企业内部正式实施。

2010 年 7 月，该企业赵某等部分员工提出，劳动规章制度部分内容不甚合理，希望企业能重新检查，进一步修改。该企业认为，尽管员工方有民主参与的权利，但是劳动规章制度的最终决定权在企业，赵某等员工可以书面反映意见，但企业没有义务专门就企业认为合理的规定重新进行讨论。赵某等员工不服，向当地劳动部门投诉，认为企业的这种说法侵害了职工方的劳动规章制度修改提议权。不久，当地人力资源和社会保障局发出整改通知书，责令该企业与员工协商解决劳动规章制度修改相关问题。

资料来源：王桦宇．劳动合同法实务操作与案例精解．3 版．北京：中国法制出版社，2011.

第1节 劳动标准概述

一 劳动标准的概念

劳动标准是指对劳动领域内的重复性事物、概念和行为进行规范，以定性形式或者定量形式所做出的统一规定。所谓重复性，是指同一事物、概念和行为反复多次出现的性质。比如，任何劳动者进行同类劳动都需要具备相应劳动能力和技能水平；流水线作业的劳动者千百次从事同一项劳动；所有劳动者与企业建立劳动关系，其程序都是相同的；等等。劳动标准就是对这些重复出现的事物、概念和行为，找出其规律性并做出的统一规定。

二 劳动标准的分类

（一）按照内容划分

按照内容，可以将劳动标准分为工作时间标准、劳动定员定额标准、职业培训标准、工资标准、职工福利待遇标准、职工休假标准、未成年工保护标准、女工特殊保护标准、社会保险标准（养老保险标准、医疗保险标准、失业保险标准、工伤保险标准）、劳动安全卫生标准等。

（二）按照适用范围划分

按照适用范围，劳动标准可以分为国家级劳动标准、行业级劳动标准、地方级劳动标准和企业级劳动标准。国家级劳动标准是指由国家立法机关、国家劳动行政部门和国家标准化机构通过法定或行政程序制定、发布的在全国范围内适用的劳动标准。行业级劳动标准是指由国务院有关主管部门制定、发布的在全国某行业范围内适用的劳动标准，但在相应的国家强制性标准实施后自行废止。地方级劳动标准是指由各级地方立法机构和地方政府以及地方标准化机构制定、发布的在该地区内适用的劳动标准。企业级劳动标准是指本企业发布在本企业内适用的多种形式的劳动标准。

（三）按照形式划分

按照形式，劳动标准可以分为法规类劳动标准、技术类劳动标准和规范类劳动标准。法规类劳动标准是指劳动法律法规中有量化规定和具体程序规定的部分，例如《劳动法》中关于支付加班工资不低于工资的150%、休息日工作又不能补休的支付不低于工资的200%、法定休假日工作支付不低于工资300%报酬的规定，即属于量化规定的劳动标准；而《劳动合同法》中关于建立劳动关系应当订立书面劳动合同的规定，则属于具体程序规定的劳动标准。法规类劳动标准也称劳动标准或基本劳动标准。法规类劳动标准因各国集体协商和集体合同制度的覆盖范围和发挥的作用不同，其重要性有所不同。技术类劳动标准是指采用科学技术测定等方式方法制定的劳动标准，例如劳动强度分级标准、粉尘分级标准、噪声与振动控制标准等，这些标准均由国家或行业标准化机构制定和发布。规范类劳动标准是指劳动关系双方协商达成或由企业方规定的有关劳动领域重复性事物、行为的统一规定，例如岗位工作标准、员工绩效考核标准等。

（四）按照效力划分

按照强制执行效力，劳动标准可以划分为强制性劳动标准、指导性劳动标准和约束性劳动标准。强制性劳动标准是指国家和地方制定的劳动法律法规和其他规范性文件中规定的劳动标准，具有强制性和普遍适用性，国家标准化机构批准的要求强制执行的劳动安全卫生标准等也属于此类。指导性劳动标准是指政府发布的有关劳动标准的政策性文件和标准化机构发布的推荐性标准，没有强制性，只是提倡、鼓励有关方面执行，具有指导性作用。各地方政府劳动行政部门每年定期公布的工资指导线就是最典型的指导性劳动标准。约束性劳动标准是指适用于特定单位及其劳动者的企业内部劳动标准，只在本单位具有约束性作用，如企业规章制度中的有关劳动标准、企业集体合同中的有关劳动标准。

劳动标准的各种分类方式之间存在复杂的交叉关系，如法定用人标准中包含国家级劳动标准、行业级劳动标准和地方级劳动标准，也包含工作时间标准、劳动定员定额标准、职业培训类标准等各种内容的劳动标准。国家级劳动标准中既有强制性劳动标准，又有推荐性劳动标准。

三　劳动标准的法律效力

法律效力即法律上的约束力，是指法律作为一种国家意志所具有的约束力和强制性。法律效力的范围包括法律的空间效力、时间效力和对象效力范围三个方面。空间效力指法律生效的地域（包括领海、领空）。时间效力指法律开始生效的时间和终止生效的时间，一般是公布之日起或公布一段时间后生效。法律的对象效力范围即对主体的效力范围，指法律可以使用的主体范围。如全国人民代表大会及其常务委员会立法和国务院及其部门立法构成中央立法，在全国范围内适用；一般地方立法在该行政区划内适用；民族自治地方立法在民族自治地方内适用；经济特区和特别行政区立法在该经济特区和特别行政区内适用。

同时，不同规范性文件的法律效力也不同。我国目前的规范性文件分为法律、行政法规、地方性法规和规章。

（1）法律是指全国人民代表大会及其常务委员会制定的规范性文件。

（2）行政法规是指国务院制定的具有法律效力的规范性文件。

（3）地方性法规是指具有立法权的地方人民代表大会及其常务委员会制定的规范性文件。

（4）规章是指国务院组成部门及其直属机构，省、自治区、直辖市人民政府及省自治区政府所在地的市和设区市的人民政府制定的规范性文件。

全国人民代表大会及其常务委员会制定的法律具有最高的法律效力，一切行政法规、地方性法规、规章都不得与其规定相冲突。行政法规的效力高于地方性法规和规章。地方性法规的效力高于本级和下级地方政府规章。

我国的劳动标准体系分为三个层次。最高层次是国家级劳动标准，具有最高的法律效力；中间层次是行业级和地方级劳动标准，起承上启下的作用，对上贯彻国家级劳动标准，对下指导企业级劳动标准；最低层次是企业级劳动标准，主要规范企业内部的工时、工资等更加细分的劳动标准。

在我国，国家级劳动标准、行业级劳动标准、地方级劳动标准和企业级劳动标准之间的效力关系表现在以下方面：

（1）企业级劳动标准的制定必须以遵守国家级、行业级和地方级劳动标准为前提，否则会产生不利后果，甚至受到处罚。

（2）国家级劳动标准效力高于行业级和地方级劳动标准，行业级和地方级劳动标准不得与国家级劳动标准冲突，否则无效。

（3）行业级和地方级劳动标准可以将国家级劳动标准具体化，即根据本行业或本地的实际情况做出具体规定。

（4）某些地方级劳动标准（地方性法规）与行业级劳动标准之间对同一事项的规定不一致，或行业级劳动标准之间对同一事项的规定不一致，不能确定如何适用时，由国务院提出意见。国务院认为应当适用地方级劳动标准的，应当决定在该地方适用地方级劳动标准的规定；认为应当适用行业级劳动标准的，应当提请全国人民代表大会常务委员会裁决。

四 影响劳动标准制定的因素

1. 劳动者基本权益保护的现实需要

兜底保障劳动者的基本劳动保障权益是劳动标准制度形成的最初动因，也是终身使命。从历史看，劳动标准内容不断丰富（由最初的工时制度发展到包括最低工资、劳动安全卫生、女职工保护等多方面），最低工资标准不断提高，工作时间不断缩短，劳动安全卫生不断强化，反映出劳动者基本劳动保障权益保障需求的逐渐提升；从现实看，针对精神卫生和心理健康等问题日渐严重的现状，荷兰等国加强了对职业心理健康等方面基准的制定和监察工作。遵从这一轨迹，现阶段制定和调整劳动标准，必须立足于当前劳动者权益保护方面存在的突出问题、经济社会发展对劳动者基本权益保障提出的新挑战和劳动者在基本权益保障方面不断提高的需求。

2. 经济社会发展水平

劳动标准是最低标准，劳动标准必须与经济社会发展水平相适应。劳动标准超出经济社会发展水平，不仅会影响劳动标准的实际执行，而且会阻碍经济社会的持续发展；劳动标准低于经济社会发展水平，不仅起不到保障劳动者基本权益的目标功能，反而会影响经济社会的进一步发展，影响产业的升级和转型。最低工资标准调整要考虑经济增长速度，休息休假时间要兼顾劳动生产率，在很大程度上都与此有关。

3. 劳动力市场供求关系

劳动标准与就业密切相关。一方面，劳动标准直接影响就业质量；另一方面，劳动标准也间接地影响就业的数量，特别是工时制度和最低工资制度。在特定时点，调整工时往往成为解决就业压力的一种手段，中外历史上都有实例。

4. 公共安全

劳动标准要考虑公共安全的需要，是基于两个层面：宏观层面上，国家通过立法适时强制干预劳动力市场、干预劳资关系，可以减缓劳资冲突，促进社会稳定，如美国《公平劳动标准法》的出台背景就是对此的很好诠释；微观层面上，劳动标准对公共交通等公共服务行业的限制，可以减缓公共安全个案的发生。

5. 国际竞争的需要

全球化背景下，国际竞争更加激烈。对于以低劳动力成本为主要竞争优势，以劳动密集型外贸产业为重要经济支柱的发展中国家来说，劳动标准的调整事关国际竞争力。调整过快、标准过高，会直接削弱优势；标准过低，则有可能招致贸易壁垒。因此，类似国家劳动标准的横向比较也是劳动标准变化的重要影响因素。

第 2 节　国际与国家级劳动标准

一　国际劳工标准

国际劳工标准，是指由国际劳工大会通过的国际劳工公约和建议书，以及其他达成国际协议的具有完备系统的关于处理劳动关系和与之相关联的一些关系的原则、规则。

（一）国际劳工标准的主要形式

国际劳工标准的主要形式有两种：一种是国际劳工公约，另一种是建议书。国际劳工公约和建议书虽然都属于国际劳动立法文件，但其效力是不同的。国际劳工公约经国际劳工大会通过后，提交成员批准；公约一经批准，成员必须遵守和执行。而建议书则是作为成员制定法律和采取其他措施时的参考，不需要成员批准，因而没有必须遵守和执行的义务。

1919—2016 年，国际劳工组织已经通过了 189 个公约和 204 个建议书，形成了一套完整的国际劳动公约体系，其发展趋势与各国的劳动立法大致相同。国际劳工标准的内容几乎涉及劳动问题的所有方面，随着世界经济发展和社会进步而逐渐丰富与扩展，对世界劳动条件和实践的影响不容忽视。

（二）国际劳工标准的核心和宗旨

国际劳工标准的核心和宗旨是确立和保障世界范围内的工人权利。工人权利又称劳工权益，是指法律所规定的处于现代劳动关系中的劳动者在履行劳动义务的同时所享有的与劳动有关的权益。工人权利是一个历史和发展的概念，在不同历史时期、不同背景条件下，工人权利的内涵有所不同。

国际劳工立法的目标，在《国际劳工组织章程》中确定为“只有以社会正义为基础，才能建立世界持久和平”，在《费城宣言》中进一步确立为“全人类不分种族、信仰和性别，都有权在自由和尊严、经济保障和机会均等的条件下谋求物质福利和精神发展”。因此，国际劳工组织需要通过制定和实施国际劳工标准的方式，来确立和保障世界范围内的工人权利，改善各国工人的劳动条件，以达到维护社会正义和世界和平的目标。

（三）国际劳工标准的内容和分类

国际劳工标准的内容涉及劳动和社会保障领域方方面面的问题。目前，国际劳工组织制定的国际劳工公约和建议书主要包括以下 23 类主题：结社自由；集体谈判和产业关系；废除强迫劳动；禁止童工劳动和保护未成年人；机会和待遇平等；三方协商；劳动行政管理和劳动监察；就业政策和就业促进；职业指导和培训；就业保障；工资；工作时间；职业安全卫生；社会保障；生育保护；社会政策；移民工人；艾滋病毒/艾滋病；海员；渔船船员；码头工人；土著工人与部落人口；特殊行业劳动者以及最后条款。

（四）核心劳工标准

核心劳工标准包括结社自由和集体谈判权、废除一切形式的强迫和强制劳动、有效地废除童工劳动、同工同酬以及消除就业与职业歧视。核心劳工标准是国际劳工组织通过并批准的劳工标准体系中最重要的部分，也是成员、雇主和工人三方智慧的结晶。国际劳工组织提出，作为国际劳工组织成员，有义务根据《国际劳工组织章程》的要求，“尊重、促进和实现关于这些公约之主要的基本权利的各项原则”，从而使得这些公约对所有成员都具有道义上的法律约束力。

1. 结社自由与集体谈判权

结社自由是工人的首要权利，又称团结权或组织权。一般是指劳动者为实现维持和改善劳动条件之基本目的而结成暂时的或永久的团体，并使其运作的权利。结社自由和集体谈判的权利，是劳工权益中最为基本和最为核心的权利，这是劳动者集体享有的权利，也称集体劳权。集体劳权的特点，主要体现为这些权利并不是由劳动者个人来行使，而主要是由劳动者集体的组织——工会来行使。劳动者运用这一权利与雇主形成力量平衡，并以集体劳权保障作为主要内容。

关于结社自由的核心劳工标准主要反映在 1948 年《结社自由及保护组织权公约》（第 87 号）中。所谓自由结社权，按照第 87 号公约第二条的规定：“凡工人及雇主，无分轩轾，不须经过事前批准手续，均有权建立他们自己愿意建立的组织和在仅仅遵守有关组织的规章的情况下加入他们自己愿意加入的组织。”第四条规定：“行政当局不得解散工人组织及雇主组织或停止它们的活动。”换言之，该公约提出的自由结社权，既是工人的权利，也是雇主的权利；不仅建立组织不需要事前得到批准，而且加入某个组织也不需要事先得到批准；同时，无论是创建组织还是参加组织，都是可以自由选择的。

关于集体谈判的核心劳工标准主要反映在 1949 年《组织权利和集体谈判权利原则的实施公约》（第 98 号）中。第 98 号公约第四条规定：“对于雇主或雇主组织同工人组织之间进行自愿谈判的机制，政府应当采取适合本国国情的鼓励措施，并促进其充分地发展与运用，以使双方通过签订集体协议来规定工人的就业条件。”该公约不但规定工人和工会应当受到保护，还进一步提出政府应鼓励、推动工会和雇主协会“充分地发展和运用”集体谈判和集体合同。这一公约在世界上被广泛地用作进行集体谈判和签订集体合同的国际法依据。

2. 废除一切形式的强迫和强制劳动

1930年，国际劳工大会通过了《强迫或强制劳动公约》（第29号）。1957年，国际劳工大会上通过《废除强迫劳动公约》（第105号），这是国际劳工标准在禁止强迫劳动方面两个重要的公约。

国际劳工组织《强迫或强制劳动公约》（第29号）第二条对“强迫或强制劳动”定义为，以任何惩罚相威胁，强迫任何人从事的非本人自愿的一切劳动或服务的行为，但有些义务不包括在强迫劳动之内。《废除强迫劳动公约》（第105号）要求，批准该公约的成员应立即和彻底废除用于政治目的的强制劳动或义务劳动，废除以下述任何形式为目的的强迫劳动：把其作为政治压制或政治教育的一种手段，或作为对待持有或表达同已建立的政治、社会或经济制度相对立的政治观点或观点的一种方式；把其作为经济发展而动员和运用劳工的一种措施；把其作为维护劳动纪律的一种手段；把其作为对参加罢工成员的一种惩罚；把其作为实行种族、社会、民族和宗教歧视的一种手段。

3. 有效地废除童工劳动

各国劳工立法最先重视的问题之一就是对童工和未成年工人给予必要的特殊保护。国际劳工组织1973年通过的《准予就业最低年龄公约》（第138号）和1999年通过的《禁止和立即行动消除最恶劣形式的童工劳动公约》（第182号）是这方面两个主要的公约。

《准予就业最低年龄公约》（第138号）规定，已经批准公约的国家应承诺实行一项国家政策，旨在保证有效地废除童工，并逐步把准予就业或工作的最低年龄提高到与未成年人体力、智力最充分发展相适应的水平。公约还规定，根据上述目标具体规定的准许就业的最低年龄，不得低于完成义务教育的年龄，在任何情况下不得低于15岁。不过，如果成员的经济和教育设施不够发达，可在与有关的雇主组织和工人组织协商后，初步规定最低年龄为14岁。另外，准予从事按其性质或工作环境很可能危害未成年人健康、安全和道德的任何职业或工作类别，其最低年龄不得低于18岁。这些职业类别应由国家法律或条例规定，或由主管当局在与有关的雇主组织和工人组织协商后确定。

《禁止和立即行动消除最恶劣形式的童工劳动公约》（第182号）对所谓最恶劣形式的童工劳动进行了非常详细的定义，并规定凡批准本公约的成员，须立即采取有效的措施，以保证将禁止和消除最恶劣形式的童工劳动作为一项紧迫事务。成员应将制定和实施行动计划作为优先目标，以消除最恶劣形式的童工劳动。制定和实施此类行动计划，须同有关政府机构以及雇主组织和工人组织进行协商，并考虑其他有关群体的意见。

4. 同工同酬以及消除就业与职业歧视

在现实社会中，广泛存在人们在就业机会上不均等、在就业条件上不公平的现象。为了消除现实社会里就业机会的不均等，消除就业歧视，国际劳工组织在一系列旨在保护特定类别的工人（如女工、移民工人、农村工人、非本国领土上的工人等）的公约基础上，于1951年制定了《男女工人同工同酬公约》（第100号），1958年制定了《消除就业和职业歧视公约》(第 111 号)。

《男女工人同工同酬公约》(第 100 号) 规定，各成员应通过与确定报酬标准的现行方法相适应的手段，促进并在尽可能与这些方法协调的情况下保证在所有工人中实行对男女工人同等价值的工作付予同等报酬的原则。《消除就业和职业歧视公约》(第 111 号) 对歧视进行了界定：基于种族、肤色、性别、宗教、政治见解、民族血统或社会出身等原因，具有取消或损害就业或职业机会均等或待遇平等作用的任何区别、排斥或优惠。该公约要求各成员制定和实行旨在消除就业和职业领域一切形式歧视的政策，把促进机会和待遇平等作为基本目标。

(五) 中国实施核心劳工标准的情况

我国共批准了 22 个国际劳工公约。1936—1947 年间，国民政府先后批准了 14 个国际劳工公约；1949 年后，在认真把握国情的基础上，我国陆续批准了 8 个国际劳工公约。

1. 结社自由与集体谈判权

我国目前尚未批准第 87 号和第 98 号两个公约。自由结社权是我国公民的一项基本权利。《中华人民共和国宪法》(简称《宪法》) 第三十五条明确规定："中华人民共和国公民有言论、出版、集会、结社、游行、示威的自由。"依照《中华人民共和国工会法》(简称《工会法》)，在中国境内的企业、事业单位、机关中以工资收入为主要生活来源的体力劳动者和脑力劳动者，不分民族、种族、性别、职业、宗教信仰、教育程度，都有依法参加和组织工会的权利。可见《工会法》进一步确认了劳动者有组织工会的宪法权利。在组织形式上，我国现行的工会体制与国际劳工组织第 87 号公约的规定是不一致的。我国目前实行的是单一工会体制，具体而言，是在机关、企事业单位内部设立基层工会，在县级以上地方建立地方各级总工会，在同一行业或者性质相近的几个行业建立全国的或者地方的产业工会，全国建立统一的中华全国总工会。基层工会、地方各级总工会、全国或者地方产业工会组织的建立，必须报上一级工会批准。中国工会实行民主集中制，上级工会领导下级工会，地方总工会是当地地方工会组织和产业工会地方组织的领导机关，中华全国总工会是各地方总工会和各产业工会全国组织的领导机关。

2. 废除一切形式的强迫和强制劳动

世界上多数国家都已经批准了第 29 号和第 105 号公约。由于历史原因，我国目前尚未批准这两项公约。我国现行的刑事制度中，有一项制度与上述国际劳动公约有直接冲突：劳改制度在一定程度上涉及强迫劳动问题。所谓劳改制度，就是通过强迫犯罪分子进行劳动，从而对他们进行教育改造的一种手段。

3. 有效地废除童工劳动

我国已经批准了第 138 号和第 182 号两个核心劳工公约。在我国，儿童受国家的保护，法律明文禁止使用童工，并且通过多方面的立法加以保证。《宪法》第四十九条规定："婚姻、家庭、母亲和儿童受国家的保护。""禁止虐待老人、妇女和儿童。"这确立了我国保护儿童权益的基本原则。1991 年通过的《中华人民共和国未成年人保护法》是我国最早明确提出禁止使用童工的法律。1994 年颁布的《劳动法》第十五条也明确规定："禁止用人单位招用未满十六周岁的未成年人。”2002 年 10 月，国务院全面修订了 1991 年制定的《禁止使用童工规定》并重新颁布，这是目前仍然生效的保护童工最全面、最具体的行政法规，对于未成年工的使用范围和违法使用童工的处罚都做了具体的规定。

4. 同工同酬以及消除就业与职业歧视

我国已经批准了第 100 号和第 111 号两个核心劳工公约，而且《劳动法》第三条明确规定：“劳动者享有平等就业和选择职业的权利。”第十二条进一步规定：“劳动者就业，不因民族、种族、性别、宗教信仰不同而受歧视。”针对现实中比较常见的性别歧视，第十三条规定：“妇女享有与男子平等的就业权利。在录用职工时，除国家规定的不适合妇女的工种或者岗位外，不得以性别为由拒绝录用妇女或者提高对妇女的录用标准。”由此可见，《劳动法》明确规定了劳动者的平等就业权，这与我国批准的两个公约的规定是基本一致的。

总的来说，我国并没有批准太多的国际劳工标准，这主要与国际劳工标准的非强制性有关。实际上，目前国际劳工标准的推行更多的是通过世界贸易组织、区域贸易组织或其他机制在国际层面上加以强化。

二 国家级劳动标准

（一）国家级劳动标准的概念与特点

国家级劳动标准指的是国家站在保障劳动者权益和促进劳动关系稳定和谐的立场上，对劳动者在职业劳动中应该享受或获取的利益确立一个最低标准并强行予以推行的劳动法律机制，具有法定性、保底性、强制性等特点。

（二）国家级劳动标准的主要内容

1. 最低工资标准

最低工资是指劳动者在法定工作时间内提供正常劳动的前提下，其所在单位应支付的最低劳动报酬。它始于 19 世纪末的新西兰。1938 年美国通过了《公平劳动标准法案》(Fair Labor Standards Act，FLSA)。

我国最低工资立法始于 1993 年 11 月 24 日劳动部颁布的《企业最低工资规定》，此后不久颁布的《劳动法》也明确规定实行最低工资制度。2004 年 1 月 20 日，劳动部颁布《最低工资规定》(2004 年 3 月 1 日起施行，《企业最低工资规定》同时废止)。我国最低工资分为月最低工资标准和小时最低工资标准两类。其中，月最低工资标准适用于全日制就业劳动者，小时最低工资标准适用于非全日制就业劳动者。

在我国，下列各项不得作为最低工资组成部分：加班加点工资；夜班、高温、井下、有毒有害等特殊工作环境下的津贴；法定社会保险和福利待遇等。

2. 工作时间和休息休假标准

(1) 工作时间。工作时间是指法律规定的劳动者在一昼夜或一周内从事工作的时间，即劳动者每天应工作的时数或每周应工作的时数。当前我国对于工作时间的规定和限制是由《劳动法》确定的。工时制度分为标准工时制、缩短工时制、延长工时制、不定时工作制和综合计算工时工作制五类。

（2）休息时间。休息时间是指劳动者在法律和行政法规规定的法定工作时间以外自行支配的时间。休息时间包括劳动者工作日休息的时数、工作日内的间歇休息时间、工作日间的休息时间、工作周休息的天数和工作周之间的休息时间等。

工作日内的间歇休息时间，又称间歇时间，是指在一个工作日内劳动者享有的休息和用餐的时间。我国法律并没有做出统一的规定，一般根据工作岗位和工作性质的不同而有所不同。

工作日间的休息时间是指劳动者在一个工作日结束后至下一个工作日开始前的休息时间。至于休息时间的标准，我国法律没有做出统一的规定。

工作周之间的休息时间是指劳动者连续工作一周后应当享有的休息时间。国家机关、事业单位实行统一的工作时间，星期六和星期日为周休息日。

（3）休假。休假包括法定节假日、带薪年休假、产假、哺乳假等。下面结合我国的情况简要介绍。

法定节假日是指根据各国、各民族的风俗习惯或纪念要求，由国家法律和行政法规统一规定的用于庆祝和度假的休息时间。2007 年国务院颁布了《关于修改〈全国年节及纪念日放假办法〉的决定》。

带薪年休假是指法律规定的职工满 1 年的工作年限后，每年享有的保留工作带薪连续休假。具体标准见《职工带薪年休假条例》。

产假是指妇女产期前后的休假待遇。根据《女职工劳动保护特别规定》第七条，女职工生育享受 98 天产假，其中产前可以休假 15 天；难产的，应增加产假 15 天；生育多胞胎的，每多生育 1 个婴儿，可增加产假 15 天。女职工怀孕未满 4 个月流产的，享受 15 天产假；怀孕满 4 个月流产的，享受 42 天产假。

哺乳假是指女方产假期满后哺乳婴儿有困难的，经本人申请，所在单位可以给予每天一小时的哺乳假。

3. 劳动安全卫生标准

劳动安全卫生标准，即劳动保护标准，是国家和用人单位为了保护劳动者在劳动过程中的安全和健康而制定的各种标准的总称，包括国家劳动安全卫生立法和用人单位劳动安全卫生制度。

劳动安全卫生制度包括劳动安全技术规程、劳动卫生规程、企业安全卫生管理制度等。

4. 女职工、未成年工特殊劳动保护标准

女职工是指一切以工资收入为主要生活来源的女性职工。女职工特殊保护，是指根据女职工身体结构和生理机能的特点以及抚育子女的特殊需要，在劳动方面对妇女特殊权益的法律保障。女职工特殊保护制度的主要内容包括对女职工在劳动过程中的特殊保护、对女职工生理机能变化过程中的特殊保护等。

在我国，未成年工是指年满 16 周岁未满 18 周岁的劳动者。未成年工特殊保护，是指国家为维护未成年工的合法权益，在劳动方面对未成年工特殊权益的法律保障。对于未成年工在劳动过程中的保护标准，见《未成年工特殊保护规定》。

5. 社会保险标准

社会保险是关于劳动者生活风险的社会互助行为，是国家通过立法手段，在劳动者因年老、患病、工伤、失业、生育及死亡等原因，暂时或永久失去生活来源的时候，依法给予一定的物质帮助，保证公民和劳动者的基本生活需要的一种社会保障制度。社会保险法是规范社会保险关系的法律规范的总称。我国基本社会保险的缴费及待遇的具体标准见《社会保险法》。

第3节　行业级、地方级劳动标准

一　行业级、地方级劳动标准的内涵

（一）行业级、地方级劳动标准的概念

行业级劳动标准，是指由国务院有关主管部门制定、发布的在全国某行业范围内适用的劳动标准，但在相应的国家强制性标准实施后自行废止。地方级劳动标准，是指由各级地方立法机构和地方政府以及地方标准化机构制定、发布的在该地区内适用的劳动标准。其中，地方立法机构和地方政府颁布的劳动标准可高于国家颁布的相应劳动标准；由地方标准化机构颁布的劳动标准，在相应的国家强制性标准实施后自行废止。

具体来说，行业级劳动标准是按照行业分类的劳动标准，由国家标准化管理委员会、国务院劳动行政主管部门或国务院相关主管部门发布，主要是基础类标准和技术类标准，包括劳动定员定额标准、职业培训标准和劳动安全卫生标准等，如《头部防护 安全帽》《安全标识及安全色》《体力劳动强度分级》《TBM 隧道掘进机劳动定额标准》《电力行业劳动环境监测技术规范》等。

地方级劳动标准包括地方性法规、地方政府规章和其他规范性文件。如《北京市劳动合同规定》《上海市劳动合同条例》《福建省劳动安全卫生条例》《浙江省劳动合同办法》等。

（二）行业级、地方级劳动标准的重要性

我国地域辽阔，行业众多，地区之间、行业之间差异较大，发展不平衡，即使经过充分研究制定并出台的国家标准也不一定能满足地方的需要。因此，在国家大力推进和谐劳动关系建设的背景下，一方面需要在国家层面上进行劳动标准的顶层设计，建立健全相关法律、政策；另一方面要积极推进行业级、地方级劳动标准的建设。根据国家基本劳动标准，结合行业、地区实际情况，科学合理地制定、修订本行业、本地区劳动标准，使之符合本行业、本地区生产发展水平和经济承受能力以及劳动管理的实际需要，并以此带动企业层面劳动标准体系的构建和完善。

二　行业级、地方级劳动标准的分类

行业级、地方级劳动标准包括国家综合类劳动标准、地方管理类劳动标准、行业技术

类劳动标准和其他类劳动标准。其中，国家综合类劳动标准分为国家基础类劳动标准、国家管理类劳动标准、国家技术类劳动标准以及国家其他类劳动标准。国家基础类劳动标准是劳动标准术语、符号、代码、图形、标志等的基本规范，行业级、地方级劳动标准均应按照其执行；国家管理类劳动标准是基本劳动标准，行业、地方应按照其执行，或另行制定高于其水平的劳动标准；国家技术类劳动标准有强制性和推荐性两类，对前者，行业、地方应按照其执行，对后者可参考执行。由此可知，国家综合类劳动标准是制定行业级、地方级劳动标准的基础和依据。

地方管理类劳动标准和行业技术类劳动标准是国家综合类标准的进一步延伸，由行业或地方结合自身实际情况，对国家级劳动标准进一步具体化。在国家强制性技术类劳动标准未制定前，行业、地方也可制定行业级、地方级技术类劳动标准。但国家级强制性技术类劳动标准颁布实行后，行业级、地方级技术类劳动标准自行废止。行业级、地方级劳动标准处于劳动标准体系的中间层次，对上承接、贯彻国家级劳动标准，对下指导制定企业级劳动标准。

行业级、地方级劳动标准的分类见图 9－1。

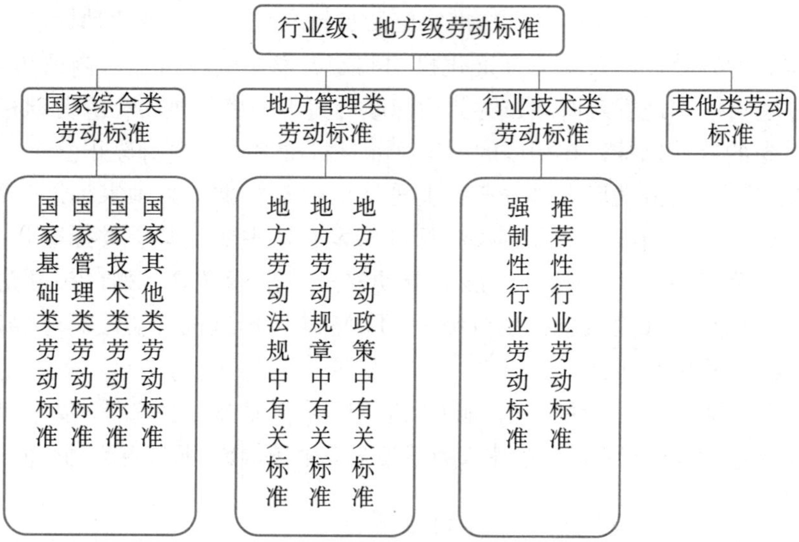

图 9－1　行业级、地方级劳动标准的分类

第 4 节　企业级劳动标准

一　企业级劳动标准概述

（一）企业级劳动标准的概念和对象

企业级劳动标准是指企业内部劳动关系双方共同遵守的劳动方面的办事规程或行为规则。企业级劳动标准是国家级、行业级、地方级劳动标准的延伸和细化，是劳动力市场主体——企业和劳动者双方或企业单方以国家级、行业级、地方级劳动标准为基础，针对本单位实际情况而制定的劳动标准。企业级劳动标准仅适用于企业范围内的全体劳动者。

（二）企业级劳动标准的分类

根据所涉及的劳动条件内容不同，企业级劳动标准可以分为劳动报酬标准、工作时间标准、休息休假标准、劳动安全卫生标准、保险福利标准、劳动定员定额标准、职业培训标准、女工特殊保护标准等。

（三）企业级劳动标准的作用

企业级劳动标准的作用在于：（1）将适用于企业的国家级、地方级、行业级强制性劳动标准具体化，明确企业适用的推荐性标准内容和范围，避免违反法律；（2）规范各项作业的流程及标准，提高工作效率；（3）规范劳动关系双方的行为，营造良好而有序的内部工作环境和秩序。

（四）企业制定劳动标准的方式

（1）集体合同。通过集体合同形成劳动标准是企业内部自发形成劳动标准的一种方式，主要在工会或者职工代表与企业进行协商谈判的基础上，签订集体合同，确定企业内部劳动标准，使得本企业内劳动者的各方面权益得到更好的保护。企业集体合同的约束范围包括本企业的所有劳动者，以及未来加入本企业的劳动者。集体合同中的劳动标准主要包括工资标准、工时标准（包括休息休假标准）、劳动安全卫生标准、社会保险标准等。

（2）劳动规章制度。劳动规章制度是企业形成劳动标准的主要形式。劳动规章制度是在国家级、行业级和地方级劳动标准的基础上针对各项劳动条件制定的适合本企业发展的劳动标准，由企业自主建立，并经过职工代表大会或者全体职工讨论，与工会和职工代表平等协商确认。

（3）劳动合同。企业也可以通过制定劳动合同的方式制定企业级劳动标准，即将企业的劳动标准（主要包括工资标准、工时标准（包括休息休假标准）、劳动安全卫生标准、社会保险标准等）通过劳动合同格式文本的形式表现出来。

从上述内容中我们可以发现，在企业级劳动标准中，集体合同是企业与全体劳动者约定的关于企业内部的劳动标准，作用在于为企业级劳动标准画出底线；劳动合同则是企业与个别劳动者进行劳动标准及其他方面事由约定的文本，其作用在于为企业与个别劳动者的劳动关系做出针对性的、具体的标准与要求。而劳动规章制度则是在实际运行和管理企业级劳动标准过程中，企业对劳动者施加管理及劳动者明确义务和权利的依据，在企业级劳动标准体系中发挥着非常重要的作用。

（五）企业级劳动标准的效力

1. 就高不就低原则

劳动标准散见于不同层次的规范性文件和合同文本中，其效力等级从高到低依次为集体合同、劳动规章制度、劳动合同。在实际操作过程中，三者都必须遵守法律法规的规定。在这个大前提下，应当执行较高等级文件已有规定，较低等级文件不必重复规定；较低等级文件内容不得与较高等级文件内容相抵触。比如，集体合同当中规定了本企业员工的最低工资不得低于 2 000 元，那么与个人签订的劳动合同中约定的工资条款就不能低于 2 000 元。

2. 更有利原则

如果劳动规章制度与劳动合同、集体合同对同一事项做出规定且规定的内容不一致，应以劳动者请求适用且对劳动者最有利的那个等级文件为准。《最高人民法院关于审理劳动争议案件适用法律问题的解释（一）》第五十条指出："用人单位制定的内部规章制度与集体合同或者劳动合同约定的内容不一致，劳动者请求优先适用合同约定的，人民法院应予支持。"最高人民法院对于这个规定给出的理由是，确定劳动合同和集体合同的优先适用效力，主要目的是防止企业特别是企业的经营管理者不正当行使劳动用工管理权，借少数人的民主侵害多数职工依法享有的民主权利。因为如果企业利用其劳动规章制度的单方面制定权，对单位职工做出有悖于劳动合同和集体合同甚至国家法律法规的规定，其内容必将被认定为无效。

（六）影响企业级劳动标准的主要因素

1. 企业文化

企业文化对企业级劳动标准体系具有很大的影响。具有平等、关爱员工的企业文化的企业制定的劳动标准水平较高，往往会高于法定标准；而具有利润至上的企业文化的企业制定的劳动标准水平则会偏低，往往仅达到法定最低劳动标准。

另外，企业的人员素质也会对劳动标准的制定和实施产生很大影响：企业管理层的知识结构、创新意识和领导艺术水平，对推动企业级劳动标准建设具有决定性的作用；企业员工对劳动标准的正确认识是实施企业级劳动标准的思想基础；经营管理人员的文化素质、思想观念和工作能力等，也会对企业级劳动标准建设产生重大影响。

2. 员工力量

企业的劳动标准主要体现在集体合同和劳动规章制度中，而集体合同和劳动规章制度的制定都需要与员工平等协商。因此，企业级劳动标准与员工的意愿和力量也有很大的关系。如果企业的工会力量比较强大，在平等协商过程中就可以更多更好地为员工争取利益，企业制定的劳动标准水平也会较高，从而更好地维护员工的利益。

二 企业级劳动标准的制定与实施

（一）企业级劳动标准制定的法律依据与制定程序

企业级劳动标准所涉及的内容比较广，根据涉及的劳动条件的不同，按照前文所述有许多划分方法，依据与制定程序较为复杂。但是从另外一个层面讲，企业的劳动标准可以被企业集体合同、劳动合同和劳动规章制度这三种形式全部涵盖。因此，我们从三种不同的制定形式的角度来讨论企业级劳动标准制定的法律依据与制定程序。

1. 集体合同制定的法律依据与程序

（1）集体合同制定的法律依据。目前，我国关于集体合同制定的法律依据主要为《劳动法》《劳动合同法》《工会法》《集体合同规定》。集体合同作为企业级劳动标准的底线，其作用就是保障劳动者在工作场所中的基本的生存权利，因此必须遵守国家法律法规的规定。

《劳动法》第三十三条规定："企业职工一方与企业可以就劳动报酬、工作时间、休息休假、劳动安全卫生、保险福利等事项，签订集体合同。集体合同草案应当提交职工代表大会或者全体职工讨论通过。集体合同由工会代表职工与企业签订；没有建立工会的企业，由职工推举的代表与企业签订。"这里强调了集体合同的当事人，并对集体合同所约定的事项进行了说明。第三十四条规定："集体合同签订后应当报送劳动行政部门；劳动行政部门自收到集体合同文本之日起十五日内未提出异议的，集体合同即行生效。"这一条则阐明了集体合同生效的条件。

《劳动合同法》中除了《劳动法》中出现的比较具有指导意义的条款，还有一些更加详细的规定。如第五十二条规定："企业职工一方与用人单位可以订立劳动安全卫生、女职工权益保护、工资调整机制等专项集体合同。"这一条款明确了职工一方可以就单项劳动标准与企业签订专项集体合同。第五十三条规定："在县级以下区域内，建筑业、采矿业、餐饮服务业等行业可以由工会与企业方面代表订立行业性集体合同，或者订立区域性集体合同。"

《集体合同规定》中对于集体合同的内容，协商程序，合同的订立、变更、解除、终止，集体合同的审查等做了非常详细的规定，此处不再赘述。

（2）集体合同的制定程序。根据上述法律法规以及相关配套法规的规定，可以将集体合同的制定分为以下几个步骤：

1）集体协商要约：职工代表、企业方代表就某一项或者某几项事宜，以书面形式向对方提出集体协商要求。

2）集体协商：在充分准备后，双方代表就要约事宜发表看法，充分讨论。若达成一致，则签订集体合同；若未能达成一致，则协商下次协商的事由。

3）集体合同起草：按照法律规定及协商内容，起草集体合同草案。草案一般由工会起草，也可由企业方或者双方共同组织起草。

4）职代会审议：将双方协商一致的集体合同草案提交职工代表大会审议。

5）首席代表签署：双方首席代表对通过职工代表大会审议的集体合同签字确认。

6）劳动行政部门审查：签字后的集体合同报送劳动行政部门，十五日内无异议，集体合同生效。

2. 劳动规章制度制定的法律依据与程序

（1）劳动规章制度制定的法律依据。目前，我国关于企业劳动规章制度制定的法律依据主要包括《宪法》《劳动法》《劳动合同法》《公司法》以及其他配套法律法规。共同协商制定劳动规章制度不仅是企业和员工的权利，也是企业和员工应尽的义务，是劳资双方享有权利、履行义务的制度保障。因此，企业在与劳动者代表共同协商确定劳动规章制度时必须遵守上述法律的规定。

《宪法》第五十三条规定："中华人民共和国公民必须遵守宪法和法律，保守国家秘密，爱护公共财产，遵守劳动纪律，遵守公共秩序，尊重社会公德。"这里提到的劳动纪律就是企业劳动规章制度的重要组成部分。

《劳动法》第三条第二款规定："劳动者应当完成劳动任务，提高职业技能，执行劳动安全卫生规程，遵守劳动纪律和职业道德。"这里的"劳动纪律"就是指企业制定的劳动规章制度。第四条规定："用人单位应当依法建立和完善规章制度，保障劳动者享有劳动权利和履行劳动义务。"这里的"应当"表明制定劳动规章制度，既是企业的法定权利，也是企业的法定义务。第二十五条规定，劳动者严重违反劳动纪律或者用人单位规章制度的，用人单位可以解除劳动合同。

《劳动合同法》第四条规定："用人单位应当依法建立和完善劳动规章制度，保障劳动者享有劳动权利、履行劳动义务。用人单位在制定、修改或者决定有关劳动报酬、工作时间、休息休假、劳动安全卫生、保险福利、职工培训、劳动纪律以及劳动定额管理等直接涉及劳动者切身利益的劳动规章制度或者重大事项时，应当经职工代表大会或者全体职工讨论，提出方案和意见，与工会或者职工代表平等协商确定。在劳动规章制度和重大事项决定实施过程中，工会或者职工认为不适当的，有权向用人单位提出，通过协商予以修改完善。"该条款明确规定了企业必须依法建立和完善劳动规章制度，制定劳动规章制度程序必须合法。

（2）劳动规章制度的制定程序。

1）起草草案：劳动规章制度的起草一般有两种情况：一种是起草新的劳动规章制度，一种是修改旧的劳动规章制度。起草人或修改人一般是企业行政人员，也可委托外界顾问或专家代为起草。

2）职工讨论：这是劳动规章制度在制定程序上必备的法律程序，即经由职工代表大会或全体职工讨论、修改。要让企业员工畅所欲言，充分表达各种意见，在正面与负面意见的基础上修改，以形成比较成熟的审议文稿。

3）协商通过：职工讨论和企业修改后，形成劳动规章制度意见稿。然后，企业需要派代表同工会或者企业职工代表共同对企业劳动规章制度意见稿进行协商，最终形成企业劳动规章制度终稿。

4）制度公示：企业制定的劳动规章制度，经法定程序，确认其内容合法、程序有效后，要由企业法定代表人签字并加盖企业行政公章，作为正式文件向全体员工正式公布，以便告知企业的所有劳动者。应保证企业所有劳动者知晓规章制度，企业方也能留有证据证明已告知所有劳动者。

3. 劳动合同制定的法律依据与程序

（1）劳动合同制定的法律依据。目前，我国关于劳动合同制定的法律依据主要为《劳动法》《劳动合同法》以及其相关配套法律。劳动合同是劳动者个人与用人单位确定劳动关系的协议，约定了双方的权利和义务，并且是调整劳动关系的基本法律形式。劳动合同的内容和签订程序必须符合法律的要求。

《劳动法》第十六条规定："劳动合同是劳动者与用人单位确立劳动关系、明确双方权利和义务的协议。建立劳动关系应当订立劳动合同。”第十七条规定：“订立和变更劳动合同，应当遵循平等自愿、协商一致的原则，不得违反法律、行政法规的规定。劳动合同依法订立即具有法律约束力，当事人必须履行劳动合同规定的义务。”这两个法律条款明确了劳动合同的性质和在制定劳动合同时应当遵循的原则，还明确了劳动合同对于双方当事人的约束力。

《劳动合同法》则从劳动合同的订立、履行与变更、解除与终止等方面对于劳动合同的管理进行了更加详细的规定，此处不再一一赘述。

(2) 劳动合同的制定程序。

1) 提出订立劳动合同的意愿：在订立劳动合同前，用人单位通常会通过各种渠道发布招聘的需求，劳动者也会向用人单位提出求职的需求。

2) 双方协商：劳动者和用人单位就劳动合同的具体条款进行磋商，在双方意思表示一致后，协商即告结束。

3) 双方签约：通常情况下劳动合同的文本由用人单位准备，双方当事人在签约之前应当认真审阅合同文本载明的内容与双方之前的约定是否一致。劳动合同经用人单位与劳动者在劳动合同文本上签字或者盖章生效。劳动合同文本由用人单位和劳动者各执一份。

(二) 企业级劳动标准的实施

企业级劳动标准的实施即劳动者与企业双方按照集体合同、劳动规章制度和劳动合同的约定，全面严格地完成己方应当履行的义务，并享有应当享有的权利的过程。在企业级劳动标准实施过程中，应当明确实施主体，遵守实施原则，确保企业级劳动标准实施。

1. 企业与劳动者的定位

企业在企业级劳动标准的运行过程中的定位是实施主体。企业级劳动标准是由企业制定、修改、实施、废除的。企业级劳动标准是规范企业管理行为的参考标准。企业负责在企业范围内贯彻落实和实施劳动标准，保障劳动标准的落实。

劳动者在企业级劳动标准的运行过程中的定位是实践者与变革者。企业级劳动标准所管理的对象是劳动者，劳动者是真正在实践过程中遵循企业级劳动标准工作的人，能够在实践当中检验企业级劳动标准设置的合理性。同时，根据企业级劳动标准的制定原则，劳动者有权审议企业级劳动标准的设置，在实践中检验到的疏漏和不合理之处，劳动者应当及时建议，并推动企业级劳动标准改善，更好地促成和谐劳动关系的构建。

2. 企业级劳动标准实施的原则

(1) 严格执行、依章治企原则。企业级劳动标准是维持企业正常运转、快速发展的重要保障，具有不可替代的重要作用。但是它是一把双刃剑，只有合法有效并且严格执行的企业级劳动标准，才能强有力地支撑企业业务发展。企业级劳动标准是企业的“法律”，只有做到“法律面前人人平等”，自觉地依据完善的企业级劳动标准实施管理，管理才会行之有效。企业职工对企业级劳动标准的意见经常表现在执行过程中的不公正，就是对违反企业级劳动标准的职工处理的标准并不一致，管理者在执行企业级劳动标准时带有非常大的初见性，从而造成职工对企业级劳动标准的反感。鉴于此，在企业级劳动标准实施过程中要遵守严格执行、依章治企的原则。

（2）前后统一、全面实施原则。企业级劳动标准应有相对的统一性，若在实施过程中发现问题，应及时纠正。企业级劳动标准在修改时，首先要遵循必要程序，如民主参与修改、备案、告知等。其次要注意各个劳动标准间的相互联系，争取做到前后统一。最后，企业级劳动标准一旦公布，就应具有相对的稳定性，不应朝令夕改。全面实施是指在实施过程中要避免割裂地、片面地执行企业级劳动标准。现行有效的企业级劳动标准不能有选择地实施，而应当得到全面实施。

（3）各司其职、协作实施原则。企业级劳动标准的实施范围覆盖了企业全体员工和全部部门，需要各部门的协同配合，因此，企业级劳动标准在实施过程中，各行政部门和每个员工不但要认真履行劳动标准所要求的责任，而且要注重相互之间的配合与团结协作，更好地将劳动标准贯彻实施。

（4）及时调整、合理实施原则。企业级劳动标准一经公布生效，就应当立即在企业贯彻执行。企业级劳动标准中的政策性规定，凡是应执行国家政策法规的，当国家政策法规公布后，企业应立即执行；国家规定由企业自主决定调整标准的，也应当在规定的日期内完成。

三 企业级劳动标准的评估与修改

（一）企业级劳动标准实施效果评估

企业级劳动标准的实施效果，最终表现为经济效益状况、人力资源管理水平和劳动关系和谐程度三个方面。因此，应该从这三个方面进行评价。

1. 基于经济效益的评价

获取经济效益是企业经营目标的核心，提高经济效益是企业的根本任务。企业的整个生产经营活动都要围绕提高经济效益的目标来进行，否则生存与发展就得不到保证。因此，对企业级劳动标准的实施效果，必须结合企业经济效益进行综合评价。

（1）综合经济效益评价法。综合经济效益评价法是指采用适当方法对企业生产经营活动的各环节、各因素的经济效益指标进行综合，从而对企业经济效益总体状况做出评价。

（2）经济效益指标体系法。经济效益指标体系法是1997年国家统计局、国家计委和国家经贸委与其他有关部门联合提出的方法，这套指标体系包括七项指标：总资产贡献率、资产保值率、资产负债率、流动资金周转率、成本费用利润率、全员劳动生产率、产品销售率。

（3）绩效审计。绩效审计是经济审计、效率审计和效果审计的合称，也称三E审计，是指由独立的审计机构或人员，依据有关法规和标准，运用审计程序和方法，对被审单位或项目的经济活动的合理性、经济性、有效性进行监督、评价和鉴证，提出改进建议，促进其管理提高效益的一种独立性的监督活动。

2. 基于人力资源管理水平的评价

企业级劳动标准实施效果的评价，从人力资源管理角度来看，包括指标性评价和总体性评价。

（1）指标性评价。指标性评价即基于重要人力资源管理指标的变化评价企业级劳动标准的实施效果，一般包括以下几个方面：一是是否增强了最高管理层的决策能力和组织能力；二是是否改进优化了系统绩效功能，提高了组织运行速度；三是是否使员工具有了持续改进的动力；四是是否实现了引导员工调整职业生涯规划和提升职业素质的目标；五是是否形成了优胜劣汰的机制；六是是否提高了员工的自我管理能力。

（2）总体性评价。总体性评价即基于人力资源管理系统的总体效益评价企业级劳动标准的实施效果。评价人力资源管理系统的总体效益，一般从人力资源管理系统的适应性、执行性和有效性三个方面进行。适应性是对人力资源管理系统内外部协调的反映。外部协调主要包括人力资源管理政策对劳动力市场的适应性，与法律的符合性，与企业发展战略、经营理念和企业文化的相容性，以及人力资源管理系统和企业其他子系统的协调与配合；内部协调主要是人力资源管理各职能之间的协调，以及人力资源管理专业人员和一线管理人员之间的协调与配合。执行性反映企业人力资源管理系统的内部运作情况，本书把内部运作中的协调划到适应性中评价，因此，这里的执行性主要是从时间、成本和质量角度反映人力资源管理活动的效率。有效性反映企业人力资源管理活动的效果。员工对组织的满意度是人力资源管理系统满足员工个人目标的结果，部分反映了人力资源管理的成效；而人力资源管理系统对组织目标实现的贡献程度主要通过员工的知识更新能力、年龄结构、专业结构、人力资源筹供能力等来反映，是组织满意度的体现。因此，对企业人力资源管理有效性的评价包括员工满意度和组织满意度两个方面。

3. 基于劳动关系的评价

企业级劳动标准实施效果的评价，从劳动关系的角度来看，主要包括劳动合同的规范性、劳动标准法的遵守情况、劳动关系协调机制的运行状况以及职工职业技能和文化生活情况。

（1）劳动合同的规范性。劳动合同的规范性包括劳动合同签订率，劳动合同内容是否全面、合法，劳动合同签订、续订、解除和终止等各个环节是否管理完善、程序规范，有无违反劳动合同的现象等。

（2）劳动标准法的遵守情况。劳动标准法的遵守情况包括是否按月足额发放职工工资，且不低于劳动合同约定的工资和当地政府规定的最低工资标准；是否按规定支付职工超时加班加点工资；企业和职工是否依法参加养老、医疗、工伤、失业等社会保险，按时足额缴纳社会保险费；是否严格按照劳动保障法律法规的要求，执行工时和休息休假制度；是否依法建立职工住房公积金制度，按时足额为职工缴纳住房公积金；是否依法维护女职工特殊利益和未成年工合法权益；是否建立健全安全生产和职业卫生台账制度，认真执行安全生产各项规程等。

（3）劳动关系协调机制的运行状况。劳动关系协调机制的运行状况包括是否建立健全平等协商集体合同制度，且集体合同内容合法、程序规范、续签及时；是否依法开展工资集体协商并签订工资协议，且每年定期进行工资集体协商、职工工资随企业效益增长而同步增长；是否有因职工劳动权益受侵犯而提起劳动争议仲裁、诉讼，以及劳动保障监察部门立案查处的案件等。

（4）职工职业技能和文化生活情况。职工职业技能和文化生活情况包括是否重视职工培训，并且按规定提取职工教育经费；是否有职工活动场所，经常开展职工文化体育活动，活跃职工业余文化生活；是否重视职工生活保障工作，有无重大食物中毒和群发性传染病疫情发生等。

（二）企业必须修改或调整劳动标准的情形

1. 法律法规修改

企业级劳动标准的制定必须以遵守强制性劳动标准为前提。发挥强制性作用的劳动标准根据其表现形式不同，可以分为立法型劳动标准和国家标准化机构批准的强制实行的劳动标准。立法型劳动标准主要包括法律、行政法规、地方性法规、部门规章和地方性规章中的规定；国家标准化机构批准的强制实行的劳动标准通常是指劳动安全与卫生方面的技术性标准，主要是涉及劳动领域自然科学属性的劳动标准。

因此，法律法规修改导致立法型劳动标准和国家标准化机构批准的强制实行的劳动标准发生改变时，企业级劳动标准也要随之改变。

2. 不符合企业发展需要

因为劳动标准会显著影响企业的成本，所以企业制定的劳动标准与企业的发展状况息息相关。在企业发展的初期，企业规模小、抵抗风险的能力差，最核心的是解决生存问题，因此在这一阶段，企业制定的劳动标准水平较低，可能仅仅达到法定的劳动标准水平，而且劳动标准体系也很不完善，可能仅仅包括最基础的劳动标准。在企业发展的成熟阶段，企业的规模扩大，管理者的管理幅度增大，在这一阶段，原先简单不完善的劳动标准就不能满足企业生产发展的需要，此时管理者就需要不断制定各类劳动标准，建立起完善的企业级劳动标准体系。由于企业的盈利能力增强，这一阶段的劳动标准水平也需要有所上升，以保持自身的外部竞争力。因此，当不符合企业生产发展需要时，企业级劳动标准也需要发生改变。

第5节　企业劳动规章制度

一　企业劳动规章制度概述

（一）企业劳动规章制度的内涵

企业劳动规章制度是企业级劳动标准的重要组成部分。1959年，国际劳工组织将劳动规章制度定义如下：企业界对工作规则、企业规程、服务规则、就业规范、职场纪律的统称，供企业的全体从业人员或大部分从业人员使用，专门针对或主要针对就业中从业人员的行动。

目前，我国关于劳动规章制度的理解主要分为三种学说：劳动规章制度的法律规范说、劳动规章制度的契约规范说和劳动规章制度的集体合意说。

（1）劳动规章制度的法律规范说。劳动规章制度的法律规范说认为，企业制定的劳动规章制度在事实上发挥着行为规范的作用，从法理角度观察，企业劳动规章制度的强制力和约束力的基础是上述规范具有法律规范的性质。该学说在很大程度上将劳动规章制度的制定同立法建立了联系，并承认企业在一定范围内具有制定劳动规章制度的权利，员工可以在一定程度上参与，却不是劳动规章制度的制定主体。由于学界对于法律规范权力源泉的不同理解，法律规范说又进一步演化为法律授权说、经营权说以及习惯说三个分支学说。

（2）劳动规章制度的契约规范说。劳动合同是劳动者与企业之间确立劳动关系和双方权利、义务的契约或协议。劳动规章制度的契约规范说认为，劳动制度首先由企业单方制定或变更，经过劳动者同意后才成为劳动者与企业之间的劳动合同内容的一部分，进而具有法律约束力，劳动规章制度不过是劳动合同的雏形，之所以具有约束力，是因为其经过劳动者的同意成为劳动合同的内容。

（3）劳动规章制度的集体合意说。劳动规章制度的集体合意说认为，企业制定劳动规章制度是针对全体劳动者统一设定的集体规范，基于劳动者集体合意才产生相应的法律约束力。该学说基本立场秉持劳动条件应由劳资双方合意的基本原则，认为鉴于劳动规章制度统一规范劳动条件的现实，个别劳动者对劳动规章制度制定、变更的承诺虽然有必要，但可由劳动者集体意思予以同意，未有劳动者集体表示同意，规范制度不发生法的效力。

（二）企业劳动规章制度的特征

企业劳动规章制度是针对本单位的实际情况及现实问题而制定的，也是企业加强管理、进行制度规范的常用手段，反映着人与人和人与物之间的关系，体现了企业生产过程中领导与被领导之间、干部与群众之间、技术人员与工人之间、工人相互之间的互相合作和分工协作关系。企业劳动规章制度的制定不仅是企业领导层意志的体现，同时也是全体员工意志的体现。

（1）目的性。制定企业劳动规章制度的目的主要是控制生产过程、规范员工在工作中的行为、协调企业与员工以及员工之间的关系。

（2）明确性。企业劳动规章制度是针对企业的具体工作内容、职责、程序等制定的行为规范，因此，劳动规章制度的各项条款必须明确具体、逻辑清晰、易于理解，具有很强的可操作性。

（3）强制性。企业劳动规章制度一经颁布，相关人员就必须遵守和执行。组织内的所有成员，不论是管理者还是普通员工，都应该遵守企业劳动规章制度的规定。

（4）民主性。虽然企业劳动规章制度具有强制性，但它的制定体现了企业所有成员的意志，代表了企业绝大部分成员的利益，因此具有民主性。

（5）稳定性。稳定性主要是指企业劳动规章制度一旦形成，将保持在较长的时间内适用，如果朝令夕改，则会削弱其权威性。

（三）企业劳动规章制度的重要性

企业劳动规章制度是整个组织机构正常运行的制度保障，没有合理的劳动规章制度就没有一个真正发挥作用的组织和机构，也就没有企业的正常生产和经营活动。只有通过劳动规章制度来规范领导和职工的职责和行为，才能使企业正常运转，充满生机和活力。

(1) 企业劳动规章制度是企业正常运行的保证、职工行动的指南。在企业的运行过程中，针对内部成员的劳动用工管理主要有四种工具可以运用：劳动法律法规、双方当事人签订的劳动合同、集体合同以及企业劳动规章制度。在劳动关系管理中，由于劳动法律法规的局限性、劳动合同的单一性以及集体合同在劳动关系管理中作用的有限性，企业劳动规章制度较好地弥补了以上三种劳动关系管理工具的缺陷，与这三种劳动关系管理工具共同构成了劳动关系管理体系。

企业劳动规章制度虽属调整个别劳动关系的规范，但其规定的是企业共通的权利和义务，适用于所有劳动者。企业劳动规章制度明确了组织的劳动条件和组织成员的行为规范，可以大量减少因劳动条件不统一或对行为规范的解释不一致所带来的劳动争议和劳动纠纷。因此，劳动规章制度保证了组织的正常运行，是组织成员行动的指南。

(2) 企业劳动规章制度是企业奖惩的依据。《劳动法》第四条规定，用人单位应当依法建立和完善规章制度，保障劳动者享有劳动权利和履行劳动义务。这里的劳动权利和劳动义务仅仅是一种抽象的法律规范。在具体的劳动条件确定和劳动关系运行中，这些抽象的法律规范很容易产生歧义以致发生劳动争议。企业劳动规章制度就是对以上抽象的法律规范的具体规定与解释，明确了工作场所的劳动条件与行为规范。

可见，企业劳动规章制度是企业劳动条件及劳动纪律等方面的具体规定，不论其法律性质如何解释，都对企业的劳动者具有规范作用。因此，企业的奖惩必须以其劳动规章制度为依据，这样才有助于企业对工作场所的正常管理，保障企业日常运转，预防劳动争议发生。

(3) 企业劳动规章制度是劳资双方维权的利器。企业劳动规章制度是用以规范劳动者个人与企业之间的个别劳动关系运行的企业规则，是企业制定劳动合同的主要依据之一。

市场经济中的企业，因为拥有经营自主权，也就拥有了对劳动者进行指挥命令的管理权，所以企业通过制定劳动纪律、行为规范等手段来促使劳动者履行劳动义务，对劳动者进行管理。但是，市场经济中的企业毕竟是以追求利润为目标的，很容易牺牲劳动者的利益甚至侵犯劳动者的权利。因此，我们强调劳动规章制度要“通过民主程序制定”才能具有法律效力，即“用人单位在制定、修改或者决定有关劳动报酬、工作时间、休息休假、劳动安全卫生、保险福利、职工培训、劳动纪律以及劳动定额管理等直接涉及劳动者切身利益的劳动规章制度或者重大事项时，应当经职工代表大会或者全体职工讨论，提出方案和意见，与工会或者职工代表平等协商确定”。通过民主程序制定的规章制度应该是劳资双方利益妥协和利益平衡的结果。

因此，企业劳动规章制度一旦具有法律效力，就不仅仅是资方维权的工具，也是劳方维权的利器。

二 企业劳动规章制度的实施

(一) 企业劳动规章制度实施的重要机制

1. 建立企业劳动规章制度执行的监督与处罚机制

良好的制度需要强有力的执行者，也更需要与之相匹配的监督与处罚机制。没有相应的监督与处罚机制，企业劳动规章制度的实施就没有了保障，进而影响劳动规章制度的作用。因此，企业应当建立相关的制度实施监督机制，请监督者或机构进行审查，监督各项制度实施是否到位，并将监督结果直接上报管理机关，从而实现企业劳动规章制度的科学化、规范化。

2. 建立企业劳动规章制度的信息反馈机制

任何企业的劳动规章制度都不是十全十美的，企业在运行中有可能出现各种各样的矛盾和冲突，或企业劳动规章制度没有规定的情况，此时管理层就要遵循“先做事，后承担责任”的原则，通过信息反馈机制及时反馈至高层领导处。通过建立信息反馈机制将制度实施中存在的问题及时反馈，在反馈的基础上进行相应的调整，或者新设相关的劳动规章制度，以弥补原有制度的不足。

（二）企业劳动规章制度实施的必要条件

企业劳动规章制度实施的基本特征是企业以行政权力强制全体员工遵守和执行，劳动关系双方按照规定享有权利和承担义务。企业劳动规章制度一旦实施，就会产生相应的结果，不遵守和不执行劳动规章制度，将会受到相应的制裁。因此，企业劳动规章制度的实施应当具备一定的条件。

1. 企业劳动规章制度的有效性

企业劳动规章制度具有效力是其实施的基本条件，具体来说包含两层意思：一是劳动规章制度的内容必须符合法律法规的规定，即劳动规章制度的内容合法。若劳动规章制度中有与法律法规相抵触之处，则该条劳动规章制度无效，不具有约束员工行为的效力。二是实施的劳动规章制度必须是程序合法的。劳动规章制度生效必须经过员工参与及正式程序公示，没有按正式程序公示的劳动规章制度不具有效力。同时，劳动规章制度对它公布生效前的劳动行为也不具有约束力。也就是说，尚未生效的劳动规章制度不符合实施的条件，不得付诸实施。

2. 企业劳动规章制度的可操作性

企业劳动规章制度要有具体的操作性，有一定检验标准的条款。企业劳动规章制度的一个重要作用是表明劳动政策，规范员工的劳动行为，因此，必须具有实际规范的标准。如果没有实际规范的标准，只是一些空洞的要求或一般原则，员工无法遵循，企业也难以衡量，劳动规章制度就难以落实。比如，劳动规章制度中有关劳动纪律的规定，员工连续旷工将对其采取处罚措施，但没具体规定连续旷工的次数，员工不知道连续旷工的界定，企业也无法判断旷工员工的行为是否违纪从而采取处罚措施。因此，实际规章制度的内容应具有可操作性。

3. 实施机构的明确性

企业若要把劳动规章制度的内容适用于生产劳动过程，使其在每一环节上都得以有效落实，就必须由相应的组织机构或专门管理人员负责。

4. 范围的适用性

企业劳动规章制度对企业全体员工都适用，但并不是每一条规定在任何时候、任何岗位，对任何员工都适用，而是针对不同的工作岗位、不同的生产经营条件，规定不同的行为规范，确立不同的政策内容和标准，这些内容和标准只在规定的范围内具有约束力。

思考题

1. 劳动标准可以怎样分类？各种分类的具体内容是什么？
2. 核心劳工标准有哪些？在我国的实施情况如何？
3. 企业级劳动标准如何制定，又是如何评估的？

案例分析

邳州市板材行业通过集体协商制定行业工资标准

板材行业是邳州市近年来迅速崛起的支柱产业，但由于缺乏可遵循的行业劳动标准，行业内用工无序竞争、互挖墙脚现象普遍存在，即便是规模企业，职工流动率也曾高达60%。与此同时，面对量大面广、规模不一的板材企业，工会又苦于开展工作缺乏有力抓手。

为了构建地方性、行业性劳动标准，规范劳动力市场，2005 年 10 月，邳州市板材行业工会联合会成立，与市木材流通协会相对应，搭建了行业协商主体。在此基础上，首选行业中规模较大、具有一定工会工作基础的徐州盛和木业有限公司先行试点，取得初步经验后，再将试点范围扩大到 60 多家企业。历经多年的探索实践，一年一度开展工资集体协商已成“规矩”。如今，行业工资集体合同覆盖企业七八百家，职工逾 10 万人，行业性劳动标准也慢慢有了地区性劳动标准和针对特殊工艺的行业的工资指导线等。

邳州市板材行业工会联合会通过对行业工资集体协商的职工方代表加强业务培训，提高其素质和能力。同时将板材行业生产流程细分出 26 道工序、47 个工种，对每道工序、工种进行调查、测算，助力协商的顺利进行。行业性劳动标准所涉及的主要内容是制定本行业的最低工资标准、确定职工工资年度增长比例等，而后慢慢引入了福利待遇、职工奖金制度设置、女职工保护等特殊条款。通过集体协商设定行业劳动标准，板材行业职工流动率稳定在10%以下，各企业互挖墙脚的现象也基本消失，实现了劳动力的有序流动。工时工价的精确计算，让企业对人工成本有了明确预期，提高了成本测算和薪酬管理的准确度，也让板材行业的工人收获了切实的利益。

资料来源：王伟．江苏省邳州市板材行业开展工资集体协商的调查．工人日报，2009-09-17.

第 10 章 劳动合同管理

学习目标

学完本章后，你应该能够：

- 了解劳动合同与普通民事合同及劳务合同的差异。
- 熟悉劳动合同的特征及劳动合同制度的适用范围。
- 重点掌握劳动合同订立、履行、变更、解除、终止及续订的主要程序和注意事项。
- 理解全日制用工劳动合同与劳务派遣、非全日制用工劳动合同的异同。

引导案例

王某入职宁波江北区某宾馆后，主管宾馆的行政人事工作。一年后，王某书面向宾馆提出解除劳动关系，交接完工作后离职。不久，王某提起劳动仲裁申请，称进入宾馆工作后，宾馆没有和他签订劳动合同，应该支付给他双倍工资。仲裁裁决没有支持他的请求，他不服诉至法院。

一、二审法院审理后均认为，作为人事主管的王某没有签订劳动合同，自身存在过错，宾馆无须支付双倍工资，因此驳回了王某的诉讼请求。法官认为，原告王某在宾馆负责劳动合同、人事管理等，应该知道用人单位不与劳动者签订劳动合同将承担双倍工资的法律责任。同时，作为劳动合同签订事项的负责人，他还负有提醒、督促和管理用人单位和劳动者签订劳动合同的职责。本案中，原告王某明知自己没有签订劳动合同，而不督促宾馆与其签订劳动合同，本身就是一种失职，他应当承担个人过错产生的不利后果。在离职后又要求宾馆支付双倍工资，有违诚信。因此，法院对他的诉讼请求不予支持。

据悉，《劳动合同法》实施以来，专门负责用人单位与员工签订劳动合同的人事经理，未与公司签订劳动合同的索赔案屡屡出现。有些是人事经理的疏忽遗忘，有些则是故意为之。不管是过失还是故意，他们都不能从自己的过错中获利。这是公平原则的体现，也是《劳动合同法》保护劳动者合法权益的立法目的。

资料来源：唐鑛，刘兰．劳动合同管理．大连：东北财经大学出版社，2015.

第1节 劳动合同管理概述

一 劳动合同的概念

劳动合同也称劳动契约、劳动协议，国外还称雇佣合同或雇佣契约。在我国，《劳动法》将劳动合同的概念界定为：劳动合同是劳动者与用人单位确立劳动关系，明确双方权利和义务的协议。

劳动合同是调整劳动关系的基本法律形式，也是确定劳动者与用人单位劳动关系的基本前提，在劳动法律体系中占据了核心地位。用合同形式明确劳动者与用人单位的劳动关系，是我国劳动法律进步的标志，对实现劳动关系调整从行政手段到市场手段转变具有重大意义。劳动合同是市场经济体制下用人单位与劳动者进行双向选择的结果，是保护劳动者合法权益的重要依据。

二 劳动合同的特征

（一）劳动合同的当事人是特定的

劳动合同的一方当事人是劳动者，另一方当事人是用人单位。劳动者和劳动者之间不可能签订劳动合同；同理，用人单位和用人单位之间也不可能签订劳动合同。

作为劳动合同当事人的劳动者，应当具备相应的主体资格。《劳动法》规定的最低就业年龄为16周岁，特殊情况除外。因此，年龄在16周岁至法定退休年龄之间且具有劳动能力的公民，才能成为劳动合同的当事人，包括中国人、外国人和无国籍人。

用人单位的类型很多，但都必须是依法成立，具有用工资格的主体。《劳动合同法》规定，用人单位设立的分支机构，依法取得营业执照或者登记证书的，可以作为用人单位与劳动者订立劳动合同；未依法取得营业执照或者登记证书的，受用人单位委托可以与劳动者订立劳动合同。

（二）劳动合同的当事人地位具有从属性

劳动者和用人单位通过双向选择建立劳动关系，其法律地位是平等的。不过，当劳动关系建立以后，劳动者进入用人单位工作，成为组织一员，双方关系的从属性则表现得更加突出。例如，劳动者是用人单位的成员，其提供的劳动不再是个人行为，而是在以用人单位的名义工作；劳动者的劳动成果归用人单位所有，当然在劳动过程中发生的风险也由用人单位承担；劳动者必须服从用人单位的指挥管理，遵守用人单位的规章制度等。

（三）劳动合同的内容有较多法律限制

劳动合同的内容围绕“劳动”展开，虽然劳动合同的订立是劳动者和用人单位平等自愿、协商一致的结果，但是，我国法律对劳动合同的内容有较多限制。具体表现在：法律规定了劳动合同必须具备的一些内容，缺一不可；对于某些条款，劳动合同当事人可以协商，但协商的范围非常有限，例如，双方约定的劳动报酬不能低于当地最低工资标准，对于社会保险更是几乎没有协商的余地。

三 劳动合同与其他相关合同类型的区别

（一）劳动合同与普通民事合同的区别

劳动合同作为一种特殊的合同，与普通民事合同有着明显的区别。

1. 存在的社会领域不同

劳动合同存在于劳动力使用权的转让领域，涉及劳动过程的发生与实现。民事合同注重的是商品流通领域，主要调整产品交换过程中的财产关系，很少关注商品的生产过程。

2. 合同当事人不同

劳动合同只有双方当事人，一方必须是用人单位，另一方必须是劳动者，劳动合同签订后，作为劳动者的一方必须加入用人单位，成为其成员。民事合同的当事人不局限于双方，有可能是多方，当事人可能同是自然人、法人或者其他组织等；民事合同签订后双方并不存在隶属关系或组织上的管理关系。

3. 合同的内容不同

劳动合同中有关劳动和劳动条件、工作环境等的条款，通常不会出现在普通的民事合同当中。劳动合同的内容往往受到劳动法律规范的干预，劳动合同当事人必须在法律规定的范围内进行约定，而民事合同的当事人往往对合同内容的约定享有更多的自由。

4. 适用法律不同

劳动合同适用劳动法律规范，民事合同适用民事法律规范。劳动合同所确立的劳动法律关系也不同于民事法律关系。

（二）劳动合同与劳务合同的区别

劳动合同与劳务合同的区别源于劳动关系和劳务关系的区别，具体来讲，二者的区别如下。

1. 主体不同

从劳动主体看，在劳务合同中，劳务的提供方既可以是自然人，也可以是法人或其他组织。前者如家庭请人装修住宅、制作家具等，后者如某银行与某清洁公司就清洁服务达成协议。而在劳动合同中，劳动者只能是自然人。

从雇佣主体看，在劳动合同中，用人单位应当具有法律意义上的用人资格，即用人单位必须是企业、事业单位、国家机关、社会团队、个体经济组织、民办非企业单位之一。而劳务合同的雇佣主体可以是个人。

2. 内容不同

劳动合同一般要求劳动者提供的是劳动的过程，典型例子是在工厂的流水线上工作的职工，每个劳动者提供的劳动只是劳动的过程，一般不要求劳动者提供劳动成果，只要付出了劳动就应当获得劳动报酬。劳务合同一般要求提供的是劳动成果，如前例所述，家庭装修者或者家具制作者要按照约定提供装修或制作家具；不能因提供了劳动但没有劳动成果，却获得劳务费用。

3. 当事人地位不同

劳务合同的主体双方是平等的，双方在签订合同时和签订合同后都是平等的民事法律关系。劳动合同的主体双方在签订合同时是平等的，双方可以就劳动合同的内容进行平等协商，任何一方不得将意志强加给对方。但劳动合同签订后，劳动者和用人单位之间就产生了隶属关系，在劳动合同执行过程中，用人单位和劳动者之间是管理和被管理的关系，劳动者要遵守用人单位的劳动纪律，接受用人单位在劳动过程中的管理。

4. 费用计算不同

在劳务合同中，双方的权利和义务受民法规范的约束，劳务费用的计算应遵循商品的定价规则，即成本加合理利润。在劳动合同中，劳动者的工资分配适用的是按劳分配原则，具体的工资标准受到国家强制法干预，劳动者所得的工资不得低于当地最低工资标准，具体数额通过劳动合同约定。

5. 适用法律不同

通过劳动合同建立的劳动关系，适用劳动法律法规调整，双方的权利和义务关系要依据劳动法律法规来确定。例如，如果形成了劳动关系，用人单位就应依法为劳动者缴纳社会保险，劳动者如果遭受工伤或职业病，有权享受相应的待遇。通过劳务合同形成的劳务关系则不具备上述特点。

第 2 节 劳动合同制度的适用范围

《劳动法》明确规定，建立劳动关系应当订立劳动合同。劳动合同是确立劳动关系的法律形式。但是在现实生活中，并非所有人员都需要签订劳动合同，即便已经就业的人员也是如此。《劳动合同法》对适用范围做了详细规定。

一 直接适用范围

《劳动合同法》第二条第一款规定：“中华人民共和国境内的企业、个体经济组织、民办非企业单位等组织（以下称用人单位）与劳动者建立劳动关系，订立、履行、变更、解除或者终止劳动合同，适用本法。”

由此可见，只要在中国境内设立的企业、个体经济组织、民办非企业单位实现用工，无一例外地适用《劳动合同法》。

具体内容见表 10 - 1。

表 10－1　直接适用劳动合同制度的用人单位

<table>
<tr><th>名称</th><th>释义</th><th colspan="2">法律依据</th></tr>
<tr><td rowspan="3">企业</td><td rowspan="3">企业一般是指以盈利为目的，运用各种生产要素（土地、劳动力、资本、技术和企业家才能等），向市场提供商品或服务，实行自主经营、自负盈亏、独立核算的具有法人资格的社会经济组织</td><td>企业法人</td><td>《公司法》《中华人民共和国企业法人登记管理条例施行细则》</td></tr>
<tr><td>合伙企业</td><td>《中华人民共和国合伙企业法》</td></tr>
<tr><td>个人独资企业</td><td>《中华人民共和国个人独资企业法》</td></tr>
<tr><td>个体经济组织</td><td>个人经济组织是指经工商部门批准登记注册，并领取营业执照的个体工商户</td><td colspan="2">《中华人民共和国民法典》《城乡个体工商户管理暂行条例》</td></tr>
<tr><td>民办非企业单位</td><td>民办非企业单位，是指企事业单位、社会团体和其他社会力量以及公民个人利用非国有资产举办的，从事非营利性社会服务活动的社会组织。民办非企业单位主要分布在教育、科技、文化、卫生、体育、社会福利等领域</td><td colspan="2">《民办非企业单位登记管理暂行条例》</td></tr>
</table>

二　依照执行范围

《劳动合同法》第二条第二款规定："国家机关、事业单位、社会团体和与其建立劳动关系的劳动者，订立、履行、变更、解除或者终止劳动合同，依照本法执行。"

并非在国家机关、事业单位、社会团体工作的每一位劳动者都适用劳动合同制度，仅部分与国家机关、事业单位、社会团体订立劳动合同的劳动者，才需要依照《劳动合同法》执行。这些人员包括：

1. 国家机关、事业单位、社会团体的工勤人员

工勤人员是指在国家机关、事业组织、社会团体核定的非在编人员雇用指标内，根据工作需要，以合同形式雇用的，不行使行政权力的人员。

2. 实行企业化管理的事业单位的非工勤人员

实行企业化管理的事业单位是指国家不再核拨经费，实行独立核算、自负盈亏的事业组织。实行企业化管理事业单位的全体职工，应当与单位签订劳动合同，包括工勤人员和非工勤人员。

3. 其他通过劳动合同与国家机关、事业单位、社会团体建立劳动关系的劳动者

除了工勤人员，国家机关、事业单位、社会团体还会通过签订劳动合同与其他一些劳动者建立劳动关系。例如，单位自行聘用的干部、学校自行聘用的教师等。

具体内容见表 10－2。

表 10－2　依照执行劳动合同制度的用人单位

名称	释义	法律依据
国家机关	国家机关是指从事国家管理和行使国家权力的机关。包括国家元首、权力机关、行政机关、审判机关、检察机关和军事机关	《宪法》

续表

名称	释义	法律依据
事业单位	事业单位是指国家为了社会公益目的，由国家机关举办或者其他组织利用国有资产举办的，从事教育、科技、文化、卫生等活动的社会服务组织	《事业单位登记管理暂行条例》
社会团体	社会团体是指中国公民自愿组成，为实现会员共同意愿，按照其章程开展活动的非营利性社会组织。国家机关以外的组织可以作为单位会员加入社会团体	《社会团体登记管理条例》

三 特别适用范围

除了法定的用人单位，在现实生活中还存在一些用工主体，如非法用工组织、个人用工等。在界定用人单位范围的同时，《劳动合同法》也对一些不属于法律规定的用人单位却涉及用工行为的主体规定了法律责任。

1. 非法用工单位

《劳动合同法》第九十三条对不具备合法经营资格的用人单位做出了规定。作为劳动合同的一方主体，用人单位必须合法成立，在注册登记部门办理注册登记手续。对企业而言，企业依法设立必须办理登记，取得营业执照；未领取营业执照而进行生产经营活动的，属于非法经营行为。

不具备合法经营资格的用人单位招用劳动者从事生产经营活动是一种违法行为。《劳动合同法》明确，要对非法用工单位的违法犯罪行为依法追究法律责任，对在非法用工单位工作的劳动者依法予以保护。对于劳动者已经付出劳动的，要按照《劳动合同法》的规定给予劳动报酬、经济补偿、赔偿金，该费用由非法用工单位或者非法用工单位的出资人支付。如果给劳动者造成损害的，非法用工单位或者出资人还应当承担赔偿责任，赔偿给劳动者造成的损失。

2. 个人承包

用人单位所有事务都必须落实到具体的个人予以处理，部分事务可以由与用人单位建立劳动关系的劳动者完成，部分事务由用人单位所属劳动者以外的个人或机构来完成。如果用人单位将具体的事务发包给个人完成，此时个人与用人单位建立的是一种经济承包关系。承包的个人有时无法独自完成用人单位所交办的事务，需要再招用其他个人作为雇工。个人承包经营违反《劳动合同法》规定招用劳动者，给劳动者造成损害的，发包的组织与个人承包经营者要承担连带责任。无论发包人是否有过错，都将承担对劳动者赔偿的义务。发包人承担赔偿责任后，有权要求承包个人偿付相应份额。

四 适用范围的排除

从“国家机关、事业单位、社会团体和与其建立劳动关系的劳动者，订立、履行、变更、解除或者终止劳动合同，依照本法执行”的规定可以看出，国家机关、事业单位、社会团体中不是通过劳动合同建立劳动关系的劳动者（或工作人员）不适用《劳动合同法》，这部分人员主要是公务员和参照《公务员法》管理的工作人员。公务员依法行使国家职权的行为，不是合同约定的义务，而国家职权也不能成为合同约定的对象，公务员和国家机关之间的工作关系由行政法来进行调整。

第 3 节　劳动合同管理的主要内容

一　劳动合同订立管理

（一）订立劳动合同的原则

劳动合同的订立，是指劳动合同双方当事人，即劳动者和用人单位就双方的权利和义务进行协商，意思表示一致，从而签订对双方具有法律约束力的劳动合同的行为。

1. 合法原则

合法原则是指订立劳动合同不得违反法律法规的规定，这是订立劳动合同的根本原则，是劳动合同有效的前提条件。

2. 公平原则

订立劳动合同除了一定要遵守法律法规的要求，还必须保证劳动合同的内容公平合理，避免显失公平的条款出现，为构建和谐稳定的劳动关系创造条件。

3. 平等自愿、协商一致原则

订立劳动合同时，劳动者和用人单位的法律地位平等，双方当事人应完全出于自己的意愿。如果一方当事人采用欺诈、胁迫等手段，将自己的意愿强加给对方，或者所订条款与双方当事人的意愿不一致，则不符合平等自愿原则。

4. 诚实信用原则

诚实信用原则是道德原则的法律化，是指双方当事人在订立劳动合同过程中要诚实、讲信用，履行自己基于合同或者法律规定所承担的各种义务。

（二）订立劳动合同前的准备工作

虽然很多劳动争议都在劳动者离职的时候爆发，但任何争议都由管理过程中的隐患引发，且相当一部分存在于签订劳动合同之前。因此，预防劳动争议，应当从防范劳动合同签订前的风险着手。

1. 招聘录用条件的设计

一般人认为，招聘广告只是用人单位的宣传手段而已，内容并不重要。其实不然，在劳动合同管理中，“录用条件”是一项常用的处理劳动关系的依据，如用人单位要以“不符合录用条件”为由辞退试用期的员工，其前提就是要有录用条件。录用条件恰好是用人单位在招聘员工时自行设计的，如果招聘时录用条件设计不好，往往就会使辞退试用期的员工无据可依。

2. 合理运用知情权进行入职审查

劳动合同订立时，劳动合同双方要就劳动合同条款充分协商、达成一致，从而明确双方的权利和义务。为了使劳动合同当事人在订立劳动合同时对对方有比较全面的了解，减少劳动争议的发生，法律规定了劳动合同当事人的知情权。一方为了保障对方知情权的实现，负有如实告知的义务。

用人单位对应聘人员的审查事项见表10－3。

表10－3 用人单位对应聘人员审查事项一览表

序号	审查内容	可能导致的风险	应对措施
1	学历、工作经历等信息是否真实	招聘失败	查验相关证书，让应聘人员签订承诺书
2	是否存在潜在的疾病	解除劳动合同受限制	入职健康检查
3	年龄是否达到16周岁	行政处罚、刑事责任	查验身份
4	是否与其他用人单位仍存在劳动关系	承担连带赔偿责任	查验与其他用人单位解除或终止劳动关系的证明
5	是否对其他单位负有竞业限制义务	承担赔偿责任	向原单位查验，让应聘人员签订承诺书
6	外国人是否有就业许可	非法用工，劳动合同无效	查验相关证书

3. 谨慎发出录用通知书

在劳动合同签订前，通常用人单位都会向拟聘用员工发放录用通知书。需要注意的是，录用通知书在法律上具备“要约”的属性，具有法律效力。虽然《中华人民共和国合同法》规定要约是可以撤销的，但是撤销要约的通知应当在受要约人发出承诺通知之前到达受要约人。而且，有下列情形之一的，要约不可以撤销：（1）要约人确定了承诺期限或者以其他形式明示要约不可撤销；（2）受要约人有理由认为要约是不可撤销的，并已经为履行合同做了准备工作。

因此，用人单位一旦发出录用通知书，就应当谨慎对待，不可随意认为没有签订劳动合同录用通知书就无效。

（三）订立劳动合同的时间

《劳动法》第十六条规定：“建立劳动关系应当订立劳动合同。”由此可见，如果用人单位与劳动者建立劳动关系，签订劳动合同就成为一项必须完成的任务。用人单位与劳动者建立劳动关系而不按法律规定签订劳动合同，则会承担不利的法律后果。具体内容见表10－4。

表10－4 未及时订立劳动合同的法律后果

项目	用工一个月内	用工一个月以上一年以下	用工一年以上
用人单位不订立	合法状态	1. 不合法状态 2. 用人单位应与劳动者补订书面劳动合同 3. 用人单位向劳动者每月支付双倍工资（起算时间为用工之日起满一个月的次日，截止时间为补订书面劳动合同的前一日）	1. 不合法状态 2. 用人单位应当立即与劳动者补订无固定期限劳动合同 3. 用人单位自用工之日起满一个月的次日至满一年的前一日应当向劳动者每月支付两倍的工资

续表

项目	用工一个月内	用工一个月以上一年以下	用工一年以上
劳动者不订立	1. 用人单位书面通知劳动者 2. 用人单位应当书面通知劳动者终止劳动关系	1. 不合法状态 2. 用人单位应当书面通知劳动者终止劳动关系 3. 用人单位应向劳动者支付经济补偿	目前法律未作规定

1. 劳动关系建立的标志

《劳动合同法》第七条规定："用人单位自用工之日起即与劳动者建立劳动关系。"劳动关系建立的唯一标志就是用工。只要劳动者实际提供劳动，用人单位存在实际用工的事实，就建立了劳动关系，而不论双方是否签订了书面劳动合同。

2. 劳动合同订立的时间

实践中由于客观条件的限制，建立劳动关系和订立劳动合同往往不能同时完成，法律因此做出了比较宽松的规定。

（1）先订立劳动合同，后建立劳动关系。目前我国法律并不限制用人单位在用工之前与劳动者订立书面的劳动合同，但劳动关系的建立仍以实际用工之日为标志。

（2）建立劳动关系和订立劳动合同同时进行。在理论上，这是符合法律规定的一种理想状态，符合条件的部分用人单位可以达到。

（3）先建立劳动关系，后订立劳动合同。已建立劳动关系，未同时订立书面劳动合同的，应当自用工之日起一个月内订立书面劳动合同。

（四）订立劳动合同的程序和注意事项

1. 订立劳动合同的程序

劳动者和用人单位订立劳动合同时，应遵循一定的手续和步骤。订立劳动合同的程序一般包括三步：（1）提出订立劳动合同的意愿。（2）双方协商。（3）双方签约。

2. 订立劳动合同注意事项

（1）用书面形式订立劳动合同。《劳动合同法》首先规定劳动合同应当以书面形式订立，同时又针对非全日制用工形式设定例外情形。实际上，用书面形式订立劳动合同严肃认真、准确可靠、有据可查，一旦发生劳动争议，也便于查清事实、分清是非，同时还有利于主管部门进行监督检查。另外，书面劳动合同能够加强合同当事人的责任感，促使合同所规定的各项义务能够全面履行。与书面形式相对应的口头形式由于没有可保存的文字依据，随意性大，容易发生纠纷，且难以举证，不利于保护当事人的合法权益。

（2）禁止用人单位设定担保和收取抵押金。《劳动合同法》明确规定，用人单位招用劳动者，不得扣押劳动者的居民身份证和其他证件，不得要求劳动者提供担保或者以其他名义向劳动者收取财物。虽然一些用人单位担心招用到一些不守法的劳动者，会带来不可挽回的损失，从而坚持通过设定担保和收取抵押金的方式来避免风险，但是，我国是一个劳动力大国，就业是民生之本，如果法律不对用人单位此类行为加以限制的话，用人单位必定群起效仿，这样就会导致很多劳动者因为提供不了担保或者不愿意缴纳抵押金而失去就业机会。因此，《劳动合同法》同时规定，用人单位违反法律规定，扣押劳动者居民身份证等证件的，由劳动行政部门责令限期退还劳动者本人，并依照有关法律规定给予处罚。用人单位违反法律规定，以担保或者其他名义向劳动者收取财物的，由劳动行政部门责令限期退还劳动者本人，并以每人五百元以上二千元以下的标准处以罚款；给劳动者造成损害的，应当承担赔偿责任。

二 劳动合同履行管理

（一）劳动合同履行的原则

劳动合同的履行，应遵循以下原则：

1. 亲自履行原则

劳动合同当事人双方都必须以自己的行为履行各自依据劳动合同所承担的义务，而不得由他人代理。其中，劳动者的义务只能由本人履行，用人单位的义务只能由单位的管理机构和管理人员在其职责范围内履行。

2. 全面履行原则

《劳动合同法》第二十九条规定："用人单位与劳动者应当按照劳动合同的约定，全面履行各自的义务。"这就确立了劳动合同的全面履行原则。劳动合同的内容是一个整体，合同条款之间的内在联系不能割裂。合同当事人必须履行合同的全部条款和各自承担的全部义务，既要按照合同约定的标的及其种类、数量和质量履行，又要按照合同约定的时间、地点和方式履行。

3. 协作履行原则

劳动关系是一种需要用人单位和劳动者合作才能够顺利实现的社会关系，劳动关系和谐是劳动合同双方顺利履行合同义务的前提。因此，在劳动合同履行过程中，当事人双方应当相互理解，为对方履行劳动合同创造条件。

（二）劳动合同履行的标准

在实践中，经常会出现用人单位所在地与劳动合同履行地不统一的情形。例如，北京某建筑公司所招录的工人全部都在上海的工地施工，实际履行劳动合同时，北京、上海两地在最低工资、劳动保护、劳动条件等方面都不相同，因此面临相应的履行标准的确定问题。

《劳动合同法实施条例》第十四条规定，劳动合同履行地与用人单位注册地不一致的，有关劳动者的最低工资标准、劳动保护、劳动条件、职业危害防护和本地区上年度职工月平均工资标准等事项，按照劳动合同履行地的有关标准执行；用人单位注册地的有关标准高于劳动合同履行地的有关标准，且用人单位与劳动者约定按照用人单位注册地的有关规定执行的，从其约定。根据该规定，劳动合同履行地与用人单位注册地不一致的，劳动合同履行标准的确定应当按照以下原则来进行：

(1) 优先适用劳动合同履行地的有关标准。

(2) 如果用人单位注册地的有关标准高于劳动合同履行地的有关标准，可以适用用人单位注册地的有关标准，即较高的标准。但是，必须是用人单位与劳动者在劳动合同中约定按照用人单位注册地的有关规定执行；如果没有约定，则依然执行劳动合同履行地的有关标准。

(三) 劳动合同履行的注意事项

1. 用人单位应当及时足额支付劳动报酬

《劳动合同法》第三十条第一款规定，用人单位应当按照劳动合同约定和国家规定，向劳动者及时足额支付劳动报酬。对于非全日制劳动者而言，《劳动合同法》第七十二条第二款规定，非全日制用工劳动报酬结算支付周期最长不得超过十五日。

所谓劳动报酬及时足额支付，是指劳动报酬严格依照劳动合同约定和国家规定的时间、方式、数额支付。与此对应的，拖欠支付，未在劳动合同约定和国家规定的时间内支付劳动报酬，即为拖欠；劳动报酬的支付数额少于劳动合同约定和国家规定所要求的数额，即为未足额发放。

还应当注意的是，用人单位不得随意扣发劳动者的工资。有些用人单位通常将随意扣发工资作为处理劳动者的一种手段，这种手段应当慎用。如果用人单位没有正当理由不支付或者未足额支付劳动报酬的，则构成无故“克扣”和“拖欠”劳动者工资的行为，依法应当承担相应的责任。

2. 用人单位欠薪，劳动者可以申请支付令

《劳动合同法》第三十条第二款规定，用人单位拖欠或者未足额发放劳动报酬的，劳动者可以依法向当地人民法院申请支付令，人民法院应当依法发出支付令。

三 劳动合同变更管理

(一) 劳动合同变更的概念

劳动合同的变更，是指当事人双方或单方依法修改或补充劳动合同内容的法律行为。它发生于劳动合同生效或成立后尚未履行或尚未完全履行期间，是对劳动合同所约定的权利和义务的完善和发展，是确保劳动合同全面履行和劳动过程顺利实现的重要手段。

(二) 劳动合同变更的原因

1. 客观条件发生变化

在劳动合同履行过程中，由于客观条件的变化，依法允许劳动合同变更。引起劳动合同变更的原因是多方面的。例如，用人单位因转产、劳动组合改变、劳动定额变动、生产设备及生产工艺更新、市场急剧变化引起严重亏损或者发生重大突发事件，都可能引起劳动合同的变更。又如，劳动者掌握了新技术、因病或负伤丧失部分劳动能力、自身原因要求调换工作岗位或地点等，也能引起劳动合同内容的变更。还有就是国家法律法规的因素，例如最低工资标准发生变化，也可能引起劳动合同的变更。

2. 劳动者和用人单位的合意

即使客观情况并没有发生变化，劳动合同的履行没有受到影响，劳动者和用人单位双方通过协商，形成合意，也可以变更劳动合同的内容。

（三）协商劳动合同变更的程序

协商变更劳动合同时，一般通过以下程序进行：

（1）一方提出要求。要求变更劳动合同的一方当事人，应事先向对方提出，并说明情况和理由，请对方在限期内答复。

（2）另一方做出答复。接到变更劳动合同要求的另一方当事人，应在规定的限期内给予答复，表示同意或者不同意变更，或者提出建议再协商解决。

（3）双方签订协议。双方当事人达成一致意见后，签订变更劳动合同的书面协议，经签字盖章后生效。需要注意的是，变更书面的劳动合同必须采用书面的形式，双方当事人的口头协议不能达到变更书面劳动合同的效果。变更后的劳动合同文本，由劳动者和用人单位各执一份。

（四）用人单位单方变更劳动合同的情形

如果劳动合同当事人无法就劳动合同变更达成一致意见，并不意味着劳动合同将永远无法变更。事实上，法律还规定了用人单位可以单方变更劳动合同的情形。

1. 劳动者的劳动能力受影响

《劳动合同法》第四十条第（一）项规定，劳动者患病或者非因工负伤，在规定的医疗期满后不能从事原工作，也不能从事由用人单位另行安排的工作的，用人单位提前三十日以书面形式通知劳动者本人或者额外支付劳动者一个月工资后，可以解除劳动合同。根据此项规定，劳动者患病或者非因工负伤，在规定的医疗期满后不能从事原工作，用人单位可以为劳动者另行安排工作，由于工作内容是劳动合同的重要内容，另行安排工作当然涉及劳动合同的变更，这种变更无须以劳动者同意为前提。当然，用人单位也不能滥用另行安排工作的权利，需充分考虑劳动者的身体状况，使另行安排的工作比原工作更具合理性。

2. 劳动者不能胜任工作

《劳动合同法》第四十条第（二）项规定，劳动者不能胜任工作，经过培训或者调整工作岗位，仍不能胜任工作的，用人单位提前三十日以书面形式通知劳动者本人或者额外支付劳动者一个月工资后，可以解除劳动合同。根据此项规定，用人单位在劳动者不能胜任工作时，是可以调整工作岗位的，当然也就涉及劳动合同的变更。用人单位运用此项权利时，首先要有明确的证据证明劳动者不能胜任工作，其次调整劳动者的工作岗位要注意合理性，要充分考虑劳动者的承受能力。

3. 客观情况发生变化

劳动合同订立时所依据的客观情况发生重大变化，致使原劳动合同无法履行，经用人单位和劳动者协商，无法就变更劳动合同达成一致意见的，用人单位可以解除劳动合同。但是在解除劳动合同之前，应当实施劳动合同的变更程序，即用人单位有权提出劳动合同的变更，只有与劳动者无法就劳动合同变更事项达成一致时，用人单位才可以解除劳动合同。

根据《关于〈中华人民共和国劳动法〉若干条文的说明》（劳办发〔1994〕289 号）的规定，这里的“客观情况”，是指发生不可抗力或出现致使劳动合同全部或部分条款无法履行的其他情况，如企业迁移、被兼并、企业资产转移等。发生上述情况时，为了使劳动合同能够得到继续履行，必须根据变化后的客观情况，由双方当事人对合同进行变更的协商，直到达成一致意见。

4. 涉密人员离职前的工作调整

根据《关于企业职工流动若干问题的通知》的规定，用人单位与掌握商业秘密的职工在劳动合同中约定保守商业秘密有关事项时，可以约定在劳动合同终止前或该职工提出解除劳动合同后的一定时间内（不超过 6 个月），调整其工作岗位，变更劳动合同中的相关内容。也就是说，用人单位可以与承担保密义务的职工约定脱密期，在脱密期间用人单位要对职工进行工作岗位的调整，职工一方应当履行。

四　劳动合同解除管理

（一）劳动合同解除的概念

劳动合同的解除，是指劳动合同依法订立之后，尚未全部履行之前，由于一定法律事实的出现，合同双方当事人或一方当事人依法提前终结劳动合同的法律效力的行为。

劳动合同解除的内涵包括以下几个方面：

（1）解除劳动合同的行为必须发生在被解除的劳动合同依法订立以后，尚未履行或全部履行之前。如果劳动合同虽然已经订立，但在没有生效以前，合同所约定的权利和义务对当事人不会产生拘束力，当事人可以通过不让合同正式生效的方式来解决。如果劳动合同全部履行，其所规定的权利和义务关系已经全部实现，那么劳动合同的拘束力就不存在了，因而也无须再解除了。

（2）劳动合同的解除可以是当事人双方的法律行为，即双方当事人协商解除劳动合同；也可以是单方的法律行为，即一方当事人依法单方面解除劳动合同。这与劳动合同的订立或变更不同，劳动合同的订立或变更必须是当事人双方的法律行为，必须经过双方当事人的协商一致。

（3）劳动合同解除的实质是提前结束合同的法律效力，即提前消灭当事人双方之间的劳动权利和义务关系，其后果就是使当事人之间的劳动关系提前结束。

（二）劳动合同解除的类型

1. 双方协商一致解除

《劳动法》和《劳动合同法》都规定，劳动合同经双方协商一致，可以解除。因此，只要不违背法律的强制性规定，不损害国家、社会和他人的合法权益，经劳动合同双方当事人协商一致，即可解除劳动合同。

2. 劳动者单方解除

根据法律规定，劳动者可以单方提出解除劳动合同，即劳动者在行使此项权利时，无须得到用人单位的同意，就可以达到解除劳动合同的目的。具体又分为四种情况：

（1）通常情况下，劳动者需要提前三十日以书面形式通知用人单位解除劳动合同。

（2）在试用期内，劳动者需要提前三日通知用人单位解除劳动合同。

（3）用人单位有下列情形之一的，劳动者可以解除劳动合同，无须提前通知。

1）用人单位未按照劳动合同的约定提供劳动保护或者劳动条件的；

2）用人单位未及时足额支付劳动报酬的；

3）用人单位未依法为劳动者缴纳社会保险费的；

4）用人单位的规章制度违反法律、法规的规定，损害劳动者合法权益的；

5）用人单位以欺诈、胁迫的手段或者乘人之危，使劳动者在违背真实意思的情况下订立或者变更劳动合同的；

6）法律、行政法规规定劳动者可以解除劳动合同的其他情形。

（4）用人单位以暴力、威胁或者非法限制人身自由的手段强迫劳动者劳动的，或者用人单位违章指挥、强令冒险作业危及劳动者人身安全的，劳动者可以立即解除劳动合同，无须事先告知用人单位。

3. 用人单位单方解除

（1）劳动者有下列情形之一的，用人单位可以解除劳动合同，无须提前通知：

1）劳动者在试用期间被证明不符合录用条件的；

2）劳动者严重违反用人单位规章制度的；

3）劳动者严重失职，营私舞弊，给用人单位造成重大损害的；

4）劳动者同时与其他单位建立劳动关系，对完成本单位的工作任务造成严重影响，或者经用人单位提出，拒不改正的；

5）劳动者以欺诈、胁迫的手段或者乘人之危，使用人单位在违背真实意思的情况下订立或者变更劳动合同的；

6）劳动者被依法追究刑事责任的。

（2）有下列情形之一的，用人单位提前三十日以书面形式通知劳动者本人或者额外支付劳动者一个月工资后，可以解除劳动合同：

1）劳动者患病或者非因工负伤，在规定的医疗期满后不能从事原工作，也不能从事由用人单位另行安排的工作的；

2）劳动者不能胜任工作，经过培训或者调整工作岗位，仍不能胜任工作的；

3）劳动合同订立时所依据的客观情况发生重大变化，致使劳动合同无法履行，经用人单位与劳动者协商，未能就变更劳动合同内容达成协议的。

（3）当用人单位出现下列情形时，可以实施经济性裁员：

1）依照企业破产法规定进行重整的；

2）生产经营发生严重困难的；

3）企业转产、重大技术革新或者经营方式调整，经变更劳动合同后，仍需裁减人员的；

4）其他因劳动合同订立时所依据的客观情况发生重大变化，致使劳动合同无法履行的。

五　劳动合同终止和续订管理

（一）劳动合同终止管理

劳动合同的终止，是指因某种法定情形的出现导致劳动合同丧失约束力。与《劳动法》相比，《劳动合同法》对于劳动合同终止的规定有较大变化：首先，完全取消了劳动合同当事人可以约定终止条件的规定，将劳动合同终止情形完全法定；其次，增加了限制劳动合同终止的情形；最后，规定部分劳动合同终止情形用人单位也需支付经济补偿，增加了用人单位终止劳动合同的成本。

1. 劳动合同终止的原因

与民事合同不同，劳动合同中禁止约定终止条件，也就是说，劳动合同的终止，只能是法律规定的情形导致的。这些情形包括：

（1）劳动合同期满。劳动合同期限届满，是最常见的导致劳动合同终止的情形，主要适用于固定期限的劳动合同和以完成一定工作任务为期限的劳动合同。劳动合同期满，除了依法续订的劳动合同和依法顺延的劳动合同，劳动者和用人单位的权利和义务终止。

（2）劳动者退休、开始依法享受基本养老保险待遇的。通常情况下，劳动者达到法定退休年龄，办理退休，开始享受基本养老保险待遇，即退出了劳动岗位，劳动合同不再履行。

（3）劳动者死亡，或者被人民法院宣告死亡或者宣告失踪的。劳动者死亡，履行劳动合同的一方主体不复存在，劳动合同无法继续履行，并且不可逆转，因此，劳动合同终止。

2. 劳动合同终止的限制

法律除了规定劳动合同终止的情形，为保护特定劳动者的利益，还规定了劳动合同终止受限制的情形，即当劳动者处于某些特殊情形时，劳动合同应当续延至相应的情形消失时终止。

（1）从事接触职业病危害作业的劳动者未进行离岗前职业健康检查，或者疑似职业病病人在诊断或者医学观察期间的；

（2）劳动者在本单位患职业病或者因工负伤并被确认丧失或者部分丧失劳动能力的；

（3）劳动者患病或者非因工负伤，在规定的医疗期内的；

（4）女职工在孕期、产期、哺乳期内；

（5）劳动者在本单位连续工作满十五年且距离法定退休年龄不足五年的；

（6）法律、行政法规规定的其他情形。

（二）劳动合同续订管理

劳动合同的续订，是指针对期限届满的劳动合同，双方当事人通过协商一致，将原劳动合同效力予以延续。续订劳动合同不是变更原劳动合同的期限，是签订一份新的劳动合同。

劳动合同的顺延和续订，均不产生经济补偿的法律后果。

1. 续订劳动合同的程序

（1）签发续订意向通知。续签劳动合同，不需要提前通知对方当事人。但为增加工作的主动性，用人单位应在劳动合同期限届满前主动了解劳动者的意向，劳动者有续订劳动合同意向，而且用人单位也有续订意向的，应提前向劳动者发续订意向通知书。

（2）协商续订事宜。双方当事人都有续签劳动合同意向的，需要对续签的劳动合同的内容进一步协商，确定劳动合同的相关条款。

（3）双方签字或盖章。经双方协商一致，劳动合同的条款确定后，双方应在新的劳动合同文本上签字或者盖章。经双方签字或盖章后，劳动合同续订工作完成。

2. 用人单位续订劳动合同注意事项

（1）续订劳动合同不可以约定试用期。根据同一用人单位与同一劳动者只能约定一次试用期的规定，用人单位与劳动者在续签劳动合同时，无论劳动者的岗位是否发生变化，都不可以再约定试用期。即使约定了试用期，也是无效的。

（2）续订劳动合同应当及时。用人单位选择与劳动者续订劳动合同时，最迟应在原劳动合同期限届满之日前办理完毕。如果原劳动合同期限已经届满，新的劳动合同还没有签订，劳动者处在没有书面劳动合同的状态，而此时距离用人单位开始用工早就超过了一个月，因此用人单位必须承担未签劳动合同双倍工资的风险。

（3）考虑续签的次数和劳动者的“司龄”。根据《劳动合同法》的规定，劳动者如果连续订立了两次固定期限的劳动合同，或者在同一用人单位连续工作（即“司龄”）满十年，可以要求用人单位签订无固定期限劳动合同。如果用人单位不愿意与劳动者签订无固定期限劳动合同，则应提早做好准备，在第二次与劳动者续签劳动合同时就要充分考虑到可能出现的后果。

（4）依照法律规定订立无固定期限劳动合同。如果劳动者具备了订立无固定期限劳动合同的条件，又提出了订立请求，用人单位则应当与劳动者订立无固定期限劳动合同。否则，自应当订立无固定期限劳动合同之日起，用人单位需要向劳动者支付双倍的工资进行赔偿。

第 4 节　特殊类型劳动合同管理

一　劳务派遣劳动合同管理

（一）劳务派遣劳动合同的订立

1. 劳务派遣劳动合同的订立形式

劳务派遣劳动合同必须按照《劳动合同法》的规定采用书面形式订立。书面形式劳动合同既是合同当事人确立劳动关系的法律依据，又是处理劳动争议的有力证据。

2. 劳务派遣劳动合同的期限

劳动合同的期限由用人单位和劳动者约定，法律一般不作限制。但是针对劳务派遣劳动合同的期限，法律有特别的规定，即劳务派遣单位应当与被派遣劳动者订立二年以上的固定期限劳动合同。

（二）劳务派遣劳动合同的履行

1. 跨区派遣的劳动标准“就高不就低”

用人单位根据自身工作和发展需要，通过正规劳务派遣公司，派遣所需要的各类人员，这是一种新的用人方式，可跨地区、跨行业进行。用工单位与劳务派遣单位应签订劳务派遣协议。如果用工单位与劳务派遣单位是不同地区的，劳务派遣协议中劳动者的劳动报酬和劳动条件应当按照用工单位所在地的标准执行。

法律之所以规定劳动者的劳动报酬和劳动条件应当按照用工单位所在地区的标准执行，就是因为劳务派遣往往是由经济较落后而劳动力相对过剩的地区向经济较为发达但劳动力相对短缺的地区，也就是说，用工单位所在地区的劳动报酬和劳动条件一般要优于劳务派遣单位所在地区。在现实中，这种劳动报酬和劳动条件的差距往往成为用工单位和劳务派遣单位剥夺劳动者正当权益的缘由，劳动者的合法权益往往因此受到伤害，仅仅可以拿到劳务派遣单位所在地区标准的工资，这甚至成为劳务派遣的吸引力所在。基于这种情况，法律规定跨地区派遣的，劳动者享有的劳动报酬和劳动标准，应当按照用工单位所在地的标准执行。

2. 被派遣劳动者享有同工同酬权

《劳动合同法》第六十三条规定，被派遣劳动者享有与用工单位的劳动者同工同酬的权利。用工单位无同类岗位劳动者的，参照用工单位所在地相同或者相近岗位劳动者的劳动报酬确定。这一规定确认了被派遣劳动者与用工单位劳动者享有同工同酬的权利。被派遣的劳动者与用工单位同类岗位的其他劳动者，如果从事的工作相同，取得相同的工作绩效，所获得的报酬也应该相同，用工单位不能简单地因为其身份不同而区别对待。实行同工同酬，是实现社会公平的要求，用工单位内部薪酬分配中要坚持公平原则，根据岗位价值、劳动者技能、劳动强度、劳动条件和劳动贡献的大小，合理确立分配制度。用工单位应当科学评估脑力劳动和体力劳动的差别，体现效率优先、兼顾公平的原则，坚持等量劳动获得等量报酬。

3. 被派遣劳动者参加或组织工会更加灵活

被派遣劳动者有权在劳务派遣单位或者用工单位依法参加或组织工会，以维护自身的合法权益。工会是劳动者的自治性组织，依法参加工会是劳动者的基本权利，工会在维护劳动者合法权益方面也发挥着重要作用。被派遣劳动者应享有同其他劳动者一样参加或者组织工会的权利。由于同一个劳务派遣单位的劳动者虽有相同法定雇主，但被派往不同的用工单位，工作场所分散，劳务派遣单位很难进行管理，而用工单位的工会往往也不愿意吸纳劳务派遣用工，因此，《劳动合同法》第六十四条通过立法确认了被派遣劳动者有依法加入用工单位工会或者劳务派遣单位工会的权利，即同时赋予被派遣劳动者选择权。

（三）劳务派遣劳动合同的解除

由于劳务派遣的特殊性，用工单位并不是被派遣劳动者的法定雇主，与被派遣劳动者之间也没有劳动合同，如果用工单位不愿意再继续维持用工关系，不能直接解除劳动合同，而只能将被派遣劳动者退回用工单位。对于被退回的劳动者，劳务派遣单位需要根据被退回的情形依法决定是否解除劳动合同。

劳务派遣单位与被派遣劳动者依法解除、终止劳动合同，符合法律规定的情形的，也应当向劳动者支付相应的补偿。

二 非全日制从业人员劳动合同管理

（一）非全日制劳动概述

1. 非全日制劳动的界定

非全日制劳动，也称部分时间劳动（part-time work），是相对于全日制劳动（full-time work）而言的，是指工作时间少于全日制劳动，劳动者可与多个雇主建立劳动关系的一种就业形式。国际劳工组织将非全日制就业定义为“其正常工作时间少于可比性全日制正常工作时数”。欧盟将非全日制就业概括为“少于法定的、集体合同规定的或惯例的工作时间的就业”。由于各国法定工作周的工作时间不统一，对非全日制工作的界定也很不一样。在我国，《劳动合同法》规定，非全日制用工，是指以小时计酬为主，劳动者在同一用人单位一般平均每日工作时间不超过四小时，每周工作时间累计不超过二十四小时的用工形式。

需要注意的是，在《劳动合同法》出台之前，根据《关于非全日制用工若干问题的意见》的规定，非全日制用工劳动者在同一用人单位平均每日工作时间不超过五小时，累计每周工作时间不超过三十小时。此规定与《劳动合同法》是抵触的。《劳动合同法》的效力层级高于《关于非全日制用工若干问题的意见》，因此关于非全日制劳动的工作时间标准要以《劳动合同法》为准。

2. 非全日制劳动的作用

（1）非全日制劳动的积极作用：

1）增加就业机会。从劳动者方面，非全日制劳动增加就业岗位，增加就业机会，拓展就业渠道，降低就业率，并且可以满足劳动者对工作与生活兼顾的需求。同一个非全日制工作岗位可以容纳两名甚至更多的劳动者，扩大就业容量，为劳动者提供更多的就业机会，有助于减少失业的情况。

2）增加用工灵活性。从用人单位方面来看，非全日制劳动满足企业用工灵活多样化的需求，降低企业用工成本，最终达到提高企业竞争力的目的。全日制劳动岗位需要企业为劳动者缴纳高额的社会保险，提供较高的福利待遇，甚至为员工提供休闲健身场所、家庭居住场所等，这无疑会增加企业成本。同时，非全日制劳动可以使企业根据实际情况适时调整用工方案，以达到最佳状态。

3）促进劳动力市场发展。非全日制劳动可以缓解就业压力，缓和劳动力市场的供求矛盾，促进市场经济的发展，并利于社会稳定。我国是人口大国，就业问题是影响国家发展安定的重大问题。非全日制劳动形式通过吸收大量剩余劳动力，减少社会待业人员，缓解劳动力供需矛盾，保障社会稳定。

（2）非全日制劳动的消极作用：非全日制用工制度虽然是适应当代社会发展的产物，但是同样存在不足。非全日制劳动者与全日制劳动者相比，往往处于不利地位，他们一般技术水平低，升迁前景不乐观，薪酬待遇较低，培训教育机会少，劳动关系长期处于不稳定状态，劳动者很难通过工作积累经验，提升技能，难以与企业形成共荣的氛围，最终将不利于劳动者的个人发展。此外，非全日制劳动的劳资双方因为工作环境、工作待遇、工作合约等问题的不明确与低水平，导致矛盾加剧。

（二）非全日制劳动合同特别规定

1. 非全日制用工劳动合同的订立

（1）非全日制劳动者可以建立多重劳动关系。《劳动合同法》颁布以前，我国并不承认多重劳动关系的合法性，而是基于传统理论认为，一个劳动者只能同时与一个用人单位建立劳动关系。《劳动法》第九十九条规定："用人单位招用尚未解除劳动关系的劳动者，对原单位造成损失的，该用人单位应当依法承担连带赔偿责任。"根据这一规定可以得知，法律禁止劳动者与多个用人单位同时建立劳动关系。

《劳动合同法》对于非全日制劳动合同的规定，实际上打破了《劳动法》的限制，开始承认多重劳动关系的合法性，明确非全日制劳动者可以与多个用人单位建立劳动关系。当然，对于建立多重劳动关系的劳动者，法律仍然设置了限定条件，即"后订立的劳动合同不得影响先订立的劳动合同的履行"。此规定可以理解为"先合同的优先原则"。由于劳动合同具有人身属性，劳动合同订立的先后顺序自然会影响劳动合同履行的先后顺序。

（2）非全日制劳动合同的形式要求。对于全日制劳动合同，我国一直坚持严格的形式要件主义，即坚持建立劳动关系必须签订书面劳动合同。《劳动合同法》甚至规定未在规定时间内签订书面劳动合同，用人单位应当向劳动者支付双倍工资的惩罚条款。

非全日制劳动合同在我国是新兴事物，对于其形式，法律进行了区别对待。《劳动合同法》明确规定，非全日制用工双方当事人可以订立口头协议。没有沿用全日制劳动合同严格的形式要件的规定。这是根据实践中非全日制劳动合同的订立情况以及非全日制劳动的短期性、灵活性的特点而规定的。

（3）非全日制劳动合同不得约定试用期。对于全日制劳动合同而言，试用期是指用人单位和劳动者为相互了解选择约定的考察期，劳动合同当事人在试用期内都享有单方解除劳动合同的权利。《劳动合同法》有期限在三个月以下的劳动合同不得约定试用期的相关规定。非全日制劳动合同虽然没有期限的要求，但实际上都具有短期性和灵活性；另外，由于非全日制劳动合同可以随时终止，没有提前通知的限制，当劳动合同任何一方当事人出现不再履行劳动合同的意愿时，即可提出终止劳动合同，因此试用期的存在也就失去了意义。

2. 非全日制劳动合同的履行

（1）非全日制人员的最低工资标准。最低工资标准，是指劳动者在法定工作时间或者劳动合同约定的时间内，依法提供了正常劳动的前提下，用人单位应当支付的最低劳动报酬。最低工资标准由省、自治区、直辖市人民政府规定，用人单位必须遵照执行。

需要特别注意的是，地方政府的最低工资标准包括两类：一类是全日制人员适用的最低工资标准，通常以“月最低工资标准”的形式公布，并通过标准工时和计薪天数推算出“小时最低工资标准”；一类是非全日制人员适用的最低工资标准，分为“小时最低工资标准”和“法定节日小时最低工资标准”。单纯从数额来看，非全日制从业人员的“小时最低工资标准”要比全日制人员的“小时最低工资标准”高很多，原因是非全日制人员的最低工资中还包括用人单位及劳动者本人应缴纳的养老、医疗、失业保险费等。因此，不能把用“月最低工资标准”推算出来的“小时最低工资标准”适用于非全日制从业人员。

（2）非全日制人员的劳动报酬结算周期。非全日制用工劳动报酬结算的支付周期比全日制用工的支付周期要短，《劳动合同法》规定不得超过十五日。

（3）非全日制人员的个人所得税。对于全日制劳动者而言，工资的个人所得税由用人单位代扣代缴。对于非全日人员而言，由于其往往不只在一个用人单位取得劳动报酬，如果在每个用人单位的所得通常低于个人所得税的免征额，但是多个用人单位的劳动报酬的总和高于个人所得税的免征额时，就应当缴纳个人所得税。

（4）非全日制人员的社会保险。根据《关于非全日制用工若干问题的意见》第十条至第十二条的规定，从事非全日制工作的劳动者应当参加基本养老保险，原则上参照个体工商户的参保办法执行；可以以个人身份参加基本医疗保险，并按照待遇水平与缴费水平相挂钩的原则，享受相应的基本医疗保险待遇；用人单位应当按照国家有关规定为建立劳动关系的非全日制劳动者缴纳工伤保险费。

《社会保险法》规定，非全日制从业人员可以参加基本养老保险和基本医疗保险，由个人缴纳。由此可见，除了工伤保险费属于用人单位的强制性义务，在劳动者基本养老保险和基本医疗保险的缴纳上，用人单位没有强制性义务。

对于基本养老保险和基本医疗保险，用人单位无强制性缴纳义务，可以由劳动者个人缴纳，这也避免了多重劳动关系下社保缴纳的不确定性。而工伤保险属于用人单位的强制性义务，用人单位必须缴纳，而且是每个用人单位都要交，这样才能更好地维护劳动者的权益。对于失业保险，由于非全日制用工的短暂性、临时性的特性，现实中无法分清劳动者什么时间处于失业状态，在实际工作中无法操作，这也就为立法者带来了难度，因此，《劳动合同法》等相关法律对于非全日制的失业保险都没有具体的规定。

（5）非全日制人员的福利待遇。《劳动合同法》明确了非全日制用工的劳动者也依法享有各项劳动权益，这其中当然也包括婚假、产假、医疗期等福利待遇。但是，由于根据法律的规定，用人单位有权随时终止非全日制劳动合同，劳动者实际上有可能无法享受到这些福利待遇，这也是由非全日制用工的灵活性所决定的。

3. 非全日制劳动合同的终止

非全日制用工的灵活性表现在两个方面：第一，工作时间短，可以建立多重劳动关系；双方当事人可以随时终止劳动关系，无须提前通知对方，也不要求书面形式通知对方。法律规定非全日制劳动合同可以随时终止，也是出于保护劳动者合法权益的目的。严格说来，非全日用工的灵活性并不利于稳定劳动关系的实现，而《劳动合同法》的立法宗旨是构建稳定的劳动关系。因此，规定非全日制劳动合同可以即时终止，是为了减少约束，鼓励劳动合同当事人结束不稳定的劳动关系，积极寻求更加稳定的劳动关系。第二，终止非全日制劳动合同没有经济补偿。经济补偿是指在特定情况下劳动合同解除或者终止后，用人单位应当支付给劳动者的额外补偿。由于经济补偿具有单向性，即由用人单位支付给劳动者，也就意味着，非全日制劳动合同的终止，用人单位无须向劳动者支付任何经济补偿。这样规定同样也是为了减少对非全日制劳动合同终止的限制。

全日制劳动合同与非全日制劳动合同的区别见表 10－5。

表 10－5　全日制劳动合同与非全日制劳动合同的区别

项目	全日制劳动合同	非全日制劳动合同
工作时间	标准工作时间为每天 8 小时，每周 40 小时。特殊岗位适用不定时工作制和综合计算工时工作制	在同一用人单位平均每日工作时间不超过 4 小时，每周工作时间累计不超过 24 小时
合同形式要求	必须订立书面劳动合同，超过规定的时间不订立书面劳动合同，劳动者可以主张双倍工资	可以订立书面劳动合同，也可以订立口头劳动合同，形式比较灵活
计酬方式与工资支付周期	按月支付劳动报酬，不得低于当地最低工资标准	以小时计酬为主，小时计酬标准不得低于用人单位所在地人民政府规定的最低小时工资标准；劳动报酬结算支付周期最长不得超过 15 日
能否约定试用期	可以约定试用期，只有期限少于 3 个月和以完成一定工作任务为期限的劳动合同不得约定试用期	不得约定试用期
社会保险缴纳	用人单位必须依法为劳动者缴纳社会保险，包括养老、医疗、工伤、失业等险种	用人单位只需为劳动者缴纳工伤保险，其他险种由劳动者自行参保
劳动合同的解除	当事人解除劳动合同必须按照法律规定的条件和程序进行，特定情形下用人单位需要支付给劳动者经济补偿	双方当事人任何一方都可以随时通知对方终止用工；终止用工，用人单位不向劳动者支付经济补偿
多重劳动关系	劳动者一般只能与一个用人单位建立劳动关系	劳动者可以与多个用人单位建立劳动关系
是否适用劳务派遣	劳务派遣单位可以以全日制用工形式招用被派遣劳动者	劳务派遣单位不得以非全日制用工形式招用被派遣劳动者

思考题

1. 劳动合同制度的适用范围有哪些?
2. 劳动合同与劳务合同的区别是什么?
3. 劳动合同解除与劳动合同终止的区别什么?
4. 全日制用工的劳动合同与劳务派遣及非全日制用工的劳动合同的差异有哪些?

案例分析

医疗期跨越劳动合同终止期的，医疗期满后，双方的劳动关系是否自行终止?

申请人王某自1998年2月起受雇于被申请人泉州某公司，从事汽车钣金工作，双方于2007年12月25日签订为期1年的劳动合同，合同期限至2008年12月24日止。2008年4月，申请人因生病住院向被申请人请假，经同意休假1个月。事后，申请人断断续续回公司上班。2008年8月13日，申请人因患慢性肾衰竭（尿毒症）住院治疗，于8月20日出院。出院后，每周仍需血液透析治疗两次。因申请人未能回公司上班，劳动合同到期后的次月，被申请人以“申请人身体生病，未办理任何手续离开单位，且劳动合同期满”为由，单方终止与申请人的劳动合同关系，同时终止社会保险关系，但被申请人未书面通知申请人。后因未能正常报销医疗费，申请人才得知被终止劳动关系。王某于2010年5月14日申请仲裁，要求被申请人支付工资、经济补偿金等款项，以及补缴社会保险费。最终双方达成调解协议，双方终止劳动关系，被申请人一次性支付申请人经济补偿金等款项计2万元，申请人自愿放弃其他赔偿权利。

本案为一起典型的在劳动合同存续期间劳动者患病，停工住院治疗，且医疗期限跨越劳动合同终止日期的劳动争议案件。申请人于1998年2月入职被申请人公司，在本单位的工作年限为10年以上，享有医疗期12个月。申请人自2008年8月13日开始病休，至2009年8月12日医疗期满。申请人与被申请人签订的劳动合同已于2008年12月24日届满，因申请人患病，在规定的医疗期内，根据《劳动合同法》第四十五条的规定，双方的劳动合同应当顺延至医疗期满。关键问题是，医疗期满后，双方的劳动关系该如何认定?笔者认为，医疗期满后，双方的劳动关系应当自行终止。

首先，《劳动合同法》第四十五条明确规定，劳动合同期满，有该法第四十二条规定情形之一的（劳动者患病或者非因工负伤，在规定的医疗期内的），劳动合同应当续延至相应的情形消失时终止。也就是说，只要符合两个条件，即当事人双方签订的劳动合同期限届满，《劳动合同法》第四十二条规定的情形已消失，劳动合同自行终止。此外，《〈关于因病或非因工负伤医疗期管理等若干问题的请示〉的复函》（劳办函〔1996〕40号）第一条也做出相关规定，职工临近劳动合同期满才发病，累计医疗期未满而劳动合同期已满，且需停工休息治疗的，根据劳部发〔1995〕309号文第三十四条的规定，劳动合同的期限应自动延续至医疗期满为止；在医疗期内医疗终结的，医疗终结之日即可终止劳动合同；对其中经劳动鉴定委员会鉴定为完全丧失劳动能力的，可办理因病或非因工负伤退休、退职手续。

其次，双方是否履行相关手续，是劳动合同的附随义务。劳动合同一经依法终止，劳动者与用人单位之间的权利和义务关系即已消失。但劳动关系具有人身性与隶属性特征，决定了劳动者与用人单位在双方的权利和义务消失后，基于诚实信用原则，还必须履行各自的附随义务。对用人单位而言，应当履行三个附随义务：一是在解除或者终止劳动合同时出具解除或者终止劳动合同的证明，并在 15 日内为劳动者办理档案和社会保险关系转移手续；二是对已经解除或终止的劳动合同的文本，至少保存两年备查；三是对患有难以治疗疾病的劳动者，医疗期满，应当由劳动鉴定委员会参照工伤与职业病致残程度鉴定标准进行劳动能力的鉴定。对劳动者而言，应当按照双方约定，办理工作交接。但是，不履行相关手续，不能视为双方劳动合同的延续。《最高人民法院关于审理劳动争议案件适用法律问题的解释（一）》第三十四条规定："劳动合同期满后，劳动者仍在原用人单位工作，原用人单位未表示异议的，视为双方同意以原条件继续履行劳动合同。"前提条件是劳动者仍在原单位工作，而本案中，王某是停工医疗，没有给单位提供正常劳动，该条款并不能适用，故不能认为双方同意原劳动合同继续履行。

资料来源：吴兰娟．跨越劳动合同终止期医疗期满，劳动合同是否自行中止．中国劳动，2010（11）：52-53.

第 11 章 集体协商和集体合同管理

学习目标

学完本章后，你应该能够：

- 理解集体协商的概念、分类和主要作用。
- 掌握中国特色集体协商的具体特征。
- 理解集体协商的流程。
- 掌握集体合同的订立、履行、变更、解除和终止等环节的内容。

引导案例

湖北省屈姑食品有限公司（简称屈姑公司）是一家从事农产品深加工的企业，公司在经营过程中致力于提高科技水平，但从本质上说公司仍然是劳动密集型的制造业企业。随着我国经济发展模式的转变与供给侧结构性改革的推进，传统制造业的用工形势愈发严峻，这种行业的困境也影响了屈姑公司。在用工方面，屈姑公司存在职工方生产积极性不高、学习动力不足、流动性大等问题。屈姑公司花费大量人力、物力、财力研发出的新工艺、新产品随着研发人员的跳槽也被一并带到了对手企业，其间还往往伴随着客户信息、产品报价等商业机密的泄露，对屈姑公司的经营管理、长远发展极为不利。

在此情形下，屈姑公司尝试建立集体协商制度来加强企业与职工方之间的沟通协商，从而增强企业的凝聚力、减少职工的流失。2013 年，屈姑公司开展了第一次集体协商尝试，并在 2014 年开始了集体协商的进一步探索。随着协商的不断推进，协商内容从工资福利扩展到劳动安全保护等领域，现今屈姑公司已与职工签订了一次集体合同、四次工资集体协商合同、一次女职工权益保护合同及一次安全生产专项合同，就劳动报酬、工作时间、休息休假、劳动安全卫生等有关事项达成了合意。集体协商有效地缓和了劳资双方之间的矛盾，缓解了长期困扰屈姑公司的用工难题，打造了职工与公司高层之间沟通协商的平台，更为其他企业集体协商工作的开展提供了

“屈姑范例”。

资料来源：唐鑛，嵇月婷．集体协商与集体谈判．北京：中国人民大学出版社，2019.

第 1 节　集体协商概述

一　集体协商的概念、分类与主体

（一）集体协商的概念

集体协商（collective consultation）在很多市场经济国家被称为集体谈判（collective bargaining）或劳动关系争议谈判。国际劳工组织在 1981 年通过的第 154 号公约《集体谈判公约》中将集体谈判概括为：“单个雇主、雇主团体或若干雇主组织同单个或若干工人组织之间就确定工作条件和雇用条件、调整雇主和工人之间的关系，以及雇主或其组织同单个工人组织或若干工人组织之间的关系而进行谈判的过程。”由此看来，集体协商是指职工方集体性地通过工会或其代表人与企业方谈判雇佣条件，而企业方必须参与，谈判结果具有法律约束力的一种解决劳动关系矛盾的机制和方式。

在中华全国总工会的官方网站上所提供的文件等相关信息中，均使用的是集体协商这一概念。这是由我国的语言文化和政治环境所决定的，汉语中的“谈判”，一般认为会带有对立、争斗的意味，协商则更强调劳动关系双方利益一致。我国集体协商制度的设计理念是让双方在尽量考虑对方利益并做出让步的前提下共同商讨解决劳动关系矛盾和问题，是由法律保障的劳动力供需双方进行平等对话、民主决策的机制。

总体来说，在我国集体协商是指职工一方的代表与企业方面的代表，就签订集体合同或专项集体合同或其他劳动关系的事项，依法进行商谈的行为①。

（二）集体协商的分类

目前，集体协商可分为企业层级集体协商、行业性集体协商和区域性集体协商三种主要类型，企业层级集体协商又包括集团层面的协商、工作场所的协商，还有类似英国的车间（或部门）协商。集体合同也分为用人单位层级集体合同、行业性集体合同和区域性集体合同。

企业层级集体协商是指职工代表与企业代表依法就企业内部工资分配制度、工资分配形式、工资收入水平等事项进行平等协商，在协商一致的基础上签订工资协议的制度。多数企业的人力资源管理模式还在初步发展阶段，集体协商制度是对人力资源管理短板的补充，实现劳资平等对话。但也有专家学者指出，由于在企业层级劳资双方力量对比不平衡，企业工会在维权方面发挥的作用有限，很多企业层级集体协商走形式。

① 中华全国总工会组织部．全国工会工资集体协商培训教材．北京：中国工人出版社，2011.

区域性、行业性集体协商指的是，特定区域内或特定行业的工会组织同本地区或本行业的企业代表，针对劳动报酬、工作时间、休息休假、劳动安全卫士、保险福利等事项，进行集体协商签订集体合同的行为。要想实现平等协商，建立起集体合同制度，就必须推进行业集体协商，建立行业性工资集体协商制度。这不仅有利于行业内劳动关系协调机制的完善，还将大大增强工会依法科学维权的力量，同时也会扩大工资集体协商覆盖范围、加强工资集体合同的效用。此外，工资共决机制、工资正常增长机制、工资支付保障机制、工资民主分配机制和工资监督机制也有赖于行业性工资集体协商的开展。行业性集体协商可以真正达到劳资之间平等对话的目的，可以有效维权、确定劳动标准、协调劳动关系。对比企业层级集体协商，区域性、行业性集体协商等更高层级的集体协商的制度优越性更明显。

（三）集体协商的主体

集体协商的主体，也是签订集体合同的当事人，仅限于劳动关系中的职工方和企业方。但集体协商不是职工方个体和企业方的协商，而是一种团体行为，即企业方及其组织与职工方组织的协商和谈判。各国对于集体协商主体的要求不尽相同，下面以我国《集体合同规定》为例，介绍集体协商主体。

1. 企业方主体

企业方主体，一是具有法人资格的企业和实行企业化管理的事业单位，或企业法人根据情况授权委托的分支机构；二是雇主或雇主代表组织；三是小企业以进行集体协商为目的的行业性、区域性企业联合会组织。

2. 职工方主体

职工方主体是与企业方主体相对应的全体职工或全体职工依照法定程序推举产生的职工代表。在集体协商制度实践中，建立工会组织的，职工协商代表一般由本单位工会经相应的民主程序认定后选派，或由工会提名候选人，经工会会员代表大会或职工代表大会民主选举产生，首席代表由工会主席担任。未建立工会组织的，职工协商代表由本单位职工民主推举，并须经本单位半数以上职工同意。区域性、行业性职工协商代表，由所在的乡、镇、街道、社区、村工会组织所覆盖的辖区内企业的职工代表会议民主选举产生或从该职工代表会议的职工代表中推荐，经该职工代表会议审议通过后予以确认。

3. 第三方组织

（1）政府。政府扮演“第三方”角色，主要体现在：第一，政府是集体谈判制度和规则的制定者，政府通过法律法规的形式介入集体谈判；第二，政府是劳动关系纠纷的调停者和仲裁者。在中国，政府在集体协商中不仅扮演“第三方”的角色，有时还参与协商过程。在《劳动法》及《集体合同规定》等法律法规中，政府被赋予的仍然是“第三方”的角色，这种角色和身份与欧美国家相差无几。但是，在党政主导情况下，政府一方面扮演“第三方”的角色，制定集体协商的制度与规则；另一方面，在签订集体合同和扩大覆盖面工作上，政府作为主导者，直接与企业方博弈。因此在中国，集体协商虽然在法律上仍然被界定为劳动关系双方协商，但在具体工作中成为党政联合工会与企业方的博弈。

(2) 国际劳工组织。国际劳工组织支持各国政府履行其国际义务，即尊重、促进和实现集体谈判权利的有效承认，并采取措施鼓励自愿协商机制的充分发展。具体措施包括建立一个监督体系来帮助批约方确保实施公约和提供技术援助。国际劳工组织有一个独特的监督体系，以确保国际劳工标准得到实施，该监督体系有两个主要组成部分：一个标准实施的正常监督体系和一个结社自由特殊程序。技术援助方面，国际劳工组织通过咨询服务、技术合作项目、研究与知识分享以及培训为成员方提供援助。

延伸阅读

国际劳工组织与集体谈判

国际劳工组织是联合国处理劳工问题的专门机构，成立于 1919 年，总部设在瑞士日内瓦。国际劳工组织制定国际劳工标准，促进工作中的权利，提倡体面的就业机会，加强社会保护，并针对工作相关的议题开展对话。国际劳工组织具有独特的三方成员架构，它将政府、雇主和工人代表汇集在一起，以平等的地位共同推动人人享有体面劳动。

结社自由和有效承认集体谈判权利是工作中的基本原则和权利，并被载入《国际劳工组织章程》。国际劳工组织制定了一系列规范，在鼓励和促进集体谈判的充分发展方面为各成员方提供指导和帮助。

国际劳工组织制定的关于集体谈判的规范框架由宣言、公约和建议书构成。后二者通常被称为国际劳工标准。

二 集体协商的作用

集体协商制度是人力资源与劳动关系管理中的重要机制，在保护和增进劳动者权益、促进企业健康发展、构建和谐劳动关系方面，都具有不容忽视的独特作用。

(一) 实现职工参与和民主管理

在个别劳动关系中，企业经营管理规则、劳动条件、劳动报酬的确定往往都是企业单方面的行为，企业管理方说了算。集体合同制度则搭建了平等协商这个平台，使劳动关系双方可以共同讨论和分析企业经营发展状况，商议确定劳动条件、劳动标准，甚至包括重要的企业规章。劳动关系双方协商的过程，就是职工关注企业发展、参与企业管理，管理方与职工方交流、沟通、互动的过程，这种协商民主的制度安排有利于促进企业管理的民主化和社会的民主化。

(二) 减少劳动关系双方的冲突

企业集体协商是在企业内部解决劳资冲突的重要途径，也是冲突管理系统的重要组成部分。企业构建集体协商这一机制的重要原因就是希望在内部第一时间解决劳资冲突。集体协商的本质是职工方参与，在日常的劳资沟通过程中将双方的分歧化解，而集体协商会议、签订集体合同只是这一系列劳资沟通过程的结果。

在集体协商的过程中，可能的冲突大部分都被集体协商制度以及前期民主沟通的制度设计化解，避免了大规模的劳资冲突对劳资关系的破坏。因此，企业集体协商是企业进行冲突管理的重要机制，主要作用体现在冲突的预防和解决两方面。

（三）发挥劳动者团体的力量

集体协商制度由劳动者的代表组织工会实施，有助于弥补个别劳动关系中双方地位不平等的境况。在个别劳动关系中，劳动者处于明显的弱势地位，单个劳动者很难与强大的资方抗衡；劳动者组成工会，通过集体的力量与资方协商，才能实现劳动关系双方力量的相对均衡，借助集体的力量使劳动关系双方的实际地位处于相对平等的状态。

国际劳工组织积极鼓励各国劳资双方自愿进行集体协商，通过签订集体合同来规定工人的就业条件，调整劳动关系。集体协商制度的实施，促进了劳动关系体系内权利结构的相对平衡。

（四）从整体上维护职工的利益

伴随经济的发展、社会的进步，广大劳动者迫切希望分享发展成果，改善和增进自己的权益。这些诉求仅仅依靠法定的基本标准是远远不够的。集体协商制度为职工提供了一个平台，保障职工群体可以通过法定的途径和手段，与企业方平等地坐在一起，协商讨论上述话题，表达职工群体的期望与诉求，更好地保护和增进职工的权益。通过集体协商确定的优于劳动法标准的劳动条件与标准，覆盖到每个职工的劳动合同，使每个职工受益，从整体上维护和增进劳动者的利益。

（五）促进企业可持续健康发展

从企业运行角度看，集体协商制度的有效运行也可以促进企业的健康发展。虽然集体协商的主要内容是维护和增进职工的权益，但在协商过程中双方本着求同存异、平等合作的态度共同商讨企业经营管理特别是劳动关系领域的各项事务，在企业生产发展的基础上改善职工的劳动条件，使其能够分享经济发展的成果，其客观效果能够达到保护、调动劳动者的生产积极性的目的。即便遇到不利环境，劳动关系双方也可以通过协商共同应对。劳动者权益得到保护和增进，可以促进劳动关系的稳定，从而为企业的生产经营提供良好的可持续发展的环境，实现双赢。

（六）形成企业与职工的命运共同体

集体协商的价值最重要的并非其达成的利益分割结果，而是其在追求民主参与、劳资合意的过程中形成的劳动关系。集体协商的价值在于，虽然是对工资、劳动保护等问题进行协商，但是双方是建立在长期合作意愿的基础上，为了企业和职工共同发展进行协商。同时通过集体协商，职工方更加了解企业的经营状况、发展规划，企业方也更加了解职工方的个人诉求，双方由原本斤斤计较的利益关系转化为一种基于长期信任的事业共同体甚至是命运共同体，这将整个企业的劳资关系格局提升了一个档次。

三　集体协商的内容

根据《劳动法》第三十三条的规定，企业职工一方可以就劳动报酬、工作时间、休息休假、劳动安全卫生、保险福利等事项签订集体合同。《劳动合同法》第五十一条规定，企业职工一方与用人单位通过平等协商，可以就劳动报酬、工作时间、休息休假、劳动安全卫生、保险福利等事项订立集体合同。国际劳工组织第 154 号公约《集体谈判公约》第二条指出，集体谈判的内容包括：(1) 确定劳动和就业条件；(2) 解决雇主和工人间的关系；(3) 解决雇主或其组织同一个或数个工人组织之间的关系。可见集体合同的内容可以包括劳动报酬、工作时间、休息休假、劳动安全卫生、保险福利等诸多方面。

(一) 劳动报酬问题

西方市场经济国家的集体谈判大多都有劳动报酬问题。日本工会每年“春斗”的主要内容就是劳动报酬问题。劳动报酬问题包括工资水平与增幅、工资结构、最低工资、加班工资、工资支付等。协议往往是双方权衡的结果，因此工会可利用企业经营、劳动生产率、通货膨胀率、行业（地区）工资水平等数据进行综合分析后提出自己的要求。

(二) 工作时间问题

工作时间的缩短是工会长期奋斗的结果，国际劳工组织第 47 号公约也要求各国实现每周工作 40 小时的要求。根据国务院的规定，从 1995 年 5 月 1 日起我国实行每天 8 小时每周 40 小时工作制。但是一些企业在谋取利益时采取侵占劳动者正常休息时间的方式。工会可在集体合同中对工时做出规定。

(三) 休息休假问题

享受休息时间和法定节假日是劳动者的合法权益。通过休息，劳动者可以充分恢复体力和精力，提高工作效率。在集体合同中可根据企业的实际情况，确定不少于国家规定的休息休假时间，并对加班职工做出补偿安排。

(四) 劳动安全卫生问题

保护劳动者的人身安全，本着“安全第一，预防为主”的原则，改进劳动条件和安全水平是工会的重要任务，也是在集体合同中需要考虑的条款。在集体合同中，可根据实际生产运营情况，要求雇主提高劳动保护水平，防范职业病，并就安全生产和劳动卫生问题进行培训。

(五) 保险福利问题

保险涉及劳动者的“未来收入”；福利是普遍性、集体性地帮助职工改善生活水平和质量的物质帮助。在企业可承受的范围内，在集体合同中可就此方面做出规定。同工资一样，能够提高工作效率、企业效益的相关内容往往容易得到双方认同。

（六）其他问题

集体协商还可包括如下内容：

（1）女职工和未成年工特殊保护。主要包括女职工和未成年工禁止从事的劳动，女职工的经期、孕期、产期和哺乳期的劳动保护，女职工、未成年工定期健康检查，未成年工的使用和登记制度。

（2）职业技能培训。主要包括职业技能培训项目规划及年度计划、职业技能培训费用的提取和使用、保障和改善职业技能培训的措施。

（3）劳动合同管理。主要包括劳动合同签订时间，确定劳动合同期限的条件，劳动合同变更、解除、续订的一般原则及无固定期限劳动合同的终止条件，试用期的条件和期限。

（4）奖惩。主要包括劳动纪律、考核奖惩制度、奖惩程序。

（5）裁员。主要包括裁员的方案、程序、实施办法和补偿标准。

（6）集体合同期限。

（7）变更、解除集体合同的程序。

（8）集体合同发生争议时的协商处理办法。

（9）违反集体合同的责任。

（10）双方认为应当协商的其他内容。

四 中国特色集体协商的具体特征

我国的政治体制和文化环境决定了我国的集体协商机制从建立之初就与西方的集体谈判制度有很大区别。西方国家的集体谈判遵循的是市场化和契约化的基本理念，而我国的集体协商则存在较为明显的党政领导特征。现有的集体协商是基于国情并借鉴西方先进做法所形成的极具“中国特色”的集体协商制度。我国企业在了解国外集体谈判制度的基础上，深入理解中国特色下集体协商的具体特征，有助于企业更好地构建集体协商制度，发挥集体协商的作用。

（一）社会主义性质的劳动关系调整机制

劳动关系是生产关系的重要组成部分，具有较强的政治属性。我国现阶段实行的是以公有制为主体、多种所有制条件下的社会主义性质的劳动关系。劳动关系的社会主义性质，决定了我国集体协商机制从建立之初就与西方集体谈判制度存在不同的逻辑。劳动关系的运行在遵循市场化和契约化的基本理念的同时，也蕴含着“协商共事、机制共建、效益共创、利益共享”的追求。集体协商双方的根本利益是一致的，只是在具体利益诉求上有所差别。

社会主义性质的劳动关系同时也决定了我国劳动关系的政治特点就是在中国共产党的坚强领导下，坚持发挥总揽全局、协调各方、层层部署的领导核心作用，将构建和谐劳动关系摆在全局工作的突出位置，与经济社会发展同部署、同推进，加大对劳动关系工作的支持力度，推动协商民主广泛、多层、制度化发展，将协商民主的理念贯彻在每一个基层用人单位。

当前劳动关系治理格局下，面对纷繁复杂的劳动关系，法律体系也很难进行“一刀切”式的规制与救济，主管部门的劳动关系治理思路已经逐渐变为党领导下的“源头治理”。其中，党的领导主要是政治、思想和组织的领导，并非直接领导，也并非直接参与集体协商，并没有改变集体协商由企业方和职工方协商的基本面。目前，我们形成了党委领导、政府负责、社会协同、企业和职工参与、法制保障的劳动关系治理模式。

（二）中国特色工会

我国的工会是中国特色的社会主义工会，是发展社会主义新型劳动关系的重要社会力量。工会组织具有双重责任，各级工会不仅是市场经济中代表劳动者参与协调劳动关系的重要一方，还是党和国家的桥梁、纽带、基础、支柱，承载着党联系广大职工群体的职责。我国工会的组织体制是典型的一元化体制。全国建立统一的中华全国总工会，基层工会、地方各级总工会、全国或者地方产业工会组织的建立，必须报上一级工会批准。

这种独特的职责和组织体制要求工会组织按照促进企事业发展、维护职工权益的原则，支持行政方依法行使管理权力，组织职工参加民主管理和民主监督，与行政方面建立协商制度，保障职工的合法权益，调动职工的积极性。因此，各级工会组织在集体协商集体合同制度建设中，既着力解决劳动者最关心、最直接、最现实的利益问题，满足职工群体对美好生活的需要，也有责任维护发展和稳定的大局，引领职工积极践行社会主义核心价值观，团结和动员劳动者以主人翁姿态建功立业。

延伸阅读

湖北省武汉市硚口区建筑行业集体协商中工会的作用

工会在推进集体协商中的作用

2010 年，中华全国总工会提出“两个普遍”工作要求，促进了工资集体协商的深入开展。2014 年，硚口区总工会对辖区二级资质以上建筑企业进行了重点调研，了解到企业用工存在四个方面的问题。为此，需要建立行业集体协商机制，维护职工特别是农民工的合法权益，平衡劳动关系双方的利益，构建和谐劳动关系，稳定职工队伍，促进建筑行业良性发展。

2014 年 12 月，人力资源和社会保障部、住房和城乡建设部、安全生产监督管理总局和中华全国总工会联合印发了《关于进一步做好建筑业工伤保险工作的意见》（人社部发〔2014〕103 号），政策规定为硚口区开展建筑行业集体协商提供了依据，为保障建筑工人特别是农民工的合法权益提供了保障。这也是中国工会特有的一种作用，在推动劳动关系领域法律法规的建立方面起着重要作用。

工会在协商准备中的作用

首先，积极争取党政领导支持。区总工会把工资集体协商定为 2014 年度区人民政府与工会联席会议的主要内容。为加强领导，成立了由区委副书记、区总工会主席任组长的建筑行业工资集体协商领导小组，劳动关系三方机制成员单位的主要领导都是领导小组的成员，制定了《全区建筑行业建立集体协商机制的方案》，为开展建筑行业工资集体协商打下了组织基础。

其次，主动协调行业主管部门配合。2014 年，区总工会最初与区建设局、建管站沟通开展建筑行业工资协商时，建设局等部门对参与开展行业工资集体协商仍存在顾虑。区总工会领导到区建设局与他们一起学习了省委、市委工会工作会议精神，进一步提高了建筑行政管理部门对工会地位和作用的认识。

最后，广泛发动企业和职工参与。区总工会采取召开企业会议和深入工地、到企业办公地的方式，向企业经营者和广大职工宣传党中央精神和中华全国总工会深化集体协商工作五年规划要求。区总工会还帮助企业分析经济形势和发挥工人创造力的优势，使建筑行业企业经营者看到集体协商所带来的好处，增强了他们参与行业工资集体协商的主动性。协商前的宣传发动得到了企业的充分认可和广大职工的赞赏，对区总工会深入了解企业的经营现状和工资分配情况起到很大的帮助作用。

工会在集体协商过程中的作用

硚口区建筑行业工会在集体协商过程中主要发挥了以下作用：完善行业工会组织，推选谈判代表，搭建协商平台；调研工资现状，准备谈判资料，起草合同草案；依照程序协商，达成一致意见，签订集体合同；建立监督机制，及时进行沟通，保证履约执行。

（三）中国特色企业代表组织

中国的企业代表组织也与西方存在很大区别。《中共中央 国务院关于构建和谐劳动关系的意见》明确提出，要坚持促进企业发展、维护职工权益。中国企业联合会、中华全国工商业联合会等作为企业代表组织参与三方机制建设，共同研究解决有关劳动关系重大问题，参与群体性事件应急处置，参与协调劳动关系。加强对企业经营者的团结、服务、引导、教育，积极反映企业利益诉求，依法维护企业权益。教育和引导广大企业经营者主动承担社会责任，自觉关心爱护职工，努力改善职工的工作、学习和生活条件，帮助他们排忧解难，加大对困难职工的帮扶力度。加强对企业经营者尤其是中小企业经营管理人员的劳动保障法律法规教育培训，提高他们的依法用工意识，引导他们自觉保障职工合法权益。

中国企业联合会以为企业、企业家服务为宗旨，维护企业、企业家的合法权益，促进企业、企业家守法、自律，发挥企业与政府之间的桥梁纽带作用，协调企业与企业、企业与社会、经营者与劳动者的关系。中国企业联合会作为企业代表组织，代表企业、企业家参加由人力资源和社会保障部、中华全国总工会及中华全国工商业联合会组成的国家协调劳动关系三方会议。积极参加国际劳工组织和国际雇主组织有关活动，发展与其他国家雇主组织及国际机构的交流与合作。向政府及有关部门反映本会会员、企业、企业家的意见和要求，为国家制定与企业相关的法律、法规和政策提供建议。引导企业、企业家遵纪守法，规范自身行为，维护市场经济秩序；提倡诚信经营，推动节能环保，积极承担社会责任，自觉维护企业职工的合法权益。全面推进集体协商制度是中国企业联合会系统的重要工作职责。中国企业联合会和地方各级企业联合会致力于积极推动集体协商制度，在参与有关法律、法规和政策的制定修改，贯彻协调劳动关系三方机制关于推进集体协商制度的各项工作部署，开展丰富多样的宣传、培训和调研活动等方面取得了积极的成效。

中华全国工商业联合会是中国共产党领导的面向工商界、以非公有制企业和非公有制经济人士为主体的人民团体和商会组织，是党和政府联系非公有制经济人士的桥梁纽带，是政府管理和服务非公有制经济的助手。参与协调劳动关系，协同社会管理，促进社会和谐稳定是其主要职能之一，其中包括参与协调劳动关系三方会议，引导非公有制企业构建和谐劳动关系，依法与工会就职工工资、生活福利、社会保险等涉及职工切身利益问题进行平等协商，签订集体合同，尊重和保障职工合法权益等。近年来，各级工商联充分发挥组织健全、会员广泛、贴近企业的优势，积极参与三方协调机制建设，通过与其他成员单位开展对话沟通，反映企业合理诉求、推动劳动立法协商、推进集体协商制度建设、开展劳动关系监测、参与纠纷调解仲裁，推动了中国特色和谐劳动关系的实践。

（四）中国特色的文化传统

中国的集体协商充分体现了我国协商民主的政治思想，而这一思想的形成离不开中国特色的文化传统。《关于加强社会主义协商民主建设的意见》中指出，社会主义协商民主是中国社会主义民主政治的特有形式和独特优势，是党的群众路线在政治领域的重要体现，是深化政治体制改革的重要内容。协商民主是在中国共产党领导下，人民内部各方面围绕改革发展稳定重大问题和涉及群众切身利益的实际问题，在决策之前和决策实施之中开展广泛协商，努力形成共识的重要民主形式。

协商民主的形成离不开中国特色的文化传统。中国拥有悠久、独特的历史背景，并衍生出中国特色的社会文化背景。文化的作用是深远的，又是潜移默化的。中国的协商民主在文化背景的影响下，比起个人主义更强调集体主义，更注重社会价值选择。中国情境下发展的社会主义坚持个人与社会价值的辩证统一，而不是个人本位的价值观。因此，中国协商民主融合了马克思主义和中华民族传统文化中崇尚团结和谐的集体主义精神，具有深厚的理论底蕴和丰富的实践经验，体现了公平、多元、兼容、互惠双赢的政治理性以及天下为公的理念。

中国的协商民主根植于中华民族深厚的社会历史文化传统之中。中国共产党领导的多党合作和政治协商制度是马克思主义政党理论和统一战线学说同中国实际相结合的产物。中国的历史文化传统对政协思想有着重要的影响。一是“天下为公”观念和集体主义精神。中国传统文化坚持个体之间的联系，突出个体与群体成员间相互和谐，认为人是共同体的一部分，不能独立于共同体之外。二是民本思想。受民本思想的影响，中国传统政治思想和政治机构设置中就存在协商因素。三是传统的“和合”思想。我国传统文化提倡“礼之用，和为贵”，而“大一统”观念是“合”思想的主要体现。“和合”思想体现了尊重差异、开放包容、和而不同的思想内涵，是中国协商民主形成的重要历史文化渊源。在继承中国深厚文化传统的基础上，在马克思主义的指导下，现实生活中，具有不同利益诉求和不同文化背景的群体较容易在协商中达成共识。

在中国，完全对抗式的集体协商既与传统美德相悖，也与现实相左。从传统美德来看，中国自古以来既有“和为贵”的传统，也有“合则两利，斗则两伤”的传世佳话。从现实来看，完全对抗式的协商只会造成大面积的罢工，甚至造成严重的暴力事件，给企业带来巨大的损失，职工方的失业率也大大增加。集体协商的重点在于不断完善准备工作，在充分调查分析的基础上，协商代表充分考虑双方的诉求，对诉求的合理性加以判断，在经过多轮磋商后，以书面的形式确定协商成果，自然可以在一定程度上避免“严重的对抗”，甚至是“冲突”。《关于加强社会主义协商民主建设的意见》也提出我国需要稳步推进基层协商，其中包括推进企事业单位的协商。应健全以职工代表大会为基本形式的企事业单位民主管理制度。畅通职工表达合理诉求渠道，健全各层级职工沟通协商机制。积极推动由工会代表职工与企业就调整和规范劳动关系等重要决策事项进行集体协商。逐步完善以劳动行政部门、工会组织、企业组织为代表的劳动关系三方协商机制。

第 2 节　集体协商的流程

一　确定集体协商的代表

（一）集体协商代表的产生

集体协商代表（以下统称协商代表），是指按照法定程序产生并有权代表本方利益进行集体协商的人员。集体协商双方的代表人数应当对等，每方至少 3 人，并各确定 1 名首席代表。

1. 职工一方的协商代表

职工一方的协商代表由本单位工会选派。未建立工会的，由本单位职工民主推荐，并经本单位半数以上职工同意。职工一方的首席代表由本单位工会主席担任。工会主席可以书面委托其他协商代表代理首席代表。工会主席空缺的，首席代表由工会主要负责人担任。未建立工会的，职工一方的首席代表从协商代表中民主推举产生。

2. 用人单位一方的协商代表

用人单位一方的协商代表，由用人单位法定代表人指派。首席代表由单位法定代表人担任，或由其书面委托的其他管理人员担任。

3. 其他事项

协商代表履行职责的期限由被代表方确定；集体协商双方首席代表可以书面委托本单位以外的专业人员作为本方协商代表。委托人数不得超过本方代表的 1/3；首席代表不得由非本单位人员代理；用人单位协商代表与职工协商代表不得相互兼任；部分省份规定女职工较多的，职工方协商代表中应当有女代表。工会女职工委员会负责人应当是协商代表。

（二）集体协商代表的职责与义务

1. 协商代表的职责

（1）参加集体协商。

（2）接受本方人员质询，及时向本方人员公布协商情况并征求意见。

（3）提供与集体协商有关的情况和资料。

（4）代表本方参加集体协商争议的处理。

（5）监督集体合同或专项集体合同的履行。

（6）法律、法规和规章规定的其他职责。

2. 协商代表的义务

协商代表应当维护本单位正常的生产、工作秩序，不得采取威胁、收买、欺骗等行为。协商代表应当保守在集体协商过程中知悉的用人单位的商业秘密。

3. 对职工方协商代表的保护

企业内部的协商代表参加集体协商视为提供了正常劳动。职工一方协商代表在履行其协商代表职责期间劳动合同期满的，劳动合同期限自动延长至完成履行协商代表职责之时，除出现下列情形之一的，用人单位不得与其解除劳动合同：严重违反劳动纪律或用人单位依法制定的规章制度的；严重失职、营私舞弊，对用人单位利益造成重大损害的；被依法追究刑事责任的。

职工一方协商代表在履行其协商代表职责期间，用人单位无正当理由不得调整其工作岗位。职工一方协商代表与用人单位发生争议的，可以向当地劳动争议仲裁委员会申请仲裁。

4. 集体协商代表的更换

工会可以更换职工一方协商代表；未建立工会的，经本单位半数以上职工同意可以更换职工一方协商代表。用人单位法定代表人可以更换用人单位一方协商代表。协商代表因更换、辞任或遇有不可抗力等情形造成空缺的，应在空缺之日起 15 日内按照相关规定产生新的代表。

二　集体协商的流程

一个完整的集体协商流程通常包括四个阶段：准备阶段、提出议题、进行磋商、达成协议。在某些情况下还存在第五个阶段，即争议解决阶段。

（一）准备阶段

集体协商是个长期而艰苦的过程，不论对劳方还是资方而言，都需要很长的时间为集体协商做准备。准备阶段是协商成功的关键，它使得集体协商代表对其任务形成清晰的理解，增强他们完成任务的自信心。同时，充分的准备有助于在协商中获得优势地位，进而影响集体协商的结果。

为了开展好集体协商，双方在准备阶段的工作主要包括：一方向对方发出集体协商的要约；双方安排参加集体协商的人员并收集相关材料。

职工和企业任何一方均可提出进行集体协商的要求。集体协商的提出方应向另一方提出书面的协商要约，明确协商的时间、地点、内容等；另一方接到协商要约后，应于 20 日内予以书面答复。无正当理由不得拒绝进行集体协商。企业工会组织应主动向企业提出协商要约，启动协商程序，积极促进与企业开展集体协商和签订集体合同。企业工会提出协商要约有困难的，其上一级工会可依法代替基层工会向企业提出协商要约。集体协商要约应该明确提出进行集体协商的时间、地点和议题等，还应附有协商代表资格认定书。应围绕劳动报酬、工作时间、休息休假、保险福利、劳动安全卫生、女职工特殊权益保护和职工培训等涉及劳动关系方面的主要问题，确定集体协商要约行动的内容。根据实际情况，每年可确定 1～2 个协商主题，有重点、有目标地开展集体协商要约行动，集中力量，上下联动，突破难点。对于集体合同履行中出现的问题，也可通过集体协商要约行动予以解决。

对于企业方来说，通常会安排人力资源总监、财务部门以及法律部门人员参加谈判。如果条件许可，还会聘请一些劳资关系领域的专家参加谈判。企业方收集的信息包括内部员工基本数据、人工成本数据，以及本行业、本地区同类数据，这些数据是决定谈判底线和谈判目标的基础。此外，企业方还要考察以往签订的合同，分析合同内容、条款和到期日等信息，用以估量集体协商结果。职工方的准备工作也是一样。通常工会会从成员中选择有集体协商经验的人员或工会骨干参加集体协商，还可以向上级工会发出请求，由其派遣人员参加集体协商。需要注意的是，集体协商代表的确定不仅仅要遵照双方进行集体协商的策略，还应当满足法律法规关于集体协商代表确定的要求。

（二）提出议题

在这一阶段，双方都会对自己想说的问题进行阐述，并向对方提出初步的要求。这一阶段通常被称为“聋子的对话”或“挑战与违抗”，即在对话中，参加集体协商人员多是忽略其他人提出的问题，集中全力提出和强化自己的问题。其实对于双方而言，这一阶段的真正目的是揭示自己立场的大致轮廓，收集尽可能多的关于对方的信息来加强或改变先前对对方谈判限度的看法。这一阶段双方提出的要求涉及范围比较广，一般内容也让对方难以接受。提出这种“不现实”的要求是为以后的谈判开创一个让步的空间，可以有余地权衡对手的情况做出让步。要注意的是，在提出议题阶段，双方的姿态很关键。此阶段的气氛是敌意的还是平和的，将对此后双方的谈判风格定下基调。如果任何一方谈判人员采用或被认为采用了过度的侵犯性态度，就会导致在下一阶段中处于被动地位，而不得不采取让步或折中的行为。

（三）进行磋商

磋商是集体协商中时间最长，也是问题与争议最多的阶段。在此阶段，双方都开始认真地考虑谈判问题，并且愿意做出一定的让步来换取另一方相应的回应。但问题是双方都过高地估计了对方所能做出的让步，同时又低估了对方希望自己做出的让步，这样很容易使谈判陷入困境。

在这一阶段，双方都进行大量的说服对方的工作，并试图使对方重新调整期望，最终愿意做出让步，从而为自己获得有利条件奠定基础。为了达成协议，双方会从一些争议较少的问题入手，最终在一些比较关键的问题上做出适当让步。谈判底线并不是固定的，当认识到无法获得最初期望的条件时，谈判方会不断地对自己的底线进行修改。频繁的休会是这一阶段的特征，因为谈判人员都想安排时间考虑对方提出的论点、提议，或让对方考虑争议、提议，重新考虑其立场。

（四）达成协议

劳资双方代表在拟定初步协议后，一般需要将协议内容反馈给他们各自所代表的群体，确定该协议是否为多数人所接受。谈判代表在听取、汇总各自群体的意见后，反复协商、修改，之后形成最终的协议，进入正式批准阶段。所谓正式批准，是指工会成员通过投票来确定合同条款是否被最终认可，这是一个特别重要的程序。在投票之前，工会谈判代表小组应首先向工会成员解释协议的内容。如果投票通过，那么协议就成为正式的合同。当谈判的双方对合同的内容和条件都达成共识，并在正式的书面协议上签字后，一次集体谈判宣告结束。但是，如果双方始终不能达成一致，就会出现谈判僵局，进而进入争议解决阶段。

（五）争议解决阶段

在这一阶段，工会可能会组织会员进行罢工，对企业方施加压力；企业方也可能采取闭厂等形式对工会的要求做出强硬回应。不论是罢工还是闭厂，都会造成巨大的经济损失，甚至影响社会的稳定。这时就需要第三方介入，对双方的争议进行调解和斡旋。第三方通常由政府相应的职能部门来担任。国际上常用的争议解决措施包括调解、调停、仲裁以及审判。争议解决的结果是使劳资双方达成共识，停止罢工或闭厂等行为。

三 集体协商的评估与改进

（一）集体协商的评估

集体协商评估，就是要以综合的评估指标体系为衡量内容，以科学严谨的调查研究与分析为主要手段，通过广泛收集各种相关信息，采取定性和定量相结合的评估方法，对各地区、各行业、各企业集体协商制度建设和实施工作的效果、效益和效率做出评估，从而对集体协商制度的执行进行科学管理，推进集体协商制度实施工作的健康发展。

集体协商是劳动关系双方的利益博弈，但这种博弈是非零和的[①]，企业实施集体协商的理想效果是达到“劳动关系争议两利”的帕累托最优状态[②]，即通过集体协商实现“企业的绩效”和“员工的报酬”对等，共创、共享、共赢，并不断朝着构筑劳动关系双方“利益共同体”“事业共同体”“命运共同体”“使命共同体”的目标迈进[③]。

---

① 非零和博弈是一种合作下的博弈，博弈中各方的收益或损失的总和不是零值。它区别于零和博弈，在经济学研究中比较有用。在这种状况时，自己的所得并不与他人的损失的大小相等，连自己的幸福也未必建立在他人的痛苦之上，即使伤害他人也可能“损人不利己”，所以博弈双方存在“双赢”的可能，进而达成合作。

② 帕累托最优（Pareto optimality），也称为帕累托效率（Pareto efficiency），是指资源分配的一种理想状态，假定固有的一群人和可分配的资源，从一种分配状态到另一种分配状态，在没有使任何人境况变坏的前提下，使至少一个人变得更好。帕累托最优状态就是不可能再有更多的帕累托改进的余地；换句话说，帕累托改进是达到帕累托最优的路径和方法。帕累托最优是公平与效率的“理想王国”。

③ 唐鑛，杨振彬．人力资源与劳动关系管理．北京：清华大学出版社，2017.

1. 集体协商评估的意义

采用科学的方法和有效的工具，对集体协商实践进行评估，是推动企业、行业、区域依法开展集体协商、规范签订集体合同的一项重要措施。有利于促进集体协商机制的普遍建立，能够不断规范和完善集体协商制度规则，检验集体协商工作效果，充分发挥集体协商制度在发展和谐劳动关系、促进企业发展、维护职工权益中的重要作用。一方面，建立集体协商工作评估机制，作用于集体协商制度建设本身，能够促使集体协商制度建设更加科学、更加完善；另一方面，建立集体协商工作评估机制，能够有效提高集体协商制度执行力和执行效果，使集体协商过程更为科学、规范。因此，建立集体协商工作评估机制，对于检验集体协商工作效果具有十分重要的意义。

总之，建立并应用集体协商工作评估机制，可以客观地反映集体协商工作进展、政策效果、执法力度、组织和实施的质量，使人们对集体协商工作现状有一个条理化、精确化的认识；可以客观地对集体协商工作实践进行评估、分析、比较，并通过对集体协商工作实践的各类指标进行比较分析，找出工作中存在的问题，有助于提高集体协商工作的针对性和实效性；可以根据集体协商工作评估结果的对比，对集体协商工作实践状况做出评估，促进相关政策措施的及时调整，促进不同企业、行业、区域在集体协商工作实践中相互学习借鉴，促进职工广泛参与，促进集体协商机制的建立和作用的发挥。

2. 集体协商的评估程序

集体协商的评估程序是集体协商评估工作的“路线图”和“施工图”，也是集体协商评估工作质量的重要保障。确保集体协商评估程序的科学性，是保证集体协商评估工作科学、规范、高效的重要环节。一般来说，集体协商的评估程序如图 11－1 所示。

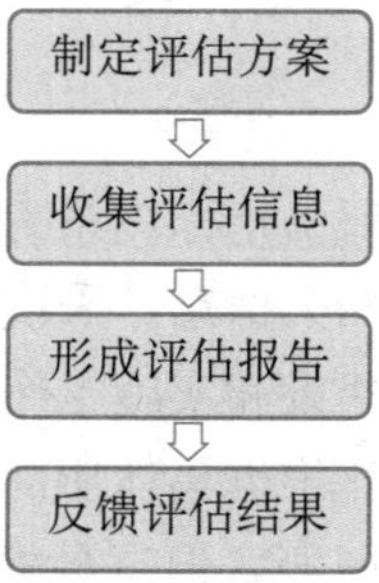

图 11－1 集体协商的评估程序

（1）制定评估方案。对确定开展评估的集体协商工作，要成立专门的集体协商工作评估小组，组织职工代表开展评估活动，或者组织相关部门和专家、学者或委托有资质的第三方机构进行。集体协商工作评估方案要准确把握评估重点，明确评估牵头和协助部门责任，并建立专项档案，适时组织实施。

（2）收集评估信息。不同的评估视角，有着不同的评估指标，而不同评估指标信息的获取有着不同的渠道和方法。但无论评估信息或数据如何获取，一定要确保准确、可信。

（3）形成评估报告。综合收集掌握的情况，对集体协商工作评估事项实施的前提、时机及后续工作进行科学的预测分析和研究。

（4）反馈评估结果。评估主体将结果向劳动关系双方进行反馈，指出问题，提出建议。

总之，对集体协商工作要建立一套规范的评估机制，确保评估主体构成合理、评估内容完备、评估程序科学、评估结果客观公正，为在更深层次提升集体协商工作实效奠定基础。

（二）集体协商的改进

1. 集体协商改进的必要性

（1）集体协商是在一定的内外部环境中进行的，而内外部环境中的各要素总是动态变化的，内外部环境的变化会对集体协商的内容、程序等产生相应的影响，因此，对集体协商进行动态的改进与完善是必要的。

（2）在开展集体协商时难免会出现一些偏离目标或程序不规范的地方，对集体协商机制进行适时的复盘，查找问题，进行纠偏也是必要的。

2. 集体协商改进的原则

集体协商改进是集体协商良性发展的主要途径，应遵循如下原则：

（1）针对性原则。集体协商的改进应该以问题为导向，即针对集体协商相关具体问题进行改进，以最终解决问题为目的。

（2）动态性原则。集体协商的改进应根据内外部环境及自身实施情况与时俱进，动态进行，而不是一劳永逸的。

（3）及时性原则。集体协商的改进应该在集体协商后及时进行，迟滞的改进不仅会累积问题，而且不利于集体协商后续工作的进行。

（4）客观性原则。集体协商改进应基于集体协商评估和内外部环境的变化，不能凭主观随意进行，而要改之有据。

3. 集体协商改进的路径与方法

集体协商如何才能进行改进？集体协商改进是一个动态的循环过程，如图 11－2 所示。其基本路径如下：在结束一次集体协商之后，要及时对集体协商进行复盘。所谓复盘，包括集体协商评估和集体协商内外部环境变化的评测两个方面的内容。集体协商评估的具体内容前面已经讲述，而集体协商内外部环境变化的评测，主要评测因素包括外部法律、经济、竞争及企业内容经营等的变化情况。在集体协商复盘的基础上，要制定完备的集体协商改进方案。改进方案要以问题为导向，明确哪些地方需要改进，为什么要改进，以及改进的路线图、时间表和任务书。

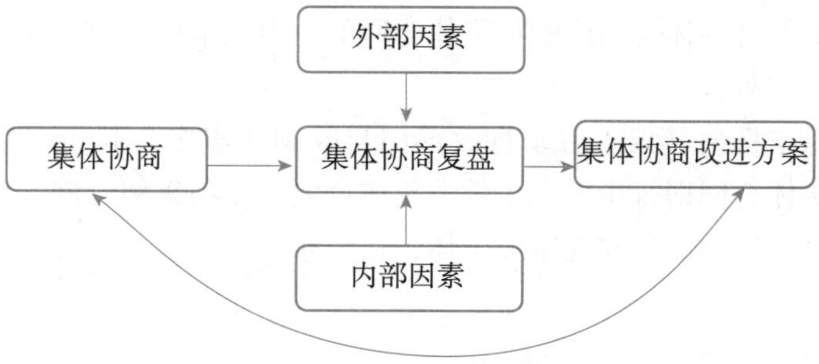

图 11－2　集体协商改进循环

第 3 节　集体合同管理

一　集体合同的订立

经过集体协商的集体合同草案的生效，必须经过三个法定程序：

1. 职代会审议通过集体合同草案

经双方协商代表协商一致的集体合同草案或专项集体合同草案应当提交职工代表大会或者全体职工讨论。职工代表大会或者全体职工讨论集体合同草案或专项集体合同草案，应当有 2/3 以上职工代表或者职工出席，且须经全体职工代表半数以上或者全体职工半数以上同意，集体合同草案或专项集体合同草案方获通过。

2. 双方首席代表签署

集体合同草案或专项集体合同草案经职工代表大会或者职工大会通过后，由集体协商双方首席代表签字。

3. 劳动行政部门审查

签字后的集体合同必须提交劳动行政部门审查。

（1）集体合同的报审。集体合同或专项集体合同签订后，应当自双方首席代表签字之日起 10 日内，由用人单位一方将文本一式三份报送劳动行政部门审查。集体合同或专项集体合同审查实行属地管辖，具体管辖范围由省级劳动行政部门规定。中央管辖的企业以及跨省、自治区、直辖市的用人单位的集体合同应当报送人力资源和社会保障部或其指定的省级劳动行政部门。

（2）劳动行政部门的审查。劳动行政部门对报送的集体合同或专项集体合同应当办理登记手续。劳动行政部门应当对报送的集体合同或专项集体合同的下列事项进行合法性审查：一是集体协商双方的主体资格是否符合法律、法规和规章规定；二是集体协商程序是否违反法律、法规、规章规定；三是集体合同或专项集体合同内容是否与国家规定相抵触。

（3）审查的结果与处理。第一种情况是提出异议。劳动行政部门对集体合同或专项集体合同有异议的，应当自收到文本之日起 15 日内将审查意见书送达双方协商代表。审查意见书应当加盖劳动行政部门印章。用人单位与本单位职工就劳动行政部门提出异议的事项经集体协商重新签订集体合同或专项集体合同的，用人单位一方应当再次按规定将文本报送劳动行政部门审查。

第二种情况是未提出异议。劳动行政部门自收到文本之日起 15 日内未提出异议的，集体合同或专项集体合同即行生效。生效的集体合同或专项集体合同，应当自其生效之日起由协商代表及时以适当的形式向本方全体人员公布。

二　集体合同的履行、变更、解除和终止

（一）集体合同的履行

1. 集体合同履行的概念

集体合同的履行，是指集体合同当事人按照合同的约定，在适当的时间、地点，用适当的方法，全面完成各自承担的义务。当事人双方都完成了集体合同规定的全部义务，称为集体合同全部履行；只完成了集体合同规定的部分义务，称为集体合同部分履行；其他情况，称为集体合同未履行。如果一方当事人完成了规定的义务，另一方当事人没有完成或者只是部分完成规定的义务，称为集体合同单方面未履行或者单方面部分履行。集体合同的履行以有效集体合同为前提。

2. 集体合同履行的原则

集体合同主体双方按照集体合同规定履行自己应当承担的义务。履行集体合同应当遵循全面履行、实际履行和协作履行的原则。

（1）全面履行原则。全面履行原则即集体合同生效后，当事人双方按照集体合同规定的时间、地点、数量以及履行方式等，全面完成集体合同规定的义务。

（2）实际履行原则。实际履行原则即当事人完全按照集体合同约定的义务履行。除非法律法规有规定或征得了对方当事人同意，不得用完成另外的义务来代替约定的义务。一方违约时，也不得用其他方式代替履行。对方要求继续履行时，仍应完成集体合同规定的义务。

（3）协作履行原则。协作履行原则即当事人之间应当团结合作、相互支持、相互帮助、密切配合，完成集体合同规定的义务。

（二）集体合同的变更、解除

1. 集体合同的变更

集体合同的变更，是指在集体合同没有履行或没有完全履行之前，因订立集体合同所依据的主观和客观情况发生某些变化，当事人依照法律规定的条件和程序对原合同中的某些条款进行修改和补充。

集体合同的变更，主要是合同内容的变更。它可以是集体合同有效期限的变更，也可以是标准条件、义务性条款的变更。只要当事人双方协商一致，手续和内容合法，变更原合同关系是允许的。集体合同变更后，当事人之间的权利与义务随之发生变化。

2. 集体合同的解除

集体合同的解除，是指集体合同没有履行或没有完全履行之前，因订立合同所依据的主观和客观情况发生变化，致使集体合同的履行成为不可能或不必要，当事人依照法律规定的条件和程序，终止原集体合同法律关系。

3. 集体合同变更、解除的条件

有下列情形之一的，可以变更或解除集体合同或专项集体合同：

（1）用人单位因被兼并、解散、破产等原因，致使集体合同或专项集体合同无法履行的；

（2）因不可抗力等原因致使集体合同或专项集体合同无法履行或部分无法履行的；

（3）集体合同或专项集体合同约定的变更或解除条件出现的；

（4）法律、法规、规章规定的其他情形。

（三）集体合同的终止

集体合同的解除与集体合同的终止是两个不同的概念。前者是集体合同尚未全面履行或者根本没有履行而予以终止；后者则是指集体合同全面履行而告终止。当然，广义的集体合同的终止也包括集体合同的解除。

集体合同的终止又分为两种情形：一是集体合同期限届满终止；二是当事人双方约定的终止条件出现终止。《集体合同规定》规定，集体合同或专项集体合同期限一般为1～3年，期满或双方约定的条件出现，即行终止。在有关集体合同的地方立法如《北京市集体合同条例》中，对于集体合同的终止条件有如下规定："有下列情形之一的，集体合同终止：（1）用人单位依法破产、解散的；（2）集体合同期满或者双方约定的终止条件出现的；（3）集体合同期满后，一方不同意续订集体合同的。"

三 集体合同的效力

集体合同的效力，是指集体合同对什么人、在什么时间和地方具有约束力。

（一）集体合同对人的效力

1. 对集体合同关系人的约束力

集体合同关系人是指在集体合同效力范围内的全体职工和企业管理人员。在一般情况下，集体合同关系人是由法律规定的。因此，只要集体合同依法订立，即使部分关系人反对该集体合同，集体合同对持反对意见的关系人仍具有约束力。

2. 对劳动合同当事人的约束力

集体合同对劳动合同当事人是否具有约束力，历史上曾出现三种不同的见解：第一，不承认集体合同对劳动合同的效力，即劳动合同当事人若无遵守集体合同的意思表示，集体合同对劳动合同及其当事人没有约束力；第二，承认集体合同对劳动合同当事人具有约束力，劳动合同内容不得违反集体合同的有关规定，否则，劳动合同无效；第三，当劳动合同违反集体合同的某些规定时，凡劳动合同当事人有变更集体合同特别约定的，集体合同对特别约定部分不发生效力，否则，集体合同对劳动合同具有约束力。在这三种见解中，只有第二种认为集体合同规范具有相对稳定性，有利于劳动秩序和社会秩序的稳定。目前，西方发达国家的集体合同立法，大多采用第二种意见，并同时规定，如果劳动合同规定的条件高于集体合同的规定，劳动合同有效，否则，集体合同对劳动合同及其当事人具有约束力。在我国，《劳动合同法》第五十五条规定："用人单位与劳动者订立的劳动合同中劳动报酬和劳动条件等标准不得低于集体合同规定的标准。"说明我国集体合同的效力大于劳动合同，集体合同对劳动合同当事人具有约束力。

（二）集体合同的时间效力

集体合同的时间效力通常以集体合同的存续时间为原则。集体合同的存续时间分定期、不定期两种。目前，世界各国大多采用定期集体合同，合同期限一般不超过 3 年。不定期的集体合同，当事人一方在缔约 1 年以后，有权要求终止集体合同，其前提是必须在要求集体合同终止前一定期限内以书面形式通知对方。我国集体合同的存续时间一般为 1～3 年。

集体合同发生效力的时间，一般由当事人约定，通常自集体合同成立之日起发生效力。因为集体合同需履行备案手续，所以集体合同成立之日，不能以集体合同当事人签字为准，而应以集体合同文本向集体合同管理机关报备后第十五日的次日起为准。《劳动合同法》第五十四条规定："集体合同订立后，应当报送劳动行政部门；劳动行政部门自收到集体合同文本之日起十五日内未提出异议的，集体合同即行生效。"如果当事人不以集体合同备案之日起十五日的次日作为合同的生效时间，则应具体情况具体分析。因为，如果当事人将集体合同生效时间定在集体合同成立之后，在一般情况下是允许的。倘若将集体合同约定的各项义务溯至集体合同成立以前发生效力，就出现了集体合同的溯及力问题。在某些国家，当事人如有特别理由，并经集体合同管理部门认可，允许集体合同有溯及力。集体合同的消灭时间，当然以集体合同终止时间为准。在旧集体合同失效后、新集体合同生效前，依照旧集体合同的规定所签订的劳动合同，如存续时间没有结束，那么劳动合同仍然有效。但在这段时间内，经劳动合同当事人双方同意，可以变更或订立新劳动合同。

（三）集体合同的地域和行业效力

集体合同的地域效力，是指集体合同在哪些地域或场所有约束力。这种空间范围，通常以一定的行政区域或企业、事业单位来划分。集体合同依据其适用地域的广狭，可分为企业、事业集体合同，地方集体合同和全国集体合同。凡以一定的行政区域或场所为空间范围订立的集体合同，在该区域或场所内具有约束力。我国集体合同是在企业和县级以下区域内签订的，因此，只在签订合同的企业或县级以下区域内具有约束力。

集体合同的行业效力，是指集体合同对同一行业的职工、雇主有约束力。譬如日本的全日本海员工会与船主团体签订的集体合同，对全日本海员和船主都有约束力。我国县级以上的产业工会现在尚不享有缔结集体合同的权利，所以不存在集体合同的县级以上产业适用范围问题。

四 集体合同争议的处理

我国集体合同争议主要分为因签订集体合同发生的争议和因履行集体合同发生的争议，对应不同的处理程序。

（一）因签订集体合同发生的争议

因签订集体合同发生的争议，即在集体协商过程中发生争议，双方当事人协商解决，协商不成可由劳动行政部门协调处理。

按照《集体合同规定》的要求，集体合同处于协商争议阶段产生的纠纷处理实行属地管辖，具体管辖范围由省级劳动行政部门规定。中央管辖的企业以及跨省、自治区、直辖市用人单位因集体协商发生的争议，由国家劳动行政部门指定的省级劳动行政部门组织同级工会和企业等三方面的人员协调处理，必要时，国家劳动行政部门也可以组织有关方面协调处理。

（二）因履行集体合同发生的争议

因履行集体合同发生的争议可以通过协商、仲裁和诉讼解决。《劳动法》规定，因履行集体合同发生争议，当事人协商解决不成的，可以向劳动争议仲裁委员会申请仲裁；对仲裁裁决不服的，可以自收到仲裁裁决书之日起十五日内向人民法院提起诉讼。

《工会法》规定，企业违反集体合同，侵犯职工劳动权益的，工会可以依法要求企业承担责任；因履行集体合同发生争议，经协商解决不成的，工会可以向劳动争议仲裁机构提请仲裁，仲裁机构不予受理或者对仲裁裁决不服的，可以向人民法院提起诉讼。

思考题

1. 分析集体协商在企业用工管理中的作用。
2. 简述中国特色集体协商的具体特征。
3. 阐述集体协商的基本流程和注意事项。

案例分析

北京餐饮行业工资协商实现突破

历时半年协商、经过六次修改，北京市总工会、北京市餐饮协会在2014年9月1日组织部分餐饮企业举行了该行业“工资协商专项集体合同”和“女职工权益保护专项集体合同”的签字仪式。签约企业将两份专项合同报企业注册地人力社保部门备案。

这是北京市总工会探索出的“集中协商、二次确认、分别通过、属地备案”行业性工资集体协商工作方法在餐饮行业的首次实践，而且充分发挥了协调劳动关系三方机制在协商工作中的推动作用，被有关专家认为具有“突破性”“示范性”意义。

这次首批签约的有22家餐饮连锁企业、12个特色美食街区的569家企业，其中包括麦当劳、眉州东坡、便宜坊、湘鄂情等京城连锁餐饮品牌企业，共涉及职工21 701名。

“我们在工作中深切感受到，推动工资集体协商是深化产业工会工作、维护职工合法权益、构建和谐劳动关系的‘牛鼻子’。”北京市服务工会主席王丽明说，服务工会与餐饮协会通过多次走访企业、职工，掌握了协商双方的真实需求，并将这些需求转化到合同之中。在历时半年调研、协商、六次修改合同文本的基础上，形成了专项协议的最终文本。

据介绍，这两份专项集体合同的条款有诸多亮点。比如，合同对厨师、领班、服务员、洗碗工等 18 个一线岗位最低工资标准逐一约定；约定该市餐饮行业职工最低工资不能低于每月 2 000 元，高于该市最低工资标准 28.2%；约定企业建立“妈咪屋”，为哺乳期女职工哺乳休息提供便捷温馨的私密空间；等等。

同时，该专项集体合同还为企业量身定制了科学合理的工资增长机制与人才培养制度。比如，约定企业职工工资水平应随企业经济效益的增减相应浮动，分别约定了盈利、效益持平、效益下降企业职工的工资涨幅额度；约定企业对工作创新且为企业带来经济效益的职工给予一次性奖励或晋级，并提出企业可对获得相应职业证书的职工给予 1 000～2 000 元的现金奖励。

作为企业方代表参加这次签字仪式的北京便宜坊烤鸭集团有限公司总经理赵育贤认为：“行业工资集体协商为企业和职工提供了一个很好的沟通协商平台，稳定了职工队伍，明确了行业工资标准，避免了无序竞争的发生。”

“这是真正的行业协商，既制定了行业工资集体协商的整体标准，又给了职工和企业‘二次协商’、进一步保障双方权益的‘发挥’机会。”北京市丰台区方庄地区总工会主席赵长河评价说。

资料来源：北京餐饮行业工资协商实现突破．工人日报，2014－09－11.

第 12 章 管理沟通与员工民主参与

学习目标

学完本章后，你应该能够：

- 掌握管理沟通的概念、基本模型、策略、步骤、障碍的影响与克服。
- 熟悉管理沟通的制度建设与能力建设方式。
- 掌握员工民主参与的含义、形式与参与程度的度量方式。
- 重点掌握中国传统的民主参与制度与新型民主参与制度。

引导案例

上海飞机制造有限公司日前举行职代会，除了 126 名职工代表出席，另有 1 000 多名员工通过公司局域网视频观看了职代会实况，实时了解了职代会主要内容。这是该公司为贯彻落实即将正式施行的《上海市职工代表大会条例》，调动职工民主参与、民主管理积极性的一项新举措。

近年来，在加速研制大型客机过程中，如何调动职工参与企业民主管理的积极性，从而激发他们与企业共谋发展的热情，被提到了公司党政工作重要议事日程。公司提出了让更多职工“参加”职代会的设想。

前不久，在筹备职代会过程中，公司投入资金，在技术综合楼、飞机总装车间、试飞站以及西安阎良设立了四个视频接收点，作为职代会分会场。同时，对公司局域网进行网络视频加装，让所有配备工作电脑的员工可以实时收看职代会现场情况。

公司职代会如期召开，除了 126 名职工代表出席，在四个视频分会场，300 多名班组长和青年骨干以及远在西安的 30 多名试验人员通过局域网视频即时观看了职代会实况；与此同时，其他员工通过近 500 台工作电脑在线“参加”了职代会。

总装车间液压组组长杨伟清与许多一线员工收看了公司总经理做的工作报告和职工代表审议通过《员工奖惩管理规定》等制度的实况，他说，在视频分会场“参加”职代会犹如身在现场，第一时间了解了职代会的主要精神，对公司发展目标更明确，也有利于员工为企业民主管理献计献策。

资料来源：根据中华全国总工会网站资料编写。

第 1 节　管理沟通

一　绩效导向的管理沟通

（一）管理沟通存在于绩效管理的全过程

罗伯特·巴克沃（Robert Bacal）认为，绩效管理是一个持续的交流过程，该过程由员工和其直接主管之间达成的协议来保证完成，并在协议中对未来工作达成明确的目标和理解，将可能受益的组织、经理及员工都融入绩效管理系统中来。因此，真正的绩效管理是“两个人之间持续的沟通过程”。他倡导绩效管理是员工和直接主管的沟通，是组织和管理者的高收益投资，并以此为核心构建了完整的绩效管理体系。在某种程度上，沟通是绩效管理的本质与核心，它贯穿绩效管理循环的始终——制定绩效计划与目标要沟通，帮助员工实现目标要沟通，年终评估要沟通，分析原因寻求进步要沟通。总之，绩效管理的过程就是员工和经理持续不断沟通以提升绩效的过程。因此，沟通存在于绩效管理的全过程。

（1）绩效理念沟通。主要是通过沟通确定绩效评价的目的。在绩效管理之初，首先需要明确进行绩效评价的目的，通过与员工的沟通，提高员工对企业绩效管理制度的认同。

（2）绩效目标沟通。即通过沟通建立工作期望与考核指标。工作期望主要是指企业要求员工应该达成怎样的工作绩效指标和如何达成工作绩效指标。建立工作期望后就需要据此建立具体的绩效考核指标。绩效考核指标是进行绩效考核的基本要素，制定有效的绩效考核指标是绩效考核取得成功的保证。在建立绩效考核指标时，一定要注意及时充分与员工进行沟通，保证绩效考核指标获得员工的认可，这既保证了绩效考核指标的科学性，使员工认可绩效考核的结果，也可以为绩效考核后期的员工培训与发展规划奠定基础，令员工获得更大进步。

（3）绩效过程沟通。即在绩效形成过程中，直接主管对员工的工作绩效进行督导，不断沟通绩效完成情况，及时对工作进行总结与提升。

（4）绩效结果沟通。即绩效反馈的沟通。实施绩效考核后要给予员工绩效反馈，绩效反馈是由员工和管理人员一起，回顾和讨论考核的结果，如果不将考核结果反馈给被考核的员工，考核将失去极为重要的激励、奖惩和培训功能。因此，绩效反馈对绩效考核起着至关重要的作用。绩效面谈是考核结果反馈的重要形式，是直线经理与员工之间针对绩效评价结果进行讨论的面谈。绩效面谈主要有三个目的：一是要让员工了解自己考核结果背后的原因，以此来增加共识，减少误解和猜疑，对考核结果形成一致看法，既承认员工优点，又指出不足；二是对下一阶段工作的期望达成一致协议；三是通过面谈讨论制定双方都能接受的绩效改进计划，并为员工的发展提供建议。

（二）管理沟通概述

现代管理由计划、组织、指挥、协调、控制五大职能构成，而在管理，尤其是人力资源与劳动关系管理的过程中，沟通是必不可少的一个环节与工具。沟通是为了明确所设定的目标，把信息、思想和情感在个人或群体之间传递，并达成共同协议的一种过程。要让管理沟通有效，必须具备目标明确、传递信息、达成结论三大要素。

现代管理中的沟通实际上是执行力的沟通。执行力有两个基本概念，一是制定目标并完成目标，二是完成某种困难的事情或变革。在前者中，沟通尤其是对目标进行沟通是有效实现目标的前提，需要对目标制定及实现过程中的定位、取舍、平衡、绩效等方面进行沟通；而在后者中，非认知技能，尤其是沟通能力在执行中起到关键的作用。由此可见，执行力的关键在于沟通，强化执行力要从有效沟通开始，因此也有学者将管理沟通称为执行力沟通。

沟通有七个环节：想—说—听—懂—信—做—对。同时也有七个度：参与度（积极）—聆听度（纳见）—归纳度（整合）—关键度（信息的主次）—清晰度（系统）—全局度（抽离）—细节度（换位）。在具体沟通过程中，要注意把握此“七环”与“七度”，才能做到有效沟通与执行。

（三）管理沟通的基本模型和策略

1. 管理沟通的基本模型

沟通专家玛丽·蒙特（Mary Munter）认为，管理沟通与其他沟通不同。因为在商务与管理的场合，如果不能帮助我们获得想要的结果，世界上最绝妙的信息也是没有用的。因此，我们不该把沟通视为一条从发送者至接收者的直线，而是要把沟通想象为如图 12－1 所示的循环，成败取决于是否得到了期望的反应。

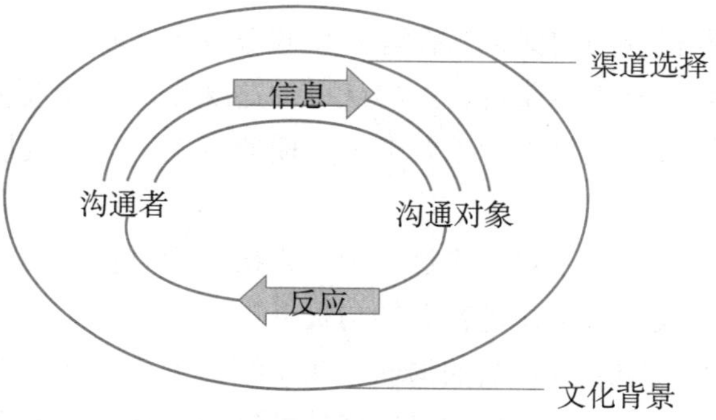

图 12－1 管理沟通的基本模型

2. 管理沟通的策略

为了获得期望的反应，需要在书写或讲话之前对沟通进行策略性思考。策略性沟通基于五大相互影响的构成要素：沟通者（写作者或讲话者）策略、沟通对象策略、信息策略、渠道选择策略、文化背景策略。这些策略之间可能会相互影响。比如，对沟通对象的分析会影响沟通者的沟通方式，沟通渠道的选择会影响沟通的信息组织，文化背景也可能对渠道的选择产生影响。

（1）沟通者策略。作为信息的发送者，沟通者是沟通策略的一个重要影响因素。不论是写还是说，沟通者的沟通策略都包括沟通目标、沟通方式、可信度三个方面。

1）沟通目标。与你的沟通对象进行沟通之后很可能从他们那里得到各种不同的反应——可能是不理睬或者误解或者反对。然而，高效和讲究策略的沟通者是那些能够得到他们想要得到的反应或者能够实现预期目标的人。为了明确自己的沟通目标，应当对它们从总体到具体仔细琢磨。

● 总体目标：总体目标是你的综合和概括的目的，每一次沟通都是针对这个目标进行的。

● 行动目标：将总体目标分解为一系列认真计划过的行动目标，这些行动目标是指导你走向总体目标的具体的、可度量的并有时限的步骤。可以用下列方式陈述行动目标："截至某一具体时间的某一具体的结果。"

● 沟通目标：是指你希望通过一次沟通努力（或沟通过程），如一次演讲、一封电子邮件等所取得的结果。沟通目标需要更加具体。

2）沟通方式。一旦确定了沟通目标，就需要选择合适的方式来实现这一目标。对于沟通方式应该铭记一点：不要指望能够找到一个"正确"的方式。实际上，应该在适当的场合使用适当的方式，同时不要一直使用同一种方式。

不同的沟通方式体现着不同的控制程度与参与程度，如图 12－2 所示。在使用叙述或说服方式的时候，你应该有足够的信息，不需要他人的意见、想法或补充，并想要自己控制信息内容；在使用征询或参与方式的时候，一般没有足够的信息，需要倾听他人的意见、想法或补充，并想要沟通对象参与且获得他们的认同。在一个沟通项目进行的过程中，或许需要组合的沟通方式。

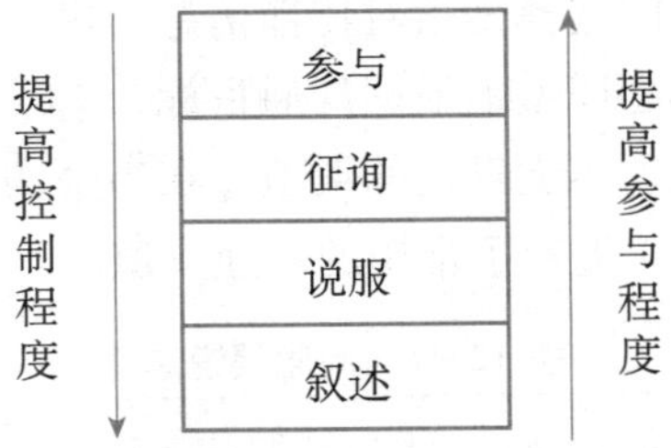

图 12－2　不同的沟通方式

3）可信度。沟通策略还涉及沟通对象对你的看法。他们的看法会在很大程度上影响你与他们的沟通方式。

五大因素可能会影响你的可信度：身份地位、良好意愿、专业知识、形象信誉、共同基础。了解了这些因素，就能通过强调自己的初始可信度和增加后天可信度来增强你的可信度。

初始可信度是指在开始沟通之前，即沟通对象在阅读或倾听你要表达的内容之前对你的看法。你的初始可信度与你是谁、你代表什么以及你过去与他们的关系有关。后天可信度是指在你与受众沟通之后，以及沟通对象阅读或倾听了你要表达的内容之后对你的看法。获得后天可信度最有效的办法是在整个沟通过程中表现出色。

(2) 沟通对象策略。我们不仅需要知道自己与受众沟通之后希望他们达到的状态，而且需要了解他们目前所处的情形，包括他们是谁，他们了解并期待什么，他们感觉如何，以及如何说服他们。

1) 他们是谁。需要思考你的所有沟通对象可能由哪些人组成，甚至包括隐蔽的沟通对象。思考谁是主要沟通对象，谁是关键影响人，谁是次要沟通对象，谁是关键决策者，以及你还希望哪些人成为沟通对象的一部分。

2) 他们了解并期待什么。在决定向他们传递什么内容之前，你需要从沟通对象的年龄、职业、种族、文化背景等出发，考虑他们已经知道并期待什么。需要分析下列问题：他们已经知道哪些内容？他们还需要哪些背景信息？他们需要知道多少？在沟通方式方面他们有什么期望？等等。

3) 他们感觉如何。沟通对象的情感状况也很重要。你要掌握沟通对象的情感态度，对你的信息感兴趣的程度，他们可能的意见倾向是正面的还是负面的，你所要求的行动对沟通对象来说是否容易做到等。

4) 如何说服他们。可以考虑采用以下方法提高自己的说服力：强调沟通对象的利益；利用自己的可信度；利用信息组织结构。

(3) 信息策略。信息结构是沟通策略的第三个考虑方面。低效的沟通者随心所欲地提出脑子里出现的各种想法，被称为“信息倾倒”。而高效的沟通者则认真考虑希望沟通对象得到什么，并通过强调和组织信息实现沟通目标。

1) 强调。要突出强调结论。只要情况允许都采用直接法。

2) 组织信息。对于信息类信息，可以采用关键论点法、关键问题法、过程步骤法、选择比较法来进行组织。对于说服性信息，可以采用列示建议、列示好处、列示问题和可能的解决方案等方法。同时，还要注意选择层级设计结构。

(4) 渠道选择策略。渠道的选择是指对传播信息的媒介进行选择。策略性的渠道选择意味着有意识、深思熟虑和小心谨慎地根据沟通目标、沟通对象和信息选择沟通渠道，而不是一成不变地选择自己喜欢、感觉舒适的渠道。在当今的背景下，主要有文字渠道、口头渠道以及混合渠道。表 12-1 展示了常用的沟通渠道。

表 12-1 沟通渠道选择

项目	高度互动：即时沟通	中等互动	低度互动：非即时互动
文字渠道	短信（手机） 即时通信（电脑） 智能手机	电子邮件（个人的） 博客（在线日志和回应） 维客（合作性网页）	纸质文档 网页 电子邮件
口头渠道	电话 电话会议		语音邮件 播客（互联网广播）
混合渠道	面对面 征询或参与性会议 视频会议	叙述与说服性演讲 网络直播 （都可以问答互动）	

（5）文化背景策略。沟通活动所处的文化环境对沟通策略有着全方位的影响。“不同文化”的含义包括不同国家、地区、行业、组织、性别、种族或工作团体。文化背景分析中最容易犯成见方面的错误。在沟通过程中，我们要考虑文化背景对于沟通所产生的影响。

（四）管理沟通的步骤

由上可知，管理沟通归根到底就是执行力的沟通。在执行力的沟通过程中，一般要经过注意、了解、接受、行动这四个步骤。

（1）注意。注意的最基本概念是引起对方对自身及自身谈话内容的关注。在进行执行力沟通的时候，如果谈话者没有引起倾听者的注意，或倾听者的心思没有放在谈话内容上，沟通效果必然不会理想。

（2）了解。了解即使用对方理解的语言，也就是二者的共同语言进行沟通。不仅要引起对方的注意，而且要保证对方能够听懂。

（3）接受。了解之后，还要让对方接受。如果对方不接受，就不会产生行动，更不可能看到执行力并达成目的。

（4）行动。行动是执行力沟通的最终目标。在这一最终环节，有三个因素对行动最终能否成功起到举足轻重的作用：目标、影响、氛围，可称为行动三要素。

（五）管理沟通障碍的影响与克服

在沟通过程中，常会遇到三种障碍：环境障碍、语义障碍、心理障碍。针对不同的障碍有不同的克服方式，具体如表 12－2 所示。

表 12－2　管理沟通障碍类型

障碍类型	例子	应对方式
环境障碍	周围非常嘈杂的环境，进行展示时突然坏掉的设备	尽量避免，如沟通前设备的例行检查
语义障碍	无共同语言，言语表达本身的天然障碍	尽量找到共同语言，采用多种沟通方式来弥补言语的不足
心理障碍	情绪上的障碍，如主观偏见	尽力克服，如采用舒缓的放松方式等

二　管理沟通的制度与能力建设

（一）管理沟通的制度建设

1. 管理沟通制度建设概述

管理沟通实际就是执行力的沟通。锻炼沟通能力可以在很大程度上改善沟通效果。但在大多数情况下，仅仅提升沟通能力是不够的，还必须有一套配套的沟通制度。

在沟通制度的建设中，要遵循合法、合情、合理三原则。合法指的是沟通制度的建设中要遵循现行的以《劳动法》《劳动合同法》等为代表的各种劳动法律法规，在管理实践中确保和维护员工的知情权、参与权和发言权。合情指的是沟通制度建设尤其是劳资沟通制度建设要在劳资双方相互依存和相互尊重的基础上，以人为本，把员工视为企业的利益相关者，进行动态的建设与管理，才能实现劳动关系的和谐发展。合理指的是企业通过科学的沟通制度设计及劳动关系管理，提高企业的经济运行效率，获取竞争优势，实现企业的可持续发展，这实际上是对效率目标的追求和落实。

2. 几种劳资沟通制度

在具体执行过程中，劳资的沟通制度主要包括劳资会议制度、员工申诉制度、员工提案制度、员工问卷调查、集体协商制度等。员工申诉制度、集体协商制度在后面章节将重点介绍，此处不再赘述。

(1) 劳资会议制度。劳资会议是指劳方与资方按照一定比例组成劳资联席会议，相互沟通，共同决定企业运行决策的过程。

(2) 员工提案制度。员工提案制度的设计主要是希望通过那些熟悉企业内部工作场所、工作流程的员工，就员工普遍认定的工作上的问题提出解决方案。在此过程中，企业会依据员工对该建议的贡献程度给予等价值的奖酬。通过此项制度安排，企业充分授权予员工，员工在解决问题的过程中增强了责任感，对自己的工作更具主动性。员工提案制度的流程主要包括提案、受理或退回、审查和核定成果以及实施奖励方案。

(3) 员工问卷调查。问卷调查是一种常用于收集满意程度信息的工具。对企业来说，对顾客进行问卷调查可以了解他们的消费行为与满意程度；对内部员工进行问卷调查可以了解员工对主管、企业管理制度与企业本身的满意程度。如果劳资双方能正确、合适地使用员工问卷调查，那么它将成为劳资之间有效的沟通工具之一。

(二) 管理沟通的能力建设

沟通实际上是一种能力，在人力资源与劳动关系管理中，管理沟通的能力主要包括倾听能力、谈判能力、写作能力以及演讲能力。

1. 倾听能力

倾听并不是人们平常所说的听或者听见。事实上，倾听是一种通过感觉（视觉、听觉、触觉等）媒介，接受、吸收并理解对方思想、信息和情感的过程。在人力资源与劳动关系管理沟通过程中，学会有效倾听非常重要，很多时候双方都因为急于表达自己的观点，而忽视甚至误解对方的意图，从而导致矛盾的激化。

(1) 有效倾听的原则。有效倾听包含四个原则：第一，专心原则。要求你以积极的态度，真诚地倾听。第二，移情原则。要求你理解说话者的意图而不是你所想理解的意思。第三，客观原则。在倾听时，应该客观倾听内容而不迅速加以价值评判，而且不要以自我为中心。第四，完整原则。要求你对信息发送者传递的信息有一个完整的了解，掌握说话者的意向，听出话外音，分辨事实与意见。

(2) 有效倾听的技巧。有效倾听包含四个重要技巧：第一，问开放式问题。劳资双方进行沟通协调的时候可以运用这个技巧，不断通过提出开放式问题来收集对方的相关信息。第二，重复对方的话。劳资双方在沟通的过程中，可以利用重复对方的语句，来挖掘对方在语句背后所隐藏的意义。第三，表达出自己的理解。倾听者应当适时地表达出自己对对方话语的理解，以得到表达者的赞同或纠正，减少理解的偏差。第四，适时保持沉默。当劳资双方谈及一些比较严肃的话题，或是遭遇冲突与矛盾的时候，通常需要适度地保持沉默，用些时间思考。

2. 谈判能力

谈判是解决人类纠纷的文明手段，对于管理者来说，谈判就是一种生活方式。在日常生活中，无论是从其他部门谋求稀缺资源，抑或是劳资双方对于利益的纷争，随时随地都需要跟别人去沟通、去谈判。通过谈判可以实现某种合作，从而达成对于每个人来说都更理想的结果。

（1）谈判的基本原则。参加谈判的任何一方都想赢。但在现实生活中，谈判破裂的案例层出不穷，研究表明，这与谈判者没有真正领悟什么是谈判的基本原则有很大关系。成功有效的谈判需要遵循以下三个原则：第一，轻立场，重利益[①]。谈判中要把利益放在比立场更重要的位置上，这也是谈判的本质所要求的。第二，对事不对人。谈判中应把人与事分开，要学会客观冷静地分析事实及其相互关系，学会设身处地地为对方考虑，不要指责对方，理解对方的情绪等。第三，努力寻找各得其所的解决之道。掌握本原则的关键在于努力追求“双赢”的谈判结局，从而避免“赢输”或“输输”这样的结果。

（2）有效谈判的策略。在谈判中，每一方都想为维护自己方面的利益做出努力，都想在谈判中赢得成功。可是业绩谈判的结果，不仅取决于各方实力的强弱，而且取决于谈判者对谈判技能的选择和运用，即哪一方能够技高一筹。

3. 写作能力

写作，即书面沟通，是管理沟通的一个重要组成部分，在一定程度上决定了管理的有效性。而实际的情况却是书面沟通往往被大家忽视。与其他领域的进步一样，管理的发展也离不开职业化。书面沟通的能力，即写作技能，就是其中的一项基本技能，是现代管理者必须掌握的一项技能。

4. 演讲能力

演讲的基本含义是演讲者运用姿态、声音，劝说、鼓动受众的有组织的陈述。现代组织日益倾向一种交互式的演讲方式，这种演讲是演讲者与受众双方积极交流、互动的过程，受众通过演讲者的语言和非语言表达来获得必要信息，同时演讲者也可以根据受众的反馈，例如眼神、身体姿态等信号判断出他与受众交流的效果。

在这个信息交流不断增加、知识含量呈指数增长的时代，人们更需要通过听及交流来获取自己所需要的知识和信息。同时，组织越来越意识到对每个人演讲技能培养的重要性。玛丽·蒙特在其著作中将演讲所涉及的场合分为叙述型与说服型演讲、问答过程、征询型和参与型会议三种：

（1）叙述型与说服型演讲。根据演讲的目的，可以将演讲分为叙述型和说服型。叙述

---

① 康青．管理沟通教程．2 版．上海：立信会计出版社，2005.

型演讲主要用来传递信息，而不是为某个特定的观点辩护；说服型演讲是为说服受众赞成或反对某些主张。

（2）问答过程。许多演讲都有演讲者和受众之间提问与解答这种形式的相互交流过程。有效的问答过程包括决定什么时候接受提问，怎样接受提问，不知道答案时该说什么。

（3）征询型和参与型会议。与演讲及问答不同，在征询型和参与型会议上，与会者需要作为一个集体进行讨论或者决策，需要大量的互动。

三 团队的成员配置与执行力建设

（一）团队概述

1. 团队的概念

“团队”一词的英文为“team”，常直译为“小组”，也被称作“工作团队”，其含义是通过成员的共同努力能够产生积极协同作用的最低层次的组织。在管理科学和管理实践中，人们有着基本一致的看法，即团队的概念是：一个组织在特定的可操作范围内，为实现特定目标而建立起的相互合作、一致努力的由若干成员组成的共同体。作为一个共同体，其成员努力的结果能够使该组织的目标较好地达到，且可能使得绩效水平远远高于个体成员绩效的综合。

所有的团队都是群体，但群体不一定是团队。一些工作群体仅仅是人们聚在一起，他们并没有必需的相互依赖性或组织性的目标，它们拥有强干的、权利明确而集中的领导者，群体的目的是创造个人劳动产品。而真正的工作团队有团队制定的具体而详细的团队宗旨或目的，群体成员共同担当领导者角色，团队的目的是创造集体劳动产品。

图 12－3 列示了工作群体与工作团队之间的区别。

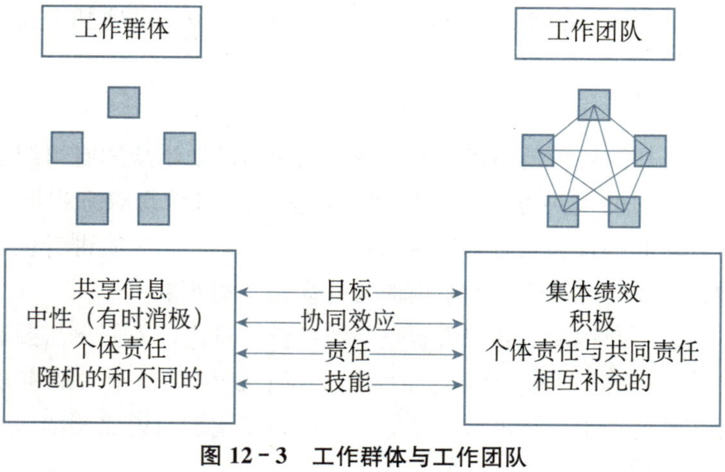

图 12－3　工作群体与工作团队

2. 团队的类型

根据存在的目的和拥有自主权的大小可将团队分成四种类型：问题解决团队、自我管理团队、交叉功能团队和虚拟团队，如图 12－4 所示。

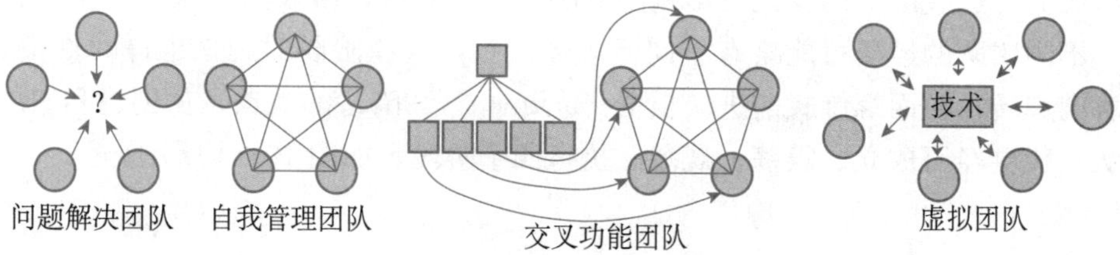

图 12-4　团队类型

(1) 问题解决团队。20 世纪 80 年代，工作团队刚刚盛行时，大多数团队由来自同一部门的 5～12 名计时工组成，他们每周用几个小时的时间会面，讨论如何改进产品质量、提高生产效率、改善工作环境等问题（Honk，1997），这种团队即为问题解决团队。

问题解决团队的立足点在于解决问题。在这样的团队中，成员就如何改变工作程序和工作方法相互交流，提出建议，但几乎没有什么实际权力来根据这些建议单方面采取行动。

(2) 自我管理团队。问题解决团队对于提高企业的质量行之有效，但团队成员在参与决策方面尚嫌不足，这种欠缺导致企业努力建立新型团队，这种新型团队是真正独立自主、自我管理的团队，称为自我管理团队。

自我管理团队通常由 10～15 个员工组成，队员之间或者是工作业绩息息相关，或者是从事相互依赖性的工作。他们承担着以前自己的上级所承担的一些责任（Cohen et al.，1996）。一般来说，他们的责任范围包括计划和安排工作日程，决定工作任务的分配，把握工作的步调，做出操作层面的决策，对出现的问题采取措施，以及与供货商和顾客打交道。彻底的自我管理团队甚至可以挑选自己的成员，并让成员相互进行绩效评估。

(3) 交叉功能团队。这种团队由来自同一个等级、不同工作领域的员工组成，他们来到一起的目的是完成一项任务。例如 IBM 的任务攻坚队（tasks force）其实就是一个临时性的交叉功能团队。交叉功能团队是一种有效的方式，它能使组织内（甚至组织间）不同领域的员工之间交换信息，激发新的观点，解决面临的问题，协调复杂的项目。但这种团队在形成的初期往往要消耗大量的时间，以使团队成员学会处理复杂和多样的工作任务，并建立信任，从而能够真正合作共事。

(4) 虚拟团队。虚拟团队是随着通信技术的普遍应用而新兴的一种工作组织形式，是一些人由于具有共同理想、共同目标或共同利益，结合在一起所组成的团队。狭义上说，虚拟团队仅仅存在于虚拟的网络世界中；广义上说，虚拟团队早已应用在真实的团队建设世界里。虚拟团队只要通过电话、网络、传真或可视图文来沟通、协调，甚至共同讨论、交换文档，便可以分工完成一项工作。换句话说，虚拟团队是在虚拟的工作环境下，由进行实际工作的真实的团队人员所组成的，并能够在虚拟组织各成员的相互协作下提供更好的产品和服务。

虚拟团队作为一种新型的组织形态，具有以下优于传统的实体性团队的特征：组织资源的最优整合；多元文化的最优整合；低成本、高效率；满足成员工作和生活的需求。

3. 团队的发展阶段

一个团队虽然行动时是一个整体，但需要记住的是，团队是由一个个不断变化、成长的个体组成的。这些成员的变化会影响团队的士气、效率、凝聚力、参与水平和方式以及结构等。不同团队的经历可能略有不同但大体一致，这些阶段的到来也许时而突飞猛进，时而绕着圆周转，时而螺旋式前进。根据 Tuckman（1965）的观点，从创建和发展过程角度，团队一般会经历成立、震荡、规范、执行四个阶段。如图 12－5 所示。

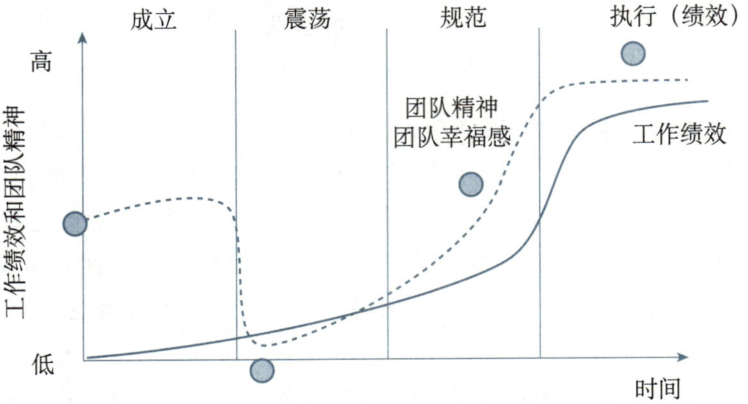

图 12－5　团队发展各个阶段的功能水平

（1）成立阶段（forming）。成立阶段也称组建期、形成期。建立团队的最初阶段是将团队的结构建立起来，成员怀着模棱两可的感受和态度加入进来。因为要加入团队，所以此阶段的成员都全力避免发生冲突。团队成员不仅要仔细考虑手头的任务，而且要考虑相互之间的关系。

（2）震荡阶段（storming）。震荡阶段也称风暴阶段，以团队成员间的竞争和冲突为特点。在安排任务的过程中，人与人之间的矛盾开始显现，而领导能力、团队结构及权力问题在这一阶段占主导地位。团队必须经受这种考验，找到解决问题的方法，使自己在成长的道路上不断前进。

（3）规范阶段（norming）。规范阶段也称制定准则阶段。此时，团队开始逐步走向稳定和成熟，团队成员脱离了先入为主的思想和观念，沟通之门打开，相互信任加强，使得团队内部成员的人际关系由分散、矛盾逐步走向凝聚、合作。随着团队凝聚力的增强，领导权被分享，团队成员之间互相信任。人与人之间的冲突渐渐被互相分享感受和创造性的思维代替。团队在团结一致的氛围中运行，成员为自己是团队的一员而感到高兴。

（4）执行阶段（performing）。执行阶段也称高产期。真正的相互依赖是团队发展到这一阶段的主要支柱。因为个人不断调整自己以符合团队当前的需要，并对任务层面的工作职责有清晰的理解，所以团队的可塑性很强，在完成任务和人际关系上很容易出成果。在这种模式下运作的团队有其自身的特点，组织也增加了其自身的价值。这时的团队是真正的团结合作的集体。

1977 年，布鲁斯·塔克曼在之前提出的四阶段中加入第五阶段——休整期（adjourning），也称为回归期或调整阶段。这个阶段是伴随着工作任务的完成而开始的，故也有学者并不认为其属于团队发展的一个阶段。

对于一些团队来说，这个调整有时就意味着终止。大部分的任务型团队会解散。有的团队会继续工作，但往往会修整一段时间，或许会发展新成员。在这一阶段，团队精神日益松弛，成员反应往往差异很大，有的沉浸于团队的成就中，有的则很伤感，惋惜团队中融洽的合作关系不能继续。此时团队成员的动机水平下降，关于团队未来的不确定性开始回升。

在这个时期，应对之前的团队活动进行分析总结。或为了形成新的发展阶段，有必要介绍关于新项目的好点子。

（二）团队成员配置

1. 贝尔宾团队角色理论

有关团队成员配置及团队角色，最早且最权威的著作是梅雷迪斯·贝尔宾（R. Meredith Belbin）的《管理团队：成功或失败的原因》。书中公布了几年来对团队取得成功的原因进行研究而得出的结果。他在后来的著作《团队的工作职责》和《改变我们的工作方法》中进一步阐述了前期作品中的观点。贝尔宾介绍了两个进行了九年的重要研究实验，这些实验是在英国剑桥大学亨利管理学院人员的指导下完成的。实验结果显示，研究者所认为的每个期望成功的团队都必须拥有九种角色，九种角色可分为行动类、社交类、思考类，每类三种。这九种角色与团队规模无关，在很多情况下一个团队成员要承担多种角色。贝尔宾也因此被称为"团队角色理论之父"。

九种角色详细阐释如下：

（1）鞭策者（shaper，SH）。鞭策者有高度自发性，能够承受紧张的压力并对取得成功有强烈的渴望。通常他们是主动进攻的外向的人，冲劲十足。鞭策者喜欢挑战别人，他们想的只是要赢。他们喜欢领导别人及促使别人采取行动。如果遇到障碍，他们会四处寻找解决的方法。他们很有主见且很果敢，常对任何形式的失望和挫折表现出极大的情绪波动。鞭策者常常一根筋并喜好争论，也许不能充分理解他人。他们是团队中最有竞争倾向的一个角色。

鞭策者通常是经理的合适人选，因为他们擅长促使别人采取行动，并施加压力使之进一步发展。就像名字所表现的，他们把一些方式或形式强加于集体的活动或讨论之上。他们可能是团队中最能保证采取积极行动的成员。

（2）执行者（implementer，IMP）。执行者也称实干家。他们有符合实际的概念以及极大的自制力和自律性。他们以非常系统化的方式努力工作并解决问题。从一个更广泛的层面上说，执行者是典型的忠于公司、与公司共患难的人，他们不太重视自己的利益。不过，实干家可能缺少即兴性，表现刻板。

执行者对一个组织来说很有益处，因为他们在实际工作中表现可靠且有能力。他们取得成功是因为他们效率高，并且他们对什么事是可行的、什么事是相关的有清醒的认识。据说很多经理只做他们想做的工作，忽略那些他们认为没有意思的工作。相对来说，一个执行者会做任何需要做的事。出色的执行者常通过出色的组织管理技巧和完成重要工作的能力达到高层管理者的位置。

（3）完成者（completer finisher，CF）。完成者也叫完美主义者。完成者擅长处理善后工作和注意细节。他们不太可能去做他们不能完成的事。他们的动力来源于内在的愿望，但表面上他们显得很稳重。最典型的完成者是内向的人，基本上不要求有外界的刺激。完成者可能不能容忍懒散的性格。他们通常不喜欢指派别人做事，而更愿意自己完成工作。

在处理要求高精确度和准确性的工作时，完成者显得尤其宝贵。他们在团队中培养了时限性的概念，总能够在最后期限前完成工作。在管理工作中，他们通过制定高标准、对精确度的关心、对细节的关注和对这些标准的贯彻来出色地完成工作。

（4）协调者（coordinator，CO）。协调者与众不同的地方就是他们有让大家朝着共同的目标努力前进的能力。他们充分表现了成熟、信任和信心。在人事关系中，他们能很快发现个人的才华并将之用于对集体目标的追求中。协调者不见得是团队中最聪明的人，但他们拥有开阔的眼界，通常也容易获得尊敬。

当协调者在团队中被安排协调多样技巧和个人特点的角色时，他们可发挥最大的作用。他们在处理亲近的或同级的同事关系时比处理直接下属关系时要表现得好。他们的座右铭是"掌控下的咨询"，通常秉承冷静的原则来解决问题。在有些公司，协调者会与鞭策者产生冲突，因为他们的管理方式有明显的不同。

（5）凝聚者（team worker，TW）。凝聚者也称合作者，是团队的中流砥柱。他们温和，好社交并关心他人。他们很有灵活性，这点体现在为人处世的方方面面。凝聚者善于观察、与人交际。他们是很好的倾诉对象，在一个集体中往往很受欢迎。他们在工作中游刃有余，但在紧急情况下可能会优柔寡断。

凝聚者的角色用来预防在团队中发生个人之间的矛盾，有助于所有的团队成员更好地做贡献。他们不喜欢摩擦，因此会尽力避免冲突。凝聚者成为高级经理并不奇怪，尤其是当所有的基层经理都由鞭策者担任时。合作者型的经理对任何人都不是一种威胁，因此最能为下属所接受和喜爱。此时气氛更好，合作更愉快。

（6）外交家（resource investigator，RI）。外交家也称资源调查员，他们往往充满热情，雷厉风行。在公司内外，他们都擅长和别人沟通。他们是天生的谈判者，擅长发掘新的机会，建立新的联系。尽管他们对于全新的想法没有特别多的贡献，但他们善于发现别人的主意并进一步完善。就像名字表现得那样，他们懂得确定有什么条件及能做到什么。通常来说，他们会因开朗的性格而受到别人的热烈欢迎。外交家有随意的性格、强烈的求知欲，以及随时探查新的可能性的愿望。不过，如果没有得到别人的鼓励或促进，他们的热情会很快消退。

外交家擅长挖掘和反馈组织之外的信息来源。他们是建立外部联系并负责之后的磋商的最佳人选，具有急中生智和刺探情报的能力。

（7）智多星（plant，PL）。智多星是革新者和发明家，而且往往非常富有创造性。他们提出的想法和创意常发展成为重要的项目。通常他们愿意和其他团队成员保持一段距离而单独行动。在工作中，他们喜欢充分运用自己的想象力并以有别于常规的方式来完成。他们多为内向的人，对批评或表扬有激烈的反应。他们的想法通常是非常基本、缺乏实际考虑的。他们很独立、聪明并有创造性，可能会与跟自己不一样的人在沟通方面有障碍。

智多星的主要作用是提出新的建议，解决复杂的问题。在一个项目的最初或停滞不前的阶段，智多星是很必要的。智多星常以一个公司的创建人或一个新产品的发明人而著称。不过，当一个组织内部有太多的智多星时，可能会有副作用，因为他们都希望花时间来丰富自己的想法，可能会因此产生冲突。

(8) 审议员（monitor evaluator，ME）。审议员也称监督评估员。他们行动认真、谨慎，不会过于热情。他们愿意反复思考而非匆忙地做出决定。通常他们的思路严谨而苛刻，有能力在通盘考虑之后做出明智的决定。一个出色的审议员是很少出错的。

审议员最适宜分析问题、评价构想和提出建议，他们擅长权衡利弊。在很多外人的印象中，审议员可能很无趣，甚至是苛刻的。有些人看到他们当了经理感到十分吃惊。然而事实上，很多审议员占据了决策性的位置而频频获得提升。有些工作的成与败就取决于一些很少的艰难决定，这是审议员工作的最佳领域：一个很少出错的人也是最后取得成功的人。

(9) 专家（specialist，SP）。在一开始的贝尔宾团队角色理论中，他认为团队中只需包含八种角色。专家的角色是在 1988 年的改进中增加的。团队需要某些方面的专家，这种角色的人会给团队带来特殊的宝贵技能，他们的功能就是把自己的专业知识贡献出来。一般来说，这些人不会担任团队的其他角色。

2. 团队成员配置的原则及注意事项

一个有效团队的优势之一就在于它融合了不同的才华和能力。只有拥有正确的组合的团队才能够运用不同的特点和方式来适应不同的形势。贝尔宾团队角色的确定是基于个人的选择或个人感到最适合自己扮演的角色，而并非其实际的职务、受教育水平或能力。一个人通常由于自身的性格、处事方式以及工作岗位不同，而倾向于扮演以上九种角色中的一种或几种。一个优秀的团队并不是说要有九个人，而是团队所有成员组合在一起时，总体上看要齐备上述九种角色倾向。团队成员配置有以下几点原则：

(1) 角色齐全。唯有角色齐全，才能实现功能齐全。正如贝尔宾所说的那样："用我的理论不能断言某个群体一定会成功，但可以预测某个群体一定会失败。"因此，一个成功的团队应当是九种团队角色的平衡。

(2) 容人短处，用人所长。知人善任是每个管理者都应具备的基本素质。管理者在组建团队时，应该充分认识到各个角色的基本特征，容人短处，用人所长。在实践中，真正成功的管理者对下属人员的秉性特征的了解都是很透彻的，在此基础上组建的团队，才能真正实现气质结构上的优化，成为高绩效的团队。

(3) 尊重差异，实现互补。对于一份给定的工作，完全合乎标准的理想人选几乎不存在——没有一个人能满足我们所有的要求。一个由不同个体组成的团队却可以做到完美无缺——它并不是单个人的简单罗列组合，而是在团队角色上和团队的气质结构上实现了互补。也正是这种系统上的异质性、多样性，才使整个团队生机勃勃、充满活力。

(4) 增强弹性，主动补位。一般意义上而言，要组建一支成功的团队，必须在团队成员中形成集体决策、相互负责、民主管理、自我督导的氛围，这是团队区别于传统组织及一般群体的关键所在。除此之外，从团队角色理论的角度出发，还应特别注重培养团队成员的主动补位意识，即当一个团队在上述九种团队角色出现欠缺时，其成员应在条件许可的情况下增强弹性，主动实现团队角色的转换，使团队的气质结构从整体上趋于合理，以便更好地达成团队共同的绩效目标。事实上，多数人在个性、禀赋上存在双重甚至多重性，使这种团队角色的转换成为可能。基本思想是：没有完美的个人，只有完美的团队。

（三）高绩效团队建设

1. 高绩效团队的特征

“幸福的家庭都是相似的，不幸的家庭各有各的不幸。”此话对于团队建设来说也同样适用。团队在理论界与实践界大行其道的今天，其效能也有差异，但对于高绩效团队来讲，有一些类似的基本特征。

（1）目标统一。相较于单打独斗，团队的一个重要特点是集合了众多人的智慧与力量，以达到“1＋1＞2”的效果。团队是通过塑造一个有意义的团队宗旨或目的（例如“使企业再度变成一个我们为之骄傲的企业”）来制定其工作方向、激发其内在动力、获得成员为之奋斗的敬业精神的。统一的目标是高绩效团队的基础。

（2）角色合理。在团队中，成员必定要承担一定的角色。贝尔宾的团队角色理论对其做了明确的定义。没有完美的个人，只有完美的团队。高绩效团队也是基于团队成员的角色合理，每位成员扮演着自己适合且认同的角色，会对团队的效能提升有很大的帮助。

（3）成员认同。在现实中，带动团队的是人的行动，人才是团队中的基础资源。而人会因为其内在的意愿，大大影响外在能力的发挥。通过观察及一系列的研究发现，高绩效团队都能够唤起成员对于团队及团队目标的认同感，如此，团队才能充分调动成员的积极性、主动性和创造性，有活力并积极运作。

（4）沟通顺畅。不论什么样的团队，为了维持整个团队的活动，其成员之间，尤其是领导和成员之间相互沟通是很必要的。团队中的每个人都有自己的立场，在各式各样的场合中，每个人都会选择自己的行动，这些个人的行动对于团队的发展及成果均有很大的影响。高绩效团队必是沟通顺畅的团队，成员的意愿得以良好表达，有着适应的沟通机制等，都能够极大地提高团队的执行力。事实上，沟通顺畅并不代表没有矛盾，而是出现矛盾后团队有能力及相应制度化解，成员乐意交流，减少和淡化了难以相处的人的作用和影响。

（5）领导以身作则。在可信赖度高的领导者手下工作，下属的士气也会跟着提高。所谓可信赖，就是有自信、可靠，凡事不拖泥带水，有乐观进取的精神。反之就是神经质、碌碌无为、懦弱等。高绩效团队中的领导者能够以身作则，为团队成员树立良好的榜样，但又绝不越俎代庖。

（6）环境开放。工作场所如果没有形成一个自由活泼、有朝气的氛围，就无法提高生产力。大部分高绩效团队都有着自由自在、简洁利落以及充满欢乐的气氛。这种气氛可以通过团队领导的开朗、没有顾虑、乐观、对团队成员的努力给予温暖的奖励及由衷的感谢创造出来。

2. 如何建设高绩效团队

（1）确立团队目标。建设高绩效团队，首要任务就是确立团队目标。目标是团队存在的理由，也是团队运作的核心动力。团队目标是团队决策的前提。没有目标的团队只能走一步看一步，处于投机和侥幸的不确定状态中，风险系数大，就像汪洋中的一条船，不仅会迷失方向，也难免触礁。

（2）诊断团队角色。需要注意的是团队角色与组织角色不同（见表 12-3）。组织角色强调的是个人在组织的岗位，一般由职位说明书来确定；而团队角色则基于团队中角色的互相认知，这也是团队角色理论的基础。

表 12-3 组织角色和团队角色的差异点

差异点	组织角色	团队角色
角色描述	职位说明书	互相认知
产生方式	任命、聘任	自觉、自愿、自然
强制性	组织强制	自觉约束和规范
做得好时	表扬、奖励、晋级、加薪	绩效提高，奖励个人
做得不好时	惩戒	绩效下降，承接个人
管理方式	履行职位职责	充当合适的角色

（3）培育团队精神。团队精神是高绩效团队的灵魂，是指团队成员为了实现团队的利益和目标而相互协作、尽心尽力的意愿和作风，它包括团队的凝聚力、互信合作气氛及士气。

团队精神的存在有一定的前提。首先，团队成员自己有追求的目标，并相信团队的目标可以实现；其次，团队成员要对领导抱有信心，并相信领导和其他团队成员会为自己考虑；最后，团队成员还要相信自己受到了公平对待。为此，在团队建设中，要把每个人看作团队中的成员，鼓励团队成员相互支持，一起培养团队，同时要让不同的人负责不同的项目，并给团队成员足够的信息，打造良好的团队精神。

（4）化解团队冲突。团队冲突是团队运行过程中的一种普遍现象。当发生团队冲突时，一般遵循如下步骤来解决：

1）澄清问题。对冲突的性质进行全面细致的分析，确定冲突是什么。

2）关注目标。冲突双方有没有共同目标？有的话是什么？

3）可供选择的方案。在对问题及目标进行分析的基础上，为双方提供可供选择的解决冲突的方案。

4）排除障碍。解决冲突的过程中有没有障碍？要找出存在的障碍并考虑如何排除。

5）选择。选择最优的解决方案。

6）认同。确定最终的解决方案。

第 2 节 员工民主参与概述

一 员工民主参与的含义

员工民主参与的概念最早源于 19 世纪末期的西方工业国家，是西方国家工业化大生产的产物。关于员工民主参与的研究最早可溯源到 19 世纪末韦伯夫妇（Sidney Webb &

Beatrice Webb）倡导的产业民主（industrial democracy）理论。根据他们的划分，产业民主的范围从产业基层民主到与其配合的政治宏观民主。一方面，员工通过劳资团体（如工会）参与国家社会及经济政策和规则的制定，此为宏观产业民主；另一方面，员工参与企业内部管理，此为微观产业民主。后来有关产业民主的理论与实践普遍放弃了韦伯夫妇设计的宏观界定，也就是放弃了宏观产业民主，而专注于微观产业民主。微观产业民主，又称企业员工民主参与，用以描述工业社会中出现的员工参与的现象。员工民主参与的研究涉及管理学、社会学、经济学、政治学等多个学科领域，从理论分析到实证研究，所涉及的问题的范围也相当广泛，包括民主参与的方式、员工民主参与企业绩效的关系、影响员工参与效果的因素等。

1967 年，国际劳工组织“关于工会代表及员工参与企业决策专门会议”对员工参与做出了具有权威性的解释，即员工民主参与是指劳动者“参与”企业经营的“意思决定”（决策），并对企业的决策“产生影响”，而不是作为旁观者。也就是说，企业民主参与意味着员工通过某种机制或方式对企业的经营决策给予直接影响。

综上所述，员工民主参与可以定义如下：员工通过一定的企业机构，介入管理决策的制定和实施，通过与管理层的交互作用，参与和影响管理行为的过程。

二 员工民主参与的形式

员工民主参与的形式很多，可以从以下三个角度进行划分：

第一，按照参与的程度和方法，可分为直接参与和间接参与。直接参与允许员工个人积极参与决策过程；间接参与则主要是通过员工代表站在员工的立场上与资方进行讨论与协商。

第二，按照参与的组织等级层次区分，企业组织有多少等级层次，员工参与就有多少层级，从最低层级到董事会层级，都可包括进去。

第三，按照目标，可分为任务中心型和权力中心型。任务中心型强调工作结构和业绩；权力中心型则强调管理人员权力的决策。

因此，考察员工民主参与的形式要从参与的程度、参与的层级、参与的目标入手。按照这种方法，就可对照两种不同但又互相补充的战略，即上行和下行参与战略进行区分[①]。

1. 直接参与形式

直接参与形式，也叫下行参与。直接参与属于个人参与，是指员工个人直接参与管理方面的决策，或者参加企业组织内部的一些管理机构。这些决策过去是由管理者做出的，管理机构也是由管理人员组成的。直接参与形式总的说来只适用于较低层次的决策，例如参与处理生产方面的一些紧急问题，组成自治性的工作团队，组成“质量圈”，参加工作小组、车间或者部门的工作会议等。这种参与方式强调的是员工个人、工作小组以及当时的工作环境，因而既是直接参与形式，也是任务中心型的参与形式。这种方式之所以称为下行，是因为这种参与形式是资方出于某种目的而发展起来的，参与机会是由资方提供

① 杨体仁，李丽林．市场经济国家劳动关系：理论·制度·政策．北京：中国劳动社会保障出版社，2000.

的。作为组织变革的一部分，资方把有限范围内决策的权力和责任从管理人员手中转移到员工手中。这种方式希望直接激发员工个人的工作积极性，提高工作满意度，加强员工对组织目标、决策的认同，而这些目标和决策都是资方早已确定的。

2. 间接参与形式

间接参与形式，也叫上行参与。间接参与属于代表参与，是指员工通过代表参与决策。间接参与和直接参与不同，它建立在员工集体利益基础之上。比较典型的间接参与项目包括由工会会员选举的代表参加与管理方定期召开的会议，由全体或者部分员工选举的代表参加与管理方定期召开的会议或者临时召开的会议，由员工选举的代表参加与管理人员共同组成的各种工作委员会，由员工代表参加公司的董事会、监事会等。工会会员代表或者员工代表参加上述会议、工作委员会以及员工代表参与公司高层决策机构，都是要代表员工的利益参与有关事项的决策，而这些决策通常是较高层次的。通过间接参与方式，员工集体可以扩大对企业组织高层次决策的影响，因此也是权力中心型。这种方式之所以还称为上行参与，是因为它企图把集体谈判的范围扩大到更广泛的决策中，扩大到组织的更高层级来保护员工的利益，强调的是把员工的影响扩大到企业决策和重大计划之中，而这些决策和重大计划过去往往属于管理人员的权力范围。

3. 分享制

除了上述两种员工参与决策与管理制度，还要考虑一种员工参与的财务形式，即分享制。这里只介绍两种财务参与形式。

（1）报酬分享制。这种制度以企业业绩为基础付给员工报酬，这一报酬是员工正常报酬的额外部分。企业的业绩以利润水平、附加值、生产销售水平来衡量。额外报酬一般一年分一次或两次支付，每个员工有可能获得相同的数额，也可能不同，这要依据员工的服务年限或正常的报酬水平而定。实施这一计划的原因，一是认为员工有权分享企业利润、附加值等；二是它与津贴制度有所不同，能促进员工群体与雇主合作以提高组织业绩，而不仅仅是直接激励个体提高产量。

（2）组织所有权分享制。组织所有权分享制是通过直接给员工个人或代表员工利益的组织一定数量股票的形式，使员工分享企业利润。有人认为这一计划加强了员工对组织的认同，因为员工已经成为企业的部分所有者。但是在这种分享制下，员工持股并不是由于员工希望成为持股人，而是因为公司希望员工成为持股人。许多员工在这种分享制中一旦得到了股票就马上出售。在这种情况下，如何能促进员工对企业的认同呢？当然，从企业的角度看，所有权分享制的优点是不用现金支付，而报酬分享制则要支付现金，所有权分享制不影响组织当前经费或现金流量，只是相同的利润分享的股票所有人更多，这样每个持股人的利润就变少了。然而，因为财务分享制分享的只是金钱，而不是权力或权威，也不分享组织决策权，所以这种分享制本身只是一种较低层次的产业民主形式。

三　员工民主参与的度量

作为企业劳资合作的理想形式，员工民主参与管理对企业的经营管理和业绩发展会产生重要的影响。也就是说，企业管理者在做出决策时，吸引员工和工会参加，考虑员工和工会方面的意见和立场，会让他们有更强烈的主人翁感，这样可以保证在决策实施过程和实际工作中员工更有责任心。在实践中，员工民主参与管理的实施可以表现在两个层面上：在宏观层面上，员工以集体形式参与，主要通过工会和员工代表与管理者进行企业管理上的合作；在微观层面上，员工的参与状况主要取决于管理者选用的管理方式以及政府法律法规的要求等。这就是说，员工的参与状况在不同的企业和不同的国家会有很大的区别。

（一）参与过程的种类

参与过程的种类有几种度量标准：

（1）员工的参与是被迫的还是自愿的。在政府规定和要求员工与管理者共同决策和共同管理的情况下，参与往往就是被迫的。自愿的参与则在这样的情况下出现：管理者提出员工参与的要求，员工自愿接受这种要求。

（2）员工的参与是正式的还是非正式的。正式的参与是指要建立管理者与员工共同管理的委员会；非正式的参与则是基于管理者与员工之间的合约和协定。员工参与的发展趋势是正式的参与。

（3）员工的参与是直接的还是间接的。直接的参与是通过一个有许多员工参加的正式会议来进行共同决策；间接的参与是通过选举代表，由代表成立的理事会来共同决策。

需要指出的是，以上三种度量标准并不是彼此独立的或不相关的，而是相互联系的。一般来说，非自愿的参与倾向于正式的和间接的，而自愿的参与倾向于非正式的和直接的。

（二）参与度

员工参与度的变化范围可以从无参与到完全由员工控制不等。具体来说，可以分为几种情况。

（1）无参与。尽管员工不参与共同管理，管理者对于决策和管理的有关信息仍可以采取两种不同的态度：一种是完全不透露任何有关决策和管理的具体信息；另一种是管理者事先向员工提供关于决策和管理的详细信息。

（2）不同程度的磋商。这又可以分成两种情况：第一种情况是在管理者做出决策之前，就有关问题向员工做出解释，并征求员工的意见，然后管理者独立地做出决策。第二种情况是，管理者不但向员工征求意见，而且在自己的最终决策中充分反映员工的意见。

（3）联合或共同决策。员工与管理者共同对有关问题进行分析，并共同做出决策或决定。一般来说，在共同决策的情况下，员工与管理者对最终决策的形成有同样大的影响力。

（4）员工的完全控制。这是指员工班组中的某个人或某些人被赋予对有关他们自己的问题进行管理的权力，管理者在非例外的情况下不得干预。

（三）民主参与的内容

员工民主参与的内容也是衡量参与状况的重要指标，可以分成以下三组：

（1）工作层面的问题和工作条件。其中包括任务分配、工作方法、工作程序设计、工作目标、工作速度、工作时间、休息时间、设备的安置以及工作安全等。

（2）决策层面的有关问题。其中主要有雇用和解雇、培训和激励、工作纪律与工作评估、工资发放与意外事故补偿及其标准等。

（3）企业层面或企业战略层面的问题。其中包括管理者的雇用与使用、利润分成与财务计划、产品发展与市场营销、资本投资与股票分红、产品选择、工厂选址和投资等。

必须指出的是，在大多数情况下，员工民主参与的内容主要涉及前两个层面的问题，只有极少数情况下能够涉及企业层面尤其是企业主要战略问题。

（四）管理阶段的参与度

一般来说，一个全面的管理要经过这样一些主要阶段：

（1）发现问题。即通过各种途径发现问题的存在，而且这些问题是企业重要的问题，需要通过加强管理来加以解决。

（2）收集信息。也就是要了解所发现问题的症结所在，并针对这种症结，收集相关信息。

（3）寻找解决办法。即针对发现的问题，依靠收集的信息，寻找解决问题的各种办法。

（4）评估解决办法。也就是说，针对不同的解决办法，鉴别其优缺点，评估其代价和效果。

（5）选择解决办法。即在上述评估的基础上，选择最好的办法。

（6）实施解决办法。也就是要将选择好的解决办法在企业管理实践中加以实施。

可以看出，员工在上述各个阶段的参与度不同，其在总体上的参与状况是大不一样的。应该说，员工在有些阶段的参与是非常有效的，在有些阶段的参与则不一定有效。比如说，对于企业战略层面的问题，员工在收集背景信息和解决办法的实施这两个阶段的参与就不一定有效；而对于工作层面和工作条件的问题，员工的参与就是十分奏效的。

（五）对参与问题的态度

企业管理的员工参与状况与管理者和员工双方对参与管理的态度也是密切相关的。如果双方是用一种合作的态度、公开交流的方式来加强企业管理，寻找解决各种问题的办法，那么，员工参与的结果就是积极的，最终会有助于企业管理的有效开展，并且有助于各种问题的很快解决，从而实现真正的企业劳动关系的合作；如果双方是用一种敌视的态度、封闭的或有保留的交流方式来开展企业管理方面的合作，寻找解决问题的办法，那么员工参与的结果就是被动的，这样就很难促进企业管理的有效开展，也很难推动问题的有效解决，从而很难实现真正意义上的企业劳动关系的合作。

四 国外员工民主参与的形式

国外员工民主参与已发展了一百多年的时间，出现过各种员工民主参与的形式与制度。概括起来说，主要有以下几种形式。

（一）集体谈判

集体谈判是西方国家劳动关系管理中的核心制度之一，也是员工通过工会组织参与管理的一种有效手段。西方国家大多通过立法形式规定集体谈判的具体内容、机制与做法，并赋予工会作为员工代表与资方进行谈判的资格。在实际的谈判过程中，会有三个权力主体参与其中，即管理层、工会和政府。管理层代表雇主组织的利益；工会则代表组织员工的利益；政府在不同国家扮演着不同的角色，但不管政府是直接参与谈判还是间接参与谈判，扮演的一般都是“中间人”的角色，在劳资双方之间寻找平衡，作为一种补偿力量而发挥作用。

从员工与工会的角度来看，集体谈判对员工参与管理具有双重作用。一方面，工会与员工要想取得良好的谈判结果，离不开对企业生产经营和管理状况的深入了解，提出任何修正企业现行管理政策的要求，都要有真凭实据，因此，这就要员工主动参与企业管理。另一方面，集体谈判也是签订集体合同的实际过程，确定劳资双方各自的权利与义务，也是在为员工自己制定行为准则。因为这牵扯到员工的切身利益，所以员工大多会为谈判的顺利进行出谋划策。

当前，集体谈判有两种发展趋势：一是谈判范围分散化，职责向基层转移；二是谈判的内容不断扩大。西方国家传统上盛行产业或全国一级的集体谈判，这种谈判的社会影响力大，谈判双方都容易从中找到有利于自己的一面。但这种谈判所形成的主要决策经常远离实际生产部门，并最终损害双方的利益。因此，集体谈判便向公司、工厂甚至车间一级发展，全国性的集体合同由地方性合同补充，地方的工厂和工会就该厂中特定的工作条件进行谈判。在谈判内容上，过去许多国家集体谈判的内容只限于工资和劳动条件，现在谈判的范围扩大了，如工会权利、员工代表权利、参与管理形式、假日和养老金等方面的优惠，大多列入谈判范围，甚至人事、公司投资及搬迁等过去被认为是资方管理特权的问题也被列入谈判范围。

（二）工人委员会制

在欧洲国家，工人委员会制是一种较为广泛采用的形式。从组织上看，基本上分为两种形式：一种是由企业管理者代表和员工代表按人数对等原则组成，类似劳资联席会议；另一种是由工厂全体员工选出的员工代表组成，不论是不是工会会员都可以当选员工代表。在一些欧洲国家，工人委员会被认为是员工影响企业决策的“双轨体系”的一部分。工会参与到集体谈判和政治性的厂外活动之中，而工人委员会则在工作场所被赋予更大的权力。1972 年，德国通过法律，对工人委员会的权利做出规定，包括在人力资源事务上有信息被完全告知的权利，抗议计划中的解雇的权利，以及在如雇佣、调动、分类和工资结构等问题上提出建议和表示同意的权利等。在很多情况下，工人委员会是其他员工民主参与形式的基础和平台。然而在有些国家，工人委员会并没有达到最初建立时预期的效果，往往变成空谈的场所。

（三）员工董事、监事制

董事会或监事会中的员工代表制度是公司最高管理机构中的员工参与制度。多数欧洲国家有在董事会层级设立员工代表的法律要求，在 20 世纪早期，欧共体也通过一个草案，要求各成员在雇员超过 1 000 人的组织内建立员工董事，作为员工参与的一种模式。在实践中，这种体制可分为一级委员会制（董事会）和两级委员会制（监事会和管委会）两种形式。在德国、荷兰、奥地利，公司一级均设有监事会和管委会两级员工代表制。在其他国家，有的只在公司董事会一级实行员工代表制，还有的只在底层的部门董事会中设有员工董事，员工董事的职责是作为部门管理者的顾问。在各种体制中，员工代表少则一人，多则占到 1/3，只有德国按劳资双方人数对等原则组成监事会。员工董事或监事一般由全体员工选举产生，地方工会有的可派代表参加董事会。员工代表有权参加董事会或监事会的各种会议，同管理方代表、股东代表共同行使对企业经营管理、销售、技术、劳动、财务等方面的决策权、监督权和部分人事任免权。

员工董事、监事制的意义在于，员工董事在员工和雇主之间建立了一个结合体，员工董事通过提供他们的观点和经验提高了决策会议的质量和决策的质量，员工的利益要求也能够更多地在企业决策中得以体现，确保员工对董事会的决策有更大的认同，并且通过让员工了解管理方的问题来减少劳资冲突，创造一种劳资相互信任的氛围，促进劳资合作。

（四）员工自治小组

员工自治小组是车间和班组一级工作现场员工直接参与管理的一种形式。它是指由班组成员自行安排小组计划，决定完成生产任务的方式，并且从事技术改革和质量改进等项工作。与其他形式不同，这一形式的参与更直接，员工也被授予更大的责任和权力以对工作任务本身做出决策。这种参与形式的出现，主要原因是企业生产进一步社会化，并导致生产分工更细，要求员工之间有更多的合作并在完成任务上担负更多的责任。

员工自治小组最具代表性的形式就是质量圈，它最初起源于美国，20 世纪 50 年代传到日本，被日本企业发扬光大，成为日本提高产品质量、降低生产成本的重要原因之一。员工自治小组可以在企业生产经验中的许多领域找到自己的用武之地。这种小组从一定意义上充当了管理者的角色，它们为员工提供了影响管理者决策和锻炼领导能力的机会，同时，员工在工作现场进行参与也会对管理人员造成一定的压力，促使他们也要不断提高管理工作业务的能力，从而在整体上提高企业管理水平。

（五）德国的共决制

自 20 世纪 50 年代以来，欧洲各国开始广泛建立起员工董事、监事制的民主参与形式，但能够真正达到“对等共决”的只有德国。共决制是德国员工民主参与的最大特色，而德国也是共决制民主参与形式最典型的代表。共决是指企业的最高管理层、资方代表与员工代表对企业重大经营管理问题进行讨论磋商、共同决定。

德国工人参与民主管理的最早形式是工厂委员会制。1891 年，德国政府颁布了《劳动保护法》，第一次正式确认在企业中建立工厂委员会。第一次世界大战前后，这一法律的适用范围扩大到所雇用的工人超过 50 人的工业企业，以求缓和劳资冲突和保障战时经济所需，但还谈不上共决。第二次世界大战后，现代意义上的企业共决制才开始产生。整个过程可以分为三个阶段。第一阶段，1951 年联邦议院通过了《职工在矿业和钢铁工业企业的监事会和经济委员会中共决法》，即“煤钢共决法”。第二阶段，1970 年联邦政府成立了“共同决定问题专家委员会”，提出了独立的提案报告。第三阶段，1976 年 3 月，联邦议院正式批准了联邦政府的提案，通过了新的“共同决定法”。该法扩大了共决范围，规定在煤炭、钢铁企业以外的拥有 2 000 名员工以上的其他股份公司里也实行劳资对等共决。这样，几乎所有的股份公司都实行了共决制，这标志着共决制作为一个完整的员工民主参与制度最终形成。

1976 年新“共同决定法”规定，适用该法的所有企业均须设置监事会。雇佣人数通常在 1 万以下的企业，监事会成员为 12 名；雇佣人数通常在 1 万～2 万之间的企业，监事会成员为 16 名；雇佣人数通常在 2 万以上的企业，监事会成员为 20 名。成员中劳资双方各占一半名额。员工监事选举遵循一定的资格条件及程序等。员工监事的被选举资格或条件是在本企业工作 1 年以上、年满 18 周岁，并不得拥有其他公职。员工监事的选举方法原则上有两种：雇佣人数未超过 8 000 的企业，一般实施直选；超过 8 000 人的企业，则实施间接选举。员工监事任期届满之前，各自所属团体或选举权人委员会有 3/4 以上的人请求解任的，可予解任。工会组织的监事代表，亦可根据该工会的请求予以解任。无论直接还是间接选举产生的员工监事，只要其所属集团的选举权人 3/4 以上多数秘密投票决定解任的，可随时予以解任。

监事会的职权如下：任命和罢免经理委员会成员；监督企业的营业活动和生产；参与企业的重要决定，如投资、接受和提供贷款的限额、利润的分配和使用、雇用和解雇高级员工等。

（六）欧洲企业工会

欧洲企业工会与德国的企业职工委员会相同的地方就在于它们的职能范围不超出企业。不同之处主要是属性不一样，德国的企业职工委员会是独立于工会之外的一个机构，而欧洲企业工会其实就是一个特别的工会组织。之所以特别，就因为它不是由一个国家的工会会员组成，而是由不同国家的工会在企业的会员所派出的代表组成。

从形式上看，欧洲企业工会主要是一个对跨国劳动关系问题提供咨询的机构，而实际上它主要是协调各个国家工会的工作与活动，使它们不要各自为政，被资方各个击破。从工人的角度来看，它的作用还是很大的。欧洲企业工会在调节欧洲层面的劳动关系、维护工人利益方面能起一定的作用，但这只是个别现象，大多数跨国公司的欧洲企业工会循规蹈矩，它们正式的工作就是提供信息和咨询。至今为止还没有哪一个欧洲企业工会取得了与雇主进行对等谈判的地位。欧洲企业工会尽管还不成熟，但毕竟在欧洲层面上为调节国家间的劳动关系作了一些努力，为今后的发展积累了经验和教训，不失为一种有意义的尝试。

（七）美国的员工持股计划

自 20 世纪 80 年代以来，员工持股计划成为欧美国家普遍实行的一种员工民主参与方式。美国的员工持股计划可以追溯到 19 世纪末至 20 世纪初。早在 1882 年，美国就有一家工厂率先采用员工持股制度。进入 20 世纪后，包括美国钢铁公司在内的多家公司先后引入了该项制度。这可以视为员工持股计划的雏形。20 世纪 20 年代之后，员工持股计划在美国开始普及。1929 年世界经济危机触发了美国股市的崩溃，员工持股计划也因此受到强烈的冲击，很多企业失去了对员工持股计划的兴趣。1950 年之后，西方市场经济国家发展逐渐出现了企业所有权和经营权分离的新趋向，于是一些公司开始对高层管理人、经理和一些白领员工实行股票奖励计划，其目的主要是稳定企业管理人员，鼓励他们关心股东及公司的长期利益。政府也对这类计划在税收上给予支持。在这种背景下，被称为“员工持股计划之父”的美国投资银行家路易斯·凯尔索于 1958 年对美国员工持股计划进行了系统的理论阐述。实践中，1958 年他通过自己创办的银行贷款给濒临倒闭的《西海岸报》报社员工，以股票红利作抵押。经过八年多的运作，他成功地将该公司 72%的股权转移到员工手中，由此诞生了美国第一家员工持股公司。在多方支持下，凯尔索又以自己投资的银行为母体，于 1961 年组建了“员工持股计划发展中心”，专门支持员工持股计划的发展。

为了支持员工持股计划的实施，美国联邦和各州都制定了相关的法律。美国关于员工持股计划的法律有 20 多部，其中最主要的包括 1984 年和 1986 年的《税收改革法》，1996 年的《小企业就业保护法》，1997 年的《赋税人信任法》，极大地推动了员工持股计划的推广和应用。

在美国，员工持股计划是一项“特别的”养老金福利计划，员工在退休时得以兑现的股票收益构成员工退休养老金的重要组成部分，并且可以享受一定的税收优惠。具体划分员工所享有的股份时，是与员工的年薪挂钩进行分配。员工获得股权后，所认购的股份不能转让、不能交易、不能继承。这种员工持股不同于一般的上市股票，在一定期限内离职则被视为放弃所拥有的公司股份。

美国的员工持股计划主要可分为四种类型：已用信贷杠杆型员工持股计划、可用信贷杠杆型员工持股计划、非信贷杠杆型员工持股计划、纳税抵免型员工持股计划。此外，美国还有其他一些特殊的员工持股方式，如允许本企业员工拥有广泛认股权的制度、股票购买计划以及股票奖励计划等。这些方式同上述四种类型相结合，构成了美国员工持股计划的基本格局。

第 3 节　中国员工民主参与制度

根据民主参与的程度与制度不同，员工民主参与所享有的权利也存在差异，按权利从小到大可以分为四种：知情权、建议与参与权、审核与否决权、共决权。我国在传统计划经济体制下形成的企业民主管理体系，主要有厂务公开、职工代表大会、民主生活会、合理化建议等。改革开放后大量外资企业涌入，带来了西方员工参与制度，因此国内很多企业既有中国传统的员工参与形式，也有跨国公司的员工参与形式。随着经济和社会的发展，以及劳动者素质的普遍提高，企业在生产和经营中越来越强调员工的民主参与，国家也从法律上对员工的民主参与权进行了保障。2008 年《劳动合同法》实施，其中第四条明确强调了员工民主参与的权利：“用人单位应当将直接涉及劳动者切身利益的规章制度和重大事项决定公示，或者告知劳动者”保障了员工的知情权；“用人单位在制定、修改或者决定……涉及劳动者切身利益的规章制度或者重大事项时，应当经职工代表大会或者全体职工讨论，提出方案和意见，与工会或者职工代表平等协商确定”保障了员工的建议与参与权、共决权；“在规章制度和重大事项决定实施过程中，工会或者职工认为不适当的，有权向用人单位提出，通过协商予以修改完善”则保障了员工的审核与否决权。

目前中国企业主要的员工参与形式所对应的员工权利如表 12－4 所示。

表 12－4　中国企业主要的员工参与形式所对应的员工权利

项目	概念说明	知情权	建议与参与权	审核与否决权	共决权
厂务公开制度	按照一定程序向职工公开企业的相关信息	√			
冲突管理制度	通过与员工的沟通协调应对和处理企业与员工之间的冲突	√	√		
员工提案制度	熟悉企业内部工作场所、工作流程的员工，就员工普遍认定的工作上的问题提出解决方案，企业会依据员工对该建议的贡献程度给予等价值的奖酬	√	√		
员工问卷调查	通过对内部员工进行问卷调查，了解员工对主管、企业管理制度与企业本身的满意程度与意见建议等	√	√		
集体协商	员工与企业就劳动报酬、工作时间等劳动关系有关事项，进行平等商谈、共同决策	√	√	√	√
《劳动合同法》第四条	用人单位在制定、修改或者决定涉及劳动者切身利益的规章制度或者重大事项时，应当经职工代表大会或者全体职工讨论，提出方案和意见，与工会或者职工代表平等协商确定	√	√	√	√
员工持股	企业核心人员通过员工持股成为企业的股东，从而参与到企业的经营决策当中，与企业结成命运共同体	√	√	√	√
自主工作团队	将企业的经营决策权分散、下移至一线经营团队，使得团队成员拥有较大的自主决策权	√	√	√	√
劳资会议	劳方与资方按照一定比例组成劳资联席会议，相互沟通，共同决定企业运行决策	√	√	√	√
职工代表大会制度	职工代表行使审议企业重大决策、提出方案和意见、维护职工合法权益等方面的权力	√	√	√	√
职工董事、监事制度	通过职工代表大会选举产生的职工代表作为董事会、监事会成员参与公司决策、管理和监督	√	√	√	√

可以看出，员工民主参与制度大致可以分为三个层次：最低层次的员工民主参与制度仅保障员工的知情权，如厂务公开制度；高一层次的员工民主参与制度还赋予员工建议与参与的权利，如冲突管理制度和员工提案制度等；最高层次的员工民主参与制度保障的则是员工的共决权，让员工真正成为企业的利益共同体、事业共同体、命运共同体和使命共同体。

一　国有企业中传统的民主参与制度

（一）厂务公开制度

厂务公开制度是企业管理一方就企业生产经营管理的重大事项、涉及职工切身利益的规章制度和经营管理人员廉洁从业相关情况，按照一定程序向职工公开，听取职工意见，接受职工监督的民主管理制度。

厂务公开制度是 20 世纪 90 年代中期建立起来的职工民主参与制度，到 1999 年 2 月，中共中央纪律检查委员会、国务院经济贸易委员会和中华全国总工会联合发出《关于推行厂务公开制度的通知》，要求在国有企业、国家和集体控股企业建立厂务公开制度。2002 年 6 月，中共中央办公厅、国务院办公厅联合下发了《关于在国有企业、集体企业及其控股企业深入实行厂务公开制度的通知》（以下简称《两办通知》），具体规定了厂务公开的指导原则、总体要求、活动内容和组织领导。该通知是国有企业实行厂务公开制度的主要政策依据。实行厂务公开制度的目的是给予职工知情权，职工的知情权是职工民主参与和民主管理的前提条件。2012 年 2 月 13 日，中共中央纪委、中共中央组织部、国务院国有资产监督管理委员会、监察部、中华全国总工会和中华全国工商业联合会联合印发了《企业民主管理规定》，该规定将非国有企业、集体企业及其控股企业也纳入了厂务公开制度的建立范畴，具体规定了厂务公开的主要负责人和相应机构、指导原则以及公开事项。

1. 厂务公开的指导原则

根据《两办通知》的要求，实行厂务公开应遵循以下指导原则：

（1）必须坚定不移地贯彻落实党的全心全意依靠工人阶级的指导方针。

（2）必须遵循国家法律法规和党的方针政策，实事求是、注重实效，有利于改革发展稳定和保护商业秘密。

（3）必须坚持党委统一领导，党政共同负责，有关方面齐抓共管，动员职工广泛参与。

（4）必须与企业党的建设、领导班子建设、职工队伍建设结合起来，与建立现代企业制度结合起来。

2. 厂务公开的要求

（1）企业应当建立和实行厂务公开制度。根据《两办通知》和《企业民主管理规定》的要求，企业应通过职工代表大会和其他形式，将企业生产经营管理的重大事项、涉及职工切身利益的规章制度和经营管理人员廉洁从业的相关情况，按照一定程序向职工公开，听取职工意见，接受职工监督。目前还没有实行的单位尽快实行；已经实行的，要进一步深化，逐步使其内容、程序、形式规范化、制度化。特别是生产经营困难的企业更应当实行厂务公开，动员和依靠职工群众与经营者共同把企业搞好。

（2）在厂务公开工作中，要切实做好企业领导人员和职工的思想工作。企业领导人员要提高认识，自觉地把厂务公开摆到重要工作位置，纳入现代企业管理的体制、机制和制度之中。要鼓励职工积极参与厂务公开活动，支持和监督企业经营者依法行使职权，认真行使当家做主的民主权利。要加强对职工代表的培训，不断提高他们参与民主决策、民主管理和民主监督的意识和能力。

（3）在厂务公开工作中，必须坚决防止和克服形式主义，保证公开内容的真实性，务求工作实效。要切实做到企业重大决策必须通过厂务公开听取职工意见，并提交职代会审议，未经职代会审议的不应实施；涉及职工切身利益的重大事项，更应向职工公开，职代会按照法律、法规规定具有决定权和否决权，既未公开又未经职代会通过的有关决定视为无效；在国有和国有控股企业，经职代会民主评议和民主测评，大多数职工不拥护的企业领导人员，其上级管理部门应采取相应的组织措施；企业领导人员违反职代会决议和厂务公开的有关规定，导致矛盾激化，影响企业和社会稳定的，要实行责任追究。

3. 厂务公开的主要内容

根据《两办通知》的要求，厂务公开的主要内容包括四个方面：

（1）企业重大决策问题。主要包括企业中长期发展规划，投资和生产经营重大决策方案，企业改革、改制方案，兼并、破产方案，重大技术改造方案，职工裁员、分流、安置方案等重大事项。

（2）企业生产经营管理方面的重要问题。主要包括年度生产经营目标及完成情况，财务预决算，企业担保，大额资金使用，工程建设项目的招投标，大宗物资采购供应，产品销售和盈亏情况，承包租赁合同执行情况，企业内部经济责任制落实情况，重要规章制度的制定等。

（3）涉及职工切身利益的问题。主要包括劳动法律法规的执行情况，集体合同、劳动合同的签订和履行，职工提薪晋级、工资奖金分配、奖罚与福利，职工养老、医疗、工伤、失业、生育等社会保障基金缴纳情况，职工招聘，专业技术职称的评聘，评优选先的条件、数量和结果，职工购房、售房的政策和住房公积金管理以及企业公积金和公益金的使用方案，安全生产和劳动保护措施，职工培训计划等。

（4）与企业领导班子建设和党风廉政建设密切相关的问题。主要包括民主评议企业领导人的情况，企业中层领导人员、重要岗位人员的选聘和任用情况，干部廉洁自律规定执行情况，企业业务招待费使用情况，企业领导人员工资（年薪）、奖金、兼职、补贴、住房、用车、通信工具使用情况，以及出国出境费用支出情况等。

《企业民主管理规定》对厂务公开规定的内容如下：

企业应当向职工公开下列事项：经营管理的基本情况；招用职工及签订劳动合同的情况；集体合同文本和劳动规章制度的内容；奖励处罚职工、单方解除劳动合同的情况以及裁员的方案和结果，评选劳动模范和优秀职工的条件、名额和结果；劳动安全卫生标准、安全事故发生情况及处理结果；社会保险以及企业年金的缴费情况；职工教育经费提取、使用和职工培训计划及执行的情况；劳动争议及处理结果情况；法律法规规定的其他事项。

国有企业、集体企业及其控股企业除公开上述相关事项外，还应当公开下列事项：投资和生产经营管理重大决策方案等重大事项、企业中长期发展规划；年度生产经营目标及完成情况，企业担保，大额资金使用、大额资产处置情况，工程建设项目的招投标，大宗物资采购供应，产品销售和盈亏情况，承包租赁合同履行情况，内部经济责任制落实情况，重要规章制度制定等重大事项；职工提薪晋级、工资奖金收入分配情况；专业技术职称的评聘情况；中层领导人员、重要岗位人员的选聘和任用情况，企业领导人员薪酬、职务消费和兼职情况，以及出国出境费用支出等廉洁自律规定执行情况，职工代表大会民主评议企业领导人员的结果；依照国家有关规定应当公开的其他事项。

4. 厂务公开的实现形式

根据《两办通知》的要求，厂务公开的主要载体是职工代表大会。要按照有关规定，认真落实职代会的各项职权。要通过实行厂务公开，进一步完善职代会民主评议企业领导人员制度，坚持集体合同草案提交职代会讨论通过，企业业务招待费使用情况、企业领导人员廉洁自律情况、集体合同履行情况等企业重要事项向职代会报告制度，国有及国有控股的公司制企业由职代会选举职工董事、职工监事制度等，不断充实和丰富职代会的内容，提高职代会的质量和实效，落实好职工群众的知情权、审议权、通过权、决定权和评议监督权，建立符合现代企业制度要求的民主管理制度。

在职代会闭会期间，要发挥职工代表团（组）长联席会议的作用。车间、班组的内部事务也要公开。应依照厂务公开的规定，制定车间、班组内部事务公开的实施办法。

厂务公开的日常形式还应包括厂务公开栏、厂情发布会、党政工联席会和企业内部信息网络、广播、电视、厂报、墙报等，并可根据实际情况不断创新。同时，在公开后应注意通过意见箱、接待日、职工座谈会、举报电话等形式，了解职工反映的情况，不断改进工作。

5. 厂务公开的组织领导

企业实行厂务公开要在企业党委领导下进行。企业行政是实行厂务公开的主体。企业要建立由党委、行政、纪委、工会负责人组成的厂务公开领导小组，负责制定厂务公开的实施意见，审定重大公开事项，指导协调有关部门研究解决实施中的问题，做好督导考核工作，建立责任制和责任追究制度。企业工会是厂务公开领导小组的工作机构，负责日常工作。

企业应成立由纪检、工会有关人员和职工代表组成的监督小组，负责监督检查厂务公开内容是否真实、全面，公开是否及时，程序是否符合规定，职工反映的意见是否得到落实，并组织职工对厂务公开工作进行评议和监督。要制定厂务公开的监督检查办法，形成制约和激励机制。

国有、集体及其控股企业以外的其他企业，可依照法律规定，采取与本单位相适应的形式实行厂务公开，推进民主管理工作。

（二）职工代表大会制度

职工代表大会是职工民主参与管理的基本形式，它和其他民主参与形式一起构成了我国基层组织职工民主参与管理体系。与其他民主参与形式不同，职工代表大会制度在性质、任务、职权以及组织机构和工作制度等方面，具有独特的特点和优势。

1. 职工代表大会的性质

职工代表大会是职工行使民主管理权力的机构。2012 年 2 月颁布的《企业民主管理规定》明确规定：职工代表大会（或职工大会）是职工行使民主管理权力的机构，是企业民主管理的基本形式。职工代表大会是企业实行民主管理的基本制度，是职工参与企业管理的基本形式。职工代表大会是由全体职工选举的职工代表组成的，它以职工广泛参与为特征；他们代表全体职工行使民主管理权力，表达全体职工意志，体现大多数职工利益，以少数服从多数为原则。职工代表大会行使的权力是民主管理的权力，按照《全民所有制工业企业职工代表大会条例》的规定，它是指“审议企业重大决策，监督行政领导，维护职工合法权益等方面的权力”。职工代表大会也是职工参与沟通的制度平台，以协调利益关系为核心内容，以集体协商为基础。因此，职工代表大会是一个可以在一定范围内行使权力的机构。

2. 职工代表大会的组织制度

职工代表大会的组织制度，是职工代表大会开展活动、履行民主管理职能、完成其任务的组织设置与工作制度的总称。它主要包括职工代表大会的组织机构、工作机构、组织原则、工作方式和活动制度。

职工代表大会的组织机构包括大会主席团、代表团（组）和根据工作需要设立的经常性或临时性的专门小组。职工代表大会主席团是职工代表大会会议期间的组织领导机构，并主持会议。其成员应包括工人、技术人员、管理人员和企业的领导干部。其中工人、技术人员、管理人员应超过半数。主席团成员必须是本届职工代表大会的正式代表，其人数可根据职工代表人数多少决定。主席团不实行常任制。职工代表大会开展的活动是统一组织起来的职工代表的活动，在企业组织中，职工代表按照分厂、车间、科室组成代表团（组），推选团（组）长。被推选出来的职工代表按所在生产和工作单位组成的代表团（组）开展活动。代表团（组）长一般应由分厂、车间或科室工会主席担任。职工代表大会的专门小组是根据职工代表大会工作需要设置的执行专门任务的临时性或经常性机构。专门小组成员一般在职工代表中提名，根据职工代表人数及要解决问题的难易度确立小组的人数，每个小组 3～5 人，也可以聘请少数有特殊专长的非职工代表参加，但须经过职工代表大会通过。专门小组对职工代表大会负责，承办职工代表大会交付的各项工作。

职工代表大会的组织原则是民主集中制，这也是职工代表大会的基本制度，它是职工代表大会协调行动、集中意志、充分发挥作用的重要保证。职工代表大会实行民主集中制反映了职工、职工代表、职工代表大会之间的个人服从组织、部分服从整体、少数服从多数的关系。民主集中制是把高度民主与高度集中结合起来的组织原则。它要求职工代表大会既要充分发挥每个职工的智慧，又要有统一的意志、统一的组织纪律性。

为保证职工代表大会各项具体工作有序和有效开展，企事业单位应制定相应的职工代表大会实施办法，确定职工代表大会会议期间及闭会期间开展工作的制度。就目前职工代表大会的实践情况看，职工代表大会的工作制度应包括职工代表大会的会议制度、职工代表大会专门小组工作制度、职工代表大会团（组）长和专门小组负责人联席会议制度、职工代表活动制度以及民主管理考评制度。其中，职工代表大会的会议制度的工作应包括决定职工代表大会的届期、每年召开会议的次数、会议议题、议程、决议形成与修改等事项。职工代表大会专门小组工作制度是保证各专门小组围绕职工代表大会相关职权的政策落实而设立的制度，它是承上启下的枢纽机构。职工代表大会团（组）长和专门小组负责人联席会议由单位的工会委员会召集，联席会议可以根据会议内容邀请党政负责人或其他有关人员参加。所讨论确定的问题，须向下一次职工代表大会报告，并予以确认。职工代表活动制度包括对职工代表参加职工代表大会会前、会中及会后活动的要求，规定日常活动时间、活动内容及组织领导等内容。民主管理考评制度是企事业单位为了促进贯彻和执行职工代表大会实施细则，以及职工代表大会决议的落实，保障职工民主管理权力的责任管理制度。

3. 职工代表大会代表的产生

（1）职工代表的条件。《全民所有制工业企业职工代表大会条例》规定，按照法律规定享有政治权利的企业职工，均可当选为职工代表。这是职工代表的基本条件，也是审定职工代表资格的依据。《企业民主管理规定》第九条规定，有女职工和劳务派遣职工的企业，职工代表中应当有适当比例的女职工和劳务派遣职工代表。为了保证职工代表大会的质量和职工代表在任期内的相对稳定，单位在选举职工代表时，可以规定一些具体的条件。比如：各单位之间的用工制度实际上还存在一定的差异，有的单位职工中不少是季节工，有的单位还有许多临时工和劳务派遣职工，单位可根据自己的实际情况酌情决定。借用人员不属于单位正式职工，不能当选为职工代表，如果工作需要，可作为列席代表参加。一般而言，只要职工与用人单位建立了劳动关系，就拥有了当选为职工代表的资格。劳务派遣职工比较特殊，他们的劳动关系是与用人单位建立的，实际劳动却是在用工单位，他们的许多切身利益与用工单位紧密相关，因此，用工单位职工代表大会中也应当有他们的代表，表达他们的诉求。以上情况应在本单位职工代表大会实施办法或职工代表选举办法中做出明确规定。

职工代表大会代表职工群众行使民主管理权利，选举职工代表应当是在本单位享有政治权利的职工中挑选那些最能正确行使职工代表权利、履行职工代表义务、热爱单位、办事公道、联系群众、热心为职工群众办事的人。因此，在规定职工代表条件时，也应对职工代表的工作能力、工作责任心、工作表现等做出具体规定。

（2）职工代表的任期。《企业民主管理规定》第二十六条规定，职工代表实行常任制，职工代表任期与职工代表大会届期一致，可以连选连任。职工代表常任制，是指职工代表在任期内始终享有职工代表的权利并履行职工代表的义务，同时接受原选举部门的监督。为了保障职工代表大会工作经常化、制度化，就必须使职工代表相对稳定。这样做，一方面可以增强职工代表的自豪感和责任感，促进职工代表珍惜自己的代表身份，更自觉地做好民主管理工作；另一方面也便于对职工代表的组织管理，建立一套比较完善的组织机构和工作制度。

（3）职工代表的比例和构成。职工代表队伍比例构成是否恰当合理，关系到职工代表队伍的代表性，以及职工代表能否更好地发挥作用，履行职工代表大会的各项职能。职工代表既不能过多，也不能过少。一般做法是，大型企业的职工代表可占职工总数的3%～5%，中型企业可占5%～10%，小型企业则可占10%～20%。《企业民主管理规定》第八条规定，企业可以根据职工人数确定召开职工代表大会或者职工大会。企业召开职工代表大会的，职工代表人数按照不少于全体职工人数的5%确定，最少不少于30人。职工代表人数超过100人的，超出的代表人数可以由企业与工会协商确定。

职工代表的比例构成，是指代表中各类人员所占的比例。《全民所有制工业企业职工代表大会条例》规定，职工代表中应当有工人、技术人员、管理人员、领导干部和其他方面的职工。其中企业和车间、科室行政领导干部一般为职工代表总数的1/5。青年职工和女职工应当占适当比例。为了吸收有经验的技术人员、经营管理人员参加职工代表大会，可以在企业或者车间范围内，经过民主协商，推选一部分代表。这是条例做出的原则性规定。《企业民主管理规定》第九条规定，职工代表大会的代表由工人、技术人员、管理人员、企业领导人员和其他方面的职工组成。其中，企业中层以上管理人员和领导人员一般不得超过职工代表总人数的20%。有女职工和劳务派遣职工的企业，职工代表中应当有适当比例的女职工和劳务派遣职工代表。每个单位确定代表构成，向各部门分配代表名额，都应本着科学、务实、高效原则。

（4）职工代表的选举。《全民所有制工业企业职工代表大会条例》规定，职工代表的产生，应当以班组或者工段为单位，由职工直接选举。大型企业的职工代表，也可以由分厂或者车间的职工代表相互推选产生。《企业民主管理规定》第二十四条规定，职工代表应当以班组、工段、车间、科室等为基本选举单位由职工直接选举产生。规模较大、管理层级较多的企业的职工代表，可以由下一级职工代表大会代表选举产生。

职工代表的选举，首先由工会委员会根据《全民所有制工业企业职工代表大会条例》和《企业民主管理规定》拟定职工选举职工代表的议案，包括名额的分配、选举的办法和步骤、各类人员的比例，然后由工会委员会召开的职工代表团（组）长和专门小组或工会委员会扩大会议，或者由职代会筹备委员会讨论通过，并由各级工会组织按选举办法主持选举。

（5）职工代表的补选和撤换。职工代表在任期内与企业解除劳动关系，代表资格自行终止，缺额由原选举单位按照规定补选，补选条件和程序与选举职工代表的条件和程序相同。任期内的职工代表在企业内部调动工作的，代表资格予以保留，原选举单位的代表缺额，通过民主程序另行增补。因工作需要调离本单位或本选区或长期病假等原因，不能履行选区职工的代表职责时，代表资格自行终止，由原选区按照职工代表选举程序补选。

职工代表对选举单位的职工负责，选举单位的职工有权监督或者撤换本单位的职工代表。职工代表在任期内出现下列情况时，原选举单位职工有权撤换：一是被依法剥夺政治权利或被企业开除的，应立即取消其代表资格；二是无故不参加职工代表大会活动，严重失职的；三是因停薪留职、长期病事假、脱产学习等情况，不能参加职工代表大会各项活动的；四是因为其他原因不能履行代表义务，失去原选举单位职工信任的。

撤换职工代表遵循下列一般程序：选举单位职工提出撤换职工代表的要求；工会及时调查核实；原选举单位召开会议讨论，被撤换职工代表可参加会议并可以申辩；经选举单位讨论，半数以上职工同意，即可做出撤换职工代表的决定；原选举单位将撤换职工代表的决定报告企业工会，由企业工会宣布并备案；选举单位职工按照民主程序，选举新的职工代表，经职工代表资格审查委员会（小组）审查后，替补被撤换职工代表的缺额。

（6）列席代表和特邀代表。职工代表大会根据需要，可以请一些未当选职工代表的企业领导人和有关负责人作为列席代表参加会议。大会还可以特邀一些离退休老职工和职工家属等参加，使大会具有更广泛的代表性。列席代表和特邀代表在职工代表大会上可以发表意见和提出建议，但没有表决权和选举权，不能当选为职工代表大会主席团成员。

（三）职工董事、监事制度

1. 职工董事、监事制度的基本概念

职工董事、监事制度，是依照法律规定，通过职工代表大会选举产生的职工代表作为董事会、监事会成员参与公司决策、管理和监督，代表和维护职工合法权益，促进企业健康发展的制度。

凡依法设立董事会、监事会的公司都应建立职工董事、监事制度。

职工董事、监事是相对于产权所有者的代表而言的，他们是由职工选举产生而不是由出资人委派产生。因此，他们的身份虽然可以称为“职工董事”“职工监事”，并享有资方董事和监事相同的权利，但他们的代表性非常明确，即在董事会和监事会上代表职工的利益。当然这种代表并不意味着与资方代表必然会形成利益的对立，而是通过参与高层次的决策，协调劳资双方的利益，促成企业利益共同体的实现。

推行职工董事、监事制度，在我国现行法律及党和政府的政策文件中都有明确规定，是建立现代企业制度、完善公司法人治理结构的重要内容，是维护职工合法权益，调动和发挥职工的积极性和创造性，建立和谐稳定的劳动关系，促进企业改革、发展、稳定的内在需要。

2. 职工董事、职工监事的权利与义务

根据《企业民主管理规定》，职工董事依法行使下列权利：

（1）参加董事会会议，行使董事的发言权和表决权。

（2）就涉及职工切身利益的规章制度或者重大事项，提请召开董事会会议，反映职工的合理要求，维护职工合法权益。

（3）列席与其职责相关的公司行政办公会议和有关生产经营工作的重要会议。

（4）要求公司工会、公司有关部门和机构通报有关情况并提供相关资料。

（5）法律法规和公司章程规定的其他权利。

职工监事依法行使下列权利：

（1）参加监事会会议，行使监事的发言权和表决权。

（2）就涉及职工切身利益的规章制度或者重大事项，提议召开监事会会议。

（3）监督公司的财务情况和公司董事、高级管理人员执行公司职务的行为；监督检查公司对涉及职工切身利益的法律法规、公司规章制度贯彻执行情况；劳动合同和集体合同的履行情况。

（4）列席董事会会议，并对董事会决议事项提出质询或者建议；列席与其职责相关的公司行政办公会议和有关生产经营工作的重要会议。

(5) 要求公司工会、公司有关部门和机构通报有关情况并提供相关资料。

(6) 法律法规和公司章程规定的其他权利。

职工董事、职工监事应当履行下列义务:

(1) 遵守法律法规,遵守公司章程及各项规章制度,保守公司秘密,认真履行职责。

(2) 定期听取职工的意见和建议,在董事会、监事会上真实、准确、全面地反映职工的意见和建议。

(3) 定期向职工代表大会述职和报告工作,执行职工代表大会的有关决议,在董事会、监事会会议上,对职工代表大会做出决议的事项,应当按照职工代表大会的相关决议发表意见,行使表决权。

(4) 法律法规和公司章程规定的其他义务。

3. 职工董事、职工监事的工作程序

职工董事、职工监事应当围绕公司董事会、监事会会议议题,在参与决策前,深入职工群众中,充分听取广大职工和工会的意见和建议,广泛收集职工代表反映的情况,如实反映工会、职代会或代表团(组)长和专门委员会(小组)联席会等方面形成的意见。每次董事会、监事会后,由职工董事、职工监事向工会委员会通报情况。每年职工董事、职工监事向职工代表大会进行述职报告一次,接受职工代表大会的询问。职代会每年对职工董事、职工监事就履行工作职责等情况进行一次评议,并根据评议结果,对认真履行职工董事、职工监事职责的人员提出奖励意见。职工董事、职工监事的更换要按照民主程序进行,对不称职或者有严重过失的职工董事、职工监事由职代会罢免。

二 新型民主参与制度——劳资协商

劳资协商,一般来说是为区别于集体协商而提出的一个特定概念,它是指在集体协商和集体合同制度以外,由用人单位的工会、职工代表或劳动者个人为一方,与用人单位的雇主代表,就涉及劳动者集体或个人的合法的或法律未加以规定的权益事项和程序规范,以及工会组织自身的权利和义务进行商谈的行为。协商的内容主要包括用人单位涉及职工切身利益的重要改革方案和规章制度的制定,用人单位各岗位的工作定额和劳动标准,劳动合同的签订、变更、解除和终止,以及工会组织、工会会员和工会工作人员权益保护的实体和程序规范。劳资协商主要通过定期或不定期的劳资协商会议的形式进行,如劳资恳谈会,公司总经理、公司工会主席定期会晤制度,劳动管理情况通报协商会制度等,有时也采取正式与非正式协商相结合、个别与集体协商(并非为达成集体合同)相结合的形式进行。

劳资协商不是由劳资双方行使共决权的一种决策方式。劳资协商的目标并非是达成一项集体合同或团体协约,而是依照法律所规定的程序和事项,采取“先民主、后集中”与定期、不定期的协商方式,使用人单位的改革和发展战略、规章制度、劳动标准的制定和修改能够建立在劳资协商和职工参与的基础之上,使劳动者个人劳动合同的订立、变更、修订、解除和终止能够反映个人的意愿和要求,使劳资协商的机制能够建立和渗透到用人单位任何层次和领域的决策过程中。劳资协商是现代企业制度中职工民主参与和民主管理的重要形式之一，也是集体协商和集体合同制度的重要补充。

三　民主管理体系的评估

（一）评估的常用方法

在评估民主管理体系时，既有定性分析也有定量分析。定性分析主要通过深入解剖少数个案而获得对整个协议执行及其收效的深入了解。定性分析收集资料的方式主要有对个案的深入访谈、小组座谈、典型单位文献资料分析等方式。定性分析的最大好处在于能够深入分析协议执行的全过程，仔细分析执行过程的成效和不足，并具体分析行动的收效，以及成功或失败的原因。定性分析的不足之处主要是它难以兼顾分析对象的广泛性。

评估中的定量分析主要通过广泛收集资料，并对资料进行统计分析和比较，从而获得对企业民主管理体系执行及其收效的数量分析结论。在现实的评估中，大量采用定量分析方法。这类方法主要是采用一组客观的指标来分析协议执行是否达到预期目标，并通过对企业民主管理体系实施前后的情况进行定量比较，以及通过广泛的调查来分析企业民主管理体系实施的效果。

（二）评估的组织及实施方式

企业民主管理体系评估一般也需要按照严格的程序进行。评估工作的主要环节包括评估计划的拟订、评估者和评估机构的选定、评估的实施、评估报告的撰写等。

评估计划的拟订是企业民主管理体系评估工作的首要环节。评估计划的内容包括对评估工作的执行者、内容、标准、方法与步骤等环节的具体规定，以及对评估工作需要的经费及组织方式的安排。

选择合格和合适的评估机构和评估者是企业民主管理体系评估工作中的重要一环。评估机构分为评估的组织机构和评估工作的执行机构。前者主要负责制定评估工作的计划、组建或聘请评估的执行机构、验收评估工作的报告；后者则负责评估工作的具体实施。评估的组织机构可以由劳资双方共同组建，而协议评估的执行机构则可以是由劳动关系协调师临时组建的评估工作班子，也可以委托政府研究部门、大学和相关的科研机构，以及一些商业性的政策评估机构等。

评估计划拟订好和评估队伍组建好后，就可以按照评估计划展开评估工作。评估者通过收集、整理和分析资料，得出评估结论，然后撰写评估报告。评估报告是评估工作的最终产品，其内容一般包括对评估工作进程及方法的介绍和说明、评估结论以及相应的政策建议等内容。

（三）评估内容

对企业民主管理体系的评估可以从制度建设和权利落实两个方面进行。

在制度建设方面，主要评估企业是否制定并规范通过、发布本企业各民主管理制度的实施细则，如职代会实施细则、厂务公开实施细则、职工董事监事制度实施细则、冲突管理制度实施细则等。

在权利落实方面，主要是对员工享有的知情权、建议与参与权、审核与否决权、共决权进行评估。知情权方面，评估企业是否将直接涉及劳动者切身利益的规章制度和重大事项决定告知员工；建议与参与权方面，评估员工是否能够听取和审议本单位关于生产经营发展规划、技术引进、基本建设等重大事项，改制、重组裁员实施方案，财务预决算等情况的报告，提出意见和建议；审核与否决权方面，评估员工是否能够审议通过本单位有自主决定权的工资调整、奖金分配、生活福利方案等；共决权方面，评估员工是否能够讨论并与企业协商确定本单位有自主决定权的有关劳动报酬、工作时间、休息休假、劳动安全卫生、保险福利、职工培训、劳动纪律以及劳动定额管理等直接涉及职工切身利益的规章制度或者重大事项，甚至是企业经营决定等。

思考题

1. 员工民主参与主要有哪些形式？如何进行度量？
2. 国外员工民主参与有哪些形式？有哪些值得中国企业借鉴？
3. 中国有哪些员工民主参与制度？如何对民主管理体系进行评估？

案例分析

东风日产的民主参与制度

东风日产是一家中日合资企业，其股东是东风公司和日产，各自股权占比50%。东风公司作为国资委直属央企，有重视建立工会组织和集体协商机制的传统。日产作为日资企业，同样有重视员工建言、员工参与、员工稳定性的雇佣传统。这种民主、分享的文化使得东风日产建立起完善的民主参与制度。

东风日产的员工民主参与制度包括员工代表大会制度，公司总经理、工会主席定期会晤制度，公司总经理定期向员工代表通报情况会制度，劳动保护、安全生产、环境保护、职业健康情况通报协商会制度，劳动管理情况通报协商会制度，广州风神理事工程，劳动争议调解委员会等。

员工代表大会制度在东风日产的日常民主管理过程中起着全局性和基础性作用。在定期召开的员工代表大会上，员工代表以举手表决方式审议公司重要制度、文件。管理方通报公司年度生产经营工作报告及下年度重点工作；通报员工培训、工资薪酬、劳动管理情况及工作计划、劳动保护、安全生产、环境保护、职业健康工作安排。员工代表大会制度近年来通过了一系列关于员工切身利益的管理办法和制度文件，其中包括东风日产员工手册、东风日产员工行为规范、东风日产行动纲领、员工奖惩管理办法、劳动合同管理办法、薪酬管理办法、员工优惠购买PTET车实施办法、员工休假管理办法、工厂人事管理制度、安全生产管理办法、福利管理办法、劳动合同管理办法等。东风日产通过员工代表大会制度在员工内部统一思想、统一认识，保障职工的知情权、参与权和监督权。

为加强沟通，增进相互了解、相互信任、相互支持，实现关系和谐、合作有效，东风日产建立了公司总经理、工会主席定期会晤制度。公司总经理、工会主席会晤每季举行一次。会晤主要有以下内容：工会主席介绍工会近期工作情况和下阶段工作安排；工会主席反映员工的思想动态、关心的问题，以及员工的意见、建议和要求；工会主席提出需要总经理考虑的问题；总经理介绍公司近期生产经营情况和下阶段工作安排；总经理提出对工会的要求和对工会工作的建议；总经理、工会主席就有关问题交换意见，协商解决的办法和措施。

为使员工及时了解公司形势和生产经营情况，加深对公司经营决策的理解，从而自觉贯彻公司经营方针，为实现公司的经营目标充分发挥积极性、智慧和创造力，东风日产建立了公司总经理定期向员工代表通报情况会制度。通报会每半年不定期举行一次，公司所属单位部分员工代表参加通报会。通报会主要有以下内容：国际、国内汽车行业态势；公司前阶段的生产经营情况；公司下阶段生产经营部署；总经理认为需要员工了解的事宜；对员工的要求和希望。

劳动保护、安全生产、环境保护、职业健康情况通报协商会制度在每年 7 月举行，开展职业健康、安全生产、防暑降温、饮食安全工作监察，工会深入生产现场发现问题点，与行政部门沟通改善。2014 年，完成现场问题改善 32 项，完成率 97%，发现现场新的问题点 19 项、食堂问题点 16 项，督促行政部门整改完善，让员工权益得到切实保障。

为加强沟通，交流信息，协调工作，促进劳动管理，保持稳定和谐的劳动关系，为公司的发展创造良好的内部环境，东风日产建立了劳动管理情况通报协商会制度。劳动管理情况通报协商会正式成员为人事部负责人、工会工作部负责人。劳动管理情况通报协商会每季举行一次，主要有以下议题：通报国家有关劳动管理和薪酬分配制度的新法律、新法规、新政策；介绍国内有关劳动管理和薪酬分配制度的动态、信息；通报公司有关劳动管理和薪酬分配制度的动态、信息，以及出现的新情况、新问题；通报员工对劳动管理和薪酬分配制度的意见和建议；商议解决新问题的措施和办法。

另外，广州风神理事工程是东风日产民主管理的特色做法。机构设置有大理事、小理事、理事工作室。理事工作室设在党群工作室。其业务范围如下：服务于生产经营中心工作，构建和谐的工作环境、人际关系；培养员工树立正确的人生观和价值观，促进员工快乐工作、快乐生活、快乐成长；规划和组织员工访谈、谈心聊家常、员工家庭日等活动，及时掌握员工思想动态，帮助员工排解工作压力，千方百计解决问题，让员工感受到企业对他们的人文关怀；关注员工心理健康，推进 EAP 心灵计划等。

资料来源：根据唐鑛《花都区汽车行业工资集体协商机制研究——以东风日产乘用车公司为例》编写。

第 13 章 企业劳资冲突管理系统

学习目标

学完本章后，你应该能够：

- 掌握与工作场所冲突相关的概念、基本模型以及冲突理论的多学科基础。
- 熟悉工作场所冲突管理系统的发展演变、冲突的测量方法。
- 掌握冲突管理系统的设计方法与建立流程。
- 了解企业一般的劳动争议处理机制。

引导案例

2008 年 12 月 22 日，广东省东莞市某五金制品公司员工刘某，因工伤待遇问题向东莞市劳动争议仲裁机构提出仲裁申请，要求公司支付一次性伤残补助金、停工留薪工资、假肢安装等费用。此案经过劳动争议仲裁和法院审理，支持了刘某的部分费用。法院还根据刘某的请求，执行了财产保全，查封了该公司的部分机器。由于公司继续提出上诉，案件未审理终结，刘某并未实际获得相关的赔偿。2009 年 6 月 15 日中午，刘某持弹簧刀刺杀老板，造成两死一重伤。刘某也因此被判处死刑缓期执行。本案中，工人索要工伤赔偿，是一起典型的劳动争议，却演变为一桩命案，造成非常严重的后果。可见，妥善而有效地解决劳动争议，不仅能及时维护劳动者的合法权益，对于维护社会的稳定也有积极的作用。

资料来源：人力资源和社会保障部教材办公室．劳动关系协调员：国家职业资格三级．北京：中国劳动社会保障出版社，2013.

第 1 节　工作场所冲突相关概念与模型

一　工作场所冲突的相关概念

（一）申诉或抱怨

在西方市场经济国家，申诉是由雇员正式发起的抱怨程序，申诉程序是雇佣合同、集体合同或者其他由雇主主导建立的机制提供的。工会或者雇员发起申诉的原因，是工会或者雇员认为雇主违反了雇佣合同条款、集体合同条款、工作场所规章制度或者法律条款。

与之对应，我国非诉讼形式的申诉，是指公民或者企业事业等单位，因本身的合法权益问题不服行政部门的处理、处罚或纪律处分，而向该部门或其上级机关提出要求重新处理，予以纠正的行为。

西方现有的研究发现，大量员工抱怨只是在私下进行，并没有正式向上级领导或者组织相应管理机构提出，所以现实中难以收集到高质量的数据来研究申诉的发生频率。美国的工作场所中，高达 90%的员工抱怨从未被记录在案，而是通过员工与上级主管沟通的方式化解。西方工会化工作场所的申诉程序机制更为完善，正式申诉的提交比率明显高于非工会化工作场所。

某些人口统计学特征、工作特征、人格特质的人更倾向于发起正式申诉，管理者应该对这些员工给予更多恰当的管理安排。在对北美工会化工作场所的实证研究中，正式申诉人往往是受过良好教育、有较好技能的年轻男性；而在北美非工会化工作场所中，正式申诉人也更多是年轻男性，但并非受过良好教育，既有白领也有蓝领。英国的发现则完全不同，45 岁以上居于管理类岗位的白人男性的正式申诉率高于平均水平。

（二）冲突

在西方社会，为了与社会冲突相区分，经常使用工作场所冲突（workplace conflict）这个概念。工作场所冲突可能起源于一个或者多个因素的综合作用：资源的稀缺性（如时间、责任、地位和预算等）、价值取向（如政治偏好、宗教信仰和道德观念等）、世界观（如何理解世界）、对事实的争议等。

在不同的理论视角下，学者对于冲突的定义是不同的。博弈论将冲突视为决策过程中断，冲突的主体无法选择其他选项；组织理论将冲突宽泛地视为一种组织过程；人际交往理论将冲突视为一种交互状态，行为主体的行为或者目标是彼此不一致的。罗伯特·巴罗（Robert Baron）对零和冲突的内涵做过总结：（1）零和条件下个人或群体利益对立；（2）对立的利益被视为冲突；（3）一方相信其他方将会损害自身利益；（4）当前的管理过程体现了过去的交互；（5）一方行为事实上对其他方目标造成了损害。

从分类情况看，工作场所冲突可以大致分为两个类型：任务型冲突和关系型冲突。任务型冲突是指因为工作方式、任务利弊等意见不一致产生的冲突；关系型冲突是指因为人的价值取向、幽默感等性格观念因素产生的冲突。工作场所冲突也可以细化为五种主要类型：事实冲突、专业/技术冲突、人际冲突、法律冲突（属于雇佣关系）和意见冲突。其中绝大多数的工作场所冲突源于组织文化和结构，比如员工自我管理的权利、工作纪律、工作强度、沟通方式等。

（三）争议或纠纷

劳动争议（labor dispute）又称劳动纠纷，是指劳动关系当事人因劳动权利和义务发生分歧而引起的争议，其中劳动者一方可以是单个的劳动者，也可以是劳动者组成的团体。劳动争议是一个在中国劳动关系学界广泛使用的概念，主要是以劳动关系为中心的各方已经发生的意见不一致，但是不包括劳动者之间发生的争议，不包含潜在的还没有凸显的冲突。从研究视角来看，广义的劳动争议是指用人单位和劳动者因劳动关系所发生的一切纠纷；狭义的劳动争议是指用人单位与劳动者因劳动权利、劳动义务发生分歧而引起的争议。

多数国家为了更好地处理劳动争议，将劳动争议处理程序建立在对劳动争议进行分类的基础上，针对不同类型劳动争议所具有的特点设计具体的处理程序。例如英国咨询、调解及仲裁服务委员会（Advisory，Conciliation and Arbitration Service，ACAS）在履行其调解的主要职能时，就按照个人争议和集体争议采用不同的调解程序；在履行仲裁职责时，委员会坚持仲裁只适用集体争议，个人权利争议并不适用于仲裁的原则。再如 20 世纪 90 年代的日本，经济发展陷入停滞，企业缩减成本等原因导致日本的个别劳动争议数量急剧上升，但是完善的集体劳动争议处理机制不能完全适用于处理个别劳动争议，日本开始逐步建立个别劳动争议处理机制，并颁布《促进个别劳动争议解决法》(2001 年）和《劳动审判法》(2004 年)。

各国的实践证明了对劳动争议进行分类，针对不同类别的劳动争议采取不同的处理机制，不仅能够提高解决劳动争议的效率，也能降低司法成本，节约司法资源，企业还可以根据不同类型劳动争议的特点，建立预防机制，以减少争议的发生。

二 工作场所冲突的相关模型

（一）冲突管理的二维模型

关于冲突的管理方式，尤其是微观企业层面的冲突管理方式，管理学界主要有一维模型和二维模型的划分。一维模型认为冲突管理只存在合作和竞争两种状态，非合作即竞争。非此即彼的模型必然存在局限性，因而发展出了冲突管理的二维模型。罗伯特·布莱克（Robert Blake）和简·莫顿（Jane Mouton）提出的二维模型如图 13-1 所示。横坐标表示对人的“关心”，把纵坐标定义为“关心生产”的维度，从而区分出五种冲突管理方式，即竞争（competing)、合作（collaborating)、妥协（compromising)、逃避（avoiding）和宽容（accommodating)。

二维模型也称双重关注模型，该模型受到特别关注的主要原因在于论证双重关注模型的可行性，就等同于论证争议方自行解决机制模式能否真正实现。而传统的非诉讼纠纷解决机制和基本的冲突解决机制一般只包含争议方自行解决机制和第三方干预机制这两种处置策略。

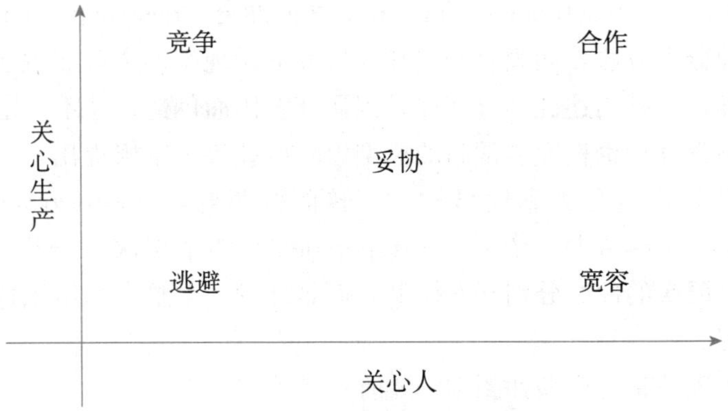

图 13-1　冲突管理的二维模型

（二）冲突管理的阶段模型

最主流的研究范式是路易斯·庞迪（Louis Pondy）提出的，描述一个科层制企业中各个利益群体间的冲突。庞迪试图把结构变量和个人变量视为冲突片段元素，总结影响冲突、冲突结果及二者之间的关系的因素，包括以下五个阶段：先行条件；潜在冲突；可感知的冲突；明显的冲突；冲突后果。当然还存在其他划分方法，例如学者斯蒂芬·罗宾斯（Stephen Robbins）把冲突过程划分为五个阶段：潜在的对立；认知与人格化；行为意向；行动；结果。罗宾斯提出的冲突阶段模型如图 13-2 所示。

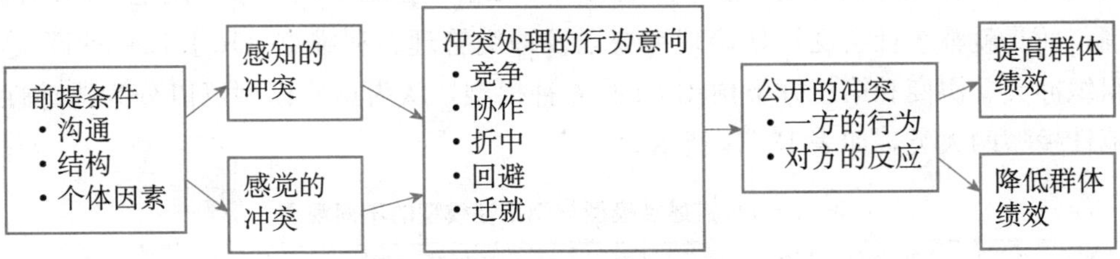

图 13-2　罗宾斯的冲突阶段模型

Robbins S P. Organizational behavior，9th ed. Prentice Hall，2001.

资料来源：斯蒂芬·罗宾斯，蒂莫西·贾奇．组织行为学：第 18 版．北京：中国人民大学出版社，2021.

（三）冲突管理的整合模型

与上述经典的二维模型类似，进一步扩展描述冲突与冲突管理方案的模型有很多，其出发点往往是对冲突进行分类，对不同类别采取不同处置方式。常见的分类方法有以下几种。

（1）按照原因进行分类，包括过程冲突、任务冲突（认知冲突）、关系冲突（情感冲突）等。这进一步衍生出从两分法到五分法的诸多冲突处置对策模型。

（2）按照内容进行分类，包括目标冲突、利益冲突、价值冲突、报复性冲突、归因错误冲突和转移冲突等。这种分类方法很容易被人理解但是标准相对含混，读者非常容易陷入词语的泥沼。

（3）按照效果进行分类，比较有代表性的是阿弗扎鲁·雷姆（Afzalur Rahim）提出的功能正常型冲突（functional conflict）和功能失调型冲突（dysfunctional conflict），或者分为建设型冲突（constructive conflict）和破坏型冲突（destructive conflict）[①]。

还有很多其他分类方法，如固有冲突和外生冲突、现实冲突和非现实冲突、潜伏冲突和外显冲突。同样，这种描述性划分往往是因研究客体而创造，并不一定形成广泛共识。

整合各种冲突管理理论程度非常高的模型由阿弗扎鲁·雷姆提出，超越了按照冲突的原因、内容或者效果进行分类和模型构建，转而按照群际（intergroup）、群内（intra-group）、人际（interpersonal）、个人（intrapersonal）四个层次来分析工作场所的冲突。他并没有为每一个层次的冲突分别开发模型，而是开发一个整合的组织冲突模型来描述冲突管理的动态过程。

典型的冲突管理的整合模型如图 13－3 所示。

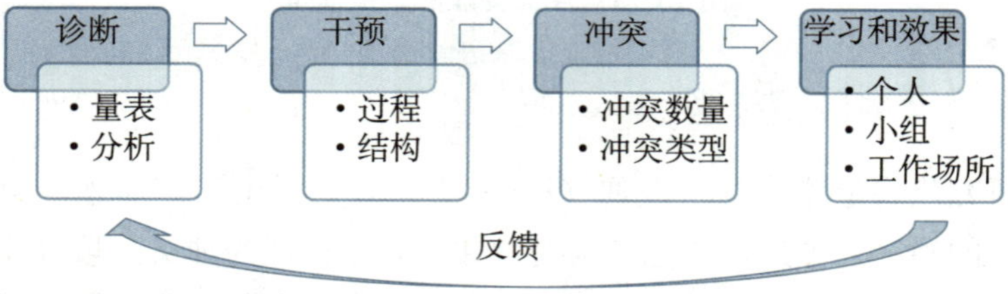

图 13－3 冲突管理的整合模型

（四）冲突管理的理论丛林

在现代冲突管理理论形成之前，其实有大量社会学家和管理学家不设定专门的冲突发生范围，而是就整个社会泛泛地论述冲突以及冲突管理。利维克（R. J. Lewicki）等人研究了组织冲突、协商和第三方干预相关的 44 种模型，认为这些模型可以分为描述性模型和规范性模型两大类，如表 13－1 所示。

表 13－1 描述性模型与规范性模型的不同观点

模型	主要类型	核心观点
描述性模型	斗争模型	冲突来源于人际攻击，这种人际斗争是情绪化和非理性的，发展为“冲突的螺旋”。只有其中一方离开这场斗争，螺旋才会终结
	辩论模型	冲突来源于不同的观念、价值观、意识形态或政策引起的认知差异，这种冲突会转化成双方语言和逻辑的争论
	冲突阶段模型	通过把结构变量和个人变量视为冲突片段元素来总结冲突，将冲突分为 5 个阶段，并加入决策阶段和冲突解决阶段等
	双重关注模型	根据冲突双方在处理冲突时利己程度（满足自己担忧程度）和利他程度（满足他人担忧程度）两个维度上的不同将冲突处理划分为 5 个阶段
	托马斯的结构模型	解释冲突行为的结构性决定因素：每一方的行为倾向、社会压力、冲突动机和利害，以及共同适用的规则和程序

① Rahim M A. Empirical studies on managing conflict. International Journal of Conflict Management，2000，11(1)：5－8.

续表

模型	主要类型	核心观点
规范性模型	冲突网格模型	该模型把管理者是关注人还是关注结果作为区分依据，将冲突网格区分为 5 种典型的类型，暗含着管理者处理冲突的方法
	冲突周期模型	该模型描述了冲突周期的形成。某种物质的、情感的问题导致冲突发生，而冲突带来的行为和结果反馈回问题本身，重新定义了问题，这又会导致一个新的冲突周期的形成
	冲突解决协调模型	这是一个面向行动（过程）来处理组织内冲突的模型，主要包括 6 个步骤

三　工作场所冲突的理论基础

（一）心理学

心理学研究方法从微观视角出发，关注内心的、人际的、小组的行为变量，这些变量会影响冲突的原因、变化和影响。与冲突管理相关的心理学理论主要有角色冲突理论、组织公平理论。

管理心理学认为，每个成员在组织中占据相对固定的位置，按照职位规范与其他个体发生互动行为和交互关系；组织中每个个体都需要在不同的关系情景中扮演不同的角色。角色冲突有三种表现形式，即角色外冲突、角色间冲突和角色内冲突。角色外冲突，指的是发生在两个或两个以上的角色扮演者之间的角色冲突；角色间冲突，指的是发生在同一个扮演者所扮演的不同角色之间的冲突；角色内冲突，指的是发生在角色扮演者所扮演的同一个角色内部的矛盾。

公平理论是美国行为科学家约翰·亚当斯提出的一种激励理论，该理论侧重于研究报酬分配的公平性对职工生产积极性的影响，对工作满意度、承诺和退出的影响。在冲突管理领域，公平理论主要应用于申诉处理阶段。那些认为自己被公平对待的员工将从事有益于组织的行为，认为自己没有被公平对待的员工则很可能会怨恨和报复雇主。

（二）经济学

经济学分析方法应用于经济理性、个人决策、复杂社会行为的模型。

补偿工资理论在冲突管理领域的应用可以理解为雇主和雇员在对申诉系统进行成本收益测算。在集体谈判中，工会和管理层需要决策是否采用申诉流程，以交换工资、福利、工作轮换或其他条件；同样，那些认为自己遭受不公平对待的员工，也会把提出申诉的成本收益与其他选择，比如不申诉或离职，来进行权衡比较。

博弈论也是研究冲突管理的经典分析范式，参与人综合考虑相互依存的情况、可供选择的行动方案、可能的结果和当事人的偏好，来进行理性的行为选择。在典型的分析中，冲突会产生两个显著结果，即传统冲突结果和参考冲突结果。所有交易者提出的冲突解决方案优于参考冲突结果；与传统冲突结果不同，参考冲突结果虽然是帕累托优越的冲突结果，但它不是帕累托最优的。

（三）管理学

对于冲突的认识，按照出现的时间顺序，管理学界主要有三种观点。斯蒂芬·罗宾斯将这三种观点的变化称为“冲突观念的变迁”[①]。20 世纪 30—40 年代的“传统观点”认为，冲突是暴乱、破坏、非理性的同义词，冲突的出现意味着组织内功能失调，必须加以避免；20 世纪 40 年代末至 70 年代中叶的“人际关系观点”认为，群体内的冲突是不可避免的，存在“对群体工作绩效产生积极动力的潜在可能性”，组织应当接纳冲突；20 世纪 70 年代之后，管理学界出现了“相互作用观点”，越来越多的学者鼓励冲突，认为一定水平的冲突能够使群体保持旺盛的生命力和不断创新，如图 13－4 所示。相互作用的观点并不是忽视组织冲突的消极影响，它最大的贡献在于提醒人们从正、反两方面看待冲突，并主动对冲突进行管理。

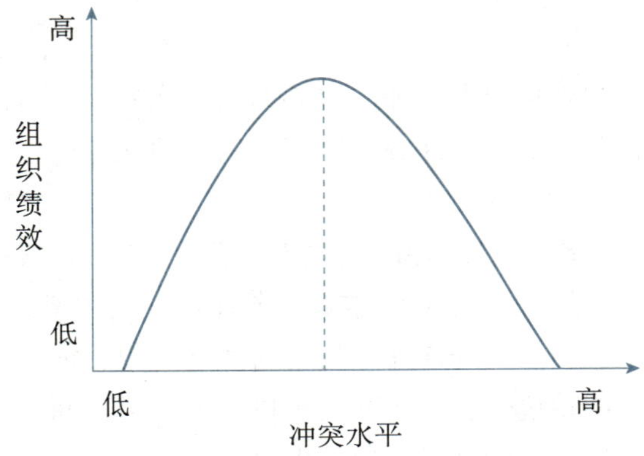

图 13－4　冲突水平与组织绩效

第 2 节　工作场所冲突管理系统

一　工作场所冲突管理系统的发展演变

（一）思想变迁

20 世纪是人类历史上一个冲突不断的世纪，工业革命完成后劳资冲突登上历史的舞台。“科学管理之父”弗雷德里克·泰勒、管理大师亨利·法约尔和马克斯·韦伯都对组织冲突给予了大量关注。到了行为科学学派，组织心理学、组织行为学等对于组织冲突的研究更是大有人在。

表 13－2 列出了组织冲突思想的代表人物。

① 罗宾斯．组织行为学精要．北京：机械工业出版社，2000.

表 13 - 2　组织冲突思想的代表人物

时期	理论	代表人物	理论核心
19 世纪初	—	格奥尔格・齐美尔 (Georg Simmel)	冲突源自人类行动者的先天行动因素，如感情、本能和利益。齐美尔同时承认社会冲突的消极功能、积极功能
20 世纪 10 年代	科学管理理论	弗雷德里克・泰勒	科学管理能决定每日的公平工作量，通过科学管理让劳资共赢，化解劳资冲突
20 世纪 10—40 年代	一般管理理论	亨利・法约尔	组织内冲突的消弭，源于应用一般管理原则
20 世纪 20—30 年代	人际关系理论	乔治・艾尔顿・梅奥	社会冲突研究衰落的开始。人际关系理论强调通过加强合作来提高组织效率；冲突应是最小化的，应从组织中完全消除
20 世纪 20—40 年代	科层理论	马克斯・韦伯	科层制组织里是没有冲突的

两次世界大战将冲突形式推向极端，残酷的现实推动了理论演进。第二次世界大战后，社会整合理论（结构功能主义）与冲突理论彻底分道扬镳，冲突管理理论走出襁褓。经历多个社会学家的发展推动，最终在组织管理领域，工作场所冲突管理理论生根发芽。1957 年，该领域专门学术期刊《冲突解决杂志》的创办标志着冲突研究进入了一个新的时期。

从 20 世纪 60 年代开始，组织理论对冲突的研究也空前高涨。70 年代以后，基于前人的理论，管理方格、冲突解决风格分析工具（TKI）等大量实用管理工具得到开发。

20 世纪 80 年代，冲突管理学科开始了模式转换，从冲突解决模式转向冲突管理模式。冲突解决力图消除冲突的破坏作用；冲突管理意味着设计有效的宏观战略以减少冲突的破坏功能，增强冲突的建设性功能，从而达到强化组织学习和提高组织效益的目的。

表 13 - 3 列出了冲突管理思想的代表人物。

表 13 - 3　冲突管理思想的代表人物

时期	理论	代表人物	理论核心
20 世纪 40 年代	结构功能理论	塔尔科特・帕森斯 (Talcott Parsons)	帕森斯的结构功能理论大大影响了第二次世界大战后的社会学思想史。社会本身是稳定的、集成的、功能正常的，因此冲突被认为是不正常的
20 世纪 50 年代	权力冲突论	查尔斯・米尔斯 (Charles Mills)	社会冲突源自决策层的不民主决定，权力精英阶层操纵组织以施行心理压迫。冲突的目的是改变现状，改变现有权力结构
20 世纪 50 年代	功能冲突论	刘易斯・科塞 (Lewis Coser)	冲突具有正功能和负功能。在一定条件下，冲突具有保证社会连续性、减少两极产生的可能性等正功能；社会系统运行不可避免地伴随出现紧张、失调和利益冲突现象。增强冲突适应性，可以促进社会变迁

续表

时期	理论	代表人物	理论核心
20 世纪 50 年代	辩证冲突论	拉尔夫·达伦多夫（Ralf Dahrendorf）	冲突来源于权威与压制和利益的争夺。社会结构中固有的不平等的权威分布导致出现了统治和被统治两大对立群体，冲突发生在这两个群体之间。他还提出了冲突调节的三种方式：仲裁、调停与和解
20 世纪 60 年代	阶段冲突论	路易斯·庞迪	科层制企业中各利益群体间冲突包括讨价还价模式（群体间争夺稀缺资源）、官僚模式（上级对下级行使职权）、系统模式（各部门间缺乏合作），并将冲突过程划分为 5 个阶段
20 世纪 70 年代	冲突社会学	兰德尔·柯林斯（Randall Collins）	任何冲突局势中都隐藏着暴力或有形的强制，人们通过两种主要策略仪式和信念来避免暴力和强制性冲突。统治阶级用仪式表达对群体的情感依附；被统治阶级则用不信任他们的权力机构的仪式来反抗
20 世纪 80 年代及以后	冲突管理理论	阿弗扎鲁·雷姆	冲突管理史当代主流思想，强调设计有效的宏观战略减少冲突破坏功能，控制和最小化冲突的影响，让组织内部成员学会以多种方式灵活有效地处理和解决冲突，从而达到强化组织学习和提高组织效益的目的

（二）实践演变

在经济社会发展的历程中，曾经出现多种解决冲突的方法和机制。这些方法从简单到复杂，从肤浅到深入，反映了对于冲突及冲突管理理念的重大转变，以及管理手段和管理技术的重大进步。冲突管理的发展趋势是工作场所冲突通过传统的集体谈判和法院诉讼程序来解决的比例越来越小，取而代之的是通过非诉讼纠纷解决机制和在此基础上产生的冲突管理系统；到 21 世纪的最初 10 年，又产生了整体冲突管理系统。具体而言，工作场所冲突解决方式的发展大致经历了如图 15－5 所展示出来的路径。

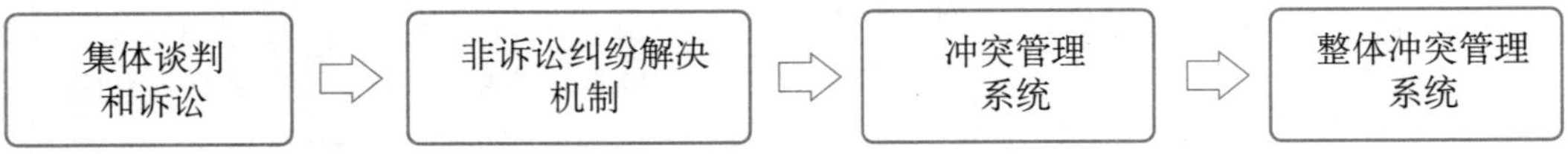

图 13－5　冲突管理机制的发展历程

1. 工会与集体谈判

第二次世界大战以后，伴随着美国经济的持续繁荣，美国企业的工会运动达到了高峰。20 世纪 50 年代，集体谈判为解决劳资冲突和争议提供了一条明确的通道，成为当时解决工作场所冲突的一个主要渠道。虽然罢工等激烈对抗的手段从来没有被视为积极的方式，但它们也是解决集体利益纠纷的有效手段。

随着集体谈判的兴起，美国的立法机构也制定了多部法律来规范雇佣关系。从20世纪60年代开始，美国国会通过了20多部法规来规范雇佣关系。这些法规的出台和实施，从多个角度提高了劳动诉讼的发生率。诉讼内容从工作场所性骚扰到残疾雇员的工作环境问题，再到年龄歧视等。到了90年代，越来越多的劳动争议被置于法院的监控之下。这些法律和法规的制定，为通过申诉途径来解决工作场所冲突铺平了道路。美国劳工部1994年的数据显示，从70年代到90年代的20年间，与雇佣相关的诉讼案件增长了400%。

由于集体劳动争议一般是依靠工会，由工会出面与用人单位交涉来解决，多个国家针对个人和集体劳动争议采取不同的处理机制。例如在英国ACAS的调解程序中，个人劳动争议和集体争议的侧重点不同。当单个劳动者与用人单位发生争议时，首先由ACAS出面在单位内部通过协商程序解决，未能解决的再进行法庭开庭审理，但在庭审之前由ACAS分配调解员，帮助双方当事人在自愿的基础上解决争议，尽量避免开庭审理；ACAS对集体争议的调解不要求双方事先达成调解协议，只要双方有调解意愿即可进行[①]，如果集体争议双方未能通过调解解决争议，双方可以选择ACAS的仲裁来解决，但是这种仲裁并不适用于个人劳动争议。再如，瑞典受理个人争议和集体争议诉讼的法院存在差异。在个人劳动争议诉讼程序中，普通法院是初审法院，对初审法院判决不服的，可以向劳动法院提起诉讼，劳动法院的判决是终审判决；发生集体争议时，工会作为与用人单位交涉的一方可以直接向劳动法院提起诉讼，因此集体争议诉讼中劳动法院是一审法院，也是终审法院。

2. 非诉讼纠纷解决机制

对于企业和雇主而言，与诉讼相伴而来的是高昂的成本。美国司法部1996年的数据表明，在雇佣歧视案件中，如果原告胜诉，平均将得到20万美元的赔偿，统计显示，大约1/9的原告甚至能得到上百万美元的赔付。总之，诉讼案件充斥着美国联邦和地方法院，导致通过传统诉讼来解决劳资争议的方式既耗时又耗成本。劳资争议的诉讼解决方案对于雇主和整个社会经济的正常运行都是低效率的。

因此，从20世纪60年代开始，美国的企业界、司法界都开始转向寻找成本较低的冲突解决方法。在这样的背景之下，非诉讼纠纷解决机制（ADR）逐渐为人所知，并且逐步替代了传统的诉讼方式。所谓非诉讼纠纷解决机制，是相对于诉讼的纠纷解决方式而言的，也可以翻译为替代性纠纷解决方式、审判外（诉讼外或判决外）纠纷解决方式。高效率、低成本、民权运动、学术界与法律界的推动等都是推动ADR逐步替代传统诉讼方式的重要因素。

造成ADR在美国被广泛采用的一个主要原因，是20世纪60年代爆发的“诉讼潮”。诉讼潮为法院和诉讼双方都带来了较高的成本，同时也耗费了大量的时间。相比而言，ADR不仅节约了诉讼成本，而且发生的交易成本和机会成本都很小。可见，ADR的流行

---

① 王天玉．借鉴与整合：从英国ACAS看我国劳动争议调解制度改革．中国劳动关系学院学报，2008（1）：78-82.

是劳动争议相关方的理性选择。

20 世纪 60 年代，美国民权运动迅速发展，保护个人权利的立法大量出现，从而使法院的受案量剧增，司法体制的弊端与缺点充分暴露出来，诉讼作为解决争议的方式因其耗时、昂贵和破坏当事人之间的良好合作关系而受到批评。同时，20 世纪 70 年代，西方学者系统地开展了福利国家与“接近正义”运动的研究，其主要思想就是建立将“社会权力”交给大众的“积极国家”。他们认为，社会变革经历三个阶段（也称波），其中第三波不仅关心处于不利地位的集团的利益，而且关注整个纠纷处理机构。特别是实体法的简化，以及法院、律师、诉讼的替代手段的产生，在第三次改革浪潮中具有特殊的重要性。

ADR 在美国的发展声势浩大，也要归功于司法界与学术界的推动。首先，ADR 在被法院系统的实践采纳后，学术界对 ADR 的发展给予了高度重视。1978 年，福特基金会开展了“争议解决新方式”的研究计划，试图发动学术界、司法界、律师等联合探讨解决争议的新方法，1985 年，弗兰克·桑德（Frank E. A. Sander）出版了《争议解决多样化》一书。

在立法上，1990 年，美国《民事司法改革法》《行政争议解决法》《谈判制定规则法》都包括 ADR。在机构设置方面，联邦与各州都有专门的 ADR 委员会，美国律师协会（ABA）设有争议解决特别委员会。这些机构为当事人提供 ADR 的规则、条款、中立者和法律顾问等。ADR 在法院系统的运用也朝规范化方向迈进：1990 年的《民事司法改革法》要求联邦法院降低民事司法费用，减少并杜绝拖延现象，以便将合适的争议案件纳入 ADR 解决渠道。

综上所述，冲突解决方法在从诉讼转变到 ADR 的过程中，虽然企业一方同样做出了努力，但更多的是依靠企业外部的力量（如法律界、学术界）在推动，企业更多的是在被动地应对变化。同时，ADR 对于企业内部组织的变化并没有太大的影响。ADR 产生的根本原因在于成本节约以及它可以为法院、企业和雇员节省大量的时间和金钱。

3. 冲突管理系统

在 1970—2000 年的这三十年间，美国的许多企业在企业目标、雇员权利和工作组织方式上发生了巨大的变化。经济和社会环境的变迁、企业自身的变革、冲突管理系统（CMS）自身的优势以及 ADR 的发展和完善，都是促使冲突管理系统逐渐被许多大型企业使用和采纳的原因。

第一，经济环境和社会环境的变迁，导致了工作场所内雇佣关系的变化和组织变革的发生。为了应对 20 世纪后半期出现的熟练劳动力稀缺、全球化趋势、互联网等新技术产生以及对于员工权利的进一步重视等变化，组织不得不进行自我调整以留住高素质的员工，保证组织的核心竞争力。这些变化包括工作层级的减少、团队合作的增加、激励方式的创新和多样化、员工自治以及对于员工权利的尊重和保障。

第二，企业自身的变革，为冲突管理系统创造了环境，同时反过来又增进了组织的变革。当组织开始改变自身对待员工的理念和做法的时候，相应的对待工作场所冲突的方法也会产生改变。许多企业在为其生存进行了其他必要的组织调整后，才发现自己竟然没有这样的系统。企业的这种认识会给组织变化带来强劲的动力。在意识到争议无法避免，且没有有效手段处理冲突的情况下，组织尝试去创造解决争议的新系统。于是，许多组织走得更远，开始实践冲突治理的新方法——冲突管理系统。

第三，冲突管理系统与 ADR 相比具有优势。相对于 ADR 作为一种对于传统争议诉讼的替代机制，冲突管理不仅仅应对已经产生的争议，而且更加主动地预防和阻止冲突转变为争议，把争议尽量解决在萌芽状态。ADR 过于关注司法程序，企业往往仅把 ADR 作为替代诉讼的一种方法，而运用冲突管理系统，不仅能够更加全面地解决冲突，而且能够满足企业劳动关系管理的需要。

第四，冲突管理系统作为一个系统已经包含 ADR 的内容和手段。冲突和纠纷、冲突管理和纠纷解决的概念本身已经从多个角度说明了冲突和纠纷的包含关系，冲突管理系统是 ADR 的进一步发展与完善。因为相对于仅为了减少潜在诉讼的 ADR 项目，一个成功的冲突管理系统需要有不同的结构，实施起来也会更加复杂。

第五，在 20 世纪最后 10 年和 21 世纪初，在冲突管理系统的基础上，学者又提出了整体冲突管理系统（ICMS）的概念。相对于一般的冲突管理系统，整体冲突管理系统更加强调对于组织内出现的事件和问题的预见和关注。它鼓励所有级别的雇员使用冲突管理系统，随时分享自己在工作中遇到的任何问题和想法，甚至是在冲突产生之前。和以前希望“规避”冲突不同，整体冲突管理系统希望能尽可能多地去发现组织中的冲突，去倾听和暴露可能存在不一致的观点和想法。它为组织中的所有人服务，包括最低级别的员工。

4. 劳动争议和诉讼

在世界范围内，从法律视角来看，各国对劳动争议的界定稍有不同。列举法是法律、法规对劳动争议界定的主要方式，有两种具体方式：一种是直接列举属于劳动争议范围的纠纷，此范围就代表了法院可以受理的劳动争议范畴；另一种则是列举不属于劳动争议的范围。

2008 年 5 月 1 日实施的《中华人民共和国劳动争议调解仲裁法》（简称《劳动争议调解仲裁法》）第二条列举了六类可适用该法的劳动争议情形，划定了劳动争议的范围：（1）因确认劳动关系发生的争议；（2）因订立、履行、变更、解除和终止劳动合同发生的争议；（3）因除名、辞退和辞职、离职发生的争议；（4）因工作时间、休息休假、社会保险、福利、培训以及劳动保护发生的争议；（5）因劳动报酬、工伤医疗费、经济补偿或者赔偿金等发生的争议；（6）法律、法规规定的其他劳动争议。

也可通过列举不属于劳动争议的情形来界定劳动争议的范围。如《最高人民法院关于审理劳动争议案件适用法律问题的解释（一）》第二条规定了不属于劳动争议范围的情形：（1）劳动者请求社会保险经办机构发放社会保险金的纠纷；（2）劳动者与用人单位因住房制度改革产生的公有住房转让纠纷；（3）劳动者对劳动能力鉴定委员会的伤残等级鉴定结论或者对职业病诊断鉴定委员会的职业病诊断鉴定结论的异议纠纷；（4）家庭或者个人与家政服务人员之间的纠纷；（5）个体工匠与帮工、学徒之间的纠纷；（6）农村承包经营户与受雇人之间的纠纷。

二 冲突的识别与测量

识别冲突的出现是冲突管理与冲突解决的前提。管理者需要界定管理对象是否被卷入冲突，被卷入了什么类型的冲突，因此需要使用量表进行测量，并对测量结果进行分析。20 世纪 60 年代末到 80 年代初，学术界掀起了冲突处理模式研究的高潮，先后出现了五大经典测量量表：(1) 霍尔的冲突处理测量量表（conflict management survey，CMS）；(2) 肯尼斯·托马斯（Kenneth W. Tomas）和拉尔夫·基尔曼（Ralph H. Kilmann）的分歧处理测量量表（conflict management-of-differences instrument，MODE）；(3) 帕特南（Putnam）和威尔逊（Wilson）的组织沟通冲突测量量表（organizational communication conflict instrument，OCCI）；(4) 罗斯（Ross）和德温（DeWine）的冲突处理信息（传递）风格量表（conflict management message style，CMMS）；(5) 雷姆的组织冲突测量量表（第二部分）(Rahim organization conflict inventory-II，ROCI-II)。

其中非常经典的是雷姆开发的量表工具，主要用于测量个人、组织和跨组织冲突数量和处理人际冲突的五种风格。

第一个工具是 ROCI-I 量表（Rahim organizational conflict inventory)，用于测量组织冲突的三个独立维度：内在、组内和组间。ROCI-I 量表使用自我报告法，通过五个维度李克特量表从三个方面测量组织冲突：(1) 内在冲突，7 个条目；(2) 组织成员测量组内冲突数量的认知，8 个条目；(3) 组织成员测量组间冲突数量的认知，6 个条目。比较高的分数代表着这种类型冲突发生的数量多，量表可以在 6 分钟内完成，并且具有足够的信度和效度。

第二个工具是 ROCI-II 量表，使用自我报告法，测量五个处理人际冲突风格的独立概念，即整合、顺从、支配、规避和妥协，包含了上级对下级、下级对上级和同级之间的冲突。测量解决人际冲突的方式，A 表测量上级对下级，B 表测量下级对上级，C 表测量同级之间。其中整合 7 个条目、顺从 6 个条目、支配 5 个条目、规避 6 个条目、妥协 4 个条目。量表简单，可以在 8 分钟内做完。

三 工作场所冲突管理系统设计

（一）制度设计

冲突管理的方法是指冲突管理系统通过何种手段去应对和处理组织中出现的冲突。相对于 ADR 较为单一的解决手段（调解和仲裁）而言，冲突管理系统拥有较为丰富和全面的冲突管理方法，这些方法不仅仅涵盖了 ADR 的方法，还延伸到冲突产生、发展、激化的各个阶段。表 13－4 总结了主要的冲突管理方法。

表 13－4　冲突管理方法总结

方法	具体解释
敞开门	鼓励员工随时报告他们发现的问题，鼓励员工进入冲突管理团队的办公室进行对话和沟通
监察员	组织中专门设置监察员职位，独立于其他直线管理部门，直接向首席执行官报告和负责。员工可以向他们倾诉和获取帮助

续表

方法	具体解释
电话热线	有两种类型：一是由专门的人员（包括监察员）来接听并解答；二是采取电话留言的方式
面对面沟通	如果冲突各方愿意，那么在冲突管理团队的安排下，可以进行直接协商和沟通
员工顾问	员工顾问是组织的常规雇员，经过培训之后，他可以向冲突各方提供自己的意见。由于本身是组织的成员，员工顾问具有熟悉人员和情况的优势
程序讨论会议	当以上的工作都无法解决冲突时，该步骤将为员工提供下一步如何处理的程序选择。该会议由 1 位组织的管理人员、1 位员工顾问以及涉及冲突的员工共同参加
内部调解	通常有两种方式：一是由管理者作为调解员；二是由员工作为调解员
同行审查小组	由 3 名员工代表和 2 名管理者代表共 5 人组成，听取冲突各方的陈述，审查冲突解决情况，并得出处理意见。各方如不满意，则进入高管审查或者直接进入外部解决程序
高管审查小组	由 3 名或者 5 名副经理级别的高层管理人员组成，员工可向他们提出申诉，由他们来决定最终的处理意见。各方如不满意，则进入外部解决阶段
外部调解	选择组织外部中立的人员或组织进行调解
仲裁	如果外部调解仍然无效，双方可以进入仲裁阶段
法律顾问	如果仲裁仍无法达成一致，那么各方寻找法律顾问，准备进行诉讼

（二）程序设计

表 13－4 总结的各种冲突管理方法并不是孤立存在的。许多组织在冲突管理过程中都把具有相同性质的方法归纳到一起。大部分组织实践表明，当冲突管理系统对组织内的冲突进行管理时，通常分作不同的阶段，在各个阶段中根据冲突的激烈和复杂程度，先通过较为简单和低成本的方法来解决，如必要再进入较为耗时和耗成本的程序。

不同企业由于国家背景、企业文化等方面的差异，形成的冲突管理程序也不尽相同。例如，美国一些企业将冲突管理分为预防、问题解决、第三方介入和顾问建议四个程序；加拿大企业则分作三个级别的内部程序和一个外部程序；以色列企业建立冲突管理系统时区分了非约束性程序和约束性程序，非约束性程序是指冲突各方可以选择多种解决手段来处理矛盾，约束性程序是指冲突的各方不能自主地选择解决程序而必须按规定程序来解决。

虽然各企业对于冲突管理程序的划分并不完全一致，但是其中都体现着一个思路，就是解决的手段和程序可以分为两个大类：内部程序和外部程序。划分的标准是冲突的治理是否牵扯到冲突管理团队以外的第三方人员。这种分类方法在美国《财富》1 000 强企业中并不少见。内部程序是指可以完全依靠组织内部人员解决的冲突管理方法的集合，外部程序则是指需要借助外部第三方来帮助解决的冲突管理方法。组织鼓励冲突的各方优先选择前期和简单的内部程序来解决问题；如果不满意，他们也可以跳过某些步骤，选择使用较为复杂和高成本的外部程序来处理。

冲突管理的程序如图 13－6 所示。

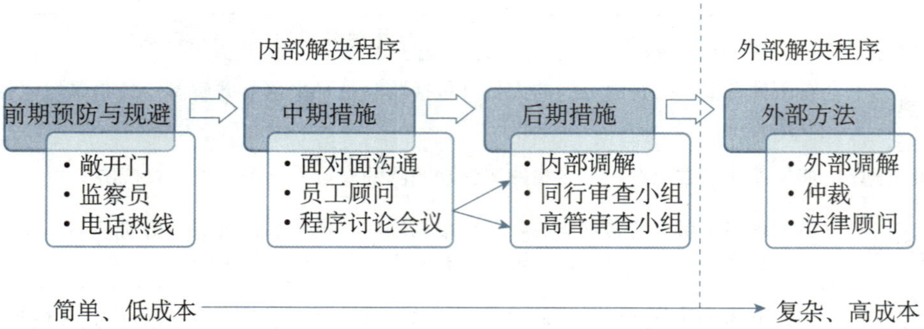

图 13-6 冲突管理的程序

四 工作场所冲突管理系统实现

（一）前期准备阶段

在工作场所中，为创建一个有效的冲突管理系统，需要做大量的准备工作，目的是为建立冲突管理系统提供解释、研究和探索的基础。准备阶段需要完成的主要任务是成立冲突管理团队、获得高管支持以及组织状况评估。

1. 成立冲突管理团队

在准备阶段首先要做的是成立一个冲突管理团队。一个合格的冲突管理团队，应该包括组织内部人员和组织外部人员。组织内部人员包括各利益相关者，如组织内的咨询师、调解员、法律专家、管理人员和人力资源专家；组织外部人员应是冲突管理领域的专家。团队的成员应该尽可能具有多元化的背景，包括性别、种族和级别等。这样能够尽可能地做到公平公正，并且具有信服力。不仅冲突管理团队应该包含各利益相关者的代表，而且团队成员还应该拥有不同的专业技能，这些技能包括人力资源管理、法律、政治、沟通与谈判等方面。

关于由谁来建立冲突管理团队，主要有两种做法。一种做法是由内部发起人（internal champion）来建立冲突管理团队，一般认为内部发起人是组织中最迫切希望建立冲突管理系统的人，他们通常是纠纷频繁发生的部门经理、人力资源主管或者内部顾问等。内部发起人会主动地领导建立冲突管理团队，他们对于冲突管理系统的建立具有非常重要的作用和意义。另一种做法是由组织高管直接发起建立。在这种情况下，组织的一个或者几个部门高管认识到建立冲突管理系统的必要性，直接由他们牵头来完成整个团队的建立工作。造成这种情况的原因可能是组织内部纠纷多发，引起了高管的关注。

冲突管理团队成立之后，将负责有关冲突管理系统建立和运行的事项。

2. 获得高管支持

建立冲突管理系统是组织的一次重大变革，因此得到高管的认同和支持非常关键，这一工作将由冲突管理团队来完成。如果冲突管理团队是由内部发起人牵头建立的，那么该内部发起人就需要负责向高管展示和说明建立冲突管理系统的必要性和紧迫性，以获得他们的支持。如果冲突管理团队是由高管发起的，那么这些工作将会变得相对容易，只需要由该高管与其他高管进行沟通即可。

关于如何获得高管的支持，主要有两个方面的工作：第一个方面是提出需要改变的理由。冲突管理团队可以向高管的展示组织中现有的冲突管理方法存在的问题，包括直接或间接导致的生产率下降、法律纠纷、员工道德败坏、员工流失等方面的问题。第二个方面的工作是展示改变的机会。比如冲突管理团队可以建立一个商业案例（business case），以此向高管展示通过有效的冲突管理，将会给组织带来成本控制、法律风险降低以及其他发展机会。

3. 组织状况评估

冲突管理团队需要对组织进行分析和认识。对组织进行评估是建立冲突管理系统的前提。只有全面地掌握组织的现状，分析组织的特征与需求，才能正确地认知组织在冲突管理方面存在的问题和需要改进的地方。

冲突管理团队需要对组织的信息进行收集和分析，具体来讲应注意收集以下三个方面的重要信息：组织文化和亚文化；组织目前的冲突情况，包括冲突组织中常出现的冲突类型和频率，雇员、管理人员、组织对于冲突类型认识的分歧等；组织中现有的冲突治理方法，包括当雇员在工作场所遭遇冲突的时候，他们经常或者习惯去找谁（部门）来解决。收集信息可以通过类似于组织评估问卷的形式开展，问卷包括的维度及其内容如表 13－5 所示。

表 13－5 组织评估问卷

维度	需要关注的重要问题
组织文化	1. 组织中常用的合作形式 2. 雇员参与决策的程度 3. 组织对工作氛围和工作关系的看法 4. 组织是否愿意解决冲突
冲突情况	1. 冲突频率 2. 和人际关系相关的冲突 3. 和工作条件相关的冲突 4. 和专业技能相关的冲突
现有解决方法	1. 压制和忍耐 2. 直接沟通 3. 调解、仲裁 4. 通过工会或者诉讼
找谁解决	1. 找上级 2. 找同事 3. 找人力资源部 4. 直接报告高级主管

（二）系统设计阶段

冲突管理团队在设计组织的冲突管理系统阶段需要完成的主要任务包括：形成初步设

计方案、建立支持结构以及试点运行。

1. 形成初步设计方案

在组织评估之后，冲突管理团队掌握了大量有关组织的重要信息，他们有能力对于冲突管理系统做出初步的设计。系统的设计方案应该包括以下几个方面的内容：组织所面临的主要冲突类型和频率、冲突管理方法、冲突管理程序、员工参与程度、各程序相关人员的责任等。需要注意的是，在设计系统的时候，注意与组织文化相协调。例如，在一个气氛宽松、管理层级较少的组织中，可以让员工自由选择冲突管理的程序；而当组织的层级较多、官僚气息较浓时，冲突管理的程序选择需要管理者更多地参与。

关于冲突管理系统人员的构成问题，可以从理论界、实践界找到答案。例如在美国的组织中，冲突管理系统通常由一个企业专门指定的人作为领导者。这个人可以是冲突管理系统的发起人，可以是企业的高层管理者，也可以是监察员。理论界有学者分析了多个组织中的冲突管理方法，发现监察员制度是一个非常普遍且有效的制度设计。冲突管理系统中还应该包含拥有调解技能的人员，这些人最好来自企业不同部门，既有普通员工又有管理人员。当冲突发生时，员工可以寻找相同部门的调解人员进行沟通。这些冲突顾问和冲突教练有非常重要的作用，发生冲突的员工可以向他们寻求帮助。因此，冲突管理系统一般由领导、监察员、员工顾问以及调解员组成（见图 13－7）。

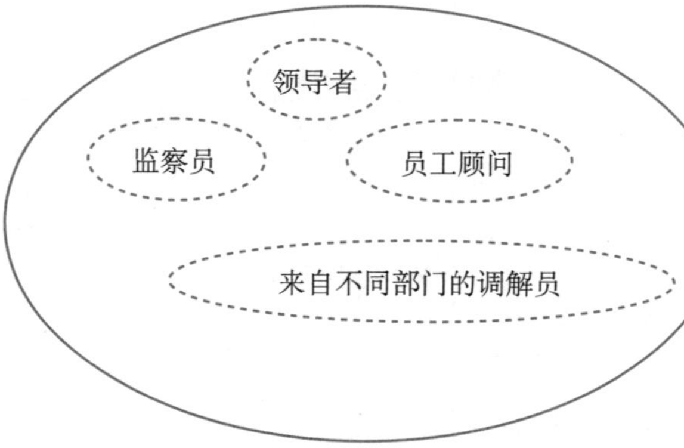

图 13－7　冲突管理系统的人员构成

2. 建立支持结构

在设计完成之后，系统运行需要有财力和人力的支撑。系统的支持结构是一套能够保证冲突管理系统持续运转的措施和设计，包括系统由谁来运行和运行的经费来源。

从工作性质和内容上看，冲突管理系统的工作类似于人力资源管理和法律事务，但是不应该简单地交给人力资源部或者法律部门来运行。从美国企业冲突管理的实践来看，冲突管理系统中的协调员在某些情况下是系统的监察员，直接向最高管理者汇报工作。

冲突管理系统的经费来源主要有两个：冲突管理系统内部解决程序的运行费用通常被纳入组织的预算，而冲突管理系统外部解决程序的费用由使用者即员工与组织共同承担。当冲突处于内部解决程序的阶段时，企业组织应该为冲突管理系统买单，承担全部费用。

当冲突管理需要由外部第三方人员（外部调解员、仲裁员或者律师）参与时，冲突管理费用会大幅提高。例如在百威集团中，当员工要求采用外部程序解决冲突时，通常是为员工设立一个费用上限，超过这个费用的部分由集团承担。波音公司的情况与此不同，以时间作为参考因素，即公司承担头两天的调解和仲裁费用，超过这个限度后，将由员工和公司一起分担费用。

3. 试点运行

为了保证建立起来的冲突管理系统有效运行，组织可以在系统设计的最后阶段，在内部的某个部门进行试点运行。这样对于企业，尤其是较大型的企业而言，有助于帮助冲突管理团队获得经验和数据。然而，由此带来的缺点是成本提高，并且较小的实施范围不足以提供有效的样本供冲突管理团队参考。这些因素都会导致企业在进行试点时非常慎重。

（三）实施运行阶段

冲突管理系统在正式实施和运行阶段的主要工作包括系统宣传与推广以及对冲突管理团队进行培训。

1. 系统宣传与推广

冲突管理系统的宣传工作可以借鉴企业规章制度公示的方式。例如，编制有关冲突管理手册，发放给企业的所有员工，指导他们如何使用冲突管理系统来解决身边的冲突；各个部门举办活动来向员工面对面地展示冲突管理系统的运行流程；通过公司内部办公网络宣传和普及冲突管理系统。冲突管理团队可以定期编制月度或者季度报告，向企业管理人员和普通员工通报一段时期内的工作内容，这样一方面可以向管理层展示冲突管理系统的作用，另一方面也可以向普通员工进行宣传，以便更好地指导他们使用冲突管理系统。

2. 对冲突管理团队进行培训

对于冲突管理团队，尤其是团队中的内部调解员来说，具有较高的素质和技能水平是非常关键的，因此从一定程度上看，冲突管理团队的培训效果直接影响冲突管理系统的运行效果。

对冲突管理团队进行的培训至少应该包括三个方面的内容：法律素养，不仅熟悉相关的法律法规，还需要具有一定的调解和仲裁经验；职业素养，如公正、公平和保密等；多样化的实际操作技术，如收集事实、分析问题、沟通技巧和提出选择方案等。

关于培训师的选择和培训的方式，除了常规的课程培训，还有一种行之有效的方法，即在组织内部进行冲突解决最初的几年，可以引入组织外部有经验的调解员进行联合调解，这可以让内部调解员迅速在实际工作中积累知识和经验。一段时间之后，当内部调解员能够顺利地完成评估程序时，就不再需要外部调解员的帮助。

（四）制度化阶段

冲突管理系统不是一个“一次性使用”的工具，应该通过一系列制度设计，使得冲突管理系统嵌入组织中，成为组织中的常态机构，即把冲突管理系统进行制度化。冲突管理系统的制度化主要包含建立激励制度，持续沟通、反馈和改进等环节。

如何激励和引导员工使用冲突管理系统呢？最首要的，应该建立严格的保密措施以避免员工因为使用冲突管理系统而受到中层管理人员或者其他人的报复；其次，组织的高管可以定期向员工宣传冲突管理系统的好处，公布冲突管理的成功案例；再次，组织可以把成功的冲突管理与绩效考核相联系，以激励冲突管理团队成员以及有效使用了冲突管理系统的管理者和员工；最后，需要保持与员工持续的沟通，以获得反馈意见和做出持续改进。

第3节　企业劳动争议处理机制

一　企业劳动争议产生的原因

劳动争议是多种原因共同作用造成的，包括社会经济运行环境、经济体制改革、用人单位管理效率、集体合同和劳动合同运行状态、工会协调力度以及法律法规的健全程度等。

第一，社会经济总体运行环境是客观原因之一。一方面，随着我国市场经济体制不断完善和现代企业制度不断推进，传统的单一型劳动关系被打破，用人制度变得灵活多样，劳动关系也趋于多样化，难免出现不能正确处理双方权利和义务关系的情况，造成争议。另一方面，我国劳动力市场长期存在供过于求，劳动者处于弱势地位，劳动争议案件数量不断攀升。

市场经济建设过程中的企事业单位改制在一定程度上也导致了劳动争议。一方面，国有企业改制过程中比较多的下岗、内退、买断工龄现象导致劳动争议；另一方面，事业单位改制过程中人员分类上既不属于公务员编制又不属于合同制用工的劳动者与用人单位之间产生争议，处于法律法规的空白地带，处理难度很大。

第二，劳动关系双方不同的利益追求是产生争议的根本原因。一方面，在市场经济条件下，用人单位之间的竞争日益激烈，作为独立的经济体，其追求利润最大化的目标日渐清晰，有降低人工成本的动力；另一方面，劳动者与用人单位之间的“铁饭碗”关系被打破，劳动者追求个人利益最大化的诉求更加强烈，双方的利益追求产生分歧，导致争议不断发生。

第三，劳动合同和集体合同履行不规范是产生争议的直接原因。一是劳动合同未能及时签订，生产劳动过程中双方的权利、义务不明确。二是用人单位没有完全按照法律法规所规定的合同内容来制定劳动合同中的条款。三是双方在履行劳动合同过程中，未能严格遵守其中的条款。四是解除和终止劳动合同不规范造成了劳动争议，这部分争议所占比例较大。主要原因集中在解除和终止的理由不合法，经济补偿金、经济赔偿金的约束不合法方面。五是集体合同的订立程序不合法、工会未能严格履行其为劳动者争取合法利益的义务、集体合同的标准不合乎法律要求等，都会造成劳动争议。

第四，协调监管制度缺位是产生争议的原因之一。政府和社会对劳动合同、集体合同的履行情况进行监督的制度不健全，不能很好地监督劳动关系双方合法权益的受保护程度。其中工会的调解、监督职责是否到位也间接影响劳动争议发生率的高低。

梳理劳动争议产生的原因，有利于用人单位和劳动者双方共同努力清除隐患，从源头上遏制劳动争议的产生，也有利于国家、社会以及其他相关部门制定更为有效的处理机制。

二 企业劳动争议处理机制设计

（一）预防

劳动争议从产生到最终形成，以意见、矛盾、摩擦、冲突、个体争议与群体争议的形态表现出来。劳动关系管理要善于从现象和形态中寻找机会，通过劳动关系调整机制使劳动争议从有形转化为无形，化解破坏和谐劳动关系的直接动因。企业劳动关系管理应建立健全劳动关系调整机制，应当站在劳资双赢和现实的角度进行考量，以事前调整预防争议为主，以事后调整解决矛盾为重。劳动争议事前预防就是依据劳动合同、集体合同、企业劳动规则等来调整劳动关系，监督检查劳动合同、集体合同等执行与落实情况，对涉及职工切身利益的事项跟踪监督检查，通过职代会、厂务公开等形式明确职工关心的热点、难点、焦点和重点问题，营造良好的劳动生产环境。

企业劳动争议预防失败导致争议发生后，企业劳动争议的处理方式通常包括协商、调解、仲裁和诉讼。

（二）协商

协商是指争议发生之后，雇主或雇主组织同雇员或工会本着平等、合作的原则，自主协商，平等交流，以尽快解决双方的纠纷。协商是解决争议的最基本手段，它不仅使争议双方了解对方的观点、想法，而且在交流中增进了理解，争议也容易解决。自主协商还具有成本低、效率高、劳动关系能尽快恢复的优点，是市场经济国家处理企业劳动争议的一种重要制度。

（三）调解

调解是指在劳动争议调解机构的主持下，依照法律、法规、政策和道德规范，在查明事实、分清是非的基础上，通过疏导、说服、劝导，促使争议双方进行协商，自愿达成协议，从而消除争议的方法和活动。通过调解来解决劳动争议具有简单快捷、形式多样等特点，且有利于争议的彻底解决。目前许多国家根据劳动争议的性质和当事人的不同，对调解形式进行了区分，如对于权利争议、个别争议实行自愿调解，而对于利益争议、集体争议则进行强制调解。

（四）仲裁

仲裁是指仲裁机构根据当事人的请求解决争议，是依法居中公断的执法行为，包括对争议进行调解、依法审理并做出裁决的一系列活动。仲裁是处理劳动争议的重要手段和方式之一。仲裁可分为自愿仲裁和强制仲裁，劳动仲裁的法律效力由司法权保障。自愿仲裁是指双方在争议发生后或争议未达成和解协议时，自愿将争议提交仲裁机构处理，并服从仲裁裁决。强制仲裁是指根据法律规定，双方必须将争议提交仲裁机构处理，或由仲裁机构主动介入争议处理。

（五）诉讼

诉讼是指当事人就争议依法向法院起诉，法院根据相关法律、法规审议案件的活动，是法院通过司法程序解决劳动争议的手段。此外，劳动争议诉讼，还包括当事人一方不履行劳动争议仲裁委员会已发生法律效力的裁决书或调解书，另一方当事人申请法院强制执行的活动。

三 企业劳动争议处理机制设计原则

（一）合法原则

合法原则主要体现在依法规范调解过程中法官审判权的行使，确保劳动争议处理程序符合有关法律规定，不违背当事人意愿去强迫调解。同时还应及时查明当事人之间的纠纷争执点和利益共同点，准确合理确定当事人利益关系的平衡点，维持双方当事人权利和义务基本均衡，确保调解结果的正当性。此外，争议处理中的合法原则还要求争议处理机构认真履行对相关协议审查确认的职责，确保签署的协议的内容不违反法律规定，不损害国家利益、社会公共利益、第三人利益以及社会公序良俗，从而能够发挥司法功能，维护公平正义。

（二）平等原则

在劳动争议处理的过程中，当事人双方的资格平等，都可以向劳动争议仲裁委员会申请仲裁。法律对争议双方当事人的保护效力也平等，即双方合法权益均等地受到保护，任何一方都不得享有超过法律规定的特权。同时也不允许任何一方无视法律规则，不允许任何只享受权利而不履行义务的不对等行为存在。因此，劳动争议处理机构应根据事实，按照法律，公正、平等地对待当事人双方，确保自身及实际行为的中立性，不得偏向其中的任何一方。

（三）自愿原则

劳动争议处理还应当遵循自愿原则。自愿原则主要体现在以下几个方面：

一是申请劳动争议处理自愿。劳动争议发生后，争议当事人可以申请调解，也可以不经调解直接申请仲裁。调解必须在双方当事人均同意申请的前提下才能进行，任何一方不得强迫。如果有一方当事人不愿意调解，或者达不成调解协议，则调解机构应尊重当事人向其他机构申诉的权利，及时结案，不耽误当事人申请仲裁的时效。

二是劳动争议处理的方式自愿。如调解的方式包括直接调解或间接调解、单方调解或双方调解、公开调解或私下调解。采取何种方式解决争议，由双方当事人自愿决定。

（四）公正原则

劳动争议处理机构在处理劳动争议的过程中，要保持其判断、行为的中立性，依据法律、法规进行客观公正的分析，做到公正调解。劳动争议处理机构要确保双方当事人受到平等对待，处于平等的法律地位，保证争议当事人具有平等的权利和义务。必须始终坚持实事求是，一切从争议的实际情况出发，对双方当事人摆事实、讲道理，做耐心、深入、细致的思想工作，进而在双方协商一致的前提下，引导其自主达成调解协议。同时，也要避免任何一方当事人把自己的意见强加给对方当事人，更不能由调解机构自行代拟调解协议强迫当事人接受。

（五）及时原则

劳动争议处理各个程序都须遵循及时原则。及时原则具体是指劳动争议调解委员会调解劳动争议，必须在法律规定的期限内结束。《劳动争议调解仲裁法》第十三条和第十四条规定，劳动争议调解委员会调解劳动争议，应当充分听取双方当事人对事实和理由的陈述，耐心疏导，帮助其达成协议。自劳动争议调解组织收到调解申请之日起十五日内未达成调解协议的，当事人可以依法申请仲裁。

思考题

1. 申诉、冲突、纠纷之间的关系是什么？
2. 请结合中国情景，谈谈你的工作场所冲突管理系统的设计思路。
3. 企业劳动争议处理机制有哪些？

案例分析

美国企业纷纷建立冲突管理系统

1999 年，可口可乐公司在一场劳资争议中陷入了困境。公司在被其非洲裔美国员工告上法庭后输掉了官司，并支付了巨额赔偿。为了防止此类事件继续发生，可口可乐公司开始尝试设计一种在组织内部解决劳资冲突的程序，这就是冲突管理策略转变的开端。经过很长时间的努力，可口可乐公司最终创立了“多元化委员会”来支持这个新的冲突管理系统。在公司冲突管理经理梅兰妮·刘易斯（Melanie Lewis）的领导下，一个设计冲突管理系统的团队产生了，他们称建立了一个新型的、整合的、广泛的冲突管理系统。这个系统包括特派调查员办公室、调解员、仲裁员、新系统应用的培训师等一系列强有力的组织内部支撑架构。2002 年，这个新的冲突管理系统正式运行。

PECO 能源公司是美国著名的非工会电力企业，但是在 20 世纪 90 年代中期一场电力工人国际运动使得它意识到没有满足员工的需求，于是也进行了一系列改革并最终建立了全面的冲突管理系统。

先灵葆雅公司在 20 世纪 90 年代的性骚扰案件中损失很大，公司管理层希望吸取教训，预防此类事件的发生，于是建立了专门团队来进行劳资冲突管理，在此基础上逐渐发展出公司自身的一套冲突管理系统。

资料来源：Lipsky D B，Seeber R L，Fincher R D. Emerging systems for managing workplace conflict. San Francisco：Jossey-Bass，2003.

第14章 事业单位人事管理

学习目标

学完本章后，你应该能够：

- 了解事业单位用工类型。
- 掌握事业单位岗位设置的类别、等级和比例。
- 掌握事业单位公开招聘、内部竞聘和人才交流制度。
- 掌握事业单位聘用合同管理流程以及与劳动合同管理的区别。

引导案例

吕某于2014年7月入职北京市某公立医院，获得事业单位人员编制，双方订立了为期5年的聘用合同。在聘用合同中双方约定，如果吕某违反聘用合同约定提前离职，须向医院支付违约金10万元，按工作年限递减。2017年2月，吕某向医院提出辞职，医院未同意其辞职。后经协商，双方订立了《解除聘用合同协议》，吕某向医院支付了违约金4万元，医院同意当月为其办理离职手续。2017年4月，吕某向劳动人事争议仲裁机构提出仲裁申请，要求医院返还其支付的违约金4万元。

仲裁机构审理后认为，双方订立的聘用合同及《解除聘用合同协议》是双方当事人真实意思表示，不违反法律法规的强制性规定，亦不存在采取欺诈、胁迫等手段订立或内容显失公平等情形，故该聘用合同及《解除聘用合同协议》对双方当事人具有约束力。吕某向医院支付违约金亦符合双方在聘用合同中对违约责任的约定，故裁决驳回吕某的仲裁请求。

由此可见，关于违约金条款，劳动合同与聘用合同的规定有差异。按照《劳动合同法》的规定，除在与劳动者订立服务期协议和竞业限制协议或条款的情况下，可与劳动者约定违约金，其他情况下均不得约定由劳动者承担违约金。按照《北京市事业单位聘用合同制试行办法》第十四条的规定，违反聘用合同的责任条款属于聘用合同的必备条款。第四十三条规定："属于下列情形之一的要承担违约责任：（一）任何一方违反聘用合同规定的；（二）聘用合同未到期，又不符合解除条件，单方面解除聘用合同的；（三）由于聘用单位原因订立无效或部分无效聘用合同的。违约金数额由双方当事人在聘用合同中自行约定，在聘用合同中未约定，但造成可计算经济损失的，由责任人按照实际损失承担经济赔偿责任。”从上述规定来看，事业单位与其在编工作人员可双向约定违约金，且不限于双方订立有服务期协议等情形。

资料来源：根据北京市人力社保局发布的 2018 年劳动人事争议仲裁十大典型案例之一编写。

第 1 节　事业单位人事管理制度概述

长期以来，我国干部人事实行党政机关、事业单位、企业分类管理，事业单位人事管理参照党政机关进行。随着市场经济深入发展，传统的事业单位人事管理制度越来越不适应各项社会事业发展需要，事业单位用人机制僵化等问题日益凸显。在改革开放初期，我国就开始探索事业单位人事管理制度改革办法；近年来，我国逐步推进以聘用制度和岗位管理制度为主要内容的事业单位人事改革，初步建立了以人员聘用制度为主要特征的新型人事管理制度。

一　事业单位概述

（一）事业单位的概念

事业单位是中国特有的一个概念，这一概念随着时间的推移和社会环境的变化不断发生变化。最早对事业单位概念进行界定的是 1963 年颁布的《国务院关于编制管理的暂行规定》。该规定将事业单位定义为“为国家创造和改善生产条件，促进社会福利，满足人民文化教育、卫生等需要，其经费由国家事业费开支的单位”。这是我国正式规范的文件中首次对事业单位概念进行阐述。1965 年，国家机构编制委员会制定的《关于划分国家机关、事业、企业编制界限的意见》规定：“凡直接从事为工农业生产和人民文化生活等服务活动，产生的价值不能用货币表现，属于全民所有制单位，列为国家事业单位编制。”1984 年全国编制委工作会议印发的《关于国务院各部门直属事业单位编制管理的试行办法》规定：“凡为国家制造或改善生产条件，从事为国民经济、人民文化生活、增进社会福利等服务活动，不以国家积累资金为目的的单位，可定为事业单位，使用事业编制。”国务院 1998 年颁布并于 2004 年修订的《事业单位登记管理暂行条例》，首次以行政法规的形式将事业单位定义为“国家为了社会公益目的，由国家机关举办或者其他组织利用国有资产举办的，从事教育、科技、文化、卫生等活动的社会服务组织”。

综合以上规定，我们可以将事业单位的概念阐述如下：事业单位是依法设立的从事教育、科技、文化、卫生等公益服务，不以营利为目的的社会组织。根据惯例，事业单位名称的结尾一般为中心、会、所、站、大队等。

（二）事业单位的特征

1. 依法设立

事业单位的设立，应当按照不同情况由法定的审批机关批准后依法登记。《事业单位登记管理暂行条例》规定："事业单位经县级以上各级人民政府及其有关主管部门（以下统称审批机关）批准成立后，应当依照本条例的规定登记或者备案。"

2. 提供公益服务

事业单位提供教育、科技、文化、卫生等公益服务，一般不承担行政职能。不过，部分事业单位可在上级行政部门的委托下，实施行政管理活动，例如人力资源和社会保障行政部门下属的劳动保障监察大队，在行政部门的授权下可以开展执法活动。

3. 不以营利为目的

这是事业单位与企业单位最明显的区别。事业单位一般不从事生产经营活动，其经费由财政予以保障。部分经过批准的事业单位收取行政事业性收费，可按照比例留成部分资金用于本单位的日常开支及工资发放，但不得用于员工的分红等。

4. 具有法人资格

事业单位应当具备法人条件，有自己的名称、组织机构和场所，有与其业务活动相适应的从业人员，有与其业务活动相适应的经费来源，能够独立承担民事责任。

（三）事业单位的分类

按照事业单位的职能及经费来源不同，事业单位可以分为以下四类：

（1）参照《公务员法》管理事业单位。该类事业单位的法律依据是《公务员法》第一百一十二条："法律、法规授权的具有公共事务管理职能的事业单位中除工勤人员以外的工作人员，经批准参照本法进行管理。"该类事业单位作为行政机关和事业单位的"中间地带"，主要在于其承担的公共事务管理职能与行政机关承担的行政管理职能具有一定程度的同质性。其人员身份虽为事业编制，但承担国家公共事务管理职能。

（2）全额拨款事业单位。该类事业单位所需的事业经费全部由国家预算拨款，一般存在于从事公益服务部门。这些部门通常没有收入或收入不稳定（如学校、科研单位等），其人员费用、公用开支都要由国家财政予以保障。国家采用这种管理形式，有利于国家对事业单位的收入进行全面的管理和监督，同时也使该类事业单位的经费得到充分的保证。

（3）差额拨款事业单位。该类事业单位的经费按差额比例，由财政和单位共同负担。其中财政承担部分，由财政列入预算；单位承担部分，由单位在税前列支。差额拨款事业单位的人员费用由国家财政拨款，其他费用自筹。这些事业单位的人员工资构成中固定部分为60%，非固定部分为40%。按照国家有关规定，差额拨款单位要根据经费自主程度，实行工资总额包干或其他符合自身特点的管理办法，逐步减少国家财政拨款，向经费自收自支过渡。

（4）自收自支事业单位。该类事业单位依据政府或物价部门的批准自己收取各项行政性收费，然后按当地财政核定的比例，留存部分资金用于本单位的日常开支及工资发放。自收自支事业单位作为事业单位的一种主要形式，由于不需要地方财政直接拨款，一些地方往往放松对它的管理，造成自收自支事业单位有不断膨胀的趋势。

2012 年 4 月，国家公布了《中共中央 国务院关于分类推进事业单位改革指导意见》，明确了改革的原则，提出了改革的总目标和阶段性目标，要求到 2020 年，建立起功能明确、治理完善、运行高效、监督有力的管理体制和运行机制。改革的目标可以概括为“甩掉两头，留下中间”，两头是指具有行政职能的和从事生产经营活动的，中间是指从事公益服务的。其中，参公事业单位、差额拨款事业单位、自收自支事业单位是改革中的“两头”，即要甩掉的；全额拨款事业单位是“中间”，即要留下的。

二　事业单位用工类型

在目前的事业单位中，劳动人事关系状况相当复杂。从用工具体方式来看，有编制内用人和编制外用人，有上级部门任命的用人和单位自主用人，有单位直接用人和采用人才派遣、劳务派遣、人事代理新形式的用人。从员工的身份来看，不仅有干部身份的专业技术和管理人员，还有工人身份的后勤岗位人员，甚至还有参照实行公务员制度的管理人员（如由机关调任事业单位的高层管理人员）。从确认关系的法律形式上看，编制内人员签订的是事业单位聘用合同，编制外聘用人员签订的是劳动合同。

依照事业单位人员在事业单位中所具有的不同身份，事业单位用工类型可分为三种情况：一是适用或参照公务员法管理的人员，由《公务员法》调整；二是建立劳动关系的人员，由《劳动合同法》调整；三是实行聘用制人员，这类人员的法律适用比较复杂，部分适用《劳动合同法》，同时还适用国务院的特别规定。

三　事业单位人事管理的主要内容

（一）岗位管理

岗位管理制度是事业单位聘用人员的基础和依据，其主要内涵是因事设岗、人岗相适、以岗定规、岗变薪变。推行岗位管理制度，有利于明确岗位职责和工作标准、提高效率，为事业单位人事管理的其他主要环节特别是人员聘用、收入分配两项主要制度提供依据。实践表明，岗位管理制度的实施，大大增强了事业单位的岗位管理意识，拓展了事业单位工作人员特别是专业技术人员的职业发展空间，提高了事业单位工作人员的工资待遇水平，初步实现了由身份管理向岗位管理的转变。目前，岗位管理还存在一些问题，主要表现为岗位动态管理机制尚未建立、基层单位工作人员职业发展空间有限、岗位管理的基础性作用还未充分发挥。

（二）招聘管理

公开招聘是事业单位进人的主要制度，是事业单位人事制度改革的重要标志，也受到社会高度关注。公开招聘坚持机会公平、规则公正、过程公开，扩大选人用人的视野和范围，为各类人才平等进入事业单位开辟通道，有利于遏制用人上的不正之风，切实维护社会公平正义。自2006年以来，全国已有3 000多万人次参加公开招聘，实际聘用人数达到360多万人，一批素质高的优秀人才成为事业单位的骨干和中坚。当然，公开招聘还是一项新制度，存在组织实施不规范、招聘模式单一等问题。

（三）聘用合同管理

聘用合同制度是事业单位与工作人员订立、履行、变更、解除、终止聘用合同的具体管理制度。当前全国绝大多数事业单位推行了聘用制度，90%以上的工作人员签订了聘用合同。在事业单位推行聘用合同制度，打破了事业单位人员的身份界限，破除了事业单位实际存在的干部身份终身制，以及用工制度上的固定工制，其实质是实行双向选择，由过去的行政任用关系向平等协商的聘用关系转变，实现由身份管理向岗位管理、由单纯行政管理向法制管理、由国家用人向单位用人的转变。但是，聘用合同签订工作还有“死角”，不少事业单位的合同管理流于形式，作用还未真正发挥，聘用合同还不能充分体现行业、岗位特点。

（四）考核与奖惩管理

事业单位工作人员的考核内容包括德、能、勤、绩四个方面，重点考核工作实绩。事业单位建立奖励制度，从物质和荣誉上奖励事业单位及其工作人员，可以激发和调动其积极性、主动性和创造性。奖励制度也可以促进竞争，是聘后管理的重要环节。事业单位建立处分制度，可以严肃事业单位纪律，规范事业单位工作人员行为，保证事业单位及其工作人员依法履行职责。事业单位工作人员与所在单位因职称评定、考核纠纷所产生的争议就不属于仲裁、诉讼的受案范围，只能通过申诉等途径解决。

第2节　事业单位岗位管理

一　事业单位岗位管理概述

（一）事业单位岗位的概念

事业单位岗位是指事业单位根据其社会功能、职责任务和工作需要设定的工作岗位，具有明确的岗位名称、职责职务、工作标准和任职条件。

岗位是事业单位为实现组织目标而进行组织分工的结果，具体到每个单位而言，岗位是千差万别的，每个岗位都有具体的职责任务、工作标准，都有一定的任职条件。国家从整个事业单位管理的需要出发，从适应各个层级事业单位、适应各个层级的岗位出发，提出通用的岗位等级；事业单位则按照规定，将本单位的具体工作岗位对应到相应的岗位等级，以便规范管理，确定相应的工资待遇。

（二）事业单位岗位的特征

1. 岗位是以工作为中心确定的

事业单位中的岗位由工作性质、工作范围、工作内容等因素确定，而不是由工作人员确定。

2. 岗位数量是有限的

事业单位岗位数量受事业单位规模、职能、任务繁杂程度，经济、科技发展状况，以及经费预算等因素的影响，因此数量是有限的。

3. 岗位具有相对稳定性

事业单位岗位一般不随工作人员的变动而变动，同一岗位在不同时间里可以由不同的人任职。

4. 岗位是可以调整的

组织机构规模、职能、经费预算变化以及社会发展都可以引起岗位的调整。

5. 岗位的确定有特定程序要求

事业单位岗位的确定，包括总量控制、结构比例和最高等级，必须由上一级主管部门依据其职能和职权分配来确定。

二 岗位类别

事业单位岗位分为管理岗位、专业技术岗位和工勤技能岗位三种类别。

管理岗位是指担负领导职责或者管理任务的工作岗位。管理岗位的设定要适应增强单位运转效能、提高工作效率、提升管理水平的需要。

专业技术岗位是指从事专业技术工作，具有相应专业技术水平和能力要求的工作岗位。专业技术岗位的设置要符合专业技术工作的规律和特点，适应发展社会公益事业与提高专业技术水平的需要。

工勤技能岗位指承担技能操作和维护、后勤保障、服务等职责的工作岗位。工勤技能岗位的设置要适应提高操作维护技能、提升服务水平的要求，满足单位业务工作的实际需要。随着社会的发展，事业单位已经实现社会化服务的一般性劳务工作，不再设置相应的工勤技能岗位。

根据事业发展和工作需要，经批准，事业单位可设置特设岗位，主要用于聘用急需的高层次人才等特殊需要。

三 岗位等级

国家对事业单位工作人员实行分级分类管理。事业单位岗位等级制度参见表 14－1。

表 14-1 事业单位岗位等级一览表

岗位类别		岗位等级	
管理岗位		一级	部级正职
		二级	部级副职
		三级	厅级正职
		四级	厅级副职
		五级	处级正职
		六级	处级副职
		七级	科级正职
		八级	科级副职
		九级	科员
		十级	办事员
专业技术岗位		一级至四级	正高级岗位
		五级至七级	副高级岗位
		八级至十级	中级岗位
		十一级至十三级	初级岗位
工勤技能岗位	技术工岗位	一级	高级技师
		二级	技师
		三级	高级工
		四级	中级工
		五级	初级工
	普通工岗位	不分等级	

四 岗位比例

国家对事业单位三类岗位的比例结构有一定要求，具体标准由人事行政部门和事业单位主管部门确定。原则上，主要以专业技术提供社会公益服务的事业单位，应保证专业技术岗位占主体，一般不低于岗位总量的 70%；主要承担社会事务管理职责的事业单位，应保证管理岗位占主体，一般应占事业单位岗位总量的一半以上；主要承担技能操作维护、服务保障等职责的事业单位，应保证工勤技能岗位占主体，一般应占事业单位岗位总量的一半以上。事业单位主体岗位之外的其他两类岗位，应保持相对合理的结构比例。

专业技术高级、中级、初级岗位之间的结构比例全国总体控制目标为 1∶3∶6。高级、中级、初级岗位内部不同等级岗位之间的结构比例全国总体控制目标如下：二级、三级、四级岗位之间的比例为 1∶3∶6；五级、六级、七级岗位之间的比例为 2∶4∶4；八级、九级、十级岗位之间的比例为 3∶4∶3；十一级、十二级岗位之间的比例为 5∶5。

工勤技能岗位的最高等级和结构比例按照岗位等级规范、技能水平和工作需要确定。

事业单位中工勤技能岗位的结构比例，一级、二级、三级岗位的总量占工勤技能岗位总量的比例全国总体控制目标为 25%左右，一级、二级岗位的总量占工勤技能岗位总量的比例全国总体控制目标为 5%左右。工勤技能一级、二级岗位主要应在专业技术辅助岗位承担技能操作和维护职责等对技能水平要求较高的领域设置。各地区、各部门要制定政策措施严格控制工勤技能一级、二级的总量。

特设岗位的等级根据具体情况确定。特设岗位不受事业单位岗位总量、最高等级和结构比例的限制，在完成工作任务后，按照管理权限予以核销。

五 岗位任职条件

（一）三种岗位通用的基本任职条件

（1）遵守宪法和法律；

（2）具有良好的品行；

（3）具有履行岗位职责所需的专业、能力或者技能；

（4）适应岗位要求的身体条件。

（二）管理岗位基本任职条件

（1）对职员岗位所需的文化要求：职员岗位一般应具有中专以上文化程度，其中，六级以上职员岗位一般应具有大学专科以上文化程度，四级以上职员岗位一般应具有大学本科以上文化程度。

（2）各等级职员岗位的基本任职条件：三级、五级职员岗位，须分别在四级、六级职员岗位上工作两年以上；四级、六级职员岗位，须分别在五级、七级职员岗位上工作三年以上；七级、八级职员岗位，须分别在八级、九级职员岗位上工作三年以上。

（三）专业技术岗位基本任职条件

专业技术岗位的基本任职条件按照现行专业技术职务评聘的有关规定执行。实行职业资格准入控制的专业技术岗位的基本条件，应包括准入控制的要求。各省（自治区、直辖市）、国务院各有关部门以及事业单位在国家规定的专业技术高级、中级、初级岗位基本条件基础上，根据行业指导意见，结合实际情况，制定本地区、本部门以及本单位的具体条件。专业技术高级、中级、初级岗位内部不同等级岗位的条件，由主管部门和事业单位，按照政策法规以及行业指导意见，根据岗位的职责任务、专业技术水平要求等因素综合确定。

专业技术一级岗位是国家专设的特级岗位，一般由国家直接确定。专业技术一级岗位的任职应具备以下条件之一：中国科学院院士、中国工程院院士；在自然科学、工程技术、社会科学领域做出系统的、创造性的成就和重大贡献的专家、学者；其他为国家做出重大贡献、享有盛誉、业内公认的一流人才。

（四）工勤技能岗位基本任职条件

一级、二级工勤技能岗位，须在本工种下一级岗位工作满五年，并分别通过高级技师、技师技术等级考评；三级、四级工勤技能岗位，须在本工种下一级岗位工作满五年，并分别通过高级工、中级工技术等级考核；学徒（培训生）学习期满和工人见习、试用期满，通过初级工技术等级考核后，可确定为五级工勤技能岗位。

六 岗位设置

（一）岗位设置的意义

（1）事业单位进行岗位设置是推行聘用制度的需要。科学设置岗位是推行聘用制度的前提和基础，推行聘用制度需要岗位管理方面的政策配套。

（2）事业单位进行岗位设置是建立健全事业单位岗位管理制度的需要。岗位设置是岗位管理的重要环节，是顺利实施岗位管理、实现事业单位人员由身份管理向岗位管理转变的前提和基础。

（3）事业单位进行岗位设置是事业单位收入分配制度改革的迫切需要。收入分配改革实行岗位绩效工资，将岗位作为确定工资的主要因素，这就迫切需要确定岗位设置，作为实施收入分配制度改革的依据和基础。

（二）岗位设置的原则

事业单位要按照科学合理、精简效能的原则进行岗位设置，坚持按需设岗、竞聘上岗、按岗聘用、合同管理。

从管理学的角度讲，一般组织机构的岗位能级，从高到低通常可以分为决策层岗位、管理层岗位、执行层岗位和操作层岗位。在任何组织中，其岗位的能级结构都呈梯形，合理的能级结构是发挥组织整体功能的重要因素。能级既体现在职务上，也体现在业务水平上，当确定具体岗位时，必须兼顾这两个方面。

事业单位设置岗位，应与本单位的职能、任务、目标直接挂钩，即所谓因事设岗。在设置岗位时，不能孤立、局部地重视某一类别或子系统的岗位设置，而应该从各类别或者子系统之间，从各岗位之间的相互联系上，从总体上去把握。因此，在考虑设置岗位时，不仅要强调向主业岗位倾斜，还要考虑到辅助或者支持系统的岗位设置。岗位设置的关键在于高、中、初能级结构比例的合理，只有这样才能使岗位发挥出经济、协调、科学、高效的作用。事业单位的岗位设置是一项系统工程，既要分清主次，又要注意协调配合。在事业单位设岗时，要根据单位的性质与特点，使各类能级岗位层次体现合理与适当。

聘用制度为岗位管理提供了聘用制度基础，因此，岗位管理必须与聘用制度相结合，坚持按需设岗、竞聘上岗、按岗聘用、合同管理。

（三）岗位设置程序

事业单位岗位设置按照以下程序进行：

（1）制定岗位设置方案，填写岗位设置审核表。

（2）按程序报主管部门审核、政府人力资源和社会保障部门核准。

（3）在核准的岗位总量、结构比例和最高等级限额内，制定岗位设置实施方案。

（4）广泛听取职工对岗位设置实施方案的意见。

（5）岗位设置实施方案由单位负责人员集体讨论通过。

（6）组织实施。

（四）岗位设置审核

国务院直属事业单位的岗位设置方案报人力资源和社会保障部核准后实施。国务院各部门所属事业单位的岗位设置方案报主管部门审核汇总后，报人力资源和社会保障部备案。

省（自治区、直辖市）政府直属事业单位的岗位设置方案报本地区人力资源和社会保障厅（局）核准。省（自治区、直辖市）政府各部门所属事业单位的岗位设置方案经主管部门审核后，报本地区人力资源和社会保障厅（局）核准。

地（市）政府直属事业单位的岗位设置方案报本地（市）政府人力资源和社会保障行政部门核准。地（市）政府各部门所属事业单位的岗位设置方案经主管部门审核后，报本地（市）政府人力资源和社会保障行政部门核准。

县（县级市、区）政府直属事业单位的岗位设置方案经县（县级市、区）政府人力资源和社会保障行政部门审核后，报地区或设区的市政府人力资源和社会保障行政部门核准。县（县级市、区）政府各部门所属事业单位的岗位设置方案经主管部门、县（县级市、区）政府人力资源和社会保障行政部门审核汇总后，报地区或设区的市政府人力资源和社会保障行政部门核准。

国务院直属机构中垂直管理的，其事业单位的岗位设置管理实施方案，报人力资源和社会保障部备案后，由国务院直属机构组织实施。实行省以下垂直管理的政府直属机构，其事业单位的岗位设置实施方案，报省（自治区、直辖市）人力资源和社会保障厅（局）核准后，由该直属机构组织实施。

第 3 节　事业单位招聘管理

一　公开招聘

公开招聘是事业单位进人的主要制度，是事业单位人事制度改革的重要标志。公开招聘可以规范事业单位用人行为，防止随意用人。

（一）公开招聘的适用范围

1. 适用公开招聘的人员范围

事业单位新聘用工作人员时，应当通过公开招聘形式，择优聘用各类岗位所需的工作人员。

2. 不适用公开招聘的人员范围

(1) 国家政策性安置人员。这部分人员包括军转干部及其随调配偶、退役士兵和残疾人。根据相关政策法规的规定，这部分人员的就业由各级政府统一安置。

(2) 按照人事管理权限由上级任命的人员。事业单位领导人员一般通过上级任命产生。任命制，又称委任制，是指由立法机关或者其他任免机关，按照干部管理权限，经过考察而直接任命产生行政领导者的制度。一般党委、政府直属事业单位的领导班子成员和部门所属事业单位的党政正职实行委任制。

(3) 涉密岗位人员。涉及国家秘密的事业单位任用或者聘用在涉密岗位工作的人员，不宜适用公开招聘制度。涉密人员按照涉密程度实行分类管理，任用、聘用涉密人员应当按照有关规定进行审查。涉密人员应当具有良好的政治素质和品行，具有胜任涉密岗位所要求的工作能力。

(二) 公开招聘的程序

为了保证事业单位人员聘用工作公平、公正、高效，聘用单位的人事部门与纪检部门一级工会组织应当成立聘用工作小组，必要时还可以聘请专家，严格人员聘用程序。事业单位公开招聘工作人员遵循以下基本程序：

1. 制定公开招聘方案

需要进行公开招聘的事业单位负责编制招聘方案，主要包括以下内容：招聘的岗位及条件、招聘的时间、招聘人员的数量、采用的招聘方式。事业单位制定招聘方案后，应当报送各级组织人事部门核准备案，各级组织人事部门应当按照规定的权限严格履行招聘方案核准备案职责。

2. 公布招聘岗位、资格条件等招聘信息

事业单位招聘人员应当公开发布招聘信息，招聘信息应当载明用人单位情况简介、招聘的岗位、招聘人员数量及待遇、应聘人员条件、招聘办法、考试考核的相关信息、报名办法等需要说明的事项。

事业单位公开招聘人员实行回避制度。凡与聘用单位负责人员有夫妻关系、直系血亲关系、三代以内旁系血亲关系或者近姻亲关系的应聘人员，不得应聘该单位负责人员的秘书或者人事、财务、纪律检查岗位，以及有直接上下级领导关系的岗位。聘用单位负责人员和招聘工作人员在办理人员聘用事项时，涉及与本人有上述亲属关系或者其他可能影响招聘公正的，也应当回避。

招聘信息的发布时间不少于七个工作日。招聘信息须在组织人事部门网站、招聘单位及主管部门网站上免费公布，同时也可以在人力资源市场网站或者其他媒体上公布。招聘信息一经公布，应当严格执行，不得擅自更改。

3. 审查应聘人员资格条件

聘用工作组对应聘人员的资格条件进行初步审查，确定符合条件的人员。

4. 考试、考察

公开招聘采取考试与考察相结合的方法，应当符合事业单位的特点，充分体现行业、专业及岗位特点。

事业单位自行组织考试，或由政府人力资源和社会保障行政部门、事业单位上级主管部门统一组织考试。考试内容应为招聘岗位所必需的专业知识、业务能力和工作技能。考试科目与方式根据行业、专业及岗位特点确定。考试可采取笔试、面试、实际操作能力测试等多种方式。

对通过考试的应聘人员，聘用工作组应对其思想政治表现、道德品质、业务能力、工作实绩等情况进行考核，并对应聘人员资格条件进行复查。

考察应当侧重于思想政治表现、道德品质以及与聘用岗位相关的业务能力和工作实绩。急需引进的高层次、短缺专业人才，具有高级专业技术职务或者博士学位的人员，可以采取直接考察的方式招聘。

5. 体检

体检工作由事业单位或其主管部门统一集中组织实施。体检对象根据招聘方案规定的拟聘人数和考生的考试综合成绩从高分到低分等额确定。体检对象放弃体检或者因为体检不合格出现招聘岗位缺额的，可以在同岗位面试人员中，按考试综合成绩从高分到低分依次等额递补。

体检应当在县级以上综合性医院进行。体检标准以不影响正常履行岗位职责为原则，具体标准由各地人力资源和社会保障行政部门会同卫生行政部门以及其他相关部门制定。

6. 公示拟聘人员名单

经聘用单位负责人员集体研究，按照考试和考核结果择优确定拟聘人员。对拟聘人员应当在适当的范围进行公示，公示期一般为 7 日至 14 日。

7. 订立聘用合同，办理聘用手续

聘用单位与拟聘人员签订聘用合同前，按照干部人事管理权限的规定报批或者备案。用人单位法定代表人或者其委托人与受聘人员签订聘用合同，确立人事关系。

二　内部竞聘

事业单位首次实行人员聘用制度，可以按照竞争上岗、择优聘用的原则，优先从本单位现有人员中选聘符合岗位要求的人员签订聘用合同。通过内部竞聘，实现竞聘上岗是事业单位内部人员选拔的主要方式。要坚持公开、公平、公正的原则，采取个人自荐或者群众推荐及组织提名等方式产生人选。根据岗位不同特点，灵活运用笔试、面试、民主测评、专家评议等方法实行竞聘上岗。要以岗位职责任务和任职条件为标准，以品德、能力和业绩为依据，严格条件，规范程序，择优聘用。

（一）内部竞聘的程序

1. 制定竞聘上岗方案

在完成岗位分类的基础上，确定岗位人数、岗位条件、竞聘程序、竞聘规则。

2. 公布竞聘信息

方案确定后，在本单位公布空岗岗位、空岗职数、聘任条件、聘期、竞聘程序及时间安排等信息。竞聘信息一般应在人事部门网站发布，还可以通过电子邮件等其他常用工作方式通知所有员工。

3. 审查竞聘人员资格条件

竞聘人员呈交竞聘申请表及相关资料，聘任单位成立聘任工作组，对竞聘人员进行资格审查。

4. 考评

聘任工作组采取考核等办法，对有资格竞聘的人员进行考察评议，遴选拟聘人员。

5. 在本单位公示拟聘人员名单

在本单位公示拟聘人员名单，公示期一般不少于三日。

6. 办理聘任手续

聘任单位与受聘人员签订聘用合同。

（二）未聘人员的安置

在推行聘用制度的过程中，首次签订聘用合同时未被聘用的正式在册人员属于未聘人员。按照国家规定，对未聘人员应当妥善安置，形成人才合理流动机制。未聘人员安置应当坚持内部消化为主、多种渠道安置的原则，不能简单推向社会，在解决养老、医疗、失业等社会保险问题的基础上，逐步探索扩大社会安置的渠道和办法。对落聘、待聘人员，可采用单位内或者系统内转岗聘任或者创造就业机会等办法进行安置和分流。事业单位还应当采取多种形式的培训，为待聘人员提供学习、培训的机会。

三 人才交流

事业单位工作人员交流是指事业单位根据工作需要或者工作人员个人的愿望，依据法定的管理程序和方法，对系统内部工作人员的人事流动，以及系统之间的人事流动，进行组织、控制、协调等管理活动。

（一）交流原则

人员交流要坚持党的干部路线、方针和政策，按照有利于优化人才资源配置、提高队伍素质和合理使用、合理流向、保证重点、规范管理的原则，认真执行国家有关机构编制、人员结构、任职回避、职数限额的规定，并严格按照规定的条件和程序来进行审批，保证人员交流调配工作有序进行。

（二）交流范围

（1）有下列情形之一的，事业单位人员可以进行交流调配：事业单位管理人员和专业技术人员队伍结构不合理，需要进行优化调整的；重点工作部门缺乏特殊人才的；基层单位工作力量薄弱的；单位被撤销、合并或者缩减编制出现人员富余需要安置的；工作岗位与所学专业、特长不适应需调整的；解决夫妻两地分居和其他特殊困难的；接收国家指令性计划安置的。

（2）有下列情形之一的，不得作为交流调配人员：涉嫌违法违纪正在接受有关机关审查尚未做出结论的人员；受处分期间或者未满期限的人员；按照有关规定，对工作地区、工作单位、最低工作时限等有限制性规定的人员；见习（试用）期未满的人员；约定的服务期未满的人员；法律法规规定的其他情形。

（三）交流形式

1. 调任

按照《公务员法》的规定，调任是指国有企事业单位、人民团体和群众团体中从事公务的人员调入机关担任领导职务或者副调研员以上及其他相当职务层次的非领导职务，或者公务员调出行政机关，到其他组织系统任职的人事交流活动。

并非所有事业单位工作人员都可以通过调任进入行政机关，在原单位担任一定职务或有一定职称、资历的工作人员才有调任资格，且调入行政机关以后拟担任一定的领导职务或者副调研员以上的非领导职务。

事业单位工作人员调入行政机关需具备以下前提条件：行政机关有编制定额和职位空缺；拟调入的工作人员具备拟任职务所需的各项资格条件；拟调任的工作人员符合有关任职回避的要求。

2. 兼职、挂职锻炼

事业单位可以有计划地选派工作人员到国家机关或者企事业单位担任一定职务，目的是让其工作人员获得较全面的工作经验。

如 2013 年 8 月，教育部启动的"双千计划"就是兼职、挂职的典型计划。该计划的主要任务是，从 2013 年至 2017 年，有关部门选聘 1 000 名左右具有 10 年以上法律实务工作经验、有较高理论水平和丰富实践经验的法律实务部门专家到高校法学院系兼职或者挂职任教，承担法学专业课程教学任务；同时选聘 1 000 名左右高校具有高级专业技术职务，并有能力帮助法律实务部门分析解决疑难复杂案件的法学专业骨干教师到法律实务部门兼职或挂职，参与法律实务工作。"双千计划"建议聘期为 1～2 年。

兼职或挂职锻炼以派出单位管理为主，不改变兼职、挂职人员与派出单位的人事关系，不改变双方单位的编制，不办理调动手续。派出单位保留兼职、挂职人员原职务级别、岗位，其工资福利待遇不变。接收单位组织人事部门对受聘人员工作做出书面鉴定，反馈给派出单位组织人事部门，存入本人档案。

3. 调动

调动与调任的共同点在于工作人员调离原单位，与原单位的人事关系发生改变，区别在于调任对象有特殊要求，调动对象可以是任何工作人员。调动可以是组织安排（组织需提前征求本人意见），也可以是本人申请。

（四）交流程序

1. 申报计划

凡需要调入人员的，用人单位或者主管部门应按照交流调配的管理权限，向人事主管部门申报调入人员计划，经审核批复后方可实施。

2. 考核

根据人事主管部门审核意见，由相关部门配合事业单位对拟调入人员进行全面考核。

3. 研究呈报

经事业单位或主管部门研究同意后，以正式文件向人事主管部门报送人员调入请示。请示应包括以下内容：调入单位编制核定及使用情况、调入理由、考察情况、原单位性质与本人身份是否符合调入单位要求、拟安排岗位等。

4. 资格审查

由人事主管部门对相关材料进行资格审查。审查内容包括单位编制空缺情况、机构性质、岗位结构、拟调入人员信息（包括年龄、学历、毕业院校及专业、专业技术职称和岗位资格证书等）。

5. 办理手续

经研究同意调配的人员、组织、人事部门和事业单位应当及时按规定办理有关手续。

第 4 节　事业单位聘用合同管理

聘用合同是证明事业单位与职工存在用工关系法律形式。2002 年，国务院办公厅转发人事部《关于在事业单位试行人员聘用制度意见》，规定事业单位与职工应当按照国家有关法律、政策和本意见的要求，在平等自愿、协商一致的基础上，通过签订聘用合同，明确聘用单位和受聘人员与工作有关的权利和义务。至此，聘用合同正式登上事业单位用工管理的舞台。事业单位聘用合同制度与劳动合同管理制度大体相同，但仍有一些细节的差异。

一　聘用合同管理的依据

与 1995 年开始施行的全员劳动合同制度相比，聘用合同制度可谓是一项新的制度，但由于我国事业单位与企业组织有着天然的区别，聘用合同制度与劳动合同制度始终在不同的轨道运行。《劳动合同法》第九十六条规定：“事业单位与实行聘用制的工作人员订立、履行、变更、解除或者终止劳动合同，法律、行政法规或者国务院另有规定的，依照其规定；未作规定的，依照本法有关规定执行。”因此有观点认为，《劳动合同法》已明确将事业单位的劳动人事关系有限制地纳入了该法的适用范围，聘用合同与劳动合同具有“同质性”。①

然而，《劳动合同法》第九十六条的核心并非是澄清聘用合同与劳动合同的“同质性”，而是尊重聘用合同与劳动合同的天然区别，允许聘用合同适用特殊规则，在特殊规则缺位的情况下，聘用合同才参照适用劳动合同相关制度。对于“法律、行政法规或者国务院另有规定”的指向，2007 年 9 月 26 日，原人事部办公厅已经明确，2002 年国务院办公厅转发人事

---

① 许建宇．事业单位聘用合同的定性与法律适用模式选择．法学，2010（12）：87－95.

部《关于在事业单位试行人员聘用制度意见》（以下简称《意见》），属于《劳动合同法》第九十六条的“国务院另有规定”；2014 年 7 月 1 日，国务院颁布的《事业单位人事管理条例》（以下简称《条例》）正式施行，作为行政法规，《条例》成为规范聘用合同的重要依据。因此，《意见》和《条例》成为“特别法”的主要内容，优先适用于聘用合同。

二　聘用合同的订立

（一）聘用合同订立原则

聘用合同的订立采取公开招聘和竞聘上岗的基本原则，但国家政策性安置、人事任命及涉密岗位的聘用合同例外。《条例》第八条至第十一条，是关于事业单位公开招聘和竞聘上岗的规定，这些规定不仅明确了聘用合同订立的原则，还明确了公开招聘的程序以及内部竞聘的程序。考虑到事业单位的特殊性质，对于一些特殊岗位以及基于国家政策考虑的情形被排除在公开招聘和竞聘上岗以外。

（二）聘用合同期限的种类

《意见》和《条例》将聘用合同的期限分为四类：短期、中长期、以完成一定的工作为期限、聘用至退休。这些期限的种类分别与劳动合同的固定期限、以完成一定工作任务的期限和无固定期限相对应。所不同的是，劳动合同并不在制度上区分固定期限的短期和长期。

（三）聘用合同期限的选择

合同期限作为聘用合同的重要内容，通常由合同当事人协商确定，但是法律、法规在期限选择权方面还是进行了一些限制。

1. 对期限种类选择的限制

对期限种类选择的限制，主要体现在法律强制用人单位一方签订聘用至退休（无固定期限）的合同。《意见》规定，对在本单位工作已满 25 年或者在本单位连续工作已满 10 年且年龄距国家规定的退休年龄不足 10 年的人员，提出订立聘用至退休的合同的，聘用单位应当与其订立聘用至该人员退休的合同。《条例》第十四条进一步强调，事业单位工作人员在本单位连续工作满 10 年且距法定退休年龄不足 10 年，提出订立聘用至退休的合同的，事业单位应当与其订立聘用至退休的合同。《意见》和《条例》的相关规定与《劳动合同法》相比，有较大的出入：

第一，以连续工作年限来强制用人单位同意签订聘用至退休的聘用合同，其条件是 25 年工龄，大大高于《劳动合同法》要求签订无固定期限劳动合同的 10 年工龄的规定。如果聘用人员连续工作满 10 年，还必须达到距离法定退休年龄不足 10 年的附加条件，才符合强制用人单位同意签订聘用至退休的聘用合同的要求，而《劳动合同法》要求签订无固定期限劳动合同则无此附加条件。

第二，《劳动合同法》有签订两次固定期限劳动合同后，则强制用人单位同意签订无固定期限劳动合同的规定，《意见》和《条例》均无涉及。也就是说，签订聘用合同的次数，对于是否强制用人单位同意签订聘用至退休的聘用合同并无影响。

综上所述，与强制用人单位同意签订无固定期限劳动合同相比，强制用人单位同意签订聘用至退休的聘用合同的力度要小很多。

2. 对固定期限长短的限制

《意见》将聘用合同的固定期限区分为短期和中长期，规定对流动性强、技术含量低的岗位一般签订 3 年以下的短期合同，同时规定岗位或者职业需要、期限相对较长的合同为中长期合同。《条例》第十二条规定，事业单位与工作人员订立的聘用合同，期限一般不低于 3 年。这些规定貌似非常详细，实际上关于概念和范围的界定并不明确，也并非是强制性的规定，在实践中可以随意突破，因此这些规定的实施效果也大打折扣。《劳动合同法》除了对劳务派遣劳动合同的期限做出限制，并不限制其他固定劳动合同的实际期限，甚至根本没有短期、长期的提法，但是其在制度设计上增加了用人单位签订短期劳动合同的成本，堵住了用人单位通过签订短期劳动合同而受益的漏洞，从而引导用人单位签订期限较长劳动合同。

（四）聘用合同的试用期

与劳动合同一样，聘用合同的试用期也是可选择条款，并包含在合同期限内。但聘用合同与劳动合同的试用期在具体规定上仍有明显的差别：

（1）《意见》和《条例》并未规定聘用合同不得约定试用期的情形，即所有聘用合同均可以约定试用期，而《劳动合同法》则规定了部分劳动合同不得约定试用期。

（2）《意见》规定，试用期一般不超过 3 个月；情况特殊的，可以延长，但最长不得超过 6 个月。被聘人员为大中专应届毕业生的，试用期可以延长至 12 个月。特别需要指出的是，与劳动合同的试用期不同，聘用合同试用期长短，并不与聘用合同期限存在具体的匹配限制，也就是说，试用期只要不长于聘用合同期限即可。另外，对于试用期可以延长至 12 个月的规定，也大大超过了劳动合同试用期最长为 6 个月的限制。《条例》第十三条规定，初次就业的工作人员与事业单位订立的聘用合同期限 3 年以上的，试用期为 12 个月。该规定对于签订 12 个月试用期的聘用合同范围做出更明确的界定，但仍然保留了 12 个月试用期的规定。

三 聘用合同的解除

（一）聘用合同解除的条件

关于聘用合同解除的条件，《意见》与《条例》均有相关规定，但不尽相同。具体区别参见表 14－2。

表 14－2 《意见》与《条例》关于聘用合同解除条件的规定

解除聘用合同方式	《意见》的相关规定	《条例》的相关规定
双方协商一致解除	聘用单位、受聘人员双方经协商一致，可以解除聘用合同	（无规定）

续表

解除聘用合同方式	《意见》的相关规定	《条例》的相关规定
聘用单位/事业单位随时提出解除	受聘人员有下列情形之一的，聘用单位可以随时单方面解除聘用合同：（1）连续旷工超过 10 个工作日或者 1 年内累计旷工超过 20 个工作日的；（2）未经聘用单位同意，擅自出国或者出国逾期不归的；（3）违反工作规定或者操作规程，发生责任事故，或者失职、渎职，造成严重后果的；（4）严重扰乱工作秩序，致使聘用单位、其他单位工作不能正常进行的；（5）被判处有期徒刑以上刑罚收监执行的	事业单位工作人员连续旷工超过 15 个工作日，或者 1 年内累计旷工超过 30 个工作日的，事业单位可以解除聘用合同 事业单位工作人员受到开除处分的，解除聘用合同
聘用单位/事业单位在试用期内解除	对在试用期内被证明不符合本岗位要求又不同意单位调整其工作岗位的，聘用单位也可以随时单方面解除聘用合同	（无规定）
聘用单位/事业单位提前通知解除	受聘人员有下列情形之一的，聘用单位可以单方面解除聘用合同，但是应当提前 30 日以书面形式通知拟被解聘的受聘人员：（1）受聘人员患病或者非因工负伤，医疗期满后，不能从事原工作也不能从事由聘用单位安排的其他工作的；（2）受聘人员年度考核或者聘期考核不合格，又不同意聘用单位调整其工作岗位的，或者虽同意调整工作岗位，但到新岗位后考核仍不合格的	事业单位工作人员年度考核不合格且不同意调整工作岗位，或者连续两年年度考核不合格的，事业单位提前 30 日书面通知，可以解除聘用合同
受聘人员/工作人员随时提出解除	有下列情形之一的，受聘人员可以随时单方面解除聘用合同：（1）在试用期内的；（2）考入普通高等院校的；（3）被录用或者选调到国家机关工作的；（4）依法服兵役的	（无规定）
无因解除特别规定	受聘人员提出解除聘用合同未能与聘用单位协商一致的，受聘人员应当坚持正常工作，继续履行聘用合同；6 个月后再次提出解除聘用合同仍未能与聘用单位协商一致的，即可单方面解除聘用合同	事业单位工作人员提前 30 日书面通知事业单位，可以解除聘用合同。但是，双方对解除聘用合同另有约定的除外

（二）聘用合同解除的禁止性规定

关于聘用合同解除的禁止性规定，《意见》作了类似《劳动合同法》的相关规定，具体内容如下：

受聘人员有下列情形之一的，聘用单位不得解除聘用合同：（1）受聘人员患病或者负伤，在规定的医疗期内的；（2）女职工在孕期、产期和哺乳期内的；（3）因工负伤，治疗终结后经劳动能力鉴定机构鉴定为 1 至 4 级丧失劳动能力的；（4）患职业病以及现有医疗条件下难以治愈的严重疾病或者精神病的；（5）受聘人员在接受纪律审查尚未做出结论的；（6）属于国家规定的不得解除聘用合同的其他情形的。

（三）聘用合同解除规定的特点

无论是聘用合同还是劳动合同，用人单位和员工都可以在协商一致的基础上予以解除。但在实践中，在无法协商一致的情况下，聘用合同的解除相对于劳动合同来说更难，具体表现在两个方面：

（1）事业单位解除聘用合同更加审慎。《条例》对用人单位解除聘用合同权限规定了三种情形：旷工、考核不合格和受到开除处分。这三种情形全部是基于工作人员的过错或不能胜任工作。不过也有观点认为，这些解除条件的规定过于原则，可能会出现执行中的乱象，导致最终的决定权掌控于事业单位手中，职工缺少话语权，为事业单位留下权力运作的空间。

（2）限制部分工作人员的单方解除权。预告辞职是劳动者的基本权利，在《条例》中也赋予事业单位工作人员以预告辞职权，不过仍规定了双方对于解除聘用合同另有约定的除外。这一规定实际是针对一些特殊岗位的事业单位工作人员，事业单位应该与其在聘用合同中明确约定聘用合同解除的限制及违约责任承担，如掌握国家相关领域核心机密和技术的人员、国家级重点项目技术负责人和主要技术人员。

延伸阅读

事业单位聘用合同可否约定违约金

【案情】2012年7月，吴先生硕士研究生毕业后，到北京某研究院（事业单位）工作。双方的聘用合同约定，该研究院为吴先生解决北京户口，吴先生应当为研究院服务满5年。如果在此期间因吴先生的原因解除聘用合同，他应当支付违约金5万元。2014年12月18日，吴先生以个人原因申请辞职。研究院同意了吴先生的辞职申请，但在办理离职手续时，研究院根据聘用合同约定，要求吴先生支付服务期违约金。吴先生认为，研究院仅凭着解决了自己的北京市户口就要求支付违约金，没有法律依据。何况《劳动合同法》已经取消了一般性违约金。但研究院认为，双方签订的是聘用合同，不适用《劳动合同法》关于违约金的规定。

那么，事业单位的聘用合同能约定违约金吗？

【评析】聘用合同是事业单位与职工按照国家的有关法律、政策，在平等自愿、协商一致的基础上，订立的关于履行有关工作职责的权利和义务关系的协议。狭义上的聘用合同不但在适用对象上与劳动合同有区别，在法律适用上也与劳动合同有区别。

《劳动合同法》第二十二条规定，用人单位为劳动者提供专项培训费用，对其进行专业技术培训的，可以与该劳动者订立协议，约定服务期。劳动者违反服务期约定的，应当按照约定向用人单位支付违约金。第二十三条规定，对负有保密义务的劳动者，用人单位可以在劳动合同或者保密协议中与劳动者约定竞业限制条款，并约定在解除或者终止劳动合同后，在竞业限制期限内按月给予劳动者经济补偿。劳动者违反竞业限制约定的，应当按照约定向用人单位支付违约金。第二十五条进一步规定，除该法第二十二条和第二十三条规定的情形外，用人单位不得与劳动者约定由劳动者承担违约金。根据上述规定，实行劳动合同制的员工，除非用人单位对其进行了竞业限制或提供了专项培训，否则不得约定违约金。

但是，“不得约定违约金”的规定是针对实行劳动合同制的员工，事业单位实行聘用制的员工是否适用这一规定呢？《劳动合同法》第九十六条规定，事业单位与实行聘用制的工作人员订立、履行、变更、解除或者终止劳动合同，法律、行政法规或者国务院另有规定的，依照其规定；未作规定的，依照本法有关规定执行。这也就是说，事业单位的员工，在签订聘用制合同时，能否约定违约金，首先看其他法律、行政法规或国务院有无规定。有规定的，按该规定执行；没有相应规定的，应当适用《劳动合同法》。

那么，法律、行政法规或者国务院对事业单位约定违约金有无规定呢？国办发〔2002〕35 号《关于在事业单位试行人员聘用制度的意见》第四条规定，聘用合同由聘用单位的法定代表人或者其委托的人与受聘人员以书面形式订立。聘用合同必须具备下列条款：（1）聘用合同期限；（2）岗位及其职责要求；（3）岗位纪律；（4）岗位工作条件；（5）工资待遇；（6）聘用合同变更和终止的条件；（7）违反聘用合同的责任。根据上述规定，事业单位与员工签订聘用合同时，可以约定“违反聘用合同的责任”，并且该条款是必备条款。这里的“违反聘用合同的责任”自然包括违约金。

本案中，该研究院在聘用合同中与吴先生约定了违约金，在吴先生单方提出解除聘用合同的情况下，他就应当根据约定支付违约金。

资料来源：事业单位聘用合同可否约定违约金．中国劳动保障报，2015－03－24（5）.

四 聘用合同的终止

《条例》第十九条是关于聘用合同人事关系终止的规定，自聘用合同依法解除、终止之日起，事业单位与被解除、终止聘用合同人员的人事关系终止。但是相关法律并没有专门对聘用合同终止的法定情形进行规定。通常认为，导致劳动合同终止的法定情形也会导致聘用合同的终止。

延伸阅读

事业单位终止聘用合同是否需要支付补偿金

【案情】某研究院系事业单位法人。2009 年 7 月 1 日，研究生林某毕业后与该院签订了聘用合同书，约定合同期为 5 年。2014 年 5 月 26 日，林某收到研究院通知，称双方聘用合同将于 2014 年 6 月 30 日期满终止，不予续订。

林某认为，自己是事业单位编制内员工，单位依据聘用合同期满终止双方的聘用关系没有法律依据。另外，林某提出，即使自己同意终止聘用关系，单位也应当根据自己在单位的工作年限，每工作 1 年支付 1 个月的工资作为终止聘用关系的经济补偿金。但是研究院认为，国家并未规定聘用合同期满终止要支付经济补偿金。

那么，聘用合同期满，单位能否终止双方的人事关系？如果可以终止，单位应否支付经济补偿金？

【评析】 关于聘用合同期满能否终止的问题，国办发〔2002〕35号《关于在事业单位试行人员聘用制度的意见》虽然没有做出明确规定，但是《意见》第四条规定，聘用合同由聘用单位的法定代表人或者其委托的人与受聘人员以书面形式订立。聘用合同必须具备下列条款：(1) 聘用合同期限；(2) 岗位及其职责要求；(3) 岗位纪律；(4) 岗位工作条件；(5) 工资待遇；(6) 聘用合同变更和终止的条件；(7) 违反聘用合同的责任。据此，如果聘用合同中已经约定“聘用合同期限届满，聘用合同终止”，事业单位就可以根据聘用合同约定，在合同期满时终止双方的人事关系。

《劳动合同法》第九十六条规定，事业单位与实行聘用制的工作人员订立、履行、变更、解除或者终止劳动合同，法律、行政法规或者国务院另有规定的，依照其规定；未作规定的，依照本法有关规定执行。

关于终止聘用合同是否支付经济补偿金的问题，《意见》第六条规定，有下列解除聘用合同情形之一的，聘用单位应当根据被解聘人员在本单位的实际工作年限向其支付经济补偿：(1) 聘用单位提出解除聘用合同，受聘人员同意解除的；(2) 受聘人员患病或者非因工负伤，医疗期满后，不能从事原工作也不能从事由聘用单位安排的其他工作，聘用单位单方面解除聘用合同的；(3) 受聘人员年度考核不合格或者聘期考核不合格，又不同意聘用单位调整其工作岗位的，或者虽同意调整工作岗位，但到新岗位后考核仍不合格，聘用单位单方面解除聘用合同的。但是，对于期满终止聘用合同给不给经济补偿金，《意见》规定确实不明确。

因此，在事业单位聘用合同期满终止聘用关系到底给不给补偿金这一问题上，有两种看法。一种认为，《意见》所规定的三种支付情形，就是《劳动合同法》中所指“国务院另有规定的”的支付情形，其他情形没有规定，就可以不支付；另一种意见认为，聘用合同期满终止给不给补偿金，国务院没有规定，应当适用《劳动合同法》第四十六条第五项关于除用人单位维持或者提高劳动合同约定条件续订劳动合同，劳动者不同意续订的情形外，依照该法第四十四条第（一）项（即劳动合同期满终止）规定终止固定期限劳动合同的，用人单位应当向劳动者支付经济补偿的规定，即因事业单位的原因期满终止聘用合同的，单位应当支付经济补偿金。

回答这一问题之前必须明确两个问题：一是经济补偿金的支付目的。法律设定经济补偿金的目的，就是使劳动者在没有过错、过失的情况下，被用人单位解除或终止双方的劳动（聘用）关系时，能获得一定的补偿。二是《意见》的立法宗旨。与《劳动法》相一致，《意见》也是为了保护职工的合法权益。基于上述分析，聘用合同期满，因单位的原因终止聘用关系，单位应支付经济补偿金。

当然，对于聘用合同期满终止是否支付经济补偿金，如果事业单位所在的省、直辖市、自治区已经做出规定，应当优先适用地方规定。

资料来源：事业单位终止聘用合同是否需要支付经济补偿金．中国劳动保障报，2015-03-31 (5).

思考题

1. 事业单位有哪些用工类型？

2. 事业单位各类岗位任职条件是什么?

3. 事业单位公开招聘与内部竞聘有何区别?

4. 事业单位聘用合同管理与企业劳动合同管理有何异同点?

案例分析

事业单位女职工应按职称办理退休

李某，女，1960 年 7 月 1 日出生，工人身份。在申请书中主张其是中国艺术大学的正式在编人员，持有文化部颁发的副研究员证书。2009 年 12 月，中国艺术大学与其签订了为期两年的聘用合同。2010 年 7 月，中国艺术大学以李某系工人身份为由，通知其办理退休手续，单方面停止履行聘用合同。李某认为，其应当 55 岁退休。中国艺术大学辩称：李某系工人身份，没有办理过转干手续，单位根据国务院《关于退休、退职的暂行办法》(国发〔1978〕104 号）的相关规定为其办理退休手续的做法，符合相关法律、法规及规范性文件的规定。

庭审中查实：2007 年 9 月，李某取得了文化部颁发的副研究员职称。2009 年 12 月，中国艺术大学与李某签订了两年的聘用合同，聘期至 2011 年 12 月。2010 年 7 月，中国艺术大学以李某系工人身份为由为李某办理了退休手续。

目前，我国对职工退休年龄的规定主要依据国发〔1978〕104 号文。按照该文的相关规定，工人身份的女职工、年满 50 周岁、连续工龄满 10 年的应当退休。只有干部身份的女职工，才能享受 55 周岁退休的待遇。那么，事业单位中具有工人身份、具有副高以上职称的女职工是否一定 50 岁退休?

实践中，年满 50 岁的事业单位女工人可以按照 55 岁退休的情形为退休前的工作岗位为专业技术岗或管理岗。此种情形的主要依据是《关于事业单位试行人员聘用制度有关工资待遇等问题的处理意见（试行)》(国人部发〔2004〕63 号）第 5 条，即对由工勤岗位受聘到专业技术或管理岗位的人员，在专业技术岗位或管理岗位聘用满 10 年（本意见下发前已被聘用的，可连续计算）且在所聘岗位退休（退职）的，可按所聘岗位国家规定的条件办理退休（退职)，并享受相应的退休（退职）待遇。因此，工人身份的女员工，如果符合上述文件规定条件的，仍可以 55 岁退休。

综上所述，虽然目前国发〔1978〕104 号文件仍在执行，但实际上，国人部发〔2004〕63 号文等文件对前者做了具体的补充，不再单纯地以职工身份作为退休的标准。由身份社会到契约社会、由身份管理到岗位管理是一个国家和民族迈向文明社会和法治社会的应有之义和必然选择。

资料来源：王阳．事业单位女职工应按职称办理退休．中国劳动，2016 (7)：54－55.

第 4 编

人力资源与劳动关系管理的新发展

第 15 章 新型人力资源与劳动关系构建

学习目标

学完本章后，你应该能够：

- 熟悉组织形态的演变过程，了解组织与人的关系。
- 掌握新经济背景下构建的新型劳动关系。
- 了解员工-企业共同体的概念和构建方式。

引导案例

李某于 2019 年 6 月通过 BOSS 斗士平台与 A 劳务公司签订了配送承揽协议的电子协议，从事“峰峰”配送工作。工作地点在田村南站的固定配送站点，每天早 8 点在田村南站集合，站长讲话后配送员根据系统分单进行配送工作。工资为计件工资，每单 7 元，由 B 服务公司按月发放，每月数额均不固定。

双方签订的《配送承揽服务协议》（电子协议）中约定，A 劳务公司将配送业务外包给李某，由 A 劳务公司为李某办理工商个体户注册登记，然后双方同意本协议中李某的权利和义务由注册后的工商个体户来承继。

李某于 2019 年 11 月 13 日在工作中受伤，其提出仲裁申请要求确认其与 A 劳务公司自 2019 年 7 月 1 日起存在劳动关系。A 劳务公司否认与李某存在劳动关系。

资料来源：根据北京市海淀区劳动仲裁网资料改编。

第 1 节　组织形态的演变

一　科层制企业的历史

我们将重大技术变迁的始点设置为工业革命，这场发生于 18 世纪末至 19 世纪中叶的英国的经济形态变迁带来了纺织业的崛起，随着蒸汽机替代了大量的劳动力，手工工场中的劳工逐步走进机器工厂，成为新兴产业如纺织业中的工人群体。工业时代来临了。

自工业革命以来，人类面对的产业革命或技术浪潮，不仅仅意味着新产业的兴起和旧产业的式微，更意味着支撑新产业兴起的新型组织模式对旧有组织模式的替代，以及新型职业和工作机会的产生、旧有的职业和工作机会的消亡。工业时代以来的这种变化可以称为产业分离（industry divide）。

第一次产业分离是福特主义（Fordism）的产物。19 世纪 70 年代到 20 世纪初的美国，内燃机和电力的广泛应用使得流水线生产成为当时工业生产的主题。福特主义最终完成了由手工业生产到大规模生产的过渡，在组织结构层面推崇科层制，岗位管理方面的突出特色是生产线的建立和工人技能的专精化。福特主义将生产效率提升至当时的最优水平。

第二次产业分离催生了后福特主义与弹性专业化理论。20 世纪 40 年代的美国，计算机、原子物理与生物化学的发展应用使得自动化生产和科技导向产品成为主流。后福特主义与弹性专业化理论推崇生产的弹性、组织的弹性、用工管理的弹性，专精化的管理人才、高新技术人才等新兴就业岗位的大量出现成为时代职业变迁的主要趋势。传统上的科层制组织、脑力劳动和体力劳动的分类，在第二次产业分离后显得过时。全球化时代、消费者时代中需求的快速变化导致生产企业不得不采取更加弹性的生产模式、组织模式，这一时期的工作场所比之前更加强调独立判断、自主学习和个人发展。

从历史的视角看，产业分离过程无疑是生产弹性、组织弹性、用工弹性不断强化的过程；甚至可以说，产业分离的核心概念就是弹性化。我们正在面对的经济新常态很可能就是第三次产业分离的序幕。

二 企业组织形态从刚性科层向弹性液态转变

新制度经济学家道格拉斯·诺斯（Douglass North）提出："组织是一种有目的的实体，创新者用它来使由社会制度结构赋予的机会所确定的财富、收入或其他目标最大化。在追逐这些目标的过程中，组织会逐渐改变其结构。"企业作为一种实体组织，为了能执行管理和经营任务，需要其组织结构明确体制内组织各部分的排列顺序、空间位置、联系方式以及各要素之间的相互关系。好的组织结构能够提高组织绩效，营造和谐的团队氛围，达成共同的目标。

数字经济时代，数字技术和大数据应用技术对传统组织的冲击是全方位的，孤立、僵化、封闭的企业组织模式已无法满足数字经济时代生产协作网络化、产品服务个性化、市场响应及时化等需求，企业需要从传统的科层制组织结构向扁平化的组织结构转变，构建起异地协同制造、个体积极创新、架构快速迭代的新型组织模式。

为适应网络化协同生产要求，企业搭建互联网平台，形成"平台+个人"的产业分工协作新架构。通过调整组织结构实现信息快速获取传递、资源有效分配、生产协同创新的目标，平台还能帮助企业在全产业链甚至全球范围内更高效地汇聚、更便捷地开放、更有效地配置要素资源，并在很大程度上融合生产者与消费者之间的边界，推动创新创业主体向个人延伸。

人员素养和观念转变要求企业组织模式向以创业小微企业为基本单元的“创客公地”转变，员工不再是被动接受指令的执行者，而是主动为用户创造价值的创客或动态合伙人。这样，劳动者借助新技术对知识和信息的把握更加精准，能力得到进一步发挥，自主性逐渐凸显，自身价值得到充分体现。

变幻莫测的市场环境要求企业必须从以产品为中心向以满足消费者需求为中心转变，构建小型作战单元，加强对客户资源的重视、信息的收集以及营销部门的管理和投入，从而满足不同消费者的需求。这种做法也能够有效增强员工与客户之间的沟通，使企业深入了解客户需求，满足其对产品和服务多样化、个性化、差异化的要求；同时让员工参与决策，对产品和服务及时做出相应调整，最大限度提升用户体验，从而达到灵活、敏捷、高效。

总体而言，为了提高效率、规避风险，企业必须比以前更加弹性。对弹性的理解包含三个层面。

（1）企业需要弹性的业务策略。包括企业的资源弹性，具体而言可以理解为通过减少组织层级、减少存货、减少内部劳动力市场的使用来不断降低固定成本；也可以通过使用企业网络，即分包和垂直一体化，来降低企业的运营成本。这些降低企业成本的策略都是企业资源弹性策略的一部分。

（2）企业需要弹性的组织结构。工作场所变化会触发企业中层管理者的恐惧，这些中层管理者所坚持的传统工作方式将是短期的，因为拒绝变化会导致企业无法实现最大经济潜能。在全球化竞争的市场中，采用后科层制工作模式的企业将会比其他竞争者更有生产力地使用新的技术。那些抵抗新的工作组织形式的企业将会被淘汰。

（3）企业需要弹性的用工模式。弹性企业的人力资源与劳动关系管理策略，从社会学视角来看，指的是核心员工与外围员工的阶层对立，知识型员工对操作型员工的统治；从管理学视角来看，指的是企业组织雇员数量的弹性（如非正式合同安排以方便减员）、企业组织雇员的功能弹性（如知识型员工的技能转换）；从新制度学派的视角来看，指的是一系列具有弹性的政策安排，包括正式制度和非正式制度。

三　弹性液态组织建构的特征规律

现实中，领军企业（如京东）选择了对企业组织进行弹性液态化变革，引入大数据、云计算、人工智能等新一代信息技术重塑企业结构形态、管理机制、运行方式，通过增强个体的创造性、独立性、灵活性来提升个体竞争力，进而再塑企业活力。其他企业纷纷效仿，顺势而为，纷纷搭平台、建创客公地、构小型作战单元，以网络化、扁平化、柔性化为主要特征的液态组织成为新的企业组织结构。科层制主要有三方面的结构特征：一是行动者专业化且高度理性；二是行动者按权威、等级、流程与规章行动；三是按普遍标准选拔和考核行动者。与科层制相对应，弹性液态组织也有三个主要结构特征①：

第一，组织资源的集中与分散是相对的和变动的，组织流程、制度与形式具有极强灵

---

① 谢康，吴瑶，肖静华．数据驱动的组织结构适应性创新：数字经济的创新逻辑（三）．北京交通大学学报（社会科学版），2020，19（3）：6－17.

活性以适应环境的高度动荡。弹性液态组织源于组织的信息结构从不及时、不连续、不细化和不完整转变为及时、连续、细化和完整。数字化技术的出现，使信息结构逐步具有了及时、连续、细化和完整的特征。从组织生态学角度看，信息结构的这种改变使组织的运作从机械式转变为生命式，由此，工业化的串联式、封闭式、机械式管理转变为数字化的开放式、生态式和自组织管理。由于信息及时、连续、细化和完整，共享经济中的弹性液态组织可以通过平等治理规则、多中心权力结构及非标准化行动来进行组织运作，形成各类共享经济平台等组织结构，对环境变化具有高度适应性。

第二，组织的分层模块化结构支撑多层次的规则异构性和多主体的决策自主性，形成管理边界的可扩充性和可选择性，组织边界变得模糊而体现出边界不确定性的特征。数字化技术形成的分层模块化结构，使共享经济的弹性液态组织具有多样化的扩充和选择弹性，从而支撑起规则的异构性与多主体的自主决策，形成组织的创生能力或生成能力。同时，组织规则的异构性和多主体的自主决策过程会形成大数据资源，这些大数据不仅能成为经济发展的重要资源，也能使其他生产要素的属性特征发生改变，形成虚拟聚合与重组，资源属性逐渐表现为丰裕、共享和流动，具有高固定成本和低边际成本的特征。由此，企业边界呈现出扩张或收缩的不确定特征，使组织边界日益模糊而形成边界不确定的特征，如共享经济环境下组织的平台化扩张和组织的专业化聚焦并存。

第三，组织具有多管理区域灵活组合的结构，行动者雇佣关系与非雇佣关系相互影响，支撑前端多主体决策与后端大平台决策的资源协同需求，形成多元化的组织创新特征。互联网、大数据、人工智能等新一代 IT 通过改变组织的信息结构和资源属性，可以实现前端小团队与后端大平台之间高效柔性协同的集体行动，从而使市场结构从以垄断、竞争和竞合为主转变为以合作、共享和生态为主，形成互联化价值、开放性创新和平台化生态等多元形态，并在此基础上形成多样化的组织创新，包括小团队的灵活创新及小团队与大平台之间的协同创新。与工业经济科层制“统一、服从、精准、等级、单一”的效率特征相比，弹性液态组织具有“分散、自主、模糊、平等、多元”的创新特征。

基于这三个结构特征，弹性液态组织在实践中的具体特征表现如下：

（1）结构形态。向边界无限延展的网络化转变。通过互联网等新技术应用，企业开始构建以协作关系为基础的组织模式，并催生出互联网平台这一典型形态，组织模式开始从单个企业向跨领域多主体的协同创新网络转变。

（2）管理机制。向层级缩减的扁平化转变。通过减少管理层级，增加管理幅度，精简管理流程，缩短最高决策层到一线员工之间的距离，增强各层级之间的沟通。组织中的多个单元更可能是协同式的并列关系，而非汇报式的层级关系，企业开始构建扁平化组织。

（3）运行方式。向高效灵活的柔性化转变。通过大数据、人工智能等新技术的应用，企业开始向多品种、小批量、按需定制的生产方式转变，进而构建快速响应、精准管理、灵活制造、高效服务的柔性化组织。

（4）工作模式。更多虚拟组织开始出现，在线协作的工作模式成为常态。表现为：1）组织在线：组织结构中的各部门、岗位实时在线，做到权责清晰，扁平可视化。2）协同在线：使工作任务实时在线，工作流协同，做到共享知识与经验。3）沟通在线：实现高效、安全沟通，工作、生活分离。4）业务在线：将业务流程、业务行为实时在线化，为企业决策分析提供大数据支持。5）生态在线：把企业的关系户实现在线化连接，对所有用户的体验进行大数据分析，改进产品，不断提升生产销售效率。

（5）组织运行效率。企业间网络、平台生态体系等柔性生产组织方式的加速发展，对组织运行效率等也产生了显著的影响。传统组织处理较重要的业务相关事宜可能需要经过各个部门层层汇报，花费几天甚至一周左右的时间审批和反馈，而数字技术使得信息的无时差传递成为可能，极大地消除了信息传递的鸿沟与障碍，提高了组织效率。

四　组织与人的关系重构

由于组织形态的转变，个体的价值在崛起。原来劳动关系的特征以隶属性为主，而现在劳动关系的特征逐渐偏向平等性。人与组织的关系由雇佣关系变为合作关系，其本质应当是共生。共生是一个生物学的概念，至少包括六种关系。这六种关系在企业里面、组织里面、组织和人的关系里面都能够找到。

第一种共生关系是寄生。一种生物寄附于另一种生物身体内部或表面，利用被寄附的生物的养分生存。第二种共生关系是互利共生。共生的生物体成员彼此都得到了好处。第三种共生关系是竞争共生。双方都受损，就是损人不利己。无论对组织的可持续发展，还是对个人的可持续发展，这种形式都没有意义，显然人与组织的关系应当杜绝和回避竞争共生。第四种共生关系是偏利共生。对其中一方生物体有意义，对另一方没有任何意义。在有些组织里面，个人收获巨大，组织没有收获其实就是这样一种关系。第五种共生关系是偏害共生。对其中一方生物体有害，对其他共生线的成员则没有影响。第六种共生关系是无关共生，就是无益无损。显然，符合我们期望的人和组织之间的共生关系应当是互利共生。而随着社会经济以及技术的不断发展，组织与人的关系越来越向互利共生靠近，这也给人力资源与劳动关系管理带来了新的启示。

第 2 节　新型人力资源与劳动关系构建概述

一　共享经济的内涵和发展现状

“以体制机制创新促进共享经济发展，建设共享平台，做大高技术产业、现代服务业等新兴产业集群，打造动力强劲的新引擎”，在 2016 年全国两会政府工作报告中李克强总理如是指出，这是共享经济首次以议案的形式进入公众视野并引起高度关注。

共享经济是伴随着信息科技、云计算等互联网技术的发展而兴起的一种租赁经济模式，它以生产资料和生活资源的使用而非所有为产权基础，以租代买，实现互通有无，人人参与、协同消费，是一种充分利用闲置资源、挖掘过剩产能的巨大价值的新型经济形态。共享经济最早于 2008 年在美国兴起，主要是利用闲置的房源、车辆、时间、技能服务等进行共享，进而产生经济价值。共享经济的本质特征是闲置资源使用权的暂时性转移。总体来讲，体现在以下几方面：首先，共享经济是一种平台经济。它包括一个由第三方创建的以信息技术为基础的市场平台。个体借助这些平台可以交换闲置物品，分享自己的知识、经验，或者为企业、某个创新项目筹集资金等。这个共享经济平台作为连接供需双方的纽带，通过移动 LBS 应用、动态算法与定价、双方互评体系等一系列机制的建立，使得供需双方通过共享经济平台进行交易，并降低了交易成本。其次，共享经济以闲置资源使用权的暂时性转移为本质。其经济理念为“拥有不如善用”，它强调“闲置即浪费，分享产生价值”，将个体所拥有的作为沉没成本的闲置资源进行社会化利用，倡导租赁而非购买。物品或服务的需求者通过共享平台暂时性地从供给者那里获得使用权，以较低的成本使用完后再移转给其所有者，这同时也促进人们重视闲置资源的“变废为宝”，最大限度地体现其使用价值。再次，共享经济以物品的重复交易和高效利用为表现形式。其核心是通过将所有者闲置资源的频繁易手，重复性地转让给其他社会成员使用，提升现有物品的使用率，更加高效地利用资源，实现个体的福利提升和社会的可持续发展。最后，对信用的依赖程度加深。共享经济是一种信用经济，在法律制度建设滞后的情况下，所有参与主体的交易仅能依靠网络“自监督”，强调信息的透明与对称。

党的十八届五中全会明确了“十三五”期间“创新、协调、绿色、开放、共享”的发展理念，并首次提出大力发展“分享经济”。分享经济与共享经济一字之差，别无二致。在 2015 年 12 月举行的世界互联网大会上，习近平主席指出将“共享经济”作为国家经济战略加以推动。共享经济作为“互联网+”时代下的产物，虽然存续时间不长，但发展速度和规模非常快，显示出强大的生命力，这主要表现在两个方面：其一，共享经济渗透领域比较广泛，并产生了重要影响。共享经济从早期的住房、汽车等租赁领域，延伸到金融、设备租赁、技能共享、办公场所、旧物利用等方面，租车、拼车等共享模式改变了人们依赖于公共交通、出租车等标准化交通出行方式。其二，共享经济成为资本投资新热点，并产生了重量级龙头企业。优步、爱彼迎、滴滴等各领域共享经济龙头企业的估值增长迅速。

二 共享经济背景下就业形态的特点[①]

（一）用工主体的平台性

用工主体的平台性是指互联网信息平台是共享企业组织生产经营、实现主体社会功能最关键、最核心、最不可替代的生产要素及依赖手段。传统实体型企业生产经营以线下为主，而共享企业无一不采用线上线下深度融合、协作支持的方式，企业组织、运营、管理均须臾离不开平台的支撑。甚至可以说，平台即共享企业的生命。离开了广为市场认可的互联网信息平台，任何共享企业均难以生存。

另外，共享经济下的新就业形态通过网络平台能够更加及时便利地满足社会不同组织、群体、个体对商品和服务、物质和文化等多方面日益复杂多元、多层多样、不断变化的广泛需求。能够更加快速便捷地满足日益复杂多变的市场需求，是新就业形态的典型特征，也展示了其旺盛的生命力。

---

① 汪雁，张丽华．关于我国共享经济新就业形态的研究．中国劳动关系学院学报，2019，33（2）：49—59，98.

（二）就业主体的原子性

就业主体的原子性，是相对实体型企业内员工相互协作、密切互动的紧密型同事关系而言的，其在工作任务完成上变成了一个个相互独立的“单体”。他们即使在同一个平台、穿着同样的工服、使用同样的生产工具、服从同样的劳动管理和工资分配规则等，甚至在同一服务站点天天见面，也不再是相互依赖、密切协作的亲密同事，而成了一个个互不依靠、独自运行的松散原子。在共享经济下，“公司＋员工”的模式将在越来越多的领域被“平台＋个人”替代。

同时，网络平台也为劳动力供求双方提供了极大便利。从需求方看，更加便于满足劳动力使用方对高中低不同层次、长中短不同时间、大中小不同数量等广泛用工需求；从劳动力供给方看，更加便于不同文化教育程度，不同职业技能水平，不同年龄、性别、身份、地域等的劳动者通过平台参与社会劳动，取得劳动报酬。

（三）用工方式的高弹性

高弹性和社会化是共享企业用工方式区别于传统实体型企业的主要特色。在轻资产运营模式导向下，共享企业满足生产经营所需劳动力，不再像传统实体型企业那样主要通过全日制、自雇方式解决，而是倡导“不求所有，但求所用”，依靠更为灵活的弹性、社会化方式解决。具体表现为，共享企业通常将所需劳动力分为两类并采用不同方式满足。一类为直接从事平台研发、运营、维护和产品销售、管理，可剥离性、可替代性较低的核心人员。对这类劳动者，平台企业依然采用传统的标准就业形态，与之建立雇佣劳动合同关系，采用全日制、固定办公场所、标准化管理，并被企业称为平台员工。另一类为满足其社会功能的大规模零工。如滴滴出行的司机、饿了么的送餐员等。零工尽管是共享企业用工主体，但由于可剥离性、可替代性较高，企业通常采用更为柔性的方式解决，如劳务派遣、外包等。

三　共享经济背景下人力资源的变化趋势

（一）人力资源泛化

共享经济使人力资源发展到共享模式。在人力资源共享模式下，企业必须认识到，“人力资源”这个概念绝不仅仅指“企业的员工”，或者某些专业外包机构的员工，它还包括劳动力市场中千千万万想要分享自身知识、技能、经验的个人。并且，这些劳动者的来源更加广泛，身份更加丰富。他们分享的知识与技能可以与本职工作相关，也可以是与专业无关的特长、爱好。例如，本职工作是律师但有摄影特长，他既可以分享与法律工作相关的知识技能，也可以分享其摄影技能，并且当你得到他的摄影服务时可能根本不知道其本职工作是律师。这就实现了一人利用多维技能创造价值的可能，从而在另一个层面上扩大了人力资源的总量。

此外，在合法的情况下，劳动者既可以同时服务于多家公司，也可以在一段时间内只服务于一家公司。这里，我们必须强调“个人”的重要性。因为只有个人自愿、自由甚至是具有一定随机性的连接和分享行为才构成了共享经济的内在基石。而劳动市场中也不再只有企业和机构的“品牌”，将会有更多的自由、满意感和自我价值感，也会激发劳动者的积极性，从而激发更多人投入分享活动中去。

（二）用工的外部性增强

20 世纪 80 年代以来，为了更好地适应复杂多变的市场环境，企业一直在进行管理变革，增强自身的柔性，而采用人力资源外部配置则成为一种普遍选择。同时，由于人力资源已经成为企业核心竞争力的源泉，企业对优质员工的竞争也愈发激烈。但是每个企业能够拥有的高质量资源毕竟有限，从外部获取人力资源成为一种必然趋势。

以互联网为基础的共享平台汇集了大量的服务提供者，并且这些劳动者多为智力型人员，他们能够根据企业需要提供独特的非标服务。当企业需要实现某个目标但又缺乏优质、专业的劳动者时，就可以借助平台信息集成的优势，超越时间、地域、行业的限制挑选自己需要的人才。这种灵活快捷的人才获取方式会使企业越来越倾向于使用共享平台解决人力资源缺乏带来的问题。而在大众创业、万众创新的背景下，越来越多的小微企业像雨后春笋般诞生，这必然会扩大对人力资源共享服务的需要。

（三）人力资本优化

人力资本主要指凝结在劳动者身上的知识、技能、经验及其所表现出来的劳动者能力和素质。作为一种“主动资产”，这种资本的所有权权限仅体现在拥有它的人。目前，我国经济发展正从主要依靠物质资源消耗和投资推动转变为创新驱动，而创新的根本源泉在于人。这就意味着，那些拥有高质量人力资本，尤其是拥有边际报酬递增生产力的异质性人力资本的劳动者，将会作为企业利润增长的核心，发挥着不可替代的作用。因此，追求高素质人才的人力资本优势将成为一种管理趋势。

人力资源共享模式能进一步推动人力资本优先趋势的发展。通过互联网平台，企业可以获得更多选择优质人力资源的机会，更有效地利用高素质人才。同时，优秀的劳动者也能够得到更广阔的发展空间，充分实现其人力资本价值。

（四）信息技术得到更广泛的应用

相对于传统的用工模式，人力资源共享对于信息技术尤其是移动互联网的依赖和大数据技术的应用将更加广泛和深刻。近年来，移动智能设备和网络的普及加快了全社会进入移动互联的进程。如同共享经济企业都开发了自己的移动端 APP 一样，人力资源共享平台也必然推出手机客户端。同时，人力资源共享模式中供需双方的连接通过网络进行。对需求方而言，他们需求的发出、对任务进度的监控都是可以实时的，并且能够得到服务方的实时回应；对于参与人力资源共享的劳动者来说，他们可以用手机实现接单、完成工作任务、进行项目进度汇报、接受付款等活动。对于大数据技术的应用主要体现在平台方面。人力资源共享平台可以通过对交易数据的分析获得劳动力市场供需状况的相关信息，还可以对不同产业、行业、种类的企业用工行为、用工特征加以分析，甚至以此为基础预测产业、行业、企业的发展状况。而这些数据也是对劳动力市场统计数据的补充。

（五）管理的知识化

在如今知识竞争越来越激烈的时代，人力资源的管理者在其中应该扮演积极踊跃的角色。在建立人力资源管理制度上，应该充分考虑到企业的整体性以及整个发展趋势，把员工当成企业重要的知识资产。在人力资源管理的过程中，将知识管理方面的观点融入其中，通过企业的挑选、培训、实践、留用等人力资源管理政策加以利用。人力资源在进行知识管理上会更加重视对员工潜能、创新能力和综合能力的开发，加大对员工知识方面的培养，让员工在信息技术上有一个全面的把握，增强其自主学习的能力。此外，平台也承担着部分人力资源管理职能。传统的人力资源管理包括六大职能，在用工外部性不断增加的背景下，不仅企业要管理外部员工，平台也要承担一定的人力资源管理职能。

四　共享经济推动劳动力市场发展①

（一）创造就业机会

共享经济下产生了新的用工模式，给劳动者带来了传统工资雇佣中所没有的机遇。简单来说，一方面，共享经济的用工模式给劳动者的工作带来了极大的自主权、自由度和灵活度，提高其工作满意度，帮助其实现自我价值的同时，促进了劳动生产率的提高，最直接的效应就是产能的提高和企业利润的增加。对劳动者来说，和传统的雇佣模式相比，共享经济提供了具有自由度、自主权、高满意度的工作机遇，劳动者之所以选择从事零工工作，大部分是由于这种独立工作比传统工作有更多的自主性和灵活性，可以提供更多的收入来源。共享经济的就业门槛相对较低，参与方式简单灵活，劳动者可以较容易地参与就业市场，找到适合自己的工作。

这种用工模式为劳动者提供良好的工作机会的匹配，互联网等新技术的发展通过降低原有行业收入水平、增加新兴行业收入水平的方式重塑了劳动力市场与就业市场，促进了劳动力市场更充分的竞争。人工智能等新技术带来的社会数字化变革丰富了劳动者的就业形式，赋予其更多的就业机会，能够缓解人口老龄化与劳动年龄人口下降对劳动力市场的冲击，同时能使他们有机会培养多样化的技能。

（二）推动企业发展

共享经济也为企业带来了便利，企业不必像传统雇佣关系中的雇主那样为劳动者提供相应的福利、保障，也无须进行传统的人力资源管理，无疑节约了大量运营和管理成本。对企业而言，共享经济带来了运营成本的节约和风险的分散：雇用个人或者自由职业者从事某种领域的任务对于现今的企业非常有利，节约运营成本的同时分散运营风险，给企业带来更大的经济效益，并有助于重新界定公司的界限。

---

① 郑祁，杨伟国．零工经济的研究视角：基于西方经典文献的述评．中国人力资源开发，2019，36（1）：129－137.

五 共享经济模式给劳动关系带来的挑战

（一）传统劳动关系的内涵被进一步挖掘

在“互联网＋”时代，最广为人知的共享经济模式就是以滴滴出行、神州租车等为代表的“网约车”模式；同时，这也是互联网与传统交通运输行业的深度结合。共享本身并不是时髦的词，但是由于现代信息技术的飞速发展，这一概念有了全新的发展前景和更强劲的发展动力，同时也对现代劳动关系的内涵有了更深的挖掘与诉求。

1. 从业者服务模式呈现新变化

（1）组织形式虚拟化，消费者参与企业管理。通过移动端信息支付技术，消费者可以直接在软件平台上与滴滴司机进行自主交易，滴滴司机根据不同乘客的具体需求直接做出针对性的服务反馈，而消费者则会依据自身感受对司机进行评星、留言甚至是额外打赏。最为与众不同的是，这一系列的过程并不需要企业等第三方进行人工干预。因为高信用等级的司机往往更受青睐，可以接到更多的订单，所以消费者的评价成为对司机监督与激励的主要手段，消费者在无形中便参与了企业的管理。

（2）从属关系模糊化，劳动者自主性增强。与传统的出租车司机最大的不同在于，滴滴司机对于自己的工作时间有更大的掌控权，滴滴出行所做的一系列努力，都是为了能够激励自己的司机提供更为长久的出行服务。另外，与传统企业人员招聘流程不同，滴滴司机并非是基于岗位的空缺，只要通过滴滴平台的审核，任何驾驶员都可以成为认证司机。司机来源的广泛性不利于滴滴出行业务的整体稳定，事实上，绝大多数滴滴司机都是利用业余时间有偿载客补贴生活。这种“不求所属，但求所得”的入行动机削弱了劳资双方的从属关系。

2. 平台企业经营模式的新特点

（1）对于各种资本利益诉求出现转变。与传统的出租车行业强调对于司机数量的掌控不同，滴滴出行的企业人力资本管理理念更像是“不求天长地久，但求曾经拥有”。它更强调人才的专业程度和忠诚程度：无论是为生活所迫还是挣点业余外快甚至是一时兴起，只要这些司机在最需要、最渴望加入这一行业的时候为我所用即可，其余时间你大可以做自己的事。除此之外，滴滴出行在资本配置上也不同于传统汽车租赁行业。由于汽车成本由司机本人负担，在实际运营时滴滴出行并没有背负沉重的资产折旧率，这种“轻资产”优势使得滴滴出行能够轻装上阵，迅速成长。

（2）业务经营界定模糊，涉及领域广泛。诚然，滴滴出行本身并不是一家交通服务公司，而只是专注于互联网技术的科技平台（滴滴出行所属企业的注册名为北京小桔科技有限公司），就如同阿里巴巴的淘宝平台一样，仅仅是为服务提供者和接受者提供引导。但是我们也可以看到，在实际运营过程中，滴滴出行越来越多地介入司机的日常运营管理中，这让它与传统出租车公司走得越来越近。从近年来滴滴出行的发展历程看，2016 年 6 月 13 日，滴滴出行携手中国人寿，开始涉足“互联网＋金融”行业；同年 8 月，滴滴出行又正式进入出租车行业；2017 年 3 月 9 日，滴滴出行进驻硅谷，重点发展大数据安全和智能驾驶两大核心领域。可以说现在的滴滴出行秉承的并不是纯粹的共享理念，其涉足的许多业务甚至不是任何一类传统行业所能简单定义的领域。滴滴出行只是“互联网＋”时代依托技术便利野蛮生长的新兴业态模式的一个代表。不可否认，这类模式将会给传统劳动关系中有关业务相关性的定义分支带来新的变革。

（二）给现行劳动法律体系下劳动关系的认定带来挑战

我国劳动法律体系的构建背景是工业时代，与目前的“互联网＋”“共享”等概念显然并不太相合，另外，需要说明的是，《劳动法》和《劳动合同法》等法律法规均没有对劳动关系这一概念做出明确的定义，直到 2005 年《关于确立劳动关系有关事项的通知》（劳社部发〔2005〕12 号）颁布，其第一条规定：“用人单位招用劳动者未订立书面劳动合同，但同时具备下列情形的，劳动关系成立。（1）用人单位和劳动者符合法律、法规规定的主体资格；（2）用人单位依法制定的各项劳动规章制度适用于劳动者，劳动者受用人单位的劳动管理，从事用人单位安排的有报酬的劳动；（3）劳动者提供的劳动是用人单位业务的组成部分。”我国法律界便以此为依据进行司法实践。概括而言，劳动关系的判定基于三点：劳资主体的合法性、从属性以及劳动者提供劳动与企业从事业务的相关性。其中，劳动者对于用人单位的从属性是判定的重点。

从劳动关系的定义来看，其根本上是界定某种社会关系的特定内容。然而我国长期以来的司法实践却是从主体角度出发进行判定，即哪类人之间属于劳动关系，哪类不属于。此外，在司法实践中，司法机关并不会一味执着于从属性的抽象概念，而是针对实际情况，提出具体的判断标准来解决法律问题。这两类做法曾对我国的司法实践产生过巨大贡献，但是放在信息技术日新月异的今天难免粗放和随意，尤其是对于共享经济模式下“网约车”司机与平台的关系认定而言。

面对以共享经济模式为代表的新经济模式的蓬勃发展，我国相关机构已经尝试性做出规范，由交通运输部、公安部、商务部等部门于 2016 年 7 月 27 日联合发布的《网络预约出租汽车经营服务管理暂行办法》在第十八条就对网约车平台公司和驾驶员的关系确立提供了多个选项：“网约车平台公司应当保证提供服务的驾驶员具有合法从业资格，按照有关法律法规规定，根据工作时长、服务频次等特点，与驾驶员签订多种形式的劳动合同或者协议，明确双方的权利和义务。”该条例无疑给网约车平台公司的成长减轻了负担。消极的一面是，多选题往往会对司法实践产生干扰。由于可以签订多种形式的合同或者协议，这就给很多从自身利益角度出发、本就不愿意与司机建立现行标准劳动关系的平台公司以法律依据——事实上许多平台会选择通过签订“四方协议”来逃避建立传统劳动关系，这让本就理还乱的劳动关系判定更添迷雾。

就我国劳动力市场而言，劳动关系的认定十分重要，对用人单位和劳动者之间关系的不同认定会带来一系列不一样的法律后果。当共享经济中用人单位与劳动者的关系被劳动法认定为劳动关系时，用人单位就需强制履行劳动法规定的相关义务，包括：不得按低于法律规定的最低工资标准付酬；用工不得超过劳动者最长工作时间限定；解除劳动合同必须给劳动者相应的经济或非经济补偿；为劳动者缴纳社会保险等。但如果共享经济中的工作关系被法律认定为劳务关系而非传统雇佣关系，那么用人方就无须履行上述义务，一切按照双方约定的劳务合同进行。

而我国现有劳动法对劳动关系的认定是两个极端的模式，即或是或不是，全有或者全无，并据此确定劳动关系中的权责，这并不足以回应当今共享经济中情况复杂的用工方和劳动者之间的相互关系。因此，共享经济下劳动关系的模糊判定给劳动法的履行与实施带来了多方位的挑战和冲击。而劳动法对劳动关系认定不明会引发一系列问题：当劳动者与用人单位之间的关系被认定为非劳动关系时，用工方和劳动者双方不存在明确的法律意义上的劳动关系，就业者不能依据法律获得稳定收入和社会保障，这也在很大程度上减少了政府可追溯税源，降低了政府收入；企业则需要面对由此引发的诸多劳动诉讼和劳动争议，无疑大幅提高了法律和运营成本。劳动力类别的划分给新兴企业管理制度带来了挑战，情况远比想象中复杂，也由此引发大量的诉讼案件。

（三）对原有和谐劳动关系造成冲击

共享经济模式的诞生与不断成长，必然伴随着过剩、落后产能的淘汰。经济增速的换挡期让很多中小企业举步维艰，产能过剩矛盾凸显。从行业类别看，主要包括劳动密集程度高的制造业（纺织、电子、服装）以及对于政策调控敏感的钢铁、房地产等行业。

许多民营企业由于投资规模小、管理理念落后、劳动合同管理机制不完善等，难以在转型的同时兼顾对职工切身权益的保障，也没有精力妥善处理所有员工的劳动争议。降欠薪、裁员、经济补偿标准的制定等决定稍有不慎就会引发劳资矛盾。另外，劳动密集型企业的去产能和技术升级过程还会涉及员工分流安置问题，如果没有制定完善的信息公开以及沟通协调机制，非常容易引发激烈的劳资对抗。可以预见的是，随着“中国制造”向“中国智造”加速转变，企业面临的职工分流安置压力将会越来越大，这对于企业和员工而言都是一个挑战。此外，随着市场导向的就业机制的完善，劳动力的跨地域、跨行业流动愈发频繁，劳资双方都希望为自己留下更大的选择空间和自主权利，劳动关系的建立呈现出短期化的态势。产业的转型升级也对现存岗位提出了更高的用工要求，大量职工需要与雇主变更或重新确立劳动合同，以明确双方新的权利和义务，由此导致企业内部原有劳动关系稳定性的减弱，增加了劳动者自身合法权益受到侵害的风险，同样不利于和谐劳动关系的建立。

第 3 节　员工-企业共同体的构建

正如本书第 1 章指出的，工作场所人力资源与劳动关系管理有三重境界：第一重境界是传统意义上的人力资源管理，在这个管理层次上，劳资双方的雇佣关系表现为赤裸裸的交易关系，员工投入自己的时间和专业知识为雇主谋利，以此换取一系列经济性与非经济性报酬；第二重境界是人力资源与劳动关系管理，在这个管理层次上，劳资双方的雇佣关系表现为一种三位一体的关系，即劳资双方试图在工作场所建立一种基于利益共同体、事业共同体和命运共同体的新型雇佣关系；第三重境界是战略劳动关系管理，在这个管理层次上，劳资双方为了一个共同的理念和使命，在一个远大目标的召唤下实现利益共同体、命运共同体和事业共同体三位一体的用工管理。本质而言，就是构建员工-企业共同体。

一　企业共同体概念的提出

Tonnies（1887）在社会学的层面上刻画了两种人类结合的关系形态：共同体与社会。家庭里的母子关系和父子关系作为共同体是人类最初的关系形态，在此基础上衍生出更复杂的共同体关系：血缘共同体、地缘共同体、精神共同体等。这种联系的特点是牢固的结构与归属感。与共同体完全相反，社会的出发点是断绝了一切自然纽带、绝对独立的个体。他认为，现代个体本质上保持着彼此否定的态度，但仍愿意同他人结合，因为他永远希望获得比现在手头更好的东西，故而他会同他人交换，同他人缔结契约。这种联系是由利益考量决定的。

从这个角度而言，现代企业制度似乎应当属于“社会”的表达，因为企业组织中的人是因为利益联系到一起，员工与组织的关系也是基于契约。然而，Rousseau（1991）指出，尽管工作场所中的关系最初和潜在的性质是契约的、基于利益考量的，但这可能不是这种关系的全部本质。我们会发现许多员工对自己的工作很投入，觉得自己和工作以及工作组织有很强的联系，可以感觉到自己身处共同体中，有时会为了组织的利益牺牲自己的利益等。因此，在企业中，共同体的关系是可能存在的。

建立企业共同体的好处是显而易见的。从企业的角度而言，建立共同体有助于实现企业的长期发展，也有助于企业实现其企业社会责任（Jo Manion & Bartholomew，2004）。从员工的角度而言，组织作为员工家庭之外的主要活动场所，与员工的关系直接决定了员工在其中的幸福感和满足感。如果员工将企业当成共同体，不仅可以从中获得物质上的满足，而且可以获得情感上和精神上的满足（McMillan & Chavis，1986）。从劳动关系的角度而言，企业共同体思想是解决劳资问题的最佳方式之一。早在 20 世纪 30 年代大萧条时期，就有很多学者呼吁用企业共同体思想解决劳资矛盾。他们认为，工会和集体谈判并不能真正解决劳资问题，正如 Albrechat（1932）指出的，“有组织的工人缺少合作诚意，不顾及整体需求和整体利益，脑子里有着根深蒂固的阶级斗争观念”“工会这个概念与阶级思想密不可分地联系在一起”。Briefs（1949）也认为资本主义的后期发展导致工人倾向革命，而解决这一倾向的关键在于要让工人感觉工厂像家庭，工作是快乐的。因此，Hedemann（1945）认为，工会是一种“社会”的表达，而共同体则应该根植于企业内部（邓白桦，2009）。

由于中国的文化特色，这种共同体思想在中国的企业中更为凸显：（1）中国与西方国家的资本主义和以商业企业为主的组织形式的发展历史不同，使得员工与组织关系的形式演变不同。中国作为“家族主义”和“泛家族主义”文化下的国家，很多组织尤其是国有企业与家族制企业中存在“家族泛化”的情形。组织中领导同时承担长辈和监控者的角色，而同事则另外扮演了兄弟姐妹的角色。（2）中国文化的特点是集体主义，而西方文化的特点是个人主义。个人主义的社会组织结构中每个人重视自身的价值与需要，依靠个人的努力来为自己谋取利益。集体主义的社会组织结构中每个人则往往以“在群体之内”和“在群体之外”来区分，他们期望得到群体之内的人员的照顾，同时也以对该群体保持绝对的忠诚作为回报。

在此背景下，国内越来越多的学者提出了建立企业共同体的理念，例如祝慧烨、崔佳颖（2008）提出，企业的生命力在于全体员工的积极性、主动性和创造性，虽然物质刺激在一定时期内也能发挥作用，但是要从根本上持久地调动员工积极性，必须培养全体员工与企业同呼吸、共命运的集体意识和共有价值观，实现人企合一。唐鑛（2018）提出在战略劳动关系管理这个管理层次上，劳资双方为了一个共同的理念和使命，在一个远大目标的召唤下实现利益共同体、事业共同体、命运共同体和使命共同体的用工管理。因此，在企业中建立共同体关系是十分有必要的。

二 企业共同体的内涵和维度

企业共同体包含四个维度：共同身份、目标、情感和价值观。

共同身份是共同体的基础。共同身份在企业共同体中有特别的含义，就是利益一致。因为企业共同体和其他的共同体（学术共同体、社区共同体等）存在一定的差异，企业中天然地存在利益不一致甚至对立，因此共同身份中包含员工-管理层以及员工-组织的共同身份，从而引出利益一致，这是企业共同体的基础。

共同目标指企业中的员工与组织拥有共同的目标。即在共同体中，成员可以感受到对其他成员和整个共同体的责任感。应用到企业环境中，即员工可能会觉得对整个组织的成功和幸福感负有责任。员工既要对企业的目标负责，又要满足自己的目标，最好的方式就是将企业目标与自己的个人目标统一起来，也就是形成企业战略目标与员工个人目标的一致。因此，共同目标也是企业共同体的重要维度。

共同情感是指企业中的员工与组织拥有共同的情感经历，形成了情感链接，感受到了心理上和情感上的友好和接纳。这是企业共同体中一个非常重要的维度，因为共同体与社会的区别就在于社会强调的是利益关系，而共同体强调的是情感关系。

共同价值观也是共同体的重要组成部分。如果员工与企业价值观存在很大差异，即使有了共同身份、目标和情感，这种共同体感知也是不会长久的，因为价值观是决定员工的行为和思想的精神因素，企业和员工的共同价值观是协调各方行动、获得和谐一致的精神基础。

思考题

1. 弹性液态组织有什么特征？
2. 共享经济模式给劳动关系带来了哪些挑战？
3. 什么是员工-企业共同体？

案例分析

专车服务企业用工管理的法制困境

专车服务规范化在中国的情况不容乐观。从 2015 年 4 月 15 日在济南开庭的滴滴出行“专车第一案”始，到目前出现了越来越多类似的劳动争议案件。2015 年 10 月 8 日，在“约租车（专车）模式上海创新与实践”论坛上，上海交通委对滴滴快的发放了国内首张专车平台资质许可，专车合法化进程终于开始。2015 年 10 月 10 日，交通运输部出台的《关于深化改革进一步推进出租汽车行业健康发展的指导意见（征求意见稿）》（以下简称《指导意见》）和《网络预约出租汽车经营服务管理暂行办法（征求意见稿）》（以下简称《管理办法》）中明确规定，出租汽车企业、个体经营者要依法与驾驶员签订劳动合同或经营合同，提出要将专车司机纳入劳动关系管理范畴。这就意味着，专车平台将以用人单位的身份与每位专车司机签订劳动合同，还要依法为司机缴纳五险一金。这一方面大大增加了专车服务企业的运营成本，另一方面也让那些以出让剩余产能为目的、以兼职为工作形式的专车司机无法享受共享经济 P2P 用工模式所带来的好处。

《指导意见》和《管理办法》的征求意见期为一个月。2015 年 11 月 28 日，经过对各渠道意见的分析整理，交通运输部运输服务司在官方网站发布《深化出租汽车行业改革两个文件征求意见总体情况分析报告》。经统计，通过各种渠道共收到来自社会各界的有效意见 5 000 余条，经拆分处理后有将近 7 000 条，其中提出具体修改意见和建议的有将近 6 000 条，主要集中在出租汽车市场定位、专车平台管理模式、出租汽车数量调控、互联网专车司机准入机制及权益保障等 12 个方面。其中，就签订劳动合同而论，大多数观点都不支持专车服务企业和专车司机之间订立劳动合同的做法，认为互联网专车服务企业与专车司机之间可能只是经济合作关系，不属于劳动关系，不应“一刀切”地将其纳入劳动关系的管理范畴；对于重分享、轻资产模式下的专车服务企业，如果简单将其与专车司机之间的关系划分为传统意义上的雇佣关系，那么不仅会使得专车服务企业的经营成本大大增加，也不符合 P2P 用工模式灵活化、个性化的运行特征。

这两套规定的出台象征着互联网对传统垄断行业格局的打破，政府已经在积极应对网络专车服务目前带来种种问题，并对其合法地位进行思考和定位。专车服务行业的兴起，势必会触动社会各方群体的利益，尤其会对传统出租车行业经营者带来冲击，这也是新旧经济交替所必经的一次震动，而政府的政策安排会对共享经济、互联网经济的走向产生重大影响。专车司机与专车运营公司间的新型用工模式究竟如何规制是共享经济催生的企业用工管理新问题，需要政府、学界以及专车运营公司综合考虑多方面影响因素，对其做出合理界定，保护共享经济参与各方的合法权益。

资料来源：唐鑛，李彦君，徐景昀．共享经济企业用工管理与《劳动合同法》制度创新．中国劳动，2016（14）：41－52.

第 16 章 大数据人力资源与劳动关系管理

学习目标

学完本章后，你应该能够：

- 了解大数据时代的思维变革。
- 掌握大数据的相关概念。
- 熟悉人力资源大数据平台的应用。
- 掌握人力资源与劳动关系管理大数据的分析模型和应用场景。

引导案例

K 公司是最早进入中国的外资快餐连锁企业，在近 30 年的发展历程中，已在国内开设了近 4 500 家连锁餐厅。为了满足快速发展所带来的人员需求激增，K 公司近年采用网络招聘的方式提升招聘效率。例如，K 公司应用人才雷达技术精确识别通过员工推荐以及初步筛选的候选人与空缺职位的匹配度。人才雷达技术是由数联寻英和 Hi All 两家公司联合开发的基于云端，利用大数据定向分析和挖掘，帮助企业寻找适合的人才的一种技术。K 企业从性格、知识、技能、行为、行业关系五个方面建立了职位胜任能力评价矩阵。网络招聘公司依托对各种社交网络数据的深度分析，可以构建与应聘者相关的兴趣图谱、性格图谱、技能图谱、行为图谱和关系图谱，并从这些图谱中提炼应聘者的个性特征、兴趣爱好和社交圈，同时从专业匹配、个性匹配、行业影响力、信任关系等维度给出候选人综合评分，根据综合得分来确定进入线下面试的候选人名单。

资料来源：董晓宏，郭爱英．大数据技术在网络招聘中的应用研究：以 K 企业为例．中国人力资源开发，2014 (18)：37－41.

第 1 节　大数据时代的思维变革

一　大数据的概念和特征

1980 年，著名思想家阿尔文·托夫勒（Alvin Toffler）在其《第三次浪潮》中将大数据描绘为信息社会的华彩乐章，大数据时代也就此拉开了历史序幕。对于大数据，麦肯锡全球研究院给出如下定义：大小超出常规的数据库工具通过获取、存储、管理和分析等能力形成的数据集。大数据折射出的是对于数字信息的挖掘、预测和决策能力。由此可知，大数据不仅具有技术价值，也能为社会经济领域带来非常广阔的开拓前景。在物力资源和人力资本之后，大数据成为第三大人类可利用资源，被誉为“未来的新石油”。我们相信，在大数据与人力资本两大关键资源的共同构造下，互联网和数据型企业将再一次获得井喷式的高速成长。

根据之前学者对大数据的特征的总结和补充，大数据具备海量性（volume）、多样性（variety）、高速性（velocity）、易变性（variability）、价值性（value）、真实性（veracity）和强关联性（viscosity）的特征。从这些特征可以发现，大数据技术的应用已经突破了过去人们对于数据概念的传统认识，更能凸显我们所处世界的全貌。通过大数据，我们不仅能够获取信息和事实，而且能够洞察事物发展规律、分析问题本质、预测可能结果，提前为商业目标做好充分的准备并指导商业决策的边际行为。

二　大数据时代的思维变革①

大数据建立在新技术、新媒体广泛发展的基础上。数字媒体、网络媒体、触摸媒体等多种新媒体模式大大突破了人们在认知对象、范围、手段和思维上的局限性，打破了传统认知的界限，促成了认知和思维方式的变革，使认知变成来源多样化、分工精细化、手段先进化的社会化互动、互助和自主的学习过程。大数据技术主要依靠对海量的各类数据进行统计和处理，因而主要通过更新统计认知来促进人们思维的革新。当然，当认知的来源和手段发生变革时，人的眼界和对世界万物及人间事务的认识自然会产生质的飞跃，在此基础上自然会促进人们思维的变革。

第一，大数据扩展了认知范围。大数据的海量数据大大扩展了人们认知的范围，使之更精细地了解其对象，也更新了统计数据和计算的方法。大数据的研究最终实现样本等于全体，达到最大的统计样本数，不再需要抽取有限的样本做代表。这样就可以克服抽样分析缺少细节和无法深入研究的缺陷，带来认知上的重要变革。受惠于先进的分析技术和数据处理能力，人们现在经常会放弃样本分析的研究路径，选择收集全面而完整的数据。大数据对于全体的全样本分析，可以收集到过去无法获得的信息，直接研究处于日常状态下的对象，从而避免抽样分析研究中出现的偏差和偏见。通过社交网络等多种信息来源，可

---

① 顾肃．大数据与认知、思维和决策方式的变革．厦门大学学报（哲学社会科学版），2021（2）：34－43.

以全方位地研究全体样本的社会交往、情感形态、消费心理、政治社会态度和心理状态的多种信息。这对于所研究的对象具有重大的意义，无论是研究自然还是社会，能够得到其全体样本无遗漏地进行研究和掌握，是人类认知历史上从来没有达到的成就。

第二，大数据重新审视了认知精确性。大数据改变了传统研究对于精确性的认知，要求重新审视精确性的优点和缺点。精确性是过去的模拟时代和信息缺乏时代有必要坚持的标准，由于信息数量有限，任何一个数据点所采集的结果都显得重要，所以需要确保数据的精确性。如今，在信息充裕的数字时代，能够掌握的数据库日益全面、丰富，可以获得巨量甚至是全部数据，因而不再担心某个数据点的精确性对总体分析结果的影响。这是哲学上对质量关系的一种新认知。一般认为，一定量变的积累可以达到新的质变，而某方面的质变可以开始新的量变过程。过去传统认知因为信息数量上的缺陷，对于单个数据的质的要求甚高，如今大数据用庞大全面的数据弥补个别数据点质上的缺陷，取得更全面多样的认识。需要做的事情就是接受并受益于多样的数据，而不是以高昂的代价消除所有不确定性。大数据不但让研究者不再期待精确性，而且让他们了解到无法实现完美无缺的精确性。

第三，大数据改变了因果关系认知。大数据让研究者对于因果关系的认知发生了改变，从相关关系来重新认识因果关系。大数据为社会科学的研究提供了新的工具和进路，也改变和深化了人们对因果关系的认识。依托于计算机强大的计算能力，其收集到的巨量数据使得传统的关联物监测方法不再那么重要，造成假设分析法的限制条件消除了，研究不再依赖提出假设和用有限数据验证的方式。复杂的机器分析可以分辨出最合适的相关关系，不再依赖建立以因果关系为基础的假设，例如，不再需要了解航空公司是如何定价的，光顾超市的顾客的烹饪偏好是什么。而是通过相关分析，了解什么时候机票会大涨价，哪些食物是台风期间待在家里不出门的人最想吃的。大数据分析可以得出大量的相关关系，为各种商业和公共决策提供准确的信息。大数据的相关关系分析得到的资讯更迅速、更准确，不容易受成见和固有思维的影响。

第四，大数据促进各方决策和有效治理的革新。大数据正在促进社会各个方面决策和治理的革新。利用大数据分析技术，可以使政府及社会各方面的治理快速获得有价值的信息，及时发现治理中存在的薄弱环节、顽强痼疾和症结，纠正运作中出现的偏差，提高公共决策和社会治理的能力。社会各方决策和治理效率的提升，是现代社会的一项重要任务，大数据在这方面可以发挥自身的优势。比如，在社会监管、掌握舆论、安全预警、地理定位导航、个性化教育、精准医疗等方面，尤其是在准确、有针对性地进行产品销售和高效的物流规划等商业管理方面，均表现出明显的强项。所有这些大数据的信息把握为更好地预测和掌握社会事件的发生，进行有效的社会治理提供了坚实的基础，进一步促进了决策和治理思维的变革。

三 数据成为关键生产要素

（一）数据成为生产要素的必要性

生产要素是经济进行资源配置的对象，是经济学中的一个基本范畴，其基本含义指的是进行社会生产经营活动时所需要的各种社会资源。在人类社会不同时期生产力水平迥异的情况下，生产要素所包含的内容差别很大，但随着生产力的发展，越来越多的事物被归结到生产要素的内容中。回顾人类历史发展中生产要素的演变历程，其经历了从农业经济时代的“二元论”发展到工业经济时代的“三元论”，再到数据经济时代的“四元论”（见图 16－1）的演进过程。

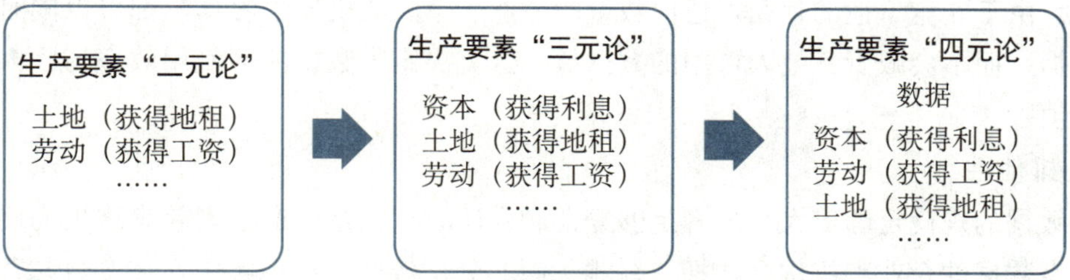

图 16－1　生产要素的演变历程

不同经济形态下，各类要素的重要性存在差异。例如在农业经济时代，土地是第一生产要素，劳动投入是第二生产要素，其他生产要素起到的作用并不显著。在工业经济时代，资本是重要的生产要素，强调资本积累和资本运作，土地和劳动成为较为次要的生产要素。在数据经济时代，数据成为关键的生产要素，在所有生产要素中位于重要地位。资本、劳动、土地以及其他生产要素逐渐成为相对次要的生产要素。

当前新一轮科技革命席卷全球，以云计算、移动互联网、物联网、人工智能为代表的新一代信息技术已经嵌入人类社会各层面，移动支付、共享经济、网络购物等数据经济新业态、新模式正在蓬勃发展，人类社会的经济活动开始形成数字产业化、产业数字化的格局。在数字互联互通的背景下，信息技术运用产生的信息数据爆发增长，形成了海量的数据。它们是各种经济活动的反映，因包含各种各样的信息而潜藏着价值。当一定范围内的数据累积成大规模、高维度的大数据时，其不仅能帮助人们更好地组织和规划生产经营，还有助于更准确地进行判断和预测。如同当前社会经济结构资本、劳动力、土地等生产要素一样，数据具有潜在的经济价值，能够为社会创造巨大财富，俨然成为当前经济发展中必要的生产要素。

（二）数据生产要素的特点①

1. 虚拟性

数据生产要素首先是一种虚拟的、存在于数据库与互联网空间中的资源。因此，大多数已有研究都将数据的虚拟性视为该生产要素的一项核心特征。虚拟性的存在就意味着数据必须以其他生产要素作为载体才能发挥作用。在当前的技术条件下，数据在大多数时候存在于信息与通信技术产品中，二者的有效结合被视为目前全球经济增长的主要动力之一。虚拟性是数据与其他传统生产要素如劳动力、资本和土地的最主要差异，也是知识、技术、管理和数据等新生产要素的主要特点。对于数据等虚拟生产要素的依赖，是数据经

① 徐翔，厉克奥博，田晓轩．数据生产要素研究进展．经济学动态，2021（4）：142－158.

济的主要特点之一，也是数据经济与传统经济的主要区别。

2. 非竞争性

除虚拟性之外，数据生产要素的另外一项核心特征是非竞争性。非竞争性一般指一个使用者对该物品的消费并不减少它对其他使用者的供应。同一组数据可以同时被多个企业或个人使用，一个额外的使用者不会减少其他现存数据使用者的效用，数据也因此具有非竞争性。由于非竞争性的存在，任何数量的企业、个人或机器学习算法都可以同时使用同一组数据，而不会减少其他人可用的数据量，这就决定了数据的高使用效率与巨大的潜在经济价值。

3. 排他性

当数据的规模足够庞大、内容足够复杂和广泛时，数据生产要素就表现出高度的排他性，拥有数据的企业和机构会选择“窖藏”而非分享数据。在现实中，大多数私营机构都不会随意公开自己产生、收集和拥有的各项数据，即使公开这些数据能够创造巨大的经济社会价值。数据的排他性还体现在，其他虚拟生产要素（如知识和技术）会随着人事变动或劳动力迁移而公开或扩散，但数据的复杂性和广泛性使其无法被包含在人力资本当中。以机器学习为例，机器学习产生的知识是公开的，而输入到机器学习算法的数据却是保密的——每家企业都在收集自己的数据，形成训练集之后交由人工智能进行训练、学习。有的公司将自己的训练数据集公之于众以鼓励研发，然而大多数企业将数据视为一项核心竞争力而极少公开。例如，有几家美国的数据公司将美国人口普查数据和其他种类的地理数据合并，然后向第三方出售这些数据的使用许可权，同时禁止转售或重新许可，利用数据的排他性攫取利润。

4. 规模报酬递增

数据生产要素的非竞争性进一步产生了规模报酬递增的效应。从企业的角度看，其所拥有的数据可以被每一名员工使用，因而数据规模越大、种类越丰富，产生的信息和知识就越多，进而呈现出规模报酬递增的特点。如果数据对于整个行业乃至经济体的参与者开放，数据规模扩大带来的经济价值将更为可观。与知识相同，数据生产要素的规模报酬递增也需要与劳动力结合才能体现出来。在 Veldkamp & Chung（2019）建立的包含数据生产要素的生产者模型中，商品的产量（Y）取决于生产中投入的数据量（Ω）和劳动力数量（L）。在只考虑竞争性投入（劳动力）的情况下，数据是规模报酬不变的；但若同时考虑劳动力和数据，数据将会是规模报酬递增的，进而带来生产效率的提升。

5. 正外部性

数据的正外部性首先体现在数据收集型企业生产效率的提升上。例如用户使用搜索引擎时，其搜索数据将不断改进搜索质量，进而产生正外部性。一方面，当许多用户输入同一个特定的关键词时，为该关键词收集的反馈数据量就会增加。搜索引擎会基于用户在搜索结果页面上的点击行为了解用户期望得到的搜索结果，从而提高搜索质量，形成直接的网络效应。另一方面，用户使用搜索引擎的历史越长，搜索引擎的学习速度就越快，这就强化了用户数量增多所带来的正外部性。此外，数据生产要素还通过改善运营、促进创新和优化资源配置的方法，在提升企业组织效率和用户体验上实现正外部性。IBM 等拥有较强数据分析能力的科技公司，更是能在几天内完成“分析数据—发现漏洞—解决问题”的全处理过程，从而有效优化产品维修和养护服务，提高客户满意度。

6. 产权模糊性

数据生产要素在产权归属上存在一定的模糊性，其所有权和产生的各项产出在企业和消费者之间的分配尚不清晰。消费者在使用互联网公司等企业提供的各项产品和服务的过程中会产生大量数据。这些数据往往由企业直接收集和整理，消费者在客观上没有处置和使用这些数据的机会，而是多被许可用于特定用途。例如，出于安全性的考虑，应当允许多方同时访问自动驾驶汽车的数据，包括引擎、导航系统和乘客的手机等。

7. 衍生性

各类经济活动的参与者在生产、销售和消费产品和服务的过程中，很早就开始记录各种交易、市场与用户数据，数据在大多数时候是经济活动衍生出的一种副产品，经济活动产生的数据会被金融市场的参与者深入分析，从而影响金融市场投资，进而影响实体经济。资产市场中的投资者会在经济状况良好时进行更多的投资活动，这些投资活动会产生有关当前经济状态的公共数据。如果经济状况在形势良好且数据量充足时出现波动，资产价格就会快速调整，从而导致金融市场崩盘；当经济形势不好时，数据的匮乏和高度的不确定性就会降低投资者的反应速度，反过来减少金融市场波动对于实体经济的负面影响。由于存在通过分析数据以协助投资决策的现实激励，生产企业和金融机构会自发地记录、整理和存储各项经济活动的有关数据，即使其主营业务与这些数据无关，数据生产要素的衍生性就体现于此。

第 2 节　大数据人力资源平台

一　相关概念的界定

人力资源大数据是指一切对于人力资源管理中的决策支持、洞察发现和流程优化具有潜在价值的大数据的集合，包括各类企事业单位收集的员工信息、工作岗位、年度考核评价以及员工流动去向等数据。这些数据本身具有潜在价值，体现了信息化时代环境的全新概念。

大数据人力资源管理是指充分运用大数据技术和其他数据处理技术，获取和分析包括人力资源大数据在内的一切有价值的数据，并将其转化为与人力资源管理相关的商业洞察，用于指导人力资源管理实践，最终实现商业价值提升的人力资源管理模式。

人力资源大数据平台是为那些无法在可承受的时间范围内用常规软件工具进行捕捉、管理和处理的人力资源行为、结果数据集合，提供更强决策力、洞察发现力和流程优化能力的新处理模式的基础设施。它实现了人力资源大数据实时分析，让人力资源创造价值。

二 人力资源大数据收集①

（一）数据内容

过去人力分析涉及的数据内容主要是基于人力资源信息系统中的结构化数据，包括年龄、籍贯、教育经历、工作经历、出勤情况、绩效和薪酬等。大数据技术大大拓展了人力分析所能够使用的数据内容。我们认为，人力资源大数据可以分为生理大数据、行为大数据和关系大数据三种基本类型。

生理大数据主要包括实时的生理指标和人类基因数据两种基本类型。一方面，人的生理活动是一切外在行为的基础和支撑，不受主体自身意志的控制，对人力资本现在和长期中价值的实现具有重要影响。得益于可穿戴设备和便携式生理分析技术，实时连续监测人体包括心跳、体温、睡眠、激素水平以及其他理化指标并进行数据存储和传输已经成为现实。这些指标动态、全面地反映了一个人的生理状态和健康水平，对于企业降低因病缺勤损失及员工保健开支具有重要意义。目前，生理大数据在体育产业等高度依赖雇员身体素质的行业中已经得到广泛的应用。另一方面，人类基因包含海量的遗传信息，属于典型的大数据范畴。这些信息从遗传的角度揭示了一个人天生的禀赋，对于人力分析具有重大的参考价值。目前，以华大基因为代表的基因大数据公司正致力于降低基因检测的成本并推动这项技术的大规模应用。虽然人类基因数据目前还限于医疗健康领域的应用，但在将来，基因数据很有希望成为人力分析的重要组成部分。

行为大数据主要包括教育、求职、工作、娱乐和消费等方面的行为数据。相比于过去企业掌握的行为数据，这些数据在精细程度上有显著提升。例如，教育行为大数据包括在线教育资源的使用、图书资料的购买和借阅、参与非正式的技术分享等；求职行为大数据包括在线浏览职位和公司信息、投递简历、与猎头的接触以及参加面试等；工作行为大数据包括在办公场所的移动、办公软硬件设备的使用情况、使用讨论室的频率、使用工作场所休闲设施的频率以及在会议中的发言等。

关系大数据主要包括在线互动行为和线下互动行为。在线互动行为包括成员之间在电话、邮件和其他即时通信系统上的联系行为，以及在各种社交网络中的发布和互动行为；线下互动行为包括项目团队内部的沟通和合作、茶水间的交流行为以及非工作场所的互动等。关系大数据为勾画成员间的联结网络和联结强度、进行社交网络分析提供了数据基础。

（二）数据来源

人力资源大数据有两个主要来源：其一是公司内部数据，其二是外部数据合作。公司内部数据来源主要包括智能手机（包括 APP）、可穿戴设备，办公场所物联网和传感器设置，公司内部通信系统、数字化办公系统和 ERP 系统等，主要涉及公司内部跨部门的数据整合和共享。外部数据合作主要包括与网络运营商、电子商务网站、在线社交平台、即

① 姚凯，桂弘诣．大数据人力资源管理：变革与挑战．复旦学报（社会科学版），2018（3）：146－155.

时通信软件厂商等开展数据合作，以弥补公司内部数据的不足。

在大数据条件下，人力分析的数据来源具有如下特点：一是尽可能从多种不同来源获得数据，以便对数据进行三角验证，提高数据质量。二是数据收集手段以自动化采集为主，不需要人工调查或填报，收集的速度很快，绝大部分数据是实时数据。三是尾气数据（exhaust data）在人力分析中占据主导地位。尾气数据不是为人力分析目的而有意识收集的，而是在提供服务的过程中自然产生的。对于数据的产生者来说，这些数据都不是有意识地提供的，而是其行为的忠实记录，大大增加了关于人的数据的真实性、连续性和实时性。缺陷在于数据的非结构化、低相关性，以及由于当事人不知情而造成的隐私问题。

三　人力资源大数据平台的应用和价值①

在大数据时代的推动下，各大互联网和数据型企业都将自己的发展战略与大数据深度融合。人力资源部作为管理人才的中心，担负着选、用、育、留等多项复杂管理职能，大数据给人力资源管理变革和数据化人力资源建设注入了新鲜的活力。

第一，相对传统人力资源管理而言，人力资源大数据对业务产生了有利的影响。从目前的互联网企业实践来看，人力资源数据化建设能够帮助人力资源业务伙伴从业务数据中发现支持企业未来发展战略和商业决策的问题线索。人力资源管理者可以通过统计，比对多年的业务盈利变动趋势、增长比率和不同职位职层员工对业务发展的贡献度来发现促进业绩增长的影响因素，从中捕捉业务发展现存的关键问题，在问题意识下深度挖掘和梳理潜在原因，并据此对企业的组织结构、业务模式、人才发展战略、管理模式等诸多方面给予创新性的优化建议。

第二，面对员工绩效瓶颈，人力资源大数据能够帮助员工突破职业天花板。人力资源数据化过程，能够对员工的日常工作习惯进行全方位的管理和预测，并解放科层制领导对员工全天候的高压管理，提高人员效率的同时使组织扁平化。例如，现在很多互联网和数据型企业都设立了人力资源共享服务中心（HR shared service center），通过数据化平台来管理员工的考勤记录、体检健康指数、工作效率状态、岗位责任分配权重、跨部门沟通效果以及时间序列业绩成果，并及时对每个员工提出有针对性的培养发展建议和绩效改进决策报告，从而及时纠正员工的低效率工作习惯和工作状态，依托人力资源数据管理来实现整个组织的商业价值追求愿景。

第三，在市场化高淘汰率的竞争生态圈中，人力资源大数据能帮助企业吹响胜利的号角。人力资源数据化建设能够体现企业的商业竞争优势，通过人力资源专家中心（HR center of expertise）对于人力资源管理的机制、制度、流程和管理方法进行设计，针对人才问题给予全球化解决建议等方式来优化企业对于人才吸引、激励、开发、使用、保留、管控的机制，促进以人才为核心的组织效能，形成优质的商业策略并转化成企业数据化人才的战斗力。或许在不久的将来，在大数据技术支持下，人力资源商业智能（HR business intelligence）针对人才战斗力及人才指数等综合指标的世界公司排名将掀起各大互联

① 根据西楠《数据化到大数据：人力资源数据平台建设的演进——基于腾讯公司的案例研究》编写。

网公司和数据型企业对于人力资源商业竞争比拼的新浪潮。

第四，在员工迷茫倦怠的时候，大数据人力资源能够产生鲇鱼效应。人力资源数据化建设能够通过工作指标帮助员工设定目标。工作指标是对工作完成度、绩效达成率、团队成熟度的综合考评，通过对工作指标的结果导向，能够帮助直线业务经理和人力资源经理设立组织、团队和员工个人的年度目标、月度时间表和每日的工作进度，通过人力资源数据化平台可以一目了然地看到员工的工作情况，对于落后的指标给予红色、橙色、黄色等不同程度的预警，并根据员工的工作能力和完成效率差异设计最合适的工作目标。

第五，在传统人力资源管理中，高层领导往往把人力资源当成职能支持部门，大数据人力资源能促使人力资源受到更多重视。现实中，人力资源数据化建设能够帮助人力资源部在组织中更有话语权。过去的人力资源部往往只是企业运营的支持部门，要根据业务部门的要求进行人才的招募、培养和管理，而对人才的招募、培养本身是一个需要时间发酵的过程，很难在短时间实现显性的成果转化率，而传统甄选过程和培训开发过程又过于依赖于人力资源管理者自身的直觉和经验，这就导致出现“走眼”或者“培训效果不理想”等结果，既花费了人力资源工作者的时间、精力和企业预算资金，又不能使领导和业务部门满意，人力资源部往往处于极为尴尬的境地。有了人力资源数据化平台的支持，在年初计划时人力资源经理便可以根据往年数据趋势和业务部门的指标进行工作设计，并根据战略和业务发展预测今年的业务人员编制和各部门人员需求，及时做好人才招聘数量计划、职位层级需求计划和人才储备计划，以便应对业务部门随时可能的人员需求。与此同时，在培训和人才培养方面，通过组织盘点、人才测评报告和团队成熟度报告，人力资源经理能够及时发现业务员工存在的突出问题和培养后的绩效改进情况，并及时收集培训需求和培训效果反馈，将这些培训指标同员工的实时绩效表现相联结，这些数据将跟随一个员工从入职初期到离开公司的综合档案不断迭代；人力资源部也可以通过这些数据进行年终汇报，并将人才投资回报率、培训效果转化率、人工效能等指标同公司的财务盈利指标进行影响因子关联，这样人力资源对业务绩效和公司盈利贡献的影响程度就一目了然，高层领导通过这些数据也能更完整地了解人力资源工作者的工作业绩和工作成果。

第3节　大数据人力资源与劳动关系管理的分析模型和应用场景

一　基于大数据的人力资源与劳动关系管理创新[①]

（一）大数据与人力资源规划：事实+数据

人力资源规划的主要任务是预测人员需求，目前所采用的工具主要有专家预测、回归分析、趋势分析和比率分析等。管理者在使用这些工具的时候大多具有主观臆断性，不能做到全面客观，而大数据时代的到来可以很好地解决这一难题。

① 王群，朱小英．大数据时代企业人力资源管理创新思考．沈阳工业大学学报（社会科学版），2015（3）：255-259.

在大数据环境下，通过对组织内外部信息资料的收集，管理者可以确切掌握反映每一位员工真实情况的各种数据。在了解了员工的基本情况、教育信息、实习或工作经历、普遍兴趣和爱好等结构化和非结构化的基础数据，解决问题的时效、参与竞赛情况等非结构化的能力数据，以及员工的任务完成效率和绩效成果等效率数据和潜力数据之后，结合员工个人的目标和发展需求以及企业近几年的人力资源流动情况等，人力资源部就可以对员工的数量、质量、结构等做出客观的静态分析，对人员的流动性等做出精确的动态分析，随时预测空缺岗位的需求人数，查看其中哪些岗位可以通过企业内部培训来填充，哪些岗位必须通过企业外部招聘获得。

人力资源部通过对数据进行收集、统计和分析并结合企业的战略目标，制定未来人力资源规划。按照这样的原则，企业所有的人事决策都以“事实＋数据”的形式进行，不仅可以客观地确定未来人力资源工作的重点，还可以确定具体的方案和计划。人力资源部要善于利用数据、正确利用数据，做出的每一步规划都要以事实为前提、以数据为基础，这对企业公平地建立、制定与实施人事政策等都将产生不可估量的影响。

（二）大数据与人才的招聘与配置：社交网络＋数据处理

在招聘的过程中，企业大多采用网络招聘、校园定向招聘和现场招聘等形式，招聘者只对求职者的部分基础数据有大致的了解，如专业情况、实习经历等半结构化数据，而对求职者的动手能力、专业技能掌握情况等一些重要的非结构化能力数据却并不太了解，对于员工的一些业绩完成时效、职称提升率更是全然不知。在大数据的背景下，一种不断融合社交网络的立体化的新招聘形式逐渐受到人们的关注。这其中较为成功的社交网络就是领英，它能够借助社交基因弥补传统招聘的不足，既能使招聘者对应聘者的社交信息有详细的了解，提高招聘质量，节约招聘成本，又能拓宽求职者了解所应聘公司信息资料的渠道，提高应聘效率。

社交网络拥有很多数据集群体，基本涵盖了与一个人有关的全部信息，如工作信息、生活状况、社会关系、工作效率、能力和潜力开发等。人力资源部借助社交网络的大数据能够直接获取应聘者的各类信息，不仅包括人力资源管理中所涉及的大数据信息，还包括其他财务数据信息和隐私数据信息等，从而形成与应聘者有关的立体信息集，全面了解应聘者的实际情况，实现精准的人岗匹配，达到人尽其才、才尽其用、人事相宜的状态。

企业人才招聘在社交网络的大数据库里加以遴选和聘用，不仅可以避免“井底之蛙”的现象，还可以防止一些拥有人事权利的人以权谋私，从而促进人才的高效流动。对人力资源部而言，一方面要把求职者的简历信息、职位申请信息等不断聚集起来，为招聘工作的大数据分析奠定基础，另一方面要在此基础上充分利用现代的云计算技术对大量数据进行处理，筛选有用的信息，摒弃无用的数据，得到申请职位情况、就业倾向等系列分析成果，并结合企业的人力资源规划情况编制企业各部门的招聘计划，使招聘工作做到有理有据，流程更有成效，人才配置工作定位更精确，实现“引”和“用”的艺术结合。

（三）大数据与员工开发：最大潜能＋查漏补缺

职业生涯管理作为人力资源开发的重要组成部分，在企业的人力资源管理中发挥着重要作用。它可以更加有效地开发和利用企业内部的人才资源，减少对外部招聘的依赖，节约招聘成本，节省招聘时间；增强员工对企业的忠诚度和向心力，提高工作的积极主动性，减少离职率。在大数据时代，海量的具体量化数据可以为职业生涯管理提供更具有说服力的信息并增强决策的可行性。

在大数据的理念下，职业生涯规划是基于全部数据的，因此在信息的收集上，人力资源部不仅要了解员工的应聘岗位、晋升意愿以及职业规划等结构化与非结构化的数据信息，还要深入挖掘与职业生涯规划相关的其他信息，力求保证信息的完整性与整体性，然后对这些信息进行量化分析，摒弃一部分干扰数据，最终形成员工的立体信息集，使职业规划定位和职业引导更具有针对性和说服力。企业可以利用软件技术开发设计一套基于大数据理念的职业生涯管理测评系统，对于传统的职业生涯管理取其精华，弃其糟粕，与大数据下的职业生涯管理结合起来，发挥二者的优势。由此，企业可以全面掌握职工行为，主动为职工提供“量身定做”的人事服务，帮助员工胜任工作并发掘员工的最大潜能，提高企业的竞争力。

然而，在大数据时代，现有的人力资源开发方式存在严重的局限性，其中较为明显的就是人力资源的培训与开发。培训分为岗前培训和在职培训，能使员工了解岗位的工作职责，认清工作重点，改善工作中的不足，提高工作效率，实现人岗匹配。因此，对员工进行培训十分重要。目前，大多数企业都采用问卷调查的形式，让员工参与其中以确定培训的内容。然而，随着大数据时代的到来，这些方式日见其片面性。大数据的一个“大价值”就是在应用中纠正错误，因此人力资源部应关注相关数据所表现出的错误，实施针对性的培训，做到查漏补缺。

例如，对于煤炭企业的煤矿挖掘机操作作业的专业技术人员来说，可以从其业绩完成率等结构化的效率数据来反映其需要培训的内容。换句话说，如果专业技术人员的业绩指标出现了下滑，人力资源部就可以针对问题进行数据的收集、整理与分析，深入挖掘根源数据，确定问题来源是专业技术知识的缺乏还是团队士气的不足，从而确定不同的专业人员的培训计划。企业可以根据不同的情况，制定不同的部门培训计划、一般人员的培训计划、选送进修计划等。这样一来，人力资源部就能对员工的培训做到游刃有余。

（四）大数据与绩效考核：岗位数据＋员工参与

在以往的考核中，考核者大多依赖有限的记录对被考核人进行主观评价，进而确定考核结果。例如，通过记录员工的出勤率、工作热情程度等通用型结构化和半结构化的基础数据，以及故障率、任务完成效率等岗位型的效率数据来确定员工对企业的贡献。

然而，在大数据时代，要想在考核中做到客观公正，消除员工的机会主义行为，人力资源部就必须改变原有的考核方式，建立以数据为依托的人员考核和胜任力分析工具。在绩效考核指标的设计中，首先进行的就是岗位分析。因此，企业要充分利用现代科学技术和平台，全面收集和深入挖掘岗位相关数据，建立以数据为依托的绩效考核指标，进而设计员工考核的分析工具，使其不仅可以客观地肯定员工过去对企业的贡献，还可以对员工未来工作的改进提供量化的指导。此外，还可以在企业内部建立信息共享和互动平台，如微信群、微博、贴吧、论坛等，让员工对绩效考核指标的筛选、内容的确定、实施的流程等一系列要点的确定各抒己见，积极进行讨论互动。由此，人力资源部可以利用平台所产生的大量数据客观地确定绩效管理的方案，明确员工最关心问题和最希望解决的途径等。利用这样的互动平台，不仅员工间接参与了绩效考核政策的制定，企业还可以对领导及其他人员的绩效进行直接考核，有助于推动组织管理和绩效考核的透明化、领导对员工绩效的把握、员工对领导工作的监督以及员工之间的信息共享和相互沟通，让员工感受到企业对自己的重视，进而调动其工作热情，提升其对企业的忠诚度。

（五）大数据与薪酬激励：针对性＋多元化

有效的激励不仅是对员工过去业绩的肯定，使其获得成就感，还对员工未来工作积极性的提高具有重大的意义。随着人力资源管理系统的不断发展，薪酬激励的手段不断增多，体系日趋完善。就目前来说，主要有以下几种激励措施：物质利益激励、事业激励和感情激励。

物质利益激励主要包括薪酬激励和福利激励，如基本工资、绩效奖金津贴和五险一金等，这些都是员工基本生活和稳定工作的保障。在大数据时代，要以数据为基础、用事实说话来制定薪酬体系才能做到客观公正，保证人才队伍的稳定。通过对基础数据的了解，对那些长期服务于公司的员工要加大物质激励的力度，如可以采取提供无息购房贷款的政策并且通过全面的数据分析来确定贷款的额度。

对那些在能力数据和潜力数据方面表现优秀的员工来说，仅仅采用丰厚的物质激励是远远不够的，还要采取多元化的激励手段。根据马斯洛的需求层次理论，人都有自我实现的需要，在企业内，尤其是高层或骨干员工，他们都希望在专业上有所建树，在职位上有所提升，其名誉权威需求比物质利益更加强烈。因此，企业可以制定相应的进修计划，其名单的考核和确定一定要以员工所产生的大数据为基础。

此外，感情激励也是一种很好的激励手段，是对员工的尊重与信任、理解与支持、关心与体贴。企业恰当地利用感情激励能够充分调动员工的工作热情，培养员工的忠诚和信任，从而打造一支稳定的工作团队。例如，在企业内部建立经济困难预警系统，当员工持餐卡在食堂的餐饮消费低于一定数额时，系统会自动给其发送通知，询问其是否需要帮助，相关人员还将根据预警进一步详细核实，最终确定是否对其提供帮助以及帮助的具体程度。

（六）大数据与劳动关系：劳动契约＋心理契约

劳动契约明确规定了企业与员工之间的权利与义务。而在大数据时代，劳动契约要更多地体现人性化的原则才能保证员工满意，降低企业的离职率。例如在考勤管理方面，随着计算机技术的广泛开发和应用，一种由打卡记录员工出勤情况的考勤手段发展到指纹记录，有些企业甚至采用瞳孔记录等更先进的手段，这些都很好地体现了以人为本的原则。

此外，企业仅仅以劳动契约与员工建立关系是远远不够的，还需建立以共同愿景为基础的心理契约。以数据和客观事实为基础进行人事决策，让员工参与其中，对数据进行全面分析，使员工感受到客观公平，从而对工作更加积极，更容易在核心价值观上达成共识，由此来培养员工的职业道德，实现员工的自我发展与管理。大数据时代人力资源管理的信息化及全球化，使得员工通过计算机技术与网络技术逐渐改变其原有的工作方式，不断提高工作效率、规范业务流程，为企业带来更好的增值服务，实现企业与员工个人共同成长和发展，为实现双赢的目标而共同努力。

（七）大数据与员工离职管理：原因分析＋预警机制

离职带来的人才流失对于企业的运营具有直接的负面影响。企业为了填补员工离职造成的岗位空缺，不得不重新发布招募广告、筛选候选人、录用安置新员工，安排新员工岗前培训。这些费用都构成离职重置成本，因此降低核心员工的离职倾向一直是人力资源与劳动关系管理的重要内容。

人力资源大数据能够全面客观地分析离职者的离职原因，并及时发现潜在离职员工的特征，建立离职预警机制。首先，通过数据平台抓取并分析离职者的行为数据，利用大数据的自我学习功能，确定偏差信息以及影响离职者离职行为的因素。另外，利用相关的偏差信息，识别并自动筛选出潜在离职员工，持续跟进其工作行为信息，并进行相应的疏导，减少不必要的人员流失。其次，自动对从平台中获取的离职原因进行归纳和分析，并对其进行自动归类，为员工招聘以及业务流程改进提供迭代的基础。最后，持续跟进和分析具有相似离职倾向的在职员工行为，验证相关流程的改进是否有效，从而形成离职管理的持续迭代机制。

二 大数据时代的职工舆情监测分析①

随着互联网在全球飞速发展，在国内尤以微博、微信、抖音、QQ 空间等为代表的社交自媒体以其喜闻乐见的形式，直接促成了以产业工人为主体的职工群体快捷、多元地表达公共意见。对社交网络媒体所呈现的职工舆情海量信息进行有效的收集与分析，已成为考察我国职工群体观点呈现和情绪表达的主要方法和路径。在大数据时代，无论是构建和谐劳动关系，实现体面劳动，还是切实遵循“服务职工、依法维权”原则，践行新时代习近平总书记对工人阶级及工会工作的重要论述，都离不开对大数据算法创新在和谐劳动关系和工会工作领域的良好应用。

党的十九大以来，党中央、国务院高度重视网络传播以及网络安全和信息化工作。舆情治理一直是网络建设与管理工作的重要组成部分，尤其在当今自媒体越来越发达的语境下，人人都是信息的生产者、接收者和传播者。在一些社会热点或负面问题上，只要涉及职工切身利益，极易引起广大职工群体的关注。针对负面舆情带来的负能量，职工舆情治理如果仅仅依靠“堵封删”的策略，往往会适得其反。在一些社会热点事件上，职工舆情能影响甚至决定全社会舆情的基本生成与走向。可以说，职工舆情管控、引导、疏解得好，社会舆情的基本面就有了基本保障。

基于互联网传播的舆情监测和分析，已然成为目前学界和互联网业界的显学。互联网舆情传播和治理的研究视角不同，所用方法也不同。网络舆情分析方法常见的有网络调查

① 李双，张才明．大数据时代的职工舆情监测分析：以网络大数据监测分析系统的构建与应用为中心．新视野，2020（3）：94－100.

法、模糊识别方法和机器学习等。如“问卷星”就是网络调查法，网页流量访问分析等是基于统计规则的方法，谷歌翻译则属于智能机器学习。在网络舆情监测和分析中，最重要的技术节点就是对舆情文本或图像、视频等信息的处理。这些非结构化的舆情原始数据信息，往往都需要结构化预处理，并依托数学算法模型和计算机自动处理。目前市场上舆情系统中的文本处理算法，一部分已经成熟和稳定，这些都是构建职工舆情监测分析系统的技术基础。例如，在职工舆情热点的发现上，可采用文本聚类算法从大量网页中发现网络上的职工舆情热点；在职工舆情评估上，可采用基于情感分类和机器学习的算法；在职工舆情传播跟踪上，可采用 K 最近邻算法；在职工舆情预警上，可借鉴神经网络等算法。但是职工舆情又不同于公共网络舆情，职工舆情监测系统也不同于一般的公共舆情系统。通过有针对性的调研发现，真正以广大职工群体为专门对象，具有职工舆情特征的舆情监测分析系统在现实中还没有真正应用。

三　基于区块链技术的人力资源共享①

区块链是分布式数据存储、点对点传输、共识机制、加密算法等计算机技术的新兴应用模式，具有交易成本低、隐私保护性强、数据不可篡改等诸多优秀的特性，其核心意义在于构建一个更加安全可靠的互联网系统，从根本上解决价值交换与转移中存在的欺诈和寻租现象，构建一种新型的价值网络。作为一项基础性、战略性技术，区块链正在引发链式突破，推动经济社会各领域向价值社会的加速跃升，其不可篡改、溯源清晰、共享性高等特性，为提高人力资源管理效益、推动人力资源共享变革，带来了新的机遇与挑战。

要充分发挥区块链技术优势，打通各大人才网站、高校企业、人事社保、个税数据等，全面导流各类人才信息，构建人才大数据共享平台。借用区块链分布式、可信任、智能合约来记录人才相关数据，维护并确保求职者的个人经历、文凭、医疗和犯罪记录等信息真实可靠，建立一个能够降低风险和提高效率的人才大数据共享池。保证所有信息与行为分布式存储，无法篡改且可追溯，最终形成以数据为支撑的人才和企业信息认证、人才招聘、能力岗位精准匹配的可信任体系，从而扎实筑牢人才共享的真实数据支撑。

思考题

1. 大数据给我们带来了哪些思维变革？
2. 什么是人力资源大数据平台？
3. 如何使用大数据监测职工舆情？

案例分析

腾讯公司大数据人力资源实践

腾讯紧扣战略进行了一系列大数据人力资源实践。

对离职进行预警的“红线”项目

“红线”项目是由 HRCOE 的活力实验室牵头，多部门联合进行的大数据分析项目。

---

① 银红玉．论基于区块链技术的人力资源共享变革．现代企业，2020（8）：71－72.

项目基于员工的行为数据，如研究员工离职前会有何异常表现，总结规律。当其他员工出现这些表现时，系统向管理者预警，管理者采取适当的保留方案或继任者方案。

降低运营量的“先知”项目

腾讯自 2013 年建立了 HR8008 员工服务热线，为员工提供快速找到 HR、获取专业人力资源知识的一站式服务。HR8008 热线日常有大量的运营工作，“先知”项目的目的是通过对运营大数据进行分析，降低运营量。

通过过往的数据，可以找到事物的规律。团队根据同期员工问询的数据，预测什么时候将是某类业务咨询的高峰期。例如，通过对 2014 年、2015 年的数据进行观察，发现 7 月、8 月是“实习生留用考核”问题咨询的高峰期。团队人员通过抓取几个关键时间节点，提前做好问答，并将其接入门户热点问题及搜索后台知识库，员工可以快捷地找到相关解答，减少了重复的问询，同时员工的满意度也提升了。

未来的人力资源管理者不用出现，员工感受不到人力资源管理者的存在，这才是比较理想的状态。2016 年以前，团队将咨询升级量作为关键绩效指标来考核，绩效的导向是人均咨询量、处理量越高越好。2016 年实施“先知”项目以后，理念转变为腾讯员工的人均问询率、咨询升级率越低越好。

助力员工招聘与保留的员工稳定性分析项目

为提升招聘环节的效率和效果，人力资源管理者将腾讯历史上所有的员工按照稳定程度分成多个样本，通过对大数据的挖掘找到与稳定性相关的典型特征，建立起能够识别候选人稳定性的数学模型。招聘系统进一步应用数据分析结果，自动根据应聘者的简历，对候选者的稳定性做出评估，向负责招聘的人力资源管理者及业务主管提供决策建议。这个分析同时也为后续招聘以及保留环节提供参考。

此外，腾讯还利用大数据衡量组织活力，探索一个产品或项目团队及其人力配置有什么特点，这个团队是不是一个比较有活力的团队等。2012 年以后，《腾讯月刊》开始发布图腾栏目，该栏目借助数据分析和图形呈现，对管理者、员工关心的员工健康、企业发展、行业动态等主题进行大数据分析、预警、预测，为管理者、员工提供现象解释、决策参考。

资料来源：根据西楠《数据化到大数据：人力资源数据平台建设的演进——基于腾讯公司的案例研究》编写。

图书在版编目（CIP）数据

人力资源与劳动关系管理 / 唐鑛，嵇月婷主编．-- 北京：中国人民大学出版社，2022.1
中国人民大学劳动人事学院第四代系列教材
ISBN 978-7-300-30124-2

Ⅰ．①人… Ⅱ．①唐… ②嵇… Ⅲ．①人力资源管理-高等学校-教材 ②劳动关系-管理-高等学校-教材 Ⅳ．①F241 ②F246

中国版本图书馆 CIP 数据核字（2021）第 279188 号

中国人民大学劳动人事学院第四代系列教材
人力资源与劳动关系管理
主编　唐鑛　嵇月婷
Renli Ziyuan yu Laodong Guanxi Guanli

出版发行	中国人民大学出版社		
社　　址	北京中关村大街 31 号	**邮政编码**	100080
电　　话	010－62511242（总编室）		010－62511770（质管部）
	010－82501766（邮购部）		010－62514148（门市部）
	010－62515195（发行公司）		010－62515275（盗版举报）
网　　址	http://www.crup.com.cn		
经　　销	新华书店		
印　　刷	北京密兴印刷有限公司		
规　　格	185 mm×260 mm　16 开本	**版　　次**	2022 年 1 月第 1 版
印　　张	24.75 插页 1	**印　　次**	2022 年 1 月第 1 次印刷
字　　数	568 000	**定　　价**	65.00 元

教师教学服务说明

中国人民大学出版社管理分社以出版经典、高品质的工商管理、统计、市场营销、人力资源管理、运营管理、物流管理、旅游管理等领域的各层次教材为宗旨。

为了更好地为一线教师服务，近年来管理分社着力建设了一批数字化、立体化的网络教学资源。教师可以通过以下方式获得免费下载教学资源的权限：

在中国人民大学出版社网站 www. crup. com. cn 进行注册，注册后进入“会员中心”，在左侧点击“我的教师认证”，填写相关信息，提交后等待审核。我们将在一个工作日内为您开通相关资源的下载权限。

如您急需教学资源或需要其他帮助，请在工作时间与我们联络：

中国人民大学出版社　管理分社

联系电话：010－82501048，62515782，62515735

电子邮箱：glcbfs@crup. com. cn

通讯地址：北京市海淀区中关村大街甲 59 号文化大厦 1501 室（100872）